범죄피해자와 헌법

박 성 태

박영사

프롤로그

범죄피해자를 돕겠다는 마음으로 여기까지 왔습니다

"변호사님!

왜 피해자가 진술할 기회를 받지 못하나요?

왜 피해자가 스스로 증명해야 하나요?

피해자 조사는 하지도 않았는데 약식명령이 나왔습니다. 저는 어디에 하소연해야 하나요?

피해자가 이겼는데도 소송 비용을 제가 부담해야 하나요?

피해자가 원하지 않은 공탁을 했는데 감형이 된다고요?

형사 사건에선 가명 처리를 해 줬는데, 왜 민사에서는 제 이름과 주소가 노출되는 건가요?

민사에서 승소했는데도 집행이 안 됩니다. 그럼 저는 어떻게 해야 하나요?"

…

이런 끝이 보이지 않는 질문들. 범죄피해자를 변호하면서, 그리고 강의에서 자주 듣게 되는 이야기들입니다. 매번 이런 질문을 받을 때마다 피해자가 사법 체계에서 얼마나 소외되어 있는지를 느끼곤 합니다. 피해자가 사건의 중심에 있음에도 불구하고 왜 이렇게까지 울부짖어야만 그 목소리가 들리는 걸까요? 왜 사건이 발생하고 나서야 비로소 주목받는 걸까요?

이 책은 바로 그런 고민에서 시작되었습니다.

1985년, 유엔 총회에서 '범죄 및 권력 남용의 피해자를 위한 사법 기본 원칙'이 채택되었고, 1987년 개정된 헌법에 따라 우리나라는 재판 절차에서 피해자의 진술권과 범죄피해자구조청구권을 도입했습니다. 하지만 37년이 지난 지금까지도 피해자들의 삶은 여전히 힘겹습니다. 2012년에 피해자 변호사 제도가 도입되었고, 피해자 보호를 위한 논의도 활발히 이루어지고 있지만, 여전히 해결해야 할 과제는 많습니다.

이제는 피해자 보호 문제를 헌법적 차원에서 풀어나가야 합니다. 기존 헌법이 피해자를 보호하는 방식은 국민의 기대에 미치지 못했고, 여러 통계에서 드러나듯 사법에 대한 불신은 점점 커지고 있습니다. 피해자의 권리를 충분히 보장하려면 헌법상 인간의 존엄성을 바탕으로 피해자의 참여할 권리, 진술할 권리, 회복할 권리, 정보에 접근할 권리 등을 새롭게 구성해야 합니다. 국가는 이 권리들을 최우선 목표로 삼아야 할 것입니다.

이 책은 제가 쓴 학위 논문 '범죄피해자 보호에 관한 헌법적 연구'를 바탕으로 정리한 것입니다. 주로 실무 경험에서 얻은 시각을 담았기 때문에, 피해자가 직면하는 다양한 문제들을 다루고 있습니다. 이 책이 범죄피해자와 헌법을 공부하는 분들에게도 작은 도움이 되기를 바랍니다. 무엇보다 피해자들이 사법 체계 속에서 부딪히는 어려움을 조금이라도 더 빨리 알리고 싶었습니다.

이 책에는 2024년 12월까지의 헌법재판소 판례, 입법 현황, 실무 사례, 그리고 피해자 보호와 관련해 학계와 실무에서 논의되고 있는 쟁점들을 최대한 반영했습니다.

이 길을 걸어오는 동안 늘 든든한 지지자가 되어 주신 김하열 교수님, 그리고 긴 호흡으로 연구할 수 있도록 이끌어 주신 여러 스승님들께 감사드립니다. 이 책이 나오기까지 귀중한 조언을 아끼지 않으신 이준구 변호사님, 서울대학교 이혜영 선생님, 친구 김상훈에게도 고마운 마음을 전합니다. 현장의 목소리를 생생하게 전해 준 김상훈 기자, 새로운 관점을 보여준 송석주 작가에게도 깊이 감사드립니다. 그리고 항상 사회적 약자를 위해 헌신해 온 대한법률구조공단 동료 변호사님들, 연구실 동료들, 사랑하는 부모님과 가족들에게도 작은 인사를 전합니다.

앞으로도 끊임없이 고민하고 연구하며, 범죄피해자 보호를 위해 노력할 것입니다. 이 책에 담긴 여러 개선안들이 실제 입법으로 이어질 수 있도록 최선을 다하겠습니다. 비록 이 책이 작고 미약할지라도, 독자 여러분께 작은 도움이 되기를 바랍니다. 그리고 언젠가 피해자들이 더는 이 책을 필요로 하지 않는 세상이 오기를 진심으로 꿈꿉니다. 마지막으로 이 책의 출판을 도와주신 박영사 관계자 분들께도 감사드립니다.

이제 다시 시작입니다. 길이 울퉁불퉁할지라도 묵묵히 나아가겠습니다.

추운 겨울을 지나가며
2025년 1월
박성태

목 차

〔제4장〕 외국의 범죄피해자 보호 제도

〔제 6 장〕 마치면서

제1장

들어가면서

제1장

들어가면서

제1절 | 범죄피해자 보호를 위한 헌법적 접근의 필요성

가해자 대(對) 피해자라는 원시적 사건 대립 구도는 근대사법 절차 도입 이후 국가 대(對) 가해자 구도로 변화하였다.[1] 이러한 역사 아래에서 범죄피해자는 근대 형사사법 절차에서 사건을 구성하는 '주체(主體)'임에도 불구하고, 범죄를 입증하기 위한 증거방법(증인)으로 취급되었다.[2] 즉, 피해자는 사건의 결정적인 주체임에도 사법 절차에서 잊혀진 사람(forgotten person)이었고,[3] 그로 인해 적극적 당사자로서의 입지는 좁을 수밖에 없었다.[4] 그 결과 사법 체계의 주된 관심도 피해자보다는 가해자의 대국가적 방어권 중심으로 논의되어 왔다.

헌법학에서도 피의자·피고인의 인권 보장에 관한 연구가 활발히 이뤄졌고, 헌법

---

1) Robert E., Scott, "Compensation for Victims of Violent Crimes: An Analysis", Wm. & Mary L. Rev. 8, 1966, 283쪽 이하; Mary L., Boland, and Russell Butler, "Crime victim's rights: From illusion to reality.", Crim. Just. 24, 2009, 5쪽.

2) Detlev, Frehsee, "Schadenswiedergutmachung als Instrument strafrechtlicher Sozialkontrolle: ein kriminalpolitischer Beitrag zur Suche nach alternativen Sanktionsformen.", Berlin: Duncker & Humblot, 1987, 23쪽 이하; 국가는 형벌권의 효과를 국가의 이해관계에 활용하였다.

3) Winfried, Hassemer, "Einführung in die Grundlagen des Strafrechts." , 1990, 287쪽 이하.

4) 황태정, "헌법정신과 범죄피해자 보호", 피해자학연구 제27권 제2호, 한국피해자학회, 2019, 138쪽; 범죄피해자가 형사절차에서 당사자로 활동하던 시기를 Stephen Schafer는 '피해자의 황금시대'라고 하였다. 이에 대해서는 Robert A., Jerin, and Laura J. Moriarty, 『The victims of crime』, Nelson-Hall Publishers, 1998, 6쪽 이하.

재판소도 피의자·피고인의 인권 보장에 관한 판단으로 사법적극주의인 경향을 보이기도 하였다.[5] 그러나 범죄피해자 보호에 관한 사회적 관심과 열망이 고조되면서 국가는 사회적 약자인 피해자의 기본권 보호와 의무를 중요하게 인식하기 시작했다. 이에 우리 정부는 1987년 개정 헌법에서 범죄피해자의 재판절차진술권, 범죄피해자구조청구권을 도입하고, 1987년 11월 28일 「범죄피해자구조법」[6]을 제정하는 것을

---

5) 헌법재판소가 형사절차의 권리 및 신체의 자유 영역에서 피의자, 피고인의 인권을 보장하려는 사법적극주의적인 경향을 보여 왔다는 분석에 관해서는 임재성, "한국 헌법재판소의 전략적 사법적극주의", 서울대학교 사회학박사학위논문, 2018, 127쪽 이하 참조, 위 논문에서 사법적극주의적 경향을 띠고 있다고 예시한 사례는 ① 구 사회보호법 제5조 제1항 소정의 필요적 보호감호조항에 대한 위헌결정(88헌가5), ② 구 국가보안법 제19조 소정 구금 기간 연장조항에 대한 위헌결정(90헌마82), ③ 검사의 사형, 무기, 10년 이상의 징역 또는 금고의 의견 진술이 있을 시 무죄 등의 판결을 받아도 구속영장 효력이 지속되는 형사소송법 조항에 대한 위헌결정(92헌가9), ④ 미결수용자의 변호인 접견에 교도관을 참여하도록 한 행형법 조항에 대한 위헌결정(91헌마111) 등이다. 임재성은 민주화 이전 위헌적인 구금, 변호인 조력 관련한 영역에서 헌법재판소가 위헌결정을 하였던 점에서 사법적극주의 역할을 하고 있다고 평가하였다. 또한 헌법재판소가 2017년 피의자 조사 시 변호인에 대한 후방착석 요구가 변호인의 조력권을 침해한다고 판단한 이래 현재까지 사법적극주의를 유지한다고 하였다.
  그러나 이는 피의자 부분에 한정될 뿐 피해자에 관한 사법적극주의적 태도에 관한 헌법재판소 평가 사례는 찾아보기 힘든 상황이다.

6) 1987년 범죄피해자구조법은 다음과 같은 이유로 제정되었다.
  "강력범죄로 인한 피해가 점차 심각해지는 추세에 있음에도 불구하고 현행 법체계하에서는 그 피해자가 가장 소중한 생명·신체상의 위해를 당하더라도 가해자가 불명이거나 무자력인 경우에는 아무런 금전적 구제를 받을 수 없는 실정인바, 국가가 이러한 범죄피해자 또는 그 유족에게 일정한 한도의 범죄피해구조금을 지급함으로써 민법상 불법행위 제도의 결함을 보완하고 법률복지의 증진에 이바지할 수 있도록 하려는 것임.
  ① 국가는 범죄피해를 받은 자가 가해자의 불명 또는 무자력의 사유로 그 피해를 배상받지 못하고, 생계유지가 곤란한 경우에는 당해 피해자 또는 그 유족에게 범죄피해구조금을 지급하도록 함.
  ② 국가는 범죄피해구조금으로 범죄피해자가 사망한 경우에는 유족구조금을, 중장해를 입은 피해자에게는 장해구조금을 각각 지급하도록 함.
  ③ 국가는 피해자 또는 유족이 당해 범죄피해를 원인으로 하여 손해배상을 받은 때에는 그 한도 내에서 구조금을 지급하지 아니하도록 함.
  ④ 법률구조금의 지급을 받을 수 있는 유족은 피해자의 사망 당시 피해자의 수입에 의하여 생계를 유지하고 있던 자로서 배우자·자·부모 등으로 정하고, 구조금 지급시 국가는 손해배상청구권을 대위하며, 가해자인 수형자 등의 작업상여금등으로부터 구상할 수 있도록 함.
  ⑤ 구조금의 지급에 관한 사항을 심의·결정하기 위하여 지방검찰청에 "범죄피해자구조심의회"를 설치함.
  ⑥ 이 법은 1988년 7월 1일부터 시행함."
  이후 2010년 5월 14일 위 법률은 폐지되고, '범죄피해자 보호법'에 통합되었다.

시작으로 현재까지 피해자 보호에 관한 각종 법률적 근거를 마련하고 있다.

그럼에도 불구하고 범죄피해자는 외국에서와 같이 사법 전반에 걸쳐 충분히 보장된 형태의 절차상 진술권, 사소(私訴)에 관한 권리, 소송참가권 등과 같은 수준의 사법상 당사자 지위를 인정받지 못하고 있다.[7] 여전히 객관적 제3자인 증인으로서 진술이 가능한 증거방법으로서의 지위만을 가지고 있으며, 재판 절차에 대한 정보를 적시에 제공받지 못하여 변호사의 조력을 적절하게 받지 못하고 있는 상황이다.

부산 돌려차기 男 사건,[8] 신당역 역무원 살해 사건[9]과 같이 언론에 자극적인 사건 보도가 있을 때마다 범죄피해자에 대한 보호 방안을 추가하는 방식은 국가의 기본권 보호 의무를 충실히 이행하였다고 보기 어렵다.

따라서 더 이상 임시방편 격으로 피해자 보호 방안을 사후적으로 강구하거나 피해자 권리에 관한 헌법적 해석론[10]에 기초하여 하위법령을 입법하는 방식으로는 피해자 보호에 관한 헌법상 기본권 보호 의무를 다하기 어렵다. 피해자의 구체적 지위와 권리를 확인하여 헌법을 개헌하고,[11] 이에 맞추어 최고 규범으로서 범죄피해자 권리에 관한 법령 해석 기준이자 규범통제의 기준이 되는 헌법에 따라 하위법령을 정비하는 방식으로 법적 개선이 필요하다.[12][13]

---

7) 형사소송은 재판부－검사－피고인 중심으로 운영되고 있다.

8) 부산에서 귀가하던 20대 여성을 무차별 폭행해 의식을 잃게 한 뒤, 성폭행을 시도한 혐의를 받는 이른바 '부산 돌려차기 男' 사건

9) 스토킹 하던 20대 여성 역무원을 흉기로 살해한, 이른바 '신당역 역무원 살해' 사건

10) 헌법에서 어떻게 룰을 규정하고 있는지 해명하는 작업이 헌법 해석론이며, 이러한 작업은 권력자가 헌법을 남용하지 않도록 경시되지 않게 계속되어야 한다는 내용에 관해서는 杉原泰雄(이경주 옮김), 『헌법의 역사』, 이론과 실천, 1999, 15쪽 이하; 헌법 해석론을 통한 실천적 방법은 '진보성'에 있고, 그 내용은 약자의 편에서 소외된 이들의 인간으로서 존엄한 지위를 회복시키는 작업이라는 설명으로 백운조, "인간의 존엄성 보장을 위한 헌법실천", 헌법해석과 헌법실천(민주주의법학연구회편), 도서출판 관악사, 1997, 139쪽; 헌법 제정 당시 그에 참여한 자가 본래 의도하였던 의미대로 해석하는 이른바 원의주의의 중요성에 대한 소개로, Mark. Tushnet(한상희 옮김), 『헌법은 왜 중요한가』, 아포리아, 2016, 134쪽 이하; 헌법해석과 원의주의에 관한 헌법 이론적 논증으로 김민배, "헌법해석과 원의주의의 쟁점", 헌법논총 제27권, 헌법재판소, 2016, 참조.

11) 이에 관해 Top－down 방식의 체질 개선이 필요하다는 의견이 있다. 황태정, 앞의 논문(2019), 154~155쪽 참조.

12) 최고규범으로서 법령 해석 기준이자 규범 통제 기준으로서 헌법의 역할을 설명하고 있는 문헌으로, 최규환, "헌법재판소의 법률해석 － 헌법합치적 법률해석의 유형과 규범통제 －", 헌법재판소 헌법재판연구원, 2020, 35쪽 이하; 헌법재판으로서 규범통제는 헌법이라는 최고규범에 어긋나는 규범을 법질서에서 제거하는 것을 본질로 한다는 견해와 규범통제는 결

이러한 배경 상황에서 사법 절차에 놓인 피해자를 두고, 범죄피해자에 대한 권리와 보호는 어떠해야 하는지 헌법적 관점에서 접근하여 논의하고자 한다. 더하여 이를 위해 현행 법령에서 피해자의 권리 및 보호체계를 살펴보고, 이를 바탕으로 피해자 보호에 적절하고 충분한 제도 개선을 범죄피해자 보호에 관한 실무적 상황을 고려하여 모색해 보고자 한다.

제2절 | 목적, 방법과 구성

이 책은 사법절차 전반에 걸쳐 범죄피해자의 권리와 보호 현황을 살피고 적합한 개선 방향을 제시하는 것을 목적으로 한다. 이는 대한민국 헌법과 법령이 범죄피해자에게 어떤 지위와 권리를 부여하였는지, 그에 따른 보호영역을 어떻게 설정하였는지 확인하는 것이다.

이를 위해 이 책의 내용적 범위는 '피해자'의 지위와 권리, 이들의 보호체계를 구성하기 위한 개선방안으로 설정하였다. 이를 위해, 법학적 측면에서 규범적으로 피해자의 기본권 보장 내용과 하위 법령의 근거가 되는 헌법상 기본권, 기본권 보호의무, 국가의 보호 의무 등을 검토한다. 이어 피해자에 대한 사회 내에서 지위에 관해서는 사회학적 논의, 회복적 사법에 관해서 피해자 심리학, 법철학, 사법정책학적 논의, 헌법과 법률의 개선 방안에 관해서 헌법 정책, 입법학적 측면의 논의 등을 선

국 규범해석통제일 수밖에 없다는 견해로, 김하열, "법률해석과 헌법재판:법원의 규범통제와 헌법재판소의 법률해석", 저스티스 통권 제106호, 한국법학원, 2008, 24쪽 이하; "기본권이 실정규범화 되어 객관적 규범성을 가지며, 국가가 기본권을 제한할 경우 그 정당성을 입증해야 한다는 점에 관하여" 설명하고 있는데, 범죄피해자에 대한 헌법적 연구가 피해자 권리에 관한 규범 통제가 될 수 있다는 이론적 분석으로 이효원, "범죄피해자의 헌법상 기본권보호", 서울대학교 법학 제50권 제4호, 서울대학교 법학연구소, 2009, 87쪽 이하.

13) 기본권 형성적 법률유보에서 헌법규정이 국가기관에 대해 행위규범(기본권 존중과 보장을 위한 행위의 규준), 수권규범(기본권 가치 실현을 위한 권한과 책임이 국가기관에 부여), 통제규범(기본권에 저촉되는 국가기관의 행위는 부정적으로 평가되고 제어됨)으로서의 의미와 기능을 갖는다는 설명으로, 이에 관해서는, 김하열, "법률에 의한 기본권의 형성과 위헌심사-참정권과 청구권을 중심으로-", 고려법학 제67호, 고려대학교 법학연구원, 2012, 40쪽 이하.

행연구를 통해 고찰하고자 한다. 다만, 재판 실무와 관련이 있는 만큼 실무상 문제가 되는 쟁점을 주로 검토하였다.

이 책은 기본적으로 문헌 연구를 통한 비교법적 연구를 수행하였다. 문헌 연구의 경우, 1차적으로 헌법과 범죄피해자 관련 법령을 검토하였다. 비교법적 연구는 범죄피해자 권리와 보호에 관한 연구가 활발한 영국, 미국, 독일, 일본 등을 중심으로 이루어졌다. 또한 범죄피해자에 관한 헌법규정을 두고 있는 미국의 주 헌법과 각국의 헌법 례를 분석하여 정리하였다. 다음으로 실무에서 문제가 되고 있는 쟁점을 검토하였다. 마지막으로 범죄피해자 보호를 위한 단체 및 현황을 검토하였다. 다만, 이 책에서는 국가범죄, 특수 분야(장애, 소년, 노인, 학교폭력 등), 집단 학살, 강제징용, 위안부 등 구체적이고, 개별적인 사건에 관한 본격적인 논의는 후속과제로 남겨두었다. 범죄피해자와 헌법의 후속편이 출간된다면 개별 사건과 실무적 사례를 다룰 것이다.

책의 전반부에서는 범죄피해자 일반론과 보호의 필요성, 헌법상 범죄피해자 보호의 기본이념을 밝히고, 헌법상 기본권을 분석하고, 국가목표조항 도입을 비롯한 개헌안을 제시하였다. 후반부에서는 외국의 입법례를 검토하여 범죄피해자 보호를 위한 개선책을 모색하였다. 이어 범죄피해자 보호를 위한 제도적 구현으로 실무상 범죄피해자 관련 쟁점을 폭넓게 다루고자 하였다.

이 책은 다음과 같은 내용으로 구성되었다.

제2장에서는 범죄피해자의 개념, 헌법 제27조 제5항과 제30조에 근거한 피해자의 헌법상 기본권을 비롯한 범죄피해자의 지위에 관한 법적 근거, 범죄피해자 보호의 이론적 배경과 필요성에 대하여 다루었다.

제3장에서는 범죄피해자 보호에 관한 기본이념, 헌법상 범죄피해자의 기본권과 보호의 실현구조를 분석하였다. 이를 토대로 국가의 범죄피해자 보호 강화 방향을 제시하였다. 피해자 보호에 대한 국가의 기본권 보호 의무를 확인하고, 헌법 개헌을 통하여 국가목표조항으로 국가의 피해자 보호의무의 도입을 비롯한 구체적 개헌안을 마련하고자 하였다.

제4장에서는 우선 범죄피해자에 관한 명시적 헌법을 두고 있는 외국을 분석하였다. 이어 명시적 헌법을 두고 있지는 않으나 피해자 보호제도를 도입하고 있는 영국, 미국, 독일, 일본을 대상으로 한 비교법적 연구를 통해 피해자 권리의 보장 형태와

보호 제도를 살펴보았다. 특히 헌법을 비롯한 규범적 측면과 실무상 피해자 보호에 활용되는 다양한 제도를 검토함으로써 우리의 사법제도에 즉시 반영할 수 있는 개선점을 찾고자 하였다.

제5장에서는 범죄피해자 보호의 제도적 구현에 관한 내용으로, 피해자 보호의 지향점은 회복적 사법에 있음을 살펴보았다. 그리고 회복적 사법을 달성하기 위해 사법절차 내의 범죄피해자 구제제도를 살펴보았다. 수사, 재판, 집행 절차와 관련된 쟁점을 망라하였으며 배상명령, 형사 공탁, 형사 보석, 형사 조정, 피해자 변호사 제도, 범죄피해자 가명 소송, 손해배상금 소득세 면제, 피해자 개명, 소멸시효 등 관련 쟁점을 살펴보고, 개선점을 모색하고자 하였다. 또한 피해자 구제 및 보호를 위한 개선방안을 종합적으로 제시하고자 하였다. 피해자 변호사 제도를 개선하기 위해 일반적인 피해자 보호 법률을 제정하는 한편, 법령 정비를 통하여 피해자의 권리 및 보호를 한층 강화하는 사법제도 개선안을 도출하고자 하였다.

이 책은 필자가 피해자 국선 변호사로 피해자 옆에서 동행하며 겪은 처절한 고통을 극복하기 위해 집필한 박사학위 논문을 정리한 것이다. 이 책의 소멸시효는 그와 같은 피해자의 고통이 다시는 없어지게 된 날일 것이다.

제2장

범죄피해자와 보호의 필요성

제2장

범죄피해자와 보호의 필요성

제2장은 범죄피해자의 일반론으로 범죄피해자 의의와 범죄피해자 보호의 배경과 필요성에 관하여 순서대로 살펴보기로 한다.

제1절 | 범죄피해자의 의의

I. 범죄피해자의 개념

1. 범죄와 범죄피해자의 개념과 확장의 필요성

(1) 범죄와 범죄피해자의 개념

1) 범죄의 개념

범죄(犯罪)의 개념은 사회와 문화에 따라 다양하고, 시대와 역사에 따라 변화해왔으므로 특정한 행위를 항구적인 범죄라고 단정 짓기 어렵다. 과거에는 신성모독, 금기 사항에 대한 위반 등은 비난의 대상이었고, 집단을 배신하거나 반역하는 행위는 범죄로 인식되었었다. 그리고 생명을 빼앗는 살인은 집단에 따라 사적인 행위로 평가되거나 공적인 위법행위에 비해 다소 경한 비난의 대상이 되기도 하였다.[1] 하지만 현대사회에서는 범죄를 사회의 구성원이 법에 의해 보호하고자 합의한 이익을 침해하여 사회의 안녕과 질서를 무너뜨린 반사회적 행위를 의미하는 것으로 설명하고

---

[1] 범죄가 국가와 사회를 직접 침해하지 않으면 경한 비난의 대상이 되기도 하였다는 설명으로, 정승환, "『범죄피해자기본법』의 제정과 형사절차에서 피해자의 지위 회복", 인권과 정의 Vol. 346, 대한변호사협회, 2005, 72쪽.

있다.[2]

더 나아가 최근에는 사회 공공의 안녕과 관련된 범죄, 국가적 법익에 관한 범죄와 같이 피해자가 없는 범죄가 등장하면서 새로운 보호법익에 관한 수많은 범죄가 입법화되고 있다. 이에 형법은 사회적 합의에 반하는 행위를 범죄로 규정하고, 그 위반 행위에 형벌을 부과함으로써 시민의 이익을 범죄로부터 보호하고 있다. 오늘날 범죄는 보호하고자 하는 법익에 따라 피해자 없는 범죄와 피해자 있는 범죄로 나눠질 수 있고, 이 책에서는 피해자가 있는 범죄로 논의를 한정한다.

2) 범죄피해자의 개념

'피해자(被害者)'라는 용어는 헌법, 형사소송법, 범죄피해자 보호법 등에서 사용하고 있으나, 개념이 정의되어 있지 않으며 피해자의 범위 역시 명확하지 않다.[3] 일반적으로 피해자는 범죄로 인해 피해(被害)를 입은 자를 의미하고, 헌법적으로는 국가 또는 사인으로부터 기본권 침해를 입은 자를 의미한다.[4]

범죄피해자에 대한 개념과 범위는 개별 법령별로 다소 차이가 있어, 해당 규정만으로 피해자의 개념이 명확히 특정된다고 보기에 무리가 있다. 구체적으로 살펴보면, 「성폭력방지 및 피해자보호 등에 관한 법률」에서는 피해자를 성폭력으로 인하여 직접적인 피해를 입은 사람으로 규정하고 있다.[5] 이것은 성폭력 행위로 인한 피해자에 대한 정의일 뿐이고, 그 내용이 무엇인지는 이 조항만으로 파악하기 어렵다. 또 「소송촉진 등에 관한 특례법」에서는 피해자와 그 상속인을 포괄하여 피해자로 규정하고 있다.[6] 「범죄피해자 보호법」에서는 피해자를 타인의 범죄행위로 피해를

---

2) 범죄의 본질이 법익을 침해하는 데 있다는 설명으로 배종대, 『형법총론』, 홍문사, 2008, 10쪽; 범죄의 본질은 법익침해임과 동시에 의무 위반에 해당한다는 견해로 이재상, 『형법총론』, 박영사, 2008, 67~69쪽; 김광주, "범죄피해자보호제도의 활성화방안에 관한 법적 연구", 고려대학교 법무대학원 석사학위논문, 2016, 5쪽.

3) 같은 견해로 오영근·이천현, "피해자의 인권보호와 향상을 위한 정책연구", 국가인권위원회, 2004, 14쪽.

4) 허경미, 『피해자학』(제4판), 박영사, 2023, 127쪽 이하; 서혜진, "범죄피해자를 위한 변호인 제도에 대한 헌법적 연구", 서울대학교 대학원 법학석사학위논문, 2014, 7쪽.

5) 성폭력방지 및 피해자보호 등에 관한 법률 제2조(정의) 3. "성폭력피해자"란 성폭력으로 인하여 직접적으로 피해를 입은 사람을 말한다.

6) 소송촉진 등에 관한 특례법 제25조에서 "피해자나 그 상속인(이하 "피해자"라 한다)"라고 규정하고 있다.

당한 사람과 그 배우자(사실상의 혼인관계를 포함한다), 직계친족 및 형제자매를 의미한다고 규정하고 있다.[7]

학설상으로도 각 법률이 예정하고 있는 보호법익을 침해당하였거나 행위의 객체가 된 자로 이해하고 있으나, 통상 범죄로 인한 직접적인 피해자로 이해하고 간접적인 피해를 입은 자는 제외하고 있다.[8] 헌법재판소도 "그 범행으로 인하여 직접적으로 자기의 권리나 법익을 침해받은 피해자라고는 할 수 없으므로"라고 하여 범죄피해자를 직접 피해를 입은 사람만으로 한정하고 있다.[9] 한편, 헌법 제27조 제5항에서는 '형사피해자'라는 용어를 사용하고 있는데, 이를 구체화하고 있는 형사소송법 제294조의2 제1항, 제294조의3 제1항에서는 '범죄로 인한 피해자'라고 규정하고 있다.

이처럼 범죄피해자는 피해자 본인을 의미하는 직접 피해자와 유족 등을 포함하는 간접 피해자로 나눌 수 있다. 직접 피해자와 간접 피해자 사이에 보호의 정도는 달라질 수 있으나, 보호의 여부가 달라질 수는 없다. "피해"에 관한 실질적인 회복과 구제를 고려할 때, 피해자란 반드시 직접적인 행위의 상대방 당사자만이 아니라 피해자의 사건에 관련되어 신체적 피해 혹은 정신적 피해(예를 들어, PTSD[10])를 입고 있는 사람까지 그 범위를 확장하여 이해되어야 한다.[11]

따라서 직접적인 피해인지, 간접적인 피해인지에 따라 피해자를 결정지었던 이분법적 접근은 피해자의 권리 보호에 충분하지 않다. 그러므로 범죄의 유형이 다양해

---

7) 범죄피해자 보호법 제3조(정의) ① 이 법에서 사용하는 용어의 뜻은 다음과 같다.
   1. "범죄피해자"란 타인의 범죄행위로 피해를 당한 사람과 그 배우자(사실상의 혼인관계를 포함한다), 직계친족 및 형제자매를 말한다.
8) 박미숙, "현행법상 형사피해자의 범위", 한국피해자학회 2004년 춘계정기학술회의 자료집, 7쪽; 헌법재판소 1993. 3. 11. 선고 92헌마306 결정.
9) 헌법재판소 1993. 3. 11. 선고 92헌마48 결정.
10) 피해 당사자 외에도 가족까지 정신과적 치료 프로그램(예를 들어, 부모관계를 회복하는 combined parent-child cognitive behavioral therapy)이 필요하다는 의견으로, 황준원, 『정신건강의학과적 관점에서 폭력 피해 대응에 대한 향후 추진 과제』, 강원서부해바라기센터 개소 10주년 기념 세미나 자료집, 2022, 95쪽; 외상후 스트레스장애(post traumatic stress disorder, PTSD)에 관하여 "미국의사협회는 1980년 진단명이 처음 등장했을 때 PTSD를 일으킬 수 있는 트라우마 사건을 가리켜 "일반적인 인간 경험의 범주를 넘어서는 것"이라고 했다. 모욕과 혐오를 극복해가는 과정이 필요하고, 확증편향의 오류나 범죄 피해 이후에도 '지연된 발병'이 일어나는 경우가 많은 것"으로 알려져 있다. 이에 대해선, 김승섭, 「미래의 피해자들은 이겼다」, 난다, 2022, 41쪽 참조.
11) 피해자의 범위를 간접적 피해를 당하는 지역사회, 주민, 범죄문제를 해결해야 하는 국가까지 확장할 수 있다는 견해로, 허경미, 앞의 책, 6쪽.

지고 피해자의 범위가 확장되고 있는 지금 피해자의 관점에서 피해의 내용을 실질적으로 분석할 필요가 있다.[12]

(2) 범죄피해자 개념 확장의 필요성

국가형벌권이 형성되기 전까지 범죄와 형벌은 오로지 가해자와 피해자의 사이에서 발생하는 몫이었다. 양자 간의 범죄와 사적 복수의 시대를 끝내기 위해 국가가 등장하였고, 국가는 범죄에 대한 대가로서 범죄자에게 형벌을 부과하기 시작하였다. 다만, 이 과정에서 부득이 피해자에 대한 권리와 보호는 우선적으로 고려되지 못했다.[13] 국가는 피해자의 회복보다 공동체의 질서를 파괴한 가해자에 대한 사법 처리와 질서 회복에 주된 관심이 있었고, 피해자는 가해자 처단을 위한 증거방법 내지 재판심리의 대상에 불과할 뿐이었기 때문이다.[14] 그 결과 피해자는 제도적으로 절차에서 소외된 주변인(Randfigur)[15]으로 2차, 3차, N차 피해를 경험하게 되었다.[16] 그러나 현대에는 범죄피해자가 더 이상 국가 뒤에 머무르는 범죄의 객체나 시혜적 대상이 아닌 실체를 규명하며 적정한 형사 처벌에 기여함으로써 적극적 권리를 실현하는 주체로서 인식되고 있다.[17]

유엔총회에서 1985년 11월 29일 채택된 「범죄와 권력남용 피해자에 관한 사법의 기본원칙 선언(Declaration of Basic Principles of Justice for Victims of Crime and Abuse of Power)」(이하에서는 '1985년 범죄피해자 인권선언'이라 한다)[18]에서 피해자에

---

12) 형사피해자의 범위를 간접적으로 불이익을 받은 자까지 포함하여 포괄적으로 보는 견해로 양건, 『헌법강의』(제10판), 법문사, 2021, 918쪽; 김하열, 『헌법강의』(제4판), 박영사, 2022, 643쪽; 헌법재판소 1993. 3. 11. 선고 92헌마48 결정; 헌법재판소 2002. 10. 31. 선고 2002헌마453 결정.

13) 이용식, "형사피해자의 지위에 대한 소고", 피해자학연구 제14권 제1호, 2006, 7쪽; 빈트리트 하세머(배종대·윤재왕 옮김), 『범죄와 형벌』, 나남, 2009, 247쪽.

14) Douglas E., Beloof, "The Third Wave of Crime Victims' Rights: Standing, Remedy, and Review", BYU L. Rev., 2005, 261쪽.

15) Heike, Jung, "Die Stellung des Verletzten im Strafprozeß.", 1981, 1148쪽.

16) 황태정, 앞의 논문(2019), 140쪽; 이윤호, 『피해자학』(제2판), 박영사, 2020, 241쪽.

17) 형사 시스템의 패러다임이 필요하다는 견해로, Randy E., Barnett, "The justice of restitution.", The American Journal of Jurisprudence: Vol. 25, 1980, 117쪽 이하; 이효원, 앞의 논문, 81쪽 이하.

18) The General Assembly, Declaration of Basic Principles of Justice for Victims of Crime and Abuse of Power, 1985.

대한 보편적이고 효과적인 인식과 정신건강 등의 피해회복을 강조함으로써 전 세계적으로 피해자의 개념을 넓게 이해하려는 움직임을 보였다.[19] 국내에서도 이러한 국제적 추세를 따라 1987년 개정 헌법에서 피해자의 재판절차진술권(제27조 제5항), 범죄피해자의 구조(제30조)를 기본권으로 규정하며 헌법적 차원에서 피해자를 고려하기 시작했다.

헌법 제30조에서는 "타인의 범죄행위로 인하여 생명·신체에 대한 피해를 받은 국민은 법률이 정하는 바에 의하여 국가로부터 구조를 받을 수 있다."라고 규정하고 있고, 이를 강학상 범죄피해자구조청구권이라고 설명하고 있다. 이에 근거하여 범죄피해자구조법에 따른 보상범위가 유족, 사실혼의 자녀까지 포함되는 점을 고려할 때,[20] 피해자의 범위는 입법상 넓어지고 있다. 한편, 헌법에서 형사피해자라고 규정하는데 반하여 형사소송법을 비롯한 개별 법령에서는 범죄피해자라는 용어를 사용하고 있다.[21] 형사소송법이 헌법을 구체화하고 있고, 양 개념을 구별할 만한 특별한 실익이 없어 형사피해자는 곧 범죄피해자라고 봄이 상당하다. 입법적으로 용어 사용을 통일하여 정비할 필요가 있다.[22]

따라서 이 책에서 논의 대상으로 하고 있는 범죄피해자란 타인의 범죄행위로 인해 신체적, 정신적, 물질적 피해 등을 입은 당사자와 그 가족 등으로 확정지어 논의한다. 그 밖에 간접 피해자로 논의될 수 있는 범죄를 해결해야 할 국가, 피해가 발생한 지역사회는 그 대상에서 제외한다.

---

19) 피해자 개념의 범위를 확장하였다는 같은 평가로 오영근 외1, 앞의 보고서, 16쪽.

20) 범죄피해자 보호법 제3조 제1호에서는 ""범죄피해자"란 타인의 범죄행위로 피해를 당한 사람과 그 배우자(사실상의 혼인관계를 포함한다), 직계친족 및 형제자매를 말한다."라고 하여 직접피해자 이외의 자까지도 넓게 피해자를 근거 짓고 있다.

21) 헌법재판소 2009. 2. 26. 선고 2005헌마764 결정 사건에서 헌법재판소는 교통사고로 사망한 유가족도 법률상 불이익을 입은 범죄피해자 범주에 포함된다고 보았다.

22) 같은 견해로, "형사소송법이 헌법을 구체화하고 있으므로 형사피해자와 범죄로 인한 피해자가 동일한 의미로 해석하는 것이 체계정합적이다."라는 의견으로 이효원, 앞의 논문, 89쪽 이하; 헌법재판소도 형사피해자 개념과 범죄피해자 개념의 명시적 관계에 대해 설시한 사례는 없는 것으로 보인다.
이에 반하여 형사피해자와 범죄피해자의 개념이 다르므로 구별을 시도하는 견해로, 김혜경, "형사피해자와 범죄피해자의 구별필요성", 피해자학연구 제31권 제1호, 한국피해자학회, 2023, 105쪽 이하.

(3) 범죄피해자 관련 용어

일반 범죄피해자 외에도 가스라이팅(gaslighting),[23] 그루밍(grooming)[24]과 같은 신종 범죄의 피해자를 특징짓는 용어와 형사, 민사 등 사법 절차에서 '피해자다움', '피해자성', '2차 피해', '성인지감수성' 등의 용어들이 빈번하게 언급되고 있다.[25] 이들은 헌법에서 규정하고 있는 용어는 아니지만, 구체적인 범죄 내용을 확인하는 사법적 근거로 활용되거나 전통적인 피해자의 개념을 확장하여 보여주고 있다. 아래에서는 2차 피해, 피해자다움 또는 피해자성 개념에 관한 의미를 파악하고 쟁점을 살펴본다.

1) 2차 피해

범죄피해자의 단계는 일정한 원인으로부터 피해자에 이르게 되는 단계로서 '피해자화(Victimization)'로 설명된다. 피해자화는 개인이나 집단으로 직접적인 피해를 당하는 '1차 피해', 수사 및 재판 과정에서 경험하는 추가적인 피해를 '2차 피해', 본인과 본인 외에도 가족, 친족까지 상당한 기간에 걸쳐 정신적 피해를 계속적으로 입는 것을 '3차 피해'라고 한다.[26] 범죄피해자 본인이 직접 당하는 2차 피해와 범죄피해자 이외의 제3자가 겪는 3차 피해가 보호의 정도에 있어 다를 수는 있다.[27]

---

23) 심리적 지배 상태를 이용한 범죄유형을 의미한다.

24) "1985년 '성적 길들이기(Sexual grooming)'라는 용어가 처음 사용된 이래, 이 용어는 비정상적인 성 행동 패턴을 분석하는 심리학자들에 의해 널리 사용되었다고 한다.", 이에 관해서는 김태경, 『용서하지 않을 권리』, 웨일북, 2022, 39쪽 이하.

25) '성인지 감수성', '2차 피해'에 관해서는 국내의 경우 대법원 2018. 4. 12. 선고 2017두74702 판결에서 사용되었다. '성인지 감수성'은 1995년 중국 베이징에서 열린 제4차 유엔 여성대회에서 사용된 후 국제적으로 통용되기 시작되었다. 성인지 감수성에 관한 상세한 소개와 그것이 형사재판에서 중요한 판단논거로 사용된다는 점, 담당 법관의 삶의 궤적에 따라 성인지 감수성이 달라질 수 있다는 연구로, 조현욱·홍완식·김승태, "성적 자기결정권의 헌법적 함의 - 성폭력범죄의 판단기준인 성인지 감수성을 중심으로 -", 가천법학 제14권 제1호, 가천대학교 법학연구소, 2021, 174쪽 이하.

26) 1차 피해는 직접적인 범죄 행위로 피해자에게 야기된 신체적, 정신적 손해를 의미한다고 보고, 2차 피해는 범죄 사건이 종료된 이후 범죄 또는 사회적 일탈행위에 대한 통제가 발동되는 과정에서 피해자가 겪는 일련의 손해를 의미, 3차 피해는 범죄 피해로 인한 장기 후유증을 의미한다고 보는 분류론으로, 김용세·류병관, "피해자학의 발전과 피해자보호의 최신 동향", 피해자학연구 제10권 제1호, 한국피해자학회, 2002, 157쪽 이하; 허선주·조은경, "성폭력 범죄 피해자의 2차 피해에 대한 국내외 연구동향.", 피해자학 연구 제20권 제1호, 한국피해자학회, 2012, 381쪽 이하; 김태경, 앞의 책, 74쪽 이하.

27) 그러나 2차 피해와 3차 피해는 구별기준이 모호하고, 개념상 특별히 구별 실익이 없어 2차 피해(N차 피해를 포괄하여)로 설명할 수 있다.

이러한 피해자화에 대한 논의는 성범죄 여성 피해자가 사법 시스템에서 겪는 고통에 관한 관심에서 시작하였으나 현재는 성별을 불문하고 범죄피해자의 지위 회복과 함께 논의되고 있다.[28] 특히, '2차 피해'는 통상 범죄 피해 발생한 이후 추가적인 불이익 조치로 설명되고 있다. 「성폭력방지 및 피해자 보호 등에 관한 법률」, 「남녀고용평등과 일·가정 양립 지원에 관한 법률」 등 개별 법률에서 피해자 등에 대한 추가적인 불이익 조치를 규율하고 있고, 이는 2차 피해를 방지하는 규정으로 이해된다. 대법원도 2018. 4. 12. 선고 2017두74702 판결에서 2차 피해를 "피해자가 성희롱 사실을 알리고 문제를 삼는 과정에서 오히려 부정적 반응이나 여론, 불이익처우 또는 그로 인한 정신적 피해 등에 노출"되는 것으로 본 바 있다. 이후 국내 법률 최초로 2018년 12월 24일 「여성폭력방지기본법」이 제정되면서 '2차 피해'를 법적으로 정의하는 규정을 두게 되었다.[29]

---

28) 참고로 양형위원회는 정조관념에 바탕을 둔 성적 수치심이라는 용어를 성적 불쾌감으로 변경하였다.

29) 여성폭력방지기본법 제3조 제3호 "2차 피해"란 여성폭력 피해자(이하 "피해자"라 한다)가 다음 각 목의 어느 하나에 해당하는 피해를 입는 것을 말한다.

　가. 수사·재판·보호·진료·언론보도 등 여성폭력 사건처리 및 회복의 전 과정에서 입는 정신적·신체적·경제적 피해

　나. 집단 따돌림, 폭행 또는 폭언, 그 밖에 정신적·신체적 손상을 가져오는 행위로 인한 피해(정보통신망을 이용한 행위로 인한 피해를 포함한다)

　다. 사용자(사업주 또는 사업경영담당자, 그 밖에 사업주를 위하여 근로자에 관한 사항에 대한 업무를 수행하는 자를 말한다)로부터 폭력 피해 신고 등을 이유로 입은 다음 어느 하나에 해당하는 불이익조치

　1) 파면, 해임, 해고, 그 밖에 신분상실에 해당하는 신분상의 불이익조치

　2) 징계, 정직, 감봉, 강등, 승진 제한, 그 밖에 부당한 인사조치

　3) 전보, 전근, 직무 미부여, 직무 재배치, 그 밖에 본인의 의사에 반하는 인사조치

　4) 성과평가 또는 동료평가 등에서의 차별과 그에 따른 임금 또는 상여금 등의 차별 지급

　5) 교육 또는 훈련 등 자기계발 기회의 취소, 예산 또는 인력 등 가용자원의 제한 또는 제거, 보안정보 또는 비밀정보 사용의 정지 또는 취급 자격의 취소, 그 밖에 근무조건 등에 부정적 영향을 미치는 차별 또는 조치

　6) 주의 대상자 명단 작성 또는 그 명단의 공개, 집단 따돌림, 폭행 또는 폭언, 그 밖에 정신적·신체적 손상을 가져오는 행위

　7) 직무에 대한 부당한 감사 또는 조사나 그 결과의 공개

　8) 인허가 등의 취소, 그 밖에 행정적 불이익을 주는 행위

　9) 물품계약 또는 용역계약의 해지, 그 밖에 경제적 불이익을 주는 조치

그 밖에 '성희롱'은 양성평등기본법 제3조 제2호를, 성폭력은 성폭력범죄의 처벌 등에 관한 특례법 제2조, 군형법 제92조부터 제92조의8을 참조한다.

동법 제14조 제3호에서 '2차 피해로부터 보호받을 권리'를 (여성폭력) 피해자의 권리로 명시하였다는 점이 특기할 만한 사항이다. 다만, '2차 피해'의 의미가 '피해자'의 확대된 피해 전부(본래적 1차 피해와 확장된 피해 부분의 총합으로 직접적, 간접적 손해 불문)를 의미하는지, 아니면 최초의 피해로부터 파생된 피해(확대된 부분)를 의미하는지에 관하여 용어 자체가 가지는 모호성이 있다. 아직 관련 법령에서 2차 피해에 대한 형사제재 규정을 두고 있지는 않으나 향후 2차 피해에 대한 제재 규정이 별도로 마련되거나 사법적 판단에서 위 규정이 원용되는 경우 논란이 있을 수 있다. 즉, 범죄피해자의 범죄 피해의 내용을 구성한다는 점과 사법적 판단의 근거가 될 수 있어 결국 관련 법령상 제재의 요건이 될 수 있다.

「여성폭력방지기본법」 제3조 제3호 가목에서 '2차 피해'란 "여성 폭력 사건의 처리 및 회복 과정에서 입는 정신적·신체적·경제적 피해"라고 정의하고, 같은 호 나목에서 구체적인 행위 태양을 규정하고 있다. 가목만 살펴보면 다소 모호할 수 있으나 "집단따돌림, 폭행 또는 폭언, 그 밖에 정신적, 신체적 손상을 가져오는 행위로 인한 피해"로 구체화하고 있는 이상 금지규정을 일반인이 인식하는 데 지장은 없다.[30] 또한 국제적으로 2차 피해 개념에 관하여 논의되어 선언된 「피해자 정의를 위한 핸드북」(Handbook on justice for victims, 1999)이나 「여성에 대한 폭력 철폐 선언」(Declaration on the Elimination of Violence against Women, 1993),[31] 「여성폭력에 대한 형사정의와 보호강화를 위한 UN총회 결의안」상의 2차 피해 정의에 비해 모호하다고 보기 어렵다.

결론적으로 2차 피해는 최초 피해에 대하여 확대된 피해로 보아야 하고, 시간상 단절된 특정 시점의 피해라고 보기에 무리가 있다. 즉, 최초 피해 이후의 시간 경과로 발생한 결과라는 점에서 그 실질은 'N차 피해' 모두를 포괄하는 개념이라 볼 수 있다.

2) 피해자다움 또는 피해자성

'피해자다움과 피해자성'이라는 용어도 형사사건을 비롯한 소송실무에서 종종 등장하고 있다. 이러한 용어는 피해자의 성질(性質)을 의미할 뿐, 단어 그 자체로 정의

---

30) 여성폭력방지기본법 제3조 제3호 나목.
31) 위 선언은 1993.12.20. 유엔총회에서 결의되어 48/104호로 공표된 것으로 제2조에서 규정짓는 피해로 피해가 국한되지 않는다고 하여 2차 피해는 확장된 피해를 의미하고 있다.

되기 어렵다. 또 사건 주체로서의 피해자를 근거 짓는 용도나 무죄 논거로 활용되는 '피해자다움' 또는 '피해자성'은 피해자에게 일정한 성별에 따른 행위 태양(예를 들어, 여성이므로 ~을 했어야 했다는 식의 주장)을 요구한다는 점에서 폭력적일 수 있으며, 피해자 보호를 취약하게 하는 원인이 될 수 있다. 나아가 성범죄와 같이 특정 범죄 유형에서는 성 역할에 대한 고정관념을 부여하여 사건 판단에 있어 부당한 성차별을 가속화한다는 점에서 객관적이고 특정 성별과 상관없이 동등한 판단이 이뤄져야 하는 사법의 본질적 속성에는 부합하지 않는다.32) 한편, '피해자다움, 피해자성, 피해자화'의 담론은 사법적 평가와 별개로 대중의 지지를 폭넓게 받을 수 있는 가능성은 있다.33)

2. 인접 학문상 피해자에 관한 논의

20세기 중반, 1947년 피해자학의 아버지라 불리는 벤저민 멘델슨(Benjamin Mendelsohn)이 범죄피해자에 대한 과학적 연구를 설명하기 위해 사용하면서부터 피해자학(Viktimologie, Victimology)34)이 등장하였다.35) 피해자학은 범죄피해를 받거나 받을 위험이 있는 자에 대해 사회과학적으로 연구하고, 이를 기초로 피해자의 역할과 보호를 연구하는 학문이다. 피해자를 배제하고는 형사정책을 제대로 수립할 수

---

32) 오히려 사법의 영역에서 성 역할에 관한 스테레오타입적 고정관념에 기초한 부당한 차별을 인식하여 교정하는, 즉 정당한 동등처우 요구를 실현하는 영역이 사법이라고 설명하고 있으나, 실제 재판 과정에서 형사범죄를 판단함에 있어 성 역할에 관한 고정적인 인식이 재판결과에 상당히 미친다고 할 수 있다. 사법을 통한 젠더평등에 관한 상세한 설명에 관해서는, 김하열, "젠더평등과 평등헌법", 젠더법학 제3권 제2호, 한국젠더법학회, 2011, 60쪽 이하; 실제로 상당수의 법률가와 법관이 가치 선정 시에 구조적인 편견이 있을 수 있다는 논증으로, John Hart, Ely(전원열 옮김), 『민주주의와 법원의 위헌심사』, 나남출판, 2006, 158쪽.

33) 양심적 병역거부 운동에서 일종의 '피해자화'가 하나의 전략으로 작용할 수 있다는 설명에 관해서 임재성, 『삼켜야 했던 평화의 언어』, 그린비, 2011, 144쪽.

34) 피해자학은 ① 범죄학적 측면에서 피해자의 환경적 특성, 피해자와의 관계, 범죄의 발생 원인을, ② 형법학적 측면에서 피해자의 특성, 피해자와의 관계가 양형에 미치는 영향에 관한 분석을, ③ 형사소송법학 측면에서 소송상 지위, 수사 및 재판절차에서 피해자 보호에 관한 연구를, ④ 정책학적 측면에서 피해자 보호방안을 연구하는 것을 주로 하고 있는 학문분야라 할 수 있다. 독자적인 학문으로 형성되었다는 상세한 설명에 관해서는 오영근 외1, 앞의 보고서, 5쪽 이하.

35) Leah E., Daigle, and Lisa R. Muftic, 『Victimology : a comprehensive approach』, SAGE Publications, 2020, 1쪽 이하.

없다는 인식에 기초한다. 또한 범죄피해자를 보호와 회복의 대상이 아닌 범죄 입증에 필요한 수단으로 취급해 왔던 종래 사법학에 대한 반성적 고려에서 논의가 시작하였다.[36] 국내에서도 1970년대 형사정책 분야에서 피해자에 관하여 논의가 본격적으로 시작한 이래 1992년 4월 25일 한국피해자학회가 설립되었고 현재까지 피해자에 관하여 활발한 연구가 이뤄지고 있다.[37] 다만, 개별 법령에 관한 개선논의가 압도적인 부분을 차지하고 있어, 피해자에 대한 헌법적인 기초 연구는 상대적으로 부족하다고 평가할 수 있다. 그러나 오늘날 형사법에서는 피고인의 방어권에 못지않게 범죄피해자 권리에 대한 관심이 높아지고 있다.

그러므로 오늘날 범죄피해자의 기본권을 시혜적인 국가 보호 대상만으로 볼 것이 아니라 최고규범인 헌법에서도 '피해자 헌법' 연구가 이루어질 필요가 있다. 지금까지 피해자와 관련된 논의는 주로 보호 제도 중심으로 이루어져 왔고, 범죄피해자에 대한 권리체계에 관한 연구는 찾아보기 어렵다. 따라서 범죄피해자 헌법은 범죄피해자의 권리를 규범적으로 해명하고, 그에 따른 제도와 개선과제를 해결하기 위해 인접 학문과 통섭적인 측면에서 연구될 필요가 있다.

3. 범죄피해자의 유형

범죄피해자는 분류 유형에 따라 보호의 정도나 방법이 달라질 수 있다. 피해자학에서는 피해자가 어떤 역할을 하는지 분석하는 데 연구 주안점을 두고 범죄피해자의 유형적 분류를 제시하고 있다.[38] 구체적 피해자 유형을 ① 유책성 정도에 따라 분류하는 멘델존(Mendelsohn) 유형, ② 피해자의 외적 특성을 기준으로 하는 일반적 유형과 심리학적 피해자 유형으로 분류하는 헨티히(Hentig) 유형, ③ 피해자가 될 특수한 원인이 잠재적으로 있는지 여부로 분류하는 엘렌베르거(Ellenberger) 유형으로 나눠 설명하고 있다.[39] 이 밖에도 피해자 없는 범죄, 피해자가 동의하거나 기여한 범

---

36) 배종대, 『형사정책』(제7전정판), 홍문사, 2008, 97쪽 이하.

37) 한국피해자학회에 관해서는 https://victimology.or.kr/

38) 2차 세계대전 이후 피해자 유형론 연구가 시작되었다는 설명으로 김성환, "범죄피해자지원의 헌법적 근거", 헌법학연구 제12권 제5호, 한국헌법학회, 2006. 12, 463쪽.

39) • 벤자민 멘델존 유형은 책임이 없는 피해자(미성년자 약취유인죄의 미성년자, 영아살해죄의 영아), 책임이 조금 있는 피해자(낙태를 시도하다 사망한 임산부), 가해자와 동등한 책임이 있는 피해자(동반 자살자), 가해자보다 책임이 더 큰 피해자(무고죄의 범인, 피해망상호소자)로 책임 정도에 따른 분류론이다.

죄 유형도 있다.[40]

　이러한 유형적 분류는 피해자의 피해 발생 분석을 위한 내적, 외적 요인을 비롯하여 범죄학과의 관계에서 피해자에 대한 귀납적 원인 분석을 통해 이루어진다. 그러나 규범학인 헌법학에서 보호하고자 하는 범죄피해자는 보호의 대상이 되는 '범죄피해를 입은 모든 피해자'를 의미하므로 범죄피해자의 유형론이 범죄피해자에 대한 예방 및 보호정책에 참고가 될 수는 있어도, 피해자의 권리와 보호 논의에 그 자체로 영향을 미친다고 할 수는 없다.

II. 범죄피해자의 법적 지위와 권리

1. 헌법적 근거

　국내에서 범죄피해자에 대한 직접적 관심은 1987년 10월, 제9차 개정 헌법에 드러난다. 1987년 제9차 개정 헌법 제27조 제5항에서 "형사피해자는 법률이 정하는 바에 의하여 당해 사건의 재판절차에서 진술할 수 있다.", 제30조에서 "타인의 범죄행위로 인하여 생명·신체에 대한 피해를 받은 국민은 법률이 정하는 바에 의하여 국가로부터 구조를 받을 수 있다."라는 내용으로 범죄피해자의 재판절차진술권과 구조청구권을 명문으로 인정하였다. 이 두 조항은 범죄피해자의 권리를 헌법 규정으로 기본권의 차원에서 보장한 것이라는 점에서 역사적 의미를 가진다. 특히 중요한 것은 형사사법제도 속에서 소외되었던 범죄피해자가 자신의 목소리를 스스로 낼 기회를 부여하였다는 것이다.[41] 나아가 범죄행위로 인해 피해를 받은 국민에 대하여 국가가 적극적인 구조행위를 하도록 규정함으로써 범죄피해자의 기본권을 단순히 인

　• **한스 폰 헨티히 유형**은 여성, 어린이와 같은 일반적 유형과 탐욕자, 의기소침자, 학대자와 같은 심리학적 피해자 유형으로 나누는 분류론이다.
　• **엘렌베르거 유형**은 피학대자, 강박증 환자와 같이 잠재적 피해자와 위와 같은 요소를 갖지 않은 일반적 피해자로 나누는 분류론이다. 이에 대해서는 한대봉, "수사절차상 범죄피해자보호에 관한 연구", 한양대학교 석사학위논문, 2012, 17~18쪽.
　이 외에 스티븐 쉐이퍼, 마빈 울프강 등의 유형에 대한 소개로는 김재민, 『피해자학』, 박영사, 2021, 10쪽 이하 참고.

40) 배종대, 앞의 책, 94쪽 이하 참조.
41) 사법절차에서 피해자의 목소리가 현출되는 것이 중요하다는 점에 관하여 강조하는 문헌으로, E., Barajas, "Speak Out! Community Justice: Bad Ways of Promoting a Good Idea.", Perspectives 20.3, 1997, 16~19쪽.

간의 존엄과 자유로부터 파생되는 기본권의 일부가 아니라 생존권적 기본권의 차원으로 인정하였다는 점에서 큰 의의가 있다. 아울러 헌법 제10조 후단에서 규정한 국가의 기본권 보호 의무에 상응하여 규정된 점에서도 의미를 부여할 수 있을 것이다.[42]

범죄피해자는 공판절차에서 증거방법 중 하나인 증인으로 진술(증언)하게 되지만, 이는 검사 또는 피고인이 증인 신청을 하거나 법원이 직권으로 증인을 채택하지 않으면 진술하지 못하는 문제점이 있었다. 이러한 문제점을 시정하기 위해 1987년 개정 헌법은 범죄피해자가 적극적으로 자신의 권리를 주장하기 위한 재판절차진술권을 갖는다고 규정하였고,[43] 한 달 후인 같은 해 11월 개정된 형사소송법은 헌법의 위임에 따라 다소 헌법보다 확장된 취지의 '피해자의 진술권'(구 형사소송법 제294조의2) 규정을 신설하였다. 하지만 입법 도입경위를 고려할 때, 재판절차진술권은 재판절차 또는 그 전후의 형사사법 절차에 있어 사건 당사자인 범죄피해자 참여를 보장하는 절차적 기본권이었다.[44] 따라서 재판절차진술권이 기소 여부에 대한 내용적 타당성에 관하여 사법심사를 통한 통제장치로 제정되지는 않았다.[45] 즉, 재판절차진술권은 범죄피해자 스스로 자기 사건에 출석하여 피해 내용과 의견을 진술할 수 있는 권리로,[46] 피해자의 재판절차 참여와 청문의 기회를 보장하여 형사사법의 절차적 적정성 및 균형성을 확보하기 위한 것이다.[47] 헌법은 재판절차진술권의 구체적 내용을 법률에 위임하고 있고, 형사소송법 제294조의2에서 구체화하고 있다(이른바, 기본권 형성적 법률유보). 형사소송법상 피해자 진술은 증언으로 하게 되어 있는데 반하여, 형사소송규칙 제134조의10에서 증언으로 하지 않는 의견 진술을 규정하고 있다. 헌법과 법률, 하위법령 간에 규정의 내용이 일치하지 않고 있다.[48] 따라서 헌법과 형

---

42) 황태정, 앞의 논문(2019), 142쪽.

43) 성낙인, 『헌법학』제23판, 법문사, 2023, 1620쪽.

44) 절차적 기본권을 청구권적 기본권으로 칭하는 경우가 있으나, 기본권 구제의 절차를 기본권으로 보장하는 점에서 절차적 기본권으로 표현하는 것이 타당하다. 이와 같은 견해로 장영수, 앞의 책, 891쪽.

45) 윤영미, "형사피해자의 재판절차진술권에 대한 헌법적 고찰", 헌법학연구 제15권 제4호, 한국헌법학회, 2009, 350쪽.

46) 법제처, 「헌법 주석서Ⅱ (2판)」, 2010. 3, 215~216쪽 참조.

47) 헌법재판소 1993. 3. 11. 선고 92헌마48 결정.

48) 형사소송법상 증언의 방법으로 진술하게 규정하였다는 점에서 헌법의 취지를 잘 살리지 못했다는 평가로, 장응혁, "형사피해자의 재판절차진술권에 관한 연구―형사소송규칙의 문제

사소송법의 조화적인 해석을 통해 주체, 행사시기, 규범적 의미를 밝혀야 한다. 헌법이 재판절차진술권을 기본권으로 인정한 이상 재판절차에서 진술권을 박탈하는 것은 헌법소원 대상이 된다.[49] 참고로 우리의 경우 헌법에 기본권 목록 중 하나로서 재판절차상 피해자의 진술권을 규정하고 있으나,[50] 영국, 미국, 독일, 일본의 경우 헌법에서 범죄피해자의 기본권을 독자적으로 규정하고 있지 않다.[51] 다만, 피해자의 진술권을 법률에 구체적 '권리'로서 규정하는 방식으로 보장하고 있다.

범죄 피해를 통해 피해자와 그 가족은 신체적 피해뿐만 아니라 사회적 피해, 우울증, 범죄에 대한 두려움 등을 겪게 되는데 이에 대한 사회적 조력이 필요하다. 헌법 제30조는 "타인의 범죄행위로 인하여 생명 · 신체에 대한 피해를 받은 국민이 법률이 정하는 바에 의하여 국가로부터 구조를 받을 수 있다."라고 규정하고 있다. 범죄피해자구조청구권은 범죄로 인한 생명 · 신체의 피해자와 그 가족 또는 유족을 보호하고 사회의 안정을 도모하려는 사회보장적 청구권이자 구체적 입법 형성을 전제로 하는 청구권적 기본권이다.[52] 범죄피해자에 대한 국가의 보호 의무가 헌법적 결단이자 적극적 청구권으로 발현된 형태라고 할 수 있다.[53] 이에 따라 「범죄피해자구조법」 (1987. 11. 28. 제정, 법률 제3969호)이 제정되어 범죄피해자에 대해 일정한 구조금을 통하여 범죄 피해의 원상회복을 도모하게 되었다.

헌법 제10조 전단에서는 "모든 국민은 인간으로서의 존엄과 가치를 가지며, 행복을 추구할 권리를 가진다."라는 내용으로 인간의 존엄과 자유, 행복추구권을 규정하

점과 피해자진술의 내용을 중심으로-", 피해자학연구 제27권 제3호, 한국피해자학회, 2019, 248쪽 이하.

49) 이와 같은 논리 구성으로, 이효원, 앞의 논문, 93쪽; 이러한 진술권 배제는 적법절차원리 위반으로 구성해야 한다는 의견으로 소병도, "범죄피해자의 헌법적 권리와 적법절차를 통한 보장", 홍익법학 제17권 제2호, 홍익대학교 법학연구소, 2016, 319쪽 이하.

50) 이 기본권의 성격에 대해 당사자에 준하는 기본권으로 보는 성격이라는 견해와 피고인의 방어권을 보장하는 선에서 보충적 권리로 보는 성격을 갖는다는 입장이 나뉘져 있다.

51) 이효원, 앞의 논문, 84쪽; 미국 주 헌법의 경우 많은 주가 범죄피해자의 권리를 헌법 명문화하고 있다. 이에 관해서는 제4장 미국 부분에서 살펴보기로 한다.

52) 김학성, 『헌법학원론』, 박영사, 2011, 575쪽 이하.

53) 한수웅, 『헌법학』(제11판), 법문사, 2021, 962쪽 이하; 양건, 앞의 책, 943쪽; 허영, 『한국헌법론』(전정제18판), 박영사, 2022, 675쪽; 이준일, 『헌법학강의』(제7판), 홍문사, 2019, 750쪽; 장영수, 『헌법학』(제11판), 홍문사, 2019, 933쪽; 전광석, 『한국헌법론』(제16판), 집현재, 2021, 516쪽; 김하열, 『헌법강의』(제4판), 박영사, 2022, 659쪽; 이효원, 앞의 논문, 94쪽.

고 있다. 이 조항은 포괄적인 성격을 가진 기본권으로 헌법상 인권의 핵심 가치가 인간의 존엄과 가치를 지키고 옹호하는 것임을 밝힌 것이라 할 수 있다.[54] 그러므로 범죄피해자도 국민의 한 구성원으로서 당연히 헌법 제10조의 기본권 향유 주체가 된다. 다만, 헌법 제10조는 일반 국민이 가지는 기본권을 규정하고 있으므로, 특정 개인이 범죄피해자로서 가지는 기본권이라고 볼 수는 없어 단독으로 기본권의 범위와 한계를 설정한다고 볼 수는 없다.[55] 헌법 제27조 제5항과 제30조, 제10조 행복추구권과 함께 범죄피해자의 권리를 확대하기 위한 헌법적 정당성 근거가 된다.[56] 한편, 헌법 제10조 후단에서는 "국가는 개인이 가지는 불가침의 기본적 인권을 확인하고, 이를 보장할 의무를 진다."라고 규정하고 있다. 따라서 국가는 범죄피해자가 가지는 권리를 확인하고, 현실 속에서 구현될 수 있도록 할 의무가 있다. 즉, 국가는 법이 정하는 바에 따라 수사하고, 국가형벌권을 행사하는 한편 범죄 피해를 입은 범죄피해자를 보호해야 하는 것이다. 그런데 헌법 규정에 근거한 범죄피해자 보호가 존재의의를 가지기 위해서는 기본권 보호 의무가 충실히 실현될 수 있는 여건과 환경이 조성되어야 한다. 그러므로 범죄로부터 생명과 재산을 보호해야 할 국가의 의무가 충분히 이행되지 않는 경우 이는 국가의 기본권 보호의무 위반으로써 국민의 기본권 침해를 구성한다고 할 것이다.[57] 이때 헌법재판소는 '과소보호금지 원칙'에 따라 국가가 피해자에 대한 최소한의 보호조치를 하였는지 기준으로 위헌 여부를 판단할 것이다.[58]

헌법 제12조 제4항은 "누구든지 체포 또는 구속당한 때에는 즉시 변호인의 조력을 받을 권리를 가진다. 다만, 형사피고인이 스스로 변호인을 구할 수 없을 때는 법률이 정하는 바에 의하여 국가가 변호인을 붙인다."라고 하여 '변호인의 조력 받을

---

54) 이경주, 『헌법 I』, 청목출판사, 2012, 60쪽.
55) 이효원, 앞의 논문, 84쪽.
56) 김성환, 앞의 논문, 478쪽 이하.
57) 이효원, 앞의 논문, 103쪽; 헌법재판소 1997. 1. 16. 선고 90헌마110 결정 등.
58) 참정권이나 청구권에 대한 위헌심사 기준에 관한 시론으로 김하열, "법률에 의한 기본권의 형성과 위헌심사－참정권과 청구권을 중심으로－", 고려법학 제67호, 고려대학교 법학연구원, 2012, 64쪽 이하; 보호의무에 상응하는 보호권의 요건에 해당하고, 보호영역이 확인되고, 제한의 근거가 헌법 제37조 제2항에 따라 확인되고 난 후, 비례성 원칙의 발현형태인 과소보호금지 원칙에 따라 판단이 가능하다는 논의로 이준일, "基本權論證體系의 새로운 構成 : 기본권에 관한 3단계(구성요건－제한－정당화) 논증체계", 고시계 제54권 제4호, 고시계사, 2009, 7쪽 이하.

권리'를 규정하고 있다. 이는 국가의 소추 권력과 소추를 당하는 개인 간의 실질적 무기대등을 꾀하기 위하여 인정되는 기본권으로 피의자·피고인을 염두에 두고 있다.[59] 그러나 형사절차 외의 소송절차(예를 들어, 가사소송)에서 변호사의 조력을 받을 권리는 헌법 제12조 제4항에 포함되기 어렵다는 것이 헌법재판소의 태도이다.[60] 또한 헌법재판소는 현재까지 변호사의 조력 받을 수 있는 피해자의 권리가 헌법상 기본권인지에 관한 판단을 한 적이 없다. 최근에는 행정절차에서 구속당한 사람에게도 변호인의 조력 받을 권리가 보장된다고 판시한 바 있으나, 이것은 신체에 관하여 구속당한 사례일 뿐 피해자의 기본권으로까지 확장하여 보장될 가능성이 있다고 해석하기는 무리가 있다.[61] 또한 피해자 변호사의 조력을 받을 권리가 헌법 문언상 체포 또는 구속당한 때로 시점이 특정되어있는 이상 헌법 제12조 제4항에서 도출된다고 보기는 어렵다. 헌법 제37조 제1항의 열거되지 아니한 기본권으로 구성할 수 있겠으나 이를 기본권으로 구성하는 선행연구는 찾아보기 힘들다. 다만, 피해자의 기본권 주체성과 사법상 당사자에 준하는 지위를 인정한다면, 헌법상 열거되지 아니한 기본권[62]으로 구성하더라도 큰 무리가 없을 것으로 보인다. 이론적 논란을 해소하기 위해 피해자 변호사의 조력 받을 권리가 헌법적 차원에서 명시적 기본권으로 보장될 필요가 있다.

범죄피해자 권리 및 보호제도에 관한 헌법상 근거를 규명하는 것은 ① 피의자·피고인의 기본권과의 충돌에 대한 헌법 이론적 해결을 제공해 주고, ② 범죄피해자에 대한 정당한 권리행사에 근거를 확보해 주고, ③ 다양한 피해자지원에 대한 기초를 마련함으로써, 사회적 약자인 범죄피해자가 인간으로서의 존엄을 지킬 수 있는 제도적 기반을 설정할 수 있게 한다. 범죄피해자의 헌법적 근거는 헌법 제27조 제5항, 제30조가 된다고 할 수 있고, 헌법 제21조에 근거한 알 권리, 헌법 제10조 등을 종합적인 근거로 하여 범죄피해자를 보호하고 있다.[63] 다만, 범죄피해자에 대한 권리

---

59) 이준일, 앞의 책, 472쪽 이하; 양건, 앞의 책, 551쪽 이하; 한수웅, 앞의 책, 658쪽; 김하열, 앞의 책, 408쪽 이하.

60) 헌법재판소 2012. 10. 25. 선고 2011헌마598 결정.

61) 헌법재판소 2018. 5. 31. 선고 2014헌마346 결정.

62) 헌법적 필요성이 특별히 인정되고, 규범의 상대방에게 요구할 힘이 있고, 이미 헌법이 재판절차진술권과 같은 기본권을 보장하고 있으므로 가능할 것이다.

63) 헌법 제37조 제1항의 헌법에 열거되지 아니한 기본권으로 구성하지 않더라도 현행 헌법상의 피해자에 관한 근거를 비롯하여 헌법 제10조로 헌법상 근거를 확인할 수 있다; 헌법재판

와 보호의 정도가 강화될수록 피의자 혹은 피고인의 권리와 충돌이 발생할 수 있다. 가해자의 유일한 상대방이 사법기관(경찰, 검찰)이었던 상황에서 피해자까지 1:2로 다퉈야 한다고 인식되어 피의자 혹은 피고인에게 부담으로 느껴질 수도 있다. 그러나 피해자의 권리 보장이 충실하다고 하여 피의자 혹은 피고인의 권리가 경시되어야 한다는 주장이 아니다. 피고인에 대한 인권침해를 극복하기 위해 개선되어온 사법 역사에 상응하여 상대적으로 외면되어 왔던 피해자의 헌법상 권리 또한 함께 보장하여야 한다는 것이다. 헌법상 범죄피해자 보호에 관한 구체적이고 상세한 논의는 제3장에서 분석한다.

2. 법률적 근거

(1) 범죄피해자 입법의 연혁

범죄피해자 입법의 시작은 1981년 1월 제정된 「소송촉진 등에 관한 특례법」(이하 '소촉법'이라 한다)상 배상명령제도(소촉법 제25조 이하)의 도입이라 할 수 있다. 배상명령제도는 형사 사건 진행 중 피해자가 가해자로부터 치료비, 위자료 등으로 피해회복을 할 수 있도록 한다. 그러나 실제는 범죄피해자 보호 및 지원보다는 소송경제를 도모하는 데 입법 취지가 있어 피해자보호에서는 본질적인 한계를 지니고 있다. 실제로도 배상명령은 인용률이 50% 이하로 떨어져 소송경제 목적마저 달성하지 못하고 있다. 범죄피해자의 피해구제를 위한 배상명령제도의 개선에 관해서는 제5장에서 살피기로 한다.

1987년 헌법이 개정되면서 재판절차진술권이 명문 규정으로 신설되었고, 같은 해 11월 28일 형사소송법을 개정하여 범죄피해자등의 진술권(형사소송법 제294조의2)이 신설되었다. 그리고 같은 날 「범죄피해자구조법」이 제정되었다. 그럼에도 불구하고 범죄피해자에 관한 관심은 부족했고, 피해자 권리와 보호에 관한 논의 역시 학문적, 실무적으로 크게 주목받지는 못했다.

1990년 12월 31일 구「특정강력범죄의 처벌에 관한 특례법」을 제정하여 보석 또는 구속의 집행정지 취소, 증인의 신변안전조치 등 피해자를 보호하기 위한 제도를 도입하였다. 1994년에는 구「성폭력범죄의처벌및피해자보호등에관한법률」을 제정하여 수사와 재판절차에서의 피해자보호 조항을 두었다.[64] 1997년 「가정폭력방지 및

소 2001. 7. 19. 선고 2000헌마546 결정 등.

피해자보호 등에 관한 법률」, 1999년 「특정범죄신고자 등 보호법」, 2004년 「성매매방지 및 피해자보호 등에 관한 법률」에 이르기까지 다양한 범죄피해자 관련 특별법들이 입법화되기 시작했다.

그 후 대검찰청은 2003년에 검찰개혁자문위원회를 구성하여 범죄피해자보호 및 구제방안을 논의하였다.[65] 이어 법무부는 2004년 9월 1일에 이르러 '피해자보호 · 지원 강화를 위한 종합대책'을 발표(3대 목표로 ① 범죄피해자기본법 제정, ② 범죄피해자지원센터 설치, ③ 대한법률구조공단을 통한 피해자 업무 지원)하고, 전국 55개 검찰청 산하에 범죄피해자지원센터를 설치하였고, 범죄피해자 보호 · 지원을 위한 기본법안을 만들기 시작하였다.

이로써 「범죄피해자 보호법」이 2005년 12월에 공포되어, 2006년 3월에 시행되었다. 범죄피해자 보호법 제정에 관하여 산발적인 개별입법의 한계를 넘어 피해자 보호에 관한 획기적인 이정표가 제시된 것이다.[66] 2010년 5월에는 기존의 범죄피해자구조법이 폐지되고, 범죄피해자 보호법에 통합 규율되었으며, 범죄피해자보호기금법이 제정되었다. 이를 통해 「범죄피해자 보호법」은 범죄피해자구조제도를 통합적으로 규율하는 기본법이 되었다. 특히, 「범죄피해자보호기금법」은 국가 예산으로 범죄피해자를 위해 사용할 수 있는 법적 근거를 마련하고 있다는 점에서 국가의 범죄피해자보호의무의 실천적 이행을 위한 중요한 발판을 마련하였다고 할 수 있다.[67]

표 1 주요 법률 제 · 개정 변천

연도	명칭
1990. 12. 31.	특정강력범죄의처벌에관한특례법 ─증인(피해자)에 대한 신변안전조치, 출판물등으로부터 피해자보호 도입

64) 이후 2003년에 개정하여 13세 미만의 성폭력 피해자에 대한 진술내용의 녹화, 증거능력을 부여하는 규정을 신설하기도 하였다.
65) 김성환, 앞의 논문, 464쪽.
66) 황태정, 앞의 논문, 144쪽; 법무부 보도자료, 『범죄피해자 보호·지원 강화를 위한 종합대책 설명자료』, 2004. 9. 1.자.
67) 1985년 11월 UN총회 결의에서 범죄피해자보호기금의 설치를 선언한 이후 캐나다, 미국 등 여러 국가는 범죄피해자 보호, 지원을 위한 기금을 설치해오고 있었는데, 당시 우리나라도 이러한 입법이 필요하다는 목소리가 높았다. 범죄피해자보호기금법 제정으로 확보된 범죄피해자보호기금을 통해 범죄피해자 보호, 지원의 실질화를 도모할 수 있게 되었다.

1994. 1. 5.	성폭력범죄의처벌및피해자보호등에관한법률 －심리비공개, 성폭력피해자상담소 운영 도입 －피해자보호 및 국가의 의무 규정 도입
1997. 12. 13.	가정폭력범죄의처벌등에관한특례법
1997. 12. 31.	가정폭력방지및피해자보호등에관한법률 －피해자 의사 존중의무
1999. 8. 31.	특정범죄신고자등보호법 －신변안전조치 등
2000. 2. 3.	청소년의성보호에관한법률 －2009. 6. 9. 아동·청소년의 성보호에 관한 법률로 전부개정
2004. 1. 29.	학교폭력예방및대책에관한법률 －피해학생에 대한 보호 치료
2004. 1. 29.	노인복지법 －노인학대신고의무 등 도입
2004. 3. 22.	성매매알선등행위의처벌에관한법률 성매매방지및피해자보호등에관한법률 －윤락행위등방지법 폐지
2005. 12. 23.	범죄피해자 보호법
2007. 12. 21.	남녀고용평등과 일·가정 양립 지원에 관한 법률 －직장내 성희롱 금지, 피해자 불이익조치 신설
2010. 4. 15.	성폭력범죄의 처벌 등에 관한 특례법 －2012. 12. 18. 전부개정으로 피해자 국선 변호사, 증인지원관, 진술 조력인 도입, 성폭력범죄 전담재판부, 심리비공개 등 성폭력방지 및 피해자보호 등에 관한 법률
2010. 5. 14.	범죄피해자보호기금법 －범죄피해자보호기금 설치, 기금조성
2014. 1. 28.	아동학대범죄의 처벌 등에 관한 특례법
2018. 12. 24.	여성폭력방지기본법 －2차 피해 정의, 2차 피해로부터 보호받을 권리 명시
2021. 4. 20.	스토킹범죄의 처벌 등에 관한 법률 －피해자에 대한 잠정조치 등 도입
2023. 1. 17.	스토킹방지 및 피해자보호 등에 관한 법률
2023. 7. 11.	위 법상 반의사불벌죄 폐지(제18조 제3항)

2012년 12월 18일에는 성폭력범죄의 처벌 등에 관한 특례법이 전부 개정되면서 피해자 조력을 위한 피해자 변호사제도가 도입되었고, 2018년에는 여성폭력방지기본법에 2차 피해 정의규정이 신설되었다. 2021년에는 교제폭력을 비롯한 스토킹 범

죄로 인한 피해가 계속 증가하자 스토킹범죄의 처벌 등에 관한 법률이 제정되었
다.[68]

　이와 같이 1987년 헌법이 개정된 이후 피해자에 관한 헌법적 근거와 정당성을 바
탕으로 <표 1>과 같이 범죄피해자 지위와 보호를 위한 입법적 노력이 다양하게
있었으나, 국민의 눈높이에는 미치지 못하는 것으로 생각된다. 범죄피해자가 형사절
차의 주체적인 입장으로 참여하거나 이들에 대해 적극적인 지원이 이뤄질 수 있는
법적 장치는 충분치 않다. 따라서 일관성 없는 입법과 정책들에 대해 다각적 형태의
개선 노력이 요구된다고 할 것이다.

(2) 「형사소송법」상 피해자의 지위와 권리

　형사소송법 제294조의2[69]에서 '피해자등의 진술권'을 규정하고 있으며 헌법상 피
해자의 재판절차진술권보다 권리행사 주체를 두텁게 보호하고 있다. 즉, 동법 제1항
에서는 '피해자등'이라고 명시함으로써 직접 피해를 입은 당사자 외 관련이 있는 자
까지 포함하여 진술권의 대상 범위를 확대하였다. 다만, 피해자등이 신청하는 경우
증인신문을 의무화하고 있어 진술권의 행사방법을 제한하고 있다. 제2항에서 피해자
등을 신문하는 경우 ① 피해의 정도 및 결과, ② 피고인의 처벌에 관한 의견, ③ 그
밖의 당해 사건에 관한 의견을 진술할 기회를 주도록 규정하여 적극적 진술권을 보
장하고 있다. 다만, 피해자등이 이미 공판절차에서 충분히 진술하였거나, 진술 등으

---

68) 국정감사 중 경찰 스토킹 범죄 신고 건수는 2022년 기준 2만 9565건으로 전년도인 2021년
　　(1만 4509건)보다 2배 이상 늘었다.
69) 형사소송법 제294조의2(피해자등의 진술권) ① 법원은 범죄로 인한 피해자 또는 그 법정대
　　리인(피해자가 사망한 경우에는 배우자·직계친족·형제자매를 포함한다. 이하 이 조에서
　　"피해자등"이라 한다)의 신청이 있는 때에는 그 피해자등을 증인으로 신문하여야 한다. 다
　　만, 다음 각 호의 어느 하나에 해당하는 경우에는 그러하지 아니하다.
　　1. 삭제
　　2. 피해자등 이미 당해 사건에 관하여 공판절차에서 충분히 진술하여 다시 진술할 필요가
　　　 없다고 인정되는 경우
　　3. 피해자등의 진술로 인하여 공판절차가 현저하게 지연될 우려가 있는 경우
　　② 법원은 제1항에 따라 피해자등을 신문하는 경우 피해의 정도 및 결과, 피고인의 처벌에
　　관한 의견, 그 밖에 당해 사건에 관한 의견을 진술할 기회를 주어야 한다.
　　③ 법원은 동일한 범죄사실에서 제1항의 규정에 의한 신청인이 여러 명인 경우에는 진술할
　　자의 수를 제한할 수 있다.
　　④ 제1항의 규정에 의한 신청인이 출석통지를 받고도 정당한 이유없이 출석하지 아니한 때
　　에는 그 신청을 철회한 것으로 본다.

로 인하여 재판절차가 현저히 지연될 우려가 있는 경우, 신청인이 여러 명일 경우 진술할 숫자를 제한하는 등 일정 정도 신문을 제한하는 규정을 두고 있었다. 즉, 진술권 행사를 배제할 사유에 관하여 헌법 문언보다 다소 폭넓게 제한하고 있다(동조 제1항 단서 및 제3항).

이 외에도 범죄피해자의 정보권과 참여권을 보장하기 위해 검사가 공소제기 여부 등을 통지하도록 하고(형사소송법 제259조의2), 공판기록 열람·복사권(형사소송법 제294조의4), 피해자의 사생활의 비밀이나 신변 보호를 위하여 필요하다고 인정하는 때 법원은 결정으로 심리를 공개하지 아니할 수 있도록 규정하고(형사소송법 제294조의3), 신뢰관계인 동석을 규정하고 있다(형사소송법 제163조의2).[70]

(3) 「범죄피해자 보호법」상 피해자의 지위와 권리

가해자의 자력이 없어 회복이 불가능한 피해자를 구조하기 위해 국내 최초로 1987년 범죄피해자구조법이 제정되었다. 이후 범죄피해자 권리보호에 관한 기본법으로 「범죄피해자 보호법」이 2005년 12월 23일 제정되어, 2006년 3월 24일 시행되었다. 제2조 제1항에서 "범죄피해자는 범죄 피해 상황에서 조속히 벗어나 인간의 존엄성을 보장받을 권리가 있다."라고 규정하고, 제2항에서 "명예와 사생활의 평온은 보호되어야 한다."라고 규정하고 있으며, 제3항에서 "당해 사건과 관련하여 각종 법적 절차에 참여할 권리가 있다."라고 규정하여 범죄피해자 권리와 보호에 관한 기본 이념을 정하고 있다.

범죄피해자 보호법에서는 "타인의 범죄행위로 피해를 당한 사람과 그 배우자(사실상의 혼인관계를 포함한다), 직계친족 및 형제자매"를 피해자로 정의한다(범죄피해자 보호법 제3조 제1항 제1호). 또한 제3조 제2항에서 "범죄피해 방지 및 범죄피해자 구조 활동으로 피해를 당한 사람"도 범죄피해자로 규정하고 있다. 제4조 내지 제5조에서 국가와 지방자치단체에 범죄피해자를 위한 보호 및 지원에 관한 책무를 규정하고 있다.[71] 제8조에서 형사절차 참여권의 보장, 제8조의2에서 정보제공을 받을 권리의 보

---

70) 성폭력범죄피해자에게만 한정되지 않는다.
71) 범죄피해자 보호법에 따른 이 조문이 손실 복구 지원, 사생활 평온과 신변의 보호 등 지방자치단체의 책무를 규정하고 있으나 범죄피해자 보호 및 지원 정책 수립, 시행에 관해서는 규정되지 않아 책무가 없는 것으로 오인될 수 있으므로 지방자치단체를 범죄피해자 보호 및 지원의 주체로 개정이 필요하다. 이에 관한 상세한 분석과 범죄피해자 보호

장, 제9조에서 사생활 및 신변의 보장을 규정하고 있다. 그러나 이러한 피해자 권리보장 규범을 그 자체로 헌법상 권리라 보기 어려운 점이 있고, 법률상 선언적 규정일 뿐 피해자 권리보장에 관하여 처벌하는 규정이 없어 이행을 담보할 수 없다.

동법 제16조 이하에서 범죄피해자는 피해의 전부 또는 일부를 배상받지 못하는 경우(제16조 1호), 자기 또는 타인의 형사 사건의 수사 또는 재판에서 고소·고발 등 수사단서를 제공하거나 진술, 증언 또는 자료 제출을 하다가 구조피해자가 된 경우(제16조 2호)의 사유가 있으면 유족구조금·장해구조금 및 중상해구조금(3단계 구조금 분류 체계)을 신청할 수 있고, 일시금으로 지급받을 수 있다(제17조).[72]

범죄행위 당시 구조피해자와 가해자 사이에 제19조 각호의 어느 하나에 해당하는 친족 관계(부부, 직계혈족 등)가 있는 경우에는 대통령령으로 정하는 바에 따라 구조금을 지급하지 아니한다. 또한 국가배상을 비롯하여 다른 법령을 통해서 배상을 받은 경우에도 구조금을 지급하지 아니한다(제20조). 뿐만 아니라 손해배상을 받은 경우에도 구조금을 지급하지 아니한다(제21조). 외국인에 대해서는 상호보증이 있는 경우에 구조금 지급이 가능하다.[73]

3. 국제법적 근거

범죄피해자의 권리와 보호에 대한 국제법적 근거는 여러 규범에서 발견된다. 먼저 국제연합이 1948년 12월 채택한 「세계인권선언」 제8조에서 이미 "모든 인간은 헌법 또는 법률이 보장하는 기본권을 침해당했을 때 해당 국가의 법정에 의해 적절하게 구제받을 권리가 있다."라고 하여 법적 구제받을 권리를 규정한 바 있다. 이 규정은

법에 지방자치단체 위임의 근거가 필요하다는 연구로, 김혁·정영훈, "지방자치단체 범죄피해자 관련 조례의 현황과 과제", 일감법학 제36권, 건국대학교 법학연구소, 2017, 139쪽 이하.

72) 범죄피해자 유족의 경우 구조금을 피해자에 대한 이른바 '목숨 값'으로 인식하여 구조금 신청 자체를 포기하는 경우도 있다. 김태경, 『용서하지 않을 권리』, 웨일북, 2022, 45쪽 이하.

73) 범죄피해자 보호법은 헌법 제30조의 기본권을 구체적으로 형성함과 동시에 시효 등을 통해 제한하는 규정을 두고 있다. 이 점에서 법률유보의 경우에도 기본권 제한과 기본권 형성이 상대적으로 작용한다는 점을 확인할 수 있다. 마찬가지로 헌법 제30조 침해에 따라 헌법소원을 할지, 헌법 제30조를 구체화한 범죄피해자 보호법에 따른 위헌법률심판 내지 법률상 권리 침해로 볼 지는 구체적 사안에서 판단해야 할 것이다. 이와 같은 견해로 이효원, 앞의 논문, 96쪽; 김하열, "법률에 의한 기본권의 형성과 위헌심사─참정권과 청구권을 중심으로─", 고려법학 제67호, 고려대학교 법학연구원, 2012, 68쪽.

범죄피해자만을 대상으로 규정한 것은 아니나 이 규정에 따를 때 국가범죄로 인한 과거사 문제, 성폭력 범죄로 인한 2차 피해 발생에 대한 권리의 근거 규정이 될 수 있다.[74]

이외에 범죄피해자의 권리와 지위에 관한 국제규범은 1950년 「유럽인권협약」 (European Convention on Human Rights), 1966년 「시민적 및 정치적 권리에 관한 국제규약」(International Covenant on Civil and Political Rights), 1969년 「미주인권협약」(American Convention on Human Rights),[75] 1981년 「아프리카 인권협약」(African Charter on Human and Peoples' Rights), 1983년 「폭력범죄피해자 보상에 관한 유럽협약」(European Convention on the Compensation of Victims of Violent Crimes), 1989년 「아동권리협약」(Convention on the Rights of the Child), 1993년 「여성폭력철폐선언」(Declaration on the Elimination of Violence Against Women) 등이 있다.[76]

또한 1985년 범죄피해자 인권선언은 범죄피해자 관련 사법에 관한 기본원칙을 최초로 제시하고 있다.[77] 이 선언은 세계인권선언 제8조를 근거로 하여 범죄피해자의 권리를 명확히 하고 있다.[78] 이 선언은 사인의 범죄행위에 대한 피해와 국가의 범죄에 의한 피해 모두를 포괄하고 있으나, 주로 전자에 중점을 두고 국가의 의무를 규정하고 있다.[79] 구체적으로 범죄피해자는 국가로부터 ① 사법절차와 공정한 처우에 관한 접근가능성을 인정받고, ② 물질적 배상, ③ 보상, ④ 사회적 지원에 있어서 충분히 보호받아야 함을 선언하고 있다.

2005년 12월 UN은 "국제인권법의 중대한 위반행위와 국제인도법의 심각한 위반행위 피해자 구제와 배상에 대한 권리에 관한 기본원칙과 가이드라인(이른바, 피해자 권리 기본원칙)"을 채택하기도 하였다.[80] 이 원칙은 국제법상 범죄피해자에 대한 권

---

74) 피해자 권리규범의 근거로서 세계인권선언을 설명한 문헌으로 조효제, 『인권을 찾아서』, 한울아카데미, 2011, 114~115쪽.

75) 1969년 코스타리카 산호세에서 체결되어 산호세 협약이라고 알려져 있다.

76) 정연욱, "刑事節次上 犯罪被害者의 權利保護에 관한 연구", 창원대학교 대학원 박사학위논문, 2017, 24~28쪽.

77) UN GA, Declaration of Basic Principles of Justice for Victims of Crime and Abuse of Power, (29 November 1985) UN Doc, A/RES/40/34.

78) 이주영·백범석, "국제인권법상 피해자의 권리와 피해자 중심적 접근", 국제법학회논집 제63권 제1호, 대한국제법학회, 2018, 166쪽.

79) M. Cherif, Bassiouni, "International Recognition of Victims' Rights", Human Rights Law Review 6.2, 2006, 203쪽 이하.

리와 의무를 새롭게 창설하는 것이 아니라 이미 각 조약과 국제관습법에 따라 인정
된 범죄피해자 권리를 확인하는 것이었다. 구체적으로「피해자 권리 기본원칙」은 피
해자의 범위를 직접적인 피해자뿐만 아니라 피해자의 가족, 피해자를 돕거나 피해
방지에 개입한 자까지 포함하는 것으로 넓혔다. 또한 피해자의 권리를 ① 정의에 대
한 권리(실효적 사법적 구제에 평등하게 접근할 권리, 정보 접근권, 사생활 보호의 권리 등),
② 배상에 대한 권리(원상회복, 금전배상, 재활, 재발방지 보장 등), ③ 진실에 대한 권리
(피해자의 명예회복, 고통치유)로 분류하였다. 이 원칙은 각 국제인권조약에 산재해 있
는 피해자의 권리를 유형화하는 최초의 시도를 하였다는 점에서 '피해자 권리장전'
이라는 평가를 받고 있다.[81]

유럽연합을 비롯한 국제사회는 범죄피해자의 권리를 확립하고, 보다 피해자의 관
점에서 구체적이고 실효적인 법 제도를 마련해 나가고 있다.[82]

제2절 | 범죄피해자 보호의 배경과 필요성

지금까지 피의자·피고인은 무죄추정의 원칙, 변호인의 조력을 받을 권리, 고문을
받지 않을 권리 등 다수의 규정에 따른 헌법적 보호를 받아왔었던 반면, 범죄피해자
에 대해서는 재판절차에서 진술하거나, 범죄피해에 대해 국가로부터 구조를 받을 것
에 관한 규정만이 있을 뿐 헌법적 권리로서 두텁게 보호받지 못하였다.

---

80) UN GA, Basic Principles and Guidelines on the Right to a Remedy and Reparation
for Victims of Gross Violations of International Human Rights Law and Serious
Violations of International Humanitarian Law, (16, Dec, 2005) UN Doc,
A/60/509/Add.1, in (Mar, 2006) A/RES/69/147.

81) 이주영 외 1인, 앞의 논문, 188쪽.

82) 유럽연합(EU)은 피해자 권리에 관한 1차 전략(2020－2025)에 따라 ① 범죄를 통보하기 위
한 안전한 환경 조성, ② 가장 약한 입장의 피해자 지원 및 보호 개선, ③ 보상의 용이, ④
관계기관 협력 강화의 범죄피해자 보호방안의 대책을 마련하였다. 이미 EU는 피해자의 권
리로 자신의 사건에 대한 정보를 손쉽게 얻을 권리, 피해자 지원을 이용할 권리, 형사절차
에 참가할 권리(의견을 청취할 기회를 국내법에 규정할 것을 포함), 보호받을 권리 등을 지
침(2012/29/EU)으로 두고 있었다. 이에 대해선, 日本弁護士連合会(犯罪被害者支援委員会),
「被害者の刑事手続への参加とリーガルアクセス」, 2021, 7쪽 참고.

그러나 범죄가 발생해서 가장 상처를 입은 사람은 범죄피해자라는 사실을 간과해서는 안된다. 즉, 국가형벌권 남용으로부터의 피의자·피고인 보호도 중요하지만 신체적·정신적 피해를 입어 인간의 존엄성이 훼손된 피해자에 대한 헌법적 관심 또한 강조되어야 한다. 범죄피해자는 불시에 예측하기 어려운 방식으로 범죄자로부터 공격을 받아 일상의 큰 위기를 경험하고, 그 위기는 남은 삶 전반에 영향을 강력하게 미칠 수 있기 때문이다.

이러한 범죄피해자의 보호는 국민의 안전한 생활을 책임져야 할 국가의 본질적 과업인 범죄예방책임에서 비롯된다. 또한 국민에 대한 기본권 보호의무를 지는 국가로서는 국민이 다른 국민으로부터 기본권 침해를 입는 경우 보호해야 할 의무가 있다. 또 이 같은 범죄피해는 사전에 예측하기 어려운 경우가 상당수 있으므로 사회국가 원리에 따라 피해자보호시스템이 구축되어야 된다.

이하에서는 범죄피해자 보호를 위한 이론적 배경과 필요성을 분석한다.

Ⅰ. 범죄피해자 보호를 위한 이론적 배경

1. 국가 책임이론

14세기 중세 유럽에서는 범죄가 발생하면 당사자 사이에 사법상 속죄(贖罪, redemption) 계약이 체결되는 등 범죄피해자의 자력 구제와 복수로 사건을 해결해 왔다.[83] 그러다 국가가 수사와 기소, 재판 등 사법 권한을 독점하면서, 범죄의 예방과 범죄피해자 보호는 국가의 몫이 되었다.[84]

이러한 범죄피해자 보호의 당위성을 뒷받침하는 대표적인 이론으로 국가 책임이론이 있다. 국가 책임이론은 국가가 범죄예방 과제를 철저하게 수행하지 못한 결과로 범죄피해가 발생한 점을 강조한다.

국가 책임이론에 기반을 두고 범죄피해자 보호의 필요성을 주장하는 견해들은, 국가는 범죄예방의무, 피해자 보호의무를 부담하므로 범죄피해가 발생하지 않도록 주

---

83) 막스 베버(최식 옮김), "법과 사회(법사회학)", 동아법학 제71호, 동아대학교 법학연구소, 2016, 228쪽 이하.

84) 범죄피해 보호의 배경에 관한 설명으로, https://www.seoul.co.kr/news/newsView.php?id=20210621031012

의해야 한다고 한다. 국민의 안전과 질서의 보장과 같은 국가의 과업은 국가의 역할이 변화하는 시대에서도 여전히 수행되고 유지되어야 한다고 본다.[85] 이 같은 견해에 따르면, 범죄피해가 발생한 경우 국가가 의무를 다하지 못한 것에 따른 책임을 져야 한다고 한다.

국가 책임이론과 관련된 이론으로는 국가 엄격책임이론, 정부 과실이론, 합리적 형사정책이론이 있다. 제레미 벤담(Jeremy Bentham)이 주장한 국가 엄격책임이론(Strict Liability Theory)은 범죄피해자와 정부 사이에 맺은 사회계약이 깨졌기 때문에 국가가 보상할 책임이 있다고 한다. 이 견해는 범죄피해자가 스스로의 자력 구제를 포기하고, 그 권한을 국가에 위임한 이상 범죄에 대한 예방책임은 국가의 엄정한 책임에 속한다고 본다.[86] 정부 과실이론(Government Negligence Theory)은 국가에게 모든 범죄에 대한 책임을 물을 수는 없지만, 적어도 법집행 과정에서 발생한 과실에 대해 범죄피해자에게 책임을 져야 한다고 보는 견해이다.[87] 이 견해는 범죄발생에 가해자를 비롯한 여러 이해관계자의 책임이 개입할 수밖에 없다는 점을 인정하면서 국가의 책임범위를 축소시킨다. 이해관계자의 책임을 명확하게 구분하기 어렵다는 단점은 있으나 정부가 범죄발생의 원인을 제공한 경우 과실 책임을 지게 된다.[88] 합리적 형사정책이론(Rational Criminal Policy Theory)은 범죄예방에 대한 국가의 실패를 인정하고, 범죄피해자의 신속하고 적절한 회복을 위해 국가가 책임을 다해야 한다는 견해이다.[89] 이 견해는 형사사법에 놓여 있는 가해자, 피해자 모두에 대한 회복적 사법을 시도하며, 이로써 사회통합을 달성하고자 한다.

2. 사회국가 원리

범죄피해자 보호를 위한 이론적 근거로 국가 책임외에 사회국가 원리도 있다. 헌법재판소는 사회국가에 관하여 "사회정의의 이념을 헌법에 수용한 국가"라고 하여, '사회현상에 방관적인 국가가 아니라 모든 영역에서 정의로운 사회질서의 형성을 위

---

85) 국가의 역할과 책임에 관하여 Michael Stolleis(이종수 옮김), 『독일 공법의 역사』, 푸른역사, 2022, 313쪽 이하.

86) Robert Elias, 『Victims of the System : Crime victims and compensation in American politics and criminal justice』, Taylor & Francis Group, 2017, 24쪽.

87) Robert Elias, 위의 책, 25쪽.

88) 김현철, "범죄피해자구조제도의 개선에 관한 연구", 서울대학교 박사학위논문, 2015, 50쪽.

89) 김현철, 위의 논문, 53쪽.

해 사회현상에 관여하고 간섭하고 분배하고 조정하는 국가'를 의미한다고 하였다.[90)]
사회국가 원리는 범죄라는 사회현상에 대해 적극적인 국가의 개입을 인정하여 범죄
피해자의 평화와 안전을 도모하게 한다.

　이러한 사회국가 원리는 오늘날 범죄피해자 보호 논의의 이론적 배경이 되고 있
다. 즉, 사회국가 원리를 기초로 범죄와 관련된 문제를 인간이 개별적으로 해결할
수 없는 사회 현상으로 접근한다.[91)] 범죄는 국가와 사회 공동체가 주의를 기울여도
불가피하게 발생할 수밖에 없는 현상이므로 범죄피해가 발생하는 경우 사회보장적
측면에서 피해를 회복시켜 주어야 한다는 것이다. 사회국가 원리를 근거로 평등보호
이론, 인도주의적 이론, 사회적 의무이론, 사회보험이론, 사회복지이론 등이 주장되
고 있다.

　평등보호이론(Equal Protection Theory)은 범죄로 인해 발생한 평화와 복지의 불균
형을 시정하기 위해 피해자에 대한 보상과 지원이 필요하다는 견해이다.[92)] 이 견해
에 따르면 피해자에 대한 금전적 보상은 사회구성원의 형평성을 도모하기 위해 필요
하다고 한다. 인도주의적 이론(Humanitarian Theory)은 피해자에 대한 책임을 국가에
돌리지 않고, 인도주의적 근거 내지 사회복지를 위해 보호가 필요하다는 견해이
다.[93)] 이 견해는 자선적인 측면을 강조하기 때문에 국가이외에 민간단체의 조력의
근거를 제공하기도 한다. 사회적 의무이론(Social Obligation Theory)은 범죄의 발생
원인이 사회 내부에 존재한다고 보고 국가뿐만 아니라 사회구성원이 공동으로 범죄
문제를 해결해야 한다는 이론이다.[94)] 사회보험이론(Social Insurance Theory)은 1930
년대 미국 대공황 시기에 주장된 견해로 범죄와 같은 사회적 위험에 대처하기 위해
서는 국가, 사회 모두가 함께 책임을 공유해야 한다는 이론이다. 이 견해에 따르면
범죄는 예측할 수 없는 성질의 것이기 때문에 사회보험과 같이 국가와 사회구성원이

90) 헌법재판소 2004. 10. 28. 선고 2002헌마328 결정 등.
91) 1970년대 독일에서 범죄피해자가 범죄로 인해 소득활동을 할 수 없게 되었고, 생계유지를
　　할 수 없는 상황을 맞게 된 상황에 대해 사회국가적 분위기의 성숙에 따라 국가가 개입해
　　야 할 상황이 형성되었다는 연혁적 소개로 전광석, "犯罪와 國家補償 : 범죄피해자보상법의
　　해석론적 및 정책론적 개선을 위한 비교법적 고찰", 강원법학 제4권, 강원대학교 비교법학
　　연구소, 1990, 180쪽.
92) Robert Elias, 앞의 책, 25쪽.
93) Robert Elias, 위의 책, 25쪽.
94) 김현철, 앞의 논문, 49쪽.

범죄피해에 대처하기 위해 급부를 부담해야 한다고 설명한다.[95] 사회복지이론(Social Welfare Theory)은 사회적 약자를 보호하기 위해 범죄피해자와 같은 특수한 위험에 직면한 문제를 국가와 사회가 해결해야 한다는 견해이다.[96] 즉, 국가가 범죄피해에 대한 직접적 책임을 지는 것은 아니지만 국가의 정책적 목표나 여건에 따라 피해자에 대한 보상과 지원이 가능하게 된다.

3. 국가의 기본권 보호의무

범죄피해자 보호는 헌법상 국가의 기본권 보호의무에서도 근거를 찾을 수 있다. 국가의 기본권 보호의무란 기본권이 보호하는 법익에 대하여 위법한 침해를 예방하거나, 침해로 인한 피해발생을 방지해야 할 국가의 의무를 말한다. 이로써 국가는 기본권을 침해하는 위치에 있는 것이 아니라 기본권을 보호할 적극적 위치에 서게 된다.[97] 이러한 의무는 구체적 입법 작용을 통해서 실현된다. 범죄피해와 관련해서는 주로 국가는 범죄피해자에게 형사법적 보호막을 형성해 줌으로써 그러한 의무를 다하게 된다.[98]

국가의 기본권 보호의무는 헌법에서 명시적으로 규정하고 있지 않다. 국가의 목적은 국민의 안전을 보장하는 것이고, 이는 헌법전문에서 "우리들과 우리들의 자손의 안전"이라는 표현과, 헌법 제37조 제2항에서 기본권 제한의 목적으로 '국가안전보장'과 '질서유지'를 규정하고 있는 점에서 드러난다. 이때 국민의 안전을 달성하기 위해 국가의 기본권 보호의무가 요구된다. 특히 개인의 긴급한 상황을 제외한 자력구제를 금지하고, 모든 권력을 독점하는 것은 국가가 기본권 침해로부터 개인의 기본권을 충분히, 그리고 적절히 보장한다는 것을 전제로 한다. 또한 헌법 제27조 제5항에서는 범죄피해자의 재판절차진술권을 규정하고, 헌법 제30조에서는 생명과 신체에 피해를 본 국민에 대한 국가의 구조의무를 규정한다. 그러나 이 같은 헌법적 근거에서는 기본권 보호의무의 추상적 내용만 도출될 뿐이고, 구체적 내용은 그 자체로 확정

95) 이건호, "범죄피해자구조제도에 관한 연구", 연구보고서 99-09, 한국형사정책연구원, 1999, 36쪽.
96) Robert Elias, 앞의 책, 25쪽.
97) 허완중, "기본권의 대사인적 효력과 기본권보호의무 그리고 기본권충돌의 관계", 헌법논총 제25집, 헌법재판소, 2014, 16쪽.
98) 이러한 의무를 국민의 측면에서 '권리'로 구성하여 보호권으로 설명하는 견해로, 이준일, 『헌법학강의』(제8판), 홍문사, 2023, 357쪽.

되지는 않는다. 즉, 기본권 보호의무의 구체적 내용은 개별 기본권의 구체적 해석에 따라 밝혀질 수 있다. 이점에서 객관적 가치질서로서 기능을 하는 기본권의 객관적 측면도 기본권 보호의무의 헌법적 근거가 되어야 할 것이다. 정리하면, 기본권 보호의무는 헌법 제10조, 국가의 권력독점, 안전보장, 헌법 제27조 제5항, 제30조와 더불어 기본권의 객관적 측면을 근거로 한다.[99]

이러한 국가의 기본권 보호의무는 국가의 일반적인 보호의무와 구별된다. 기본권 보호의무는 국가, 기본권 침해자, 피해자라는 삼각 구도에서 국민의 기본권이 과소 보호되는 것을 금지하는 데 목적이 있다. 이에 따라 기본권을 침해당한 범죄피해자를 국가가 어느 수준에서 보호해야 하는지 여부를 과소보호금지원칙에 따라 심사하게 된다.[100] 국가의 기본권 보호의무는 헌법에 의해 보호되는 기본권적 법익을 구성요건으로 함에 반하여, 국가의 보호의무는 기본권적 법익에 국한되지 않고, 국가가 달성하고자하는 정책적인 목적의 내용까지 포괄하는 개념이다. 또한 국가의 기본권 보호의무는 국가가 보호의무를 전혀 이행하지 않거나 충분히 효과적으로 이행하지 아니하는 경우 주관적 보호청구권을 인정할 수 있다. 그러나 국가의 보호의무는 국가가 정책적 보호의무를 위반하였다고 하더라도 국민에게 어떠한 주관적 공권이 인정되지는 않는다. 또 국가의 기본권 보호의무는 행위의무를 지지만 기본권 보호의무를 어떻게 이행할 것인지에 대해서는 형성재량을 갖는다. 즉, 국가가 개별 사안에서 기본권 보호의무 이행을 위한 수단과 방법을 선택하고, 그에 따른 한계는 과소보호금지원칙에 따라 규율된다.[101] 이에 반해 국가의 보호의무는 원칙적으로 정책적인 효율성과 적정성에 따라 실현되고, 판단된다.

4. 소결

범죄피해는 범죄자 개인의 문제와 더불어 국가가 범죄예방을 완벽히 수행하지 못한데서 기인한 것이 사실이다. 그러나 이러한 범죄예방의 실패는 국가 개입의 정당성을 감소시키는 이유이지 피해자 보상과 같은 적극적인 국가 역할에 이론적 기초를

---

99) 허완중, 앞의 논문, 19쪽.
100) 이부하, "헌법영역에서 기본권보호의무", 공법학연구 제8권 제3호, 한국비교공법학회, 2007, 124쪽.
101) 표명환, "기본권보호청구권의 구조와 체계에 관한 고찰", 법학연구 제45집, 한국법학회, 2012, 36쪽.

제공하지는 못한다.[102] 그렇다고 사회국가 원리만을 피해자 보호의 단편적인 근거로 삼을 수도 없다. 생활보호나 일반 복지제도와 같은 사회국가 원리에 기반을 둔 제도와 달리 범죄예방 실패의 경우 국가 책임을 전적으로 배제하고 사회적 과제로 삼을 수 없기 때문이다.[103] 이처럼 범죄피해자 보호는 국가 책임이나 사회국가 원리만에 기초하여 일면적으로 접근해서는 안 되고, 함께 고려를 해야 한다.[104] 여기에 더하여 국가의 기본권 보호의무가 범죄피해자 보호의 이론적 토대를 제공한다고 할 수 있다. 오늘날 국가의 기본권 보호의무에 관한 사회적 요청이 많아지고 있고, 그 중요성이 점점 커지고 있으며, 나아가 '국가의 보호의무'에 관한 정책적 목표와 의제 설정에 대한 공감대가 형성되고 있다.

II. 범죄피해자 보호의 필요성

앞서 본 바와 같이 범죄피해자 보호에 대한 이론적 배경은 국가 책임이론, 사회국가 원리, 국가의 기본권 보호의무를 중심으로 전개됨을 살펴보았다. 이에 더하여 범죄피해자 보호를 위한 현실적인 필요성은 아래 4가지를 들 수 있다.

1. 범죄피해자의 현실과 사회적 연대

우리나라 강력범죄(흉악) 발생건수는 2021년 35,126건으로 지난 10년간 21.6%가 증가하였다. 전체 강력범죄(흉악) 중 성폭력이 93.7%를 차지하고, 방화, 살인, 강도가 그 뒤를 잇고 있다. 성폭력은 2012년 23,365건에서 2021년 32,898건으로 40.8% 증가하였고, 마약범죄는 지난 10년 새 16,153건으로 74.5%가 증가하였다.[105] 이처럼 강력범죄는 나날이 증가하고 있고, 범죄수법이 정형적이지 않은 신종범죄까지 등장하고 있다. 이러한 현실에서 범죄피해자는 신체적, 정신적 피해와 경제적 피해를 심각하게 겪고 있고, 일상으로 복귀하는 데 곤란을 겪고 있다. 따라서 가해자에 대

---

102) 이공주, "범죄피해자 구조청구권 강화에 관한 연구 ─ 범죄피해자보호법을 중심으로 ─", 법학연구 제16권 제4호, 한국법학회, 2016, 139쪽.

103) 전광석, 앞의 논문, 179쪽.

104) 범죄를 예방하지 못한 국가의 책임, 사회구조적 원인, 사회구성원 공동의 책임이라는 설명으로, 이준일, 『인권법 : 사회적 이슈와 인권』(제9판), 홍문사, 2021, 862쪽.

105) 법무연수원, 『2022 범죄백서』, 2022, 11~12쪽.

한 응보적 사법의 실현뿐만 아니라 증가하는 범죄피해의 현실을 고려한 피해자 지원과 보호도 관심을 갖고 체계적 지원이 이뤄져야 한다.

1985년 유엔총회에서 채택된 "범죄 및 권력남용의 피해자를 위한 사법 기본원칙" 서문에서도 "전 세계적으로 수백만 명이 범죄와 권력남용으로 인한 고통을 겪고 있고, 피해자의 권리가 제대로 인정되지 못하는 것을 인식하며, 피해자나 피해자의 가족이 부당하게 손실(loss)이나 손해(damage), 상해(injury) 등을 입게 되거나 가해자의 형사처벌 절차를 도울 때 어려움을 겪는다는 것을 인식하고, 범죄피해자나 권력남용 피해자의 권리를 존중하고, 국내 및 국제적인 보편적이고 효과적인 대책의 필요성을 확인하고, 피의자의 권리를 침해하지 않는 범위 내에서 모든 국가에서 이를 위해 노력할 것을 촉구하고, 각국 정부와 국제 사회의 정의실현과 피해자 지원을 돕기 위하여 권리선언을 채택하였다."라고 선언하고 있다.[106] 이 같은 유엔의 선언은 범죄피해자의 처절한 현실을 고려한 것으로 사회연대의 관점에서 모든 국가가 범죄피해자 문제를 해결하기 위해 노력할 것을 요구하고 있다.

2. 사법정의와 형평의 실현

범죄피해자에 대한 피해는 가해자를 처벌하는 것만으로 회복될 수가 없다. 가해자에 대한 책임이 부과되어도 피해자의 피해는 그대로 남기 때문이다. 더욱이 가해자가 밝혀지지 않거나 가해자가 자력이 없는 경우 피해자는 피해를 회복할 방법이 없게 된다. 또한 피해자가 직접 민사소송을 통한 적극적인 행위를 하는 데 어려운 경우가 있을 수 있다. 즉, 피해자의 상황이 소송을 하기 어려운 상황이거나 피해자가 사망했거나, 혹은 입증책임으로 패소할 가능성이 있는 경우 피해 회복의 길은 더욱 요원하게 된다. 이러한 경우 국가에 의한 피해자 보호와 보상은 정의와 형평의 관점에서 적절한 조치가 될 수 있으며, 범죄피해자에 대한 회복적 사법을 달성하는 수단이 될 수 있다. 이렇듯 범죄피해자에 대한 보호는 기존의 형사절차에서 소외된 피해자에 대해 관심을 기울임으로써 피해자의 권익에 기여하고,[107] 사법정의와 형평의 실현을 가능하게 한다.

---

106) 1985년 유엔 피해자 인권선언의 원문은 유엔 홈페이지 참조.

107) Jennifer Gerarda, Brown, "The use of mediation to resolve criminal cases: A procedural critique.", Emory LJ 43, 1994, 1254~1256쪽.

3. 형사사법의 범죄피해자 신뢰도 제고

우리 형사사법 체계에서 범죄피해자는 주변인으로 머물러 있으며, 사법절차에서 2차 피해를 빈번하게 받아왔고, 강압적인 수사와 지난한 법원의 소송절차를 겪어왔다. 이 과정에서 범죄피해자는 사법에 대한 불신을 하게 되는 경우가 많았다. 한국형사·법무정책연구원이 2020년 형사사법 기관에 대한 국민의 신뢰도 추이를 조사한 자료에 따르면, 법원은 35.3%, 검찰은 31.0%, 경찰은 49.2%로 모두 50% 이하에 해당하였다.108) 이는 사법기관의 공정성과 투명성에 대한 신뢰도가 매우 낮음을 방증한다고 할 것이다. 심지어 범죄피해를 경험한 피해자에 대한 실증분석에서 형사사법절차를 경험한 피해자의 경우 그렇지 않은 경우보다 경찰, 검찰, 법원에 대하여 모두 사법신뢰도가 낮은 것으로 나타났다.109)

이렇듯 낮은 형사사법신뢰도는 현재까지도 개선되지 못하고 있는 것으로 생각된다. 따라서 형사사법에 대한 신뢰도를 향상하기 위해서 범죄피해자 보호를 위한 체계적인 맞춤형 지원을 수립할 필요성이 있다.

4. 2차 피해 예방

범죄피해자는 직접적인 범죄피해 후에도 사회·제도적으로 2차 피해를 겪을 수 있다. 특히 수사나 재판과정에서 정신적 고통을 겪거나 언론보도, 심지어 가해자나 제3자로부터 신체적 보복이나 정신적 피해를 겪기도 한다. 따라서 형사사법절차를 주도하고 있는 국가로서는 피해자가 2차 피해를 입지 않도록 보호를 할 필요가 있다. 이러한 점은 범죄피해자의 존엄성을 충분히 지켜줄 것을 요구하는 헌법적 요청과 범죄예방이라는 형사 정책적 필요를 고려할 때 중요한 과제가 된다. 불의의 피해를 입은 피해자가 인간으로서의 존엄성을 회복하고 사법상 정당한 피해자의 권리를 행사하기 위한 조건으로 국가는 직접적인 1차 피해뿐만 아니라 후속적인 2차 피해까지도 예방하도록 해야 할 것이다.110)

---

108) https://www.legaltimes.co.kr/news/articleView.html?idxno=56079

109) 최인섭·황지태, "범죄 피해경험 및 사법기관 접촉경험이 사법기관 신뢰도에 미치는 영향", 피해자학연구 제13권 제2호, 한국피해자학회, 2005, 40~41쪽.

110) 김창휘, "범죄피해자에 대한 국가의 보호―개정된 범죄피해자보호법을 중심으로―", 토지공법연구 제50집, 한국토지공법학회, 2010, 442~443쪽.

제3절 | 분석과 정리

　제2장에서는 범죄피해자에 대한 권리와 보호를 논의하기에 앞서 일반론을 다루었다. 이를 위해 범죄와 범죄피해자의 개념, 범죄피해자 개념의 확장의 필요성, 범죄피해자의 지위에 관한 헌법·법률적 근거를 검토하였다(제1절).

　종래 범죄피해자는 수사기관의 입증 방법으로만 취급되기도 하였고, 재판 시에는 재판을 지연시키는 요인으로 다뤄지기도 하였다. 그러나 범죄피해자의 보호에 관한 국민적 관심이 폭발하면서 이제 더 이상 범죄피해자를 범죄 입증을 위한 수단이나 사법상 주변인으로 취급하는 것은 곤란한 상황에 이르렀다. 따라서 범죄피해자에 관한 권리와 보호제도에 관한 연구는 불가피하다. 그러나 범죄피해자 권리 보장에 관한 논의가 곧 피의자·피고인의 권리를 제한하는 것을 의미하지는 않는다. 상대적으로 보장의 정도가 적었던 범죄피해자의 권리에 관한 규범력을 강화하자는 것이다. 이를 위해 현행 헌법상 재판절차진술권, 범죄피해자구조청구권, 인간의 존엄과 가치, 국가의 기본권보호의무, 변호인에 의한 조력 받을 권리, 형사소송법을 비롯한 법률상 범죄피해자 권리에 관한 근거를 살펴보았다. 이와 같이 범죄피해자 권리 및 보호제도에 관한 규범상 일반론을 살피는 것은 ⅰ) 피의자·피고인의 기본권과 피해자 권리 충돌에 대한 헌법적 이론해결의 실마리를 제공해 주고, ⅱ) 피해자 보호 제도에 대한 헌법적 근거를 확보하게 하며, ⅲ) 현행 범죄피해자 제도의 문제점을 개선하기 위한 이론적 기초를 마련하게 한다.

　이어서 범죄피해자 보호의 배경과 필요성에 대해서 살펴보았다. 범죄피해자 보호는 국가 책임, 사회국가의 원리, 국가의 기본권 보호의무를 근거로 이뤄져 왔다. 범죄피해자 보호의 근거는 어느 하나의 논의만으로는 설명하기에는 부족하고, 이 세 가지 모두를 종합하여 이해할 수 있다. 범죄피해자 보호는 범죄피해자로 하여금 회복하게 할 수 있고, 인간다운 생활을 보장하는 방편이 될 수 있다. 또한 비참한 피해자의 현실에 대해 정의와 형평의 관점에서 피해자의 권익을 신장시킬 수 있다. 뿐만 아니라 범죄피해자의 보호는 형사사법에 대한 신뢰도를 제고할 수도 있다(제2절).

제3장

범죄피해자에 대한 헌법적 보호

제3장

범죄피해자에 대한 헌법적 보호

현재까지 범죄피해자의 권리에 대해 헌법적 관점에서 접근한 연구는 많지 않았다. 이는 피의자·피고인의 기본권 보장 논의가 앞섰던 결과이다. 그러나 범죄피해자를 제도적으로 보호하고, 권리를 보장하는 것은 법적 근거를 명확히 확립하는 것으로부터 시작한다고 볼 수 있다. 제3장에서는 범죄피해자 보호에 관한 헌법적 기초를 논의해 보고자 한다.

제1절 | 범죄피해자 보호에 관한 기본이념

I. 범죄피해자 보호에 대한 방향

1. 범죄피해자 보호를 위한 지침

범죄피해자는 대부분 자신의 능력과 의지만으로 피해를 회복하기 어렵다. 특히, 범죄피해자가 노인, 장애, 아동인 경우 경제적·신체적 상태를 쉽게 회복될 수 없는 상황에 놓이기 마련이다. 따라서 범죄피해자의 보호[1]를 논하기 위해서는 우선적으로 범죄피해자의 특수성을 고려해야 하며, 그 내용은 다음과 같다.

---

[1] 범죄피해자 보호는 범죄피해자의 법적 지위를 확립하고, 피해자에게 필요한 것을 제공해주기 위한 국가, 공공단체, 민간단체의 총체적 노력이다. 장규원, 『우리 나라 범죄피해자지원제도의 현황과 향후 발전방향』, 김천 범죄피해자지원센터 1주년 기념 국제세미나 자료집, 2004, 83쪽.

첫째, 범죄피해자에 대해 독자적인 인간으로서의 존엄을 보장하는 관점을 지켜야 한다. 범죄피해자를 수동적인 보호의 객체로 취급하여 수사, 재판절차를 무조건적으로 강제하는 것은 범죄피해자에게 트라우마(trauma)로 인한 제도적 가해, 즉 2차 피해를 주는 것과 같다. 따라서 사법처리는 사법적 보호에 장애를 초래하는 것이 무엇인지 확인하고 범죄피해자의 의사에 기초하여 자발적으로 참여할 수 있도록 해야 한다. 그리고 국가와 사회는 2차 피해를 당하는 이중의 고통을 겪지 않도록 인간의 존엄성을 지켜야 할 실존적 책무를 바탕으로[2] 범죄피해자의 권리를 보장하여야 한다.

둘째, 모든 범죄피해자에 대해 제공되는 절차에 관한 정보는 충분하고, 균등해야 한다. 이는 보다 열악한 환경에 놓여 있는 범죄피해자에 대한 우선적 배려와 지원을 배제하는 것을 의미하지는 않는다. 범죄피해자의 권리행사에 있어서는 사법 정보가 바탕이 되기 때문에 성격, 성별, 나이, 종교, 국적 등을 이유로 정보가 충분히 제공되지 않거나 박탈된 상태에 놓여서는 안 된다. 특히, 범죄피해자에 대한 적정한 사법 정보제공은 형사사법기관에 대한 자발적 협조를 이끌어 낼 수 있으며, 피해자 진술 및 각종 증거 제출로 효과적인 사법처리를 가능하게 하여 실체적 진실발견에 기여하게 된다. 이는 종국적으로 형사사법제도에 대한 국민의 신뢰를 구축하는 최선의 방편이라 할 수 있다.[3]

셋째, 범죄피해자가 권리를 행사하는 것이 그 범죄피해자에게 사법상 불이익을 준다는 인식이 생기지 않아야 한다. 즉, 범죄피해자의 권리행사가 사적 복수심만을 충족시키거나 타인을 무고하는 행위로 이해해서는 안 된다는 것이다. 그러므로 국가와 사회는 범죄피해자의 권리행사를 심리적 안정감 충족을 위한 방편으로 이해하고, 회복에 기여하는 긍정적인 효과의 측면에서 접근해야 한다.

---

2) 김성환, 앞의 논문, 468쪽.
3) 통계청 국가통계포털(KOSIS) 통계표 중 경찰에 도움을 요청하지 않은 이유에 관한 조사(2019)에서 ① 신고해도 소용없을 것 같아서(29%), ② 법적으로 처벌될 수 있다는 것을 몰라서(7.9%)에 관한 사항이 상당한 비중을 차지하고 있는 점을 고려할 때, 아직도 범죄피해자의 형사사법정도에 대한 신뢰도가 비교적 낮은 것으로 보여진다. 이에 관하여 보다 자세한 통계 내역을 확인하고자 하는 경우 아래 링크 참조, https://kostat.go.kr/unifSearch/search.es

2. 범죄피해자 권리행사를 통한 인간의 존엄성 회복과 보호

범죄로 인해 손상된 인간의 존엄성[4]을 회복하기 위해서는 피해자를 형사법적 문제해결의 중심에 두고, 범죄피해자 스스로 의사에 따라 자주적인 권리 행사를 할 수 있는 여건을 만들어야 한다.[5] 앞서 살펴본 바와 같이 범죄피해자의 권리는 헌법 제10조의 인간의 존엄과 가치 조항과 개별 기본권들에 근거하여 종합적으로 보장되고 있다. 이러한 범죄피해자의 권리는 법률에서 구체화되고 있으며, 크게 ① 참여할 권리(참여권), ② 진술할 권리(진술권), ③ 피해를 회복할 권리(회복권), ④ 정보에 접근할 권리(정보접근권)의 4가지 유형으로 분류할 수 있다. 이하에서는 범죄피해자의 권리의 4가지 유형에 대하여 살펴본다.

(1) 참여할 권리(참여권)

참여할 권리는 범죄피해자가 형사 절차 중 사건의 당사자로서 절차에 자주적 판단에 따라 개입할 권리를 의미한다. 종래 형사 사법제도에서 범죄피해자는 증인의 지위에서 제한적인 참여가 가능하였으나, 오늘날에는 범죄피해자에 대한 지위와 참여권 확대에 관한 논의가 강조되고 있다. 이는 형사사법에서 소외된 피해자에 대한 적극적 권리를 강조함으로써 '범죄피해자 주체화' 시도라 할 수 있다.[6] 1985년 범죄피해자 인권선언 제6조에서 범죄피해자에 대해 사법절차나 행정절차 각 단계별로 피해자의 참여가 허용되어야 한다고 규정하여,[7] 사법절차에서 범죄피해자의 견해가

---

4) 헌법재판소는 인간의 존엄을 인간의 본질적이고 고유한 가치로서 모든 경우에 최대한 존중되어야 한다고 보고, 헌법이념의 핵심에 해당한다고 한다. 헌법재판소 2001. 7. 19. 선고 2000헌마546 결정; 헌법재판소 2000. 6. 1. 선고 98헌마216 결정 등.

5) Hans−Jürgen, Kerner, "Die Wiedereinsetzung des Opfers als Subjekt des (Straf−) Rechts." Janssen/Kerner (Hrsg.), Verbrechensopfer, Sozialarbeit und Justiz. Das Opfer im Spannungsfeld der Handlungs−und Interessenkonflikte. Bonn: Eigenverlag der Deutschen Bewährungshilfe eV, 1985, 495쪽 이하; Dieter, Dölling, "Der Täter−Opfer−Ausgleich—Möglichkeiten und Grenzen einer neuen kriminalrechtlichen Reaktionsform.", Juristenzeitung, 1992, 494쪽 이하.

6) 권순민, "형사사법에서 '피해자 중심'의 의미와 법정책", 비교형사법연구 제23권 제3호, 한국비교형사법학회, 2021, 175쪽.

7) 나아가 캐나다의 경우는 '피해자 권리장전법(Canadian Victims Bill of Rights, CVBR)'에서 범죄피해자의 참여권을 명시적으로 언급하고 있다. 캐나다는 피해자 권리장전법에서 피해자의 권리로 정보에 대한 권리, 보호받을 권리, 참여 권리, 배상받을 권리, 이의를 제기할

고려될 것을 권리로써 인정하고 있다.

(2) 진술할 권리(진술권)

진술할 권리는 범죄피해자가 사법적 의사결정과정에 적극적으로 참여하여 자신의 의견을 스스로 밝히는 권리를 의미한다. 피해자의 형사절차 개입을 배제해 온 전통적 사법체계에서는 ① 범죄피해자 개입이 객관적이고 공평해야 할 사법적 판단에 불평등한 결과를 초래할 수 있다는 점, ② 범죄피해자의 형사사법 참여라는 우연한 사정에 의해 사법적 결과가 도출되는 문제가 있다는 점, ③ 무죄추정의 원칙과 같은 형사법의 기본원칙과 갈등 관계를 초래하고, 절차 진행만을 복잡하게 한다는 비판이 있었다. 반면, 형사 절차에서 참여를 통한 진술권 행사는 ① 인간 존엄의 회복에 기여할 수 있고, ② 배상명령 등을 통하여 통합적 사건 처리로 소송경제에 부합하는 점, ③ 절차 속에서 스스로의 적극적 권리행사로부터 오는 피해자의 피해 회복 만족감이 증대될 수 있다는 점 등의 장점이 있다.

범죄피해자가 행사하는 적극적 권리로서 진술권 행사는 재판절차진술권, 피해자가 참여하는 고소권과 고소취소권, 불송치 결정 또는 불기소처분에 대한 불복권이 있고, 제도 도입으로 고려할 수 있는 사항으로 사인 소추권, 피해자 참가, 형 집행절차 청문 참여 진술 등이 있다.

우리의 경우 범죄피해자의 사법참여 형태인 진술권 행사는 원칙적으로 증인이라는 제3자적 지위에 불과한 상태에서만 가능하여, 제한적으로 진술권 행사가 이뤄지고 있다고 평가할 수 있다.[8]

(3) 피해를 회복할 권리(피해회복권)

범죄피해자는 범죄로 인해서 재산·정신적 피해를 입게 된다. 이러한 피해에 대해 범죄피해자는 가해자를 상대로 피해를 회복할 권리를 갖게 되고, 이는 범죄피해자의 권리를 구성하는 주된 요소가 된다. 1985년 범죄피해자 인권선언에서는 범죄피해자에 대한 손해배상에 관하여 형사적 제재 이외에 추가적인 조치를 검토하도록 규정하고 있다(제9조). 또한 가해자의 배상이 충분하지 않을 경우 국가가 고통을 겪는 피해

권리를 규정하고 있다.
8) 김재민, 앞의 책, 163쪽 이하.

자를 위하여 경제적 보상을 해 주도록 노력할 것을 규정하고 있다(제12조).[9]

이러한 내용을 종합하면, 범죄피해자의 피해를 회복할 권리를 구성하는 내용은 ① 형사제재에 부가되어 진행되는 배상명령, ② 국가가 지급하는 범죄피해구조금, ③ 회복적 사법의 방법으로서 형사조정, ④ 범죄피해자가 제기하는 민사소송청구가 있다.

(4) 정보에 접근할 권리(정보접근권)

범죄피해자는 자신의 사건에 관한 사법절차상 정보에 관하여 접근할 권리를 가진다. 이는 사법절차 내에서 범죄피해자의 헌법상 보장된 알 권리의 구체적 내용이 되며, 범죄피해자의 지위를 강화할 수 있는 기반이 된다. 범죄피해자가 자신과 관련된 정보를 충분히 제공받는 것은 범죄피해자의 인격침해를 사전에 방지하고, 국가형벌권의 적정한 행사를 감시하며, 형사절차에 참여하여 권리를 적시에 행사할 수 있는 필수요건이기 때문이다.[10]

한국 형사·법무정책연구원이 2010년 수행한 "범죄피해자들의 피해실태 및 피해지원 욕구 조사"에 따르면 범죄피해자가 가장 절실히 희망하는 것은 형사사건 처리에 관한 설명과 안내였다. 그 다음으로 피해자 신변 보호, 범죄피해구조금 지급 등의 순이었다.[11] 그만큼 형사 절차상 정보에 관한 안내가 범죄피해자의 기본권을 보장하는 데 절실함을 바로 보여준다.

범죄피해자의 정보접근권 보장은 사법정보의 제공을 통해 피해자의 2차 피해를 방지하는 한편, 범죄피해에 대한 사후적 조치를 가능하게 한다. 예컨대, 살인 사건에서 피해 유족에게 수사기관이 사망 소식을 알리게 되는 것을 실무상 '사망고지'라고 한다. 범죄피해자 유족에 대한 알 권리를 보장하기 위한 측면에서 정보접근권을 보장하게 되는 것인데, 위와 같이 범죄피해자에게 전달되는 정보에 대한 제공, 방식, 시기 모두가 범죄피해자와 유족에게 중대하게 영향을 미치게 된다.[12]

---

9) 원문에 관해서는 아래 주소를 참고.
   https://www.ohchr.org/en/instruments−mechanisms/instruments/declaration−basic− principles−justice−victims−crime−and−abuse
10) Thomas, Weigend, 『Deliktsopfer und Strafverfahren』, 1989, 502쪽.
11) 황지태 외1, "범죄피해자들의 피해실태 및 피해지원욕구 조사", 한국형사정책연구원, 2010, 155쪽 이하.
12) 김태경, 『용서하지 않을 권리』, 웨일북, 2022, 120쪽 이하.

또한 범죄피해자는 수사 결과만이 아니라 수사 절차와 진행 정보가 부당한 개입 없이 공정하게 진행되고 있는지를 궁금해하고, 절차적 공정성이 확보되는 경우 종국적인 재판 결과에 대한 수용가능성이 높아진다. 또 충분한 사법절차정보 제공으로 종국적 결과에 대한 충격을 감소시키고, 피해에 관한 트라우마 회복을 촉진시킬 수 있다. 이것이 형사사법에 당사자로서 피해자에게 적절한 시기에 정보가 충분히 고지되어야 하는 중요한 이유이다.[13]

3. 범죄피해자 권리의 이중적 성격

범죄피해자의 권리는 사법상 범죄 피해를 입은 피해자의 육체적·정신적 회복과 안전을 가능하게 하는 방편이 되고, 범죄 피해 후에 남겨진 삶을 재건하는데 큰 영향을 끼친다는 점에서 주관적 공권으로서의 성격이 있다. 또 사법절차 내 지위를 회복하는데 결정적 역할을 할 수 있고, 범죄피해자 권리 행사가 국가와 사회 구성원의 위상과 미래의 정책방향, 사회의 안녕을 제고한다는 점에서 객관적 질서로서의 성격 또한 겸유한다고 할 수 있다. 범죄피해자의 권리를 주관적 공권으로만 바라보면 범죄피해자 권리에 대한 침해에 대해 국가의 적극적 기본권 보호 의무를 도출하기 어렵다. 범죄피해자는 즉각적인 국가개입을 통한 보호와 지원을 받음으로써 권리를 실질적으로 실현할 수 있는 발판을 확보한다는 점에서 생각하면 객관적 가치질서로서의 범죄피해자의 권리를 간과해서는 안 될 것이다. 더욱이 범죄피해자의 권리를 사법상 대립관계에 있는 피고인에 대한 관계에서도 보장되어야 한다는 명제에 선다면, 객관적 가치질서로서 범죄피해자의 권리가 정립되어야 할 필요성은 크다고 할 것이다.

결국, 범죄피해자의 권리는 그 이중적 성격에 따라 모든 국가작용에서 행위 지침이나 객관적 판단지침을 제공하게 된다. 공권력의 행사를 함에 있어 범죄피해자의 권리행사를 부당하게 제한하지 못하도록 하는 한계를 설정한다. 입법부에게는 범죄피해자에 대한 제도적 보장내용(특히, 피해자 보호 제도)을 적극적으로 형성함에 있어 일정한 규준을 제시하고, 행정부에게는 범죄피해자에 대한 보호와 충분한 지원을 요구하는 행위 지침으로서의 의미를 가지며, 사법부에게는 범죄피해자 보호와 기본권

---

13) 김태경, 위의 책, 128쪽.

보장의 이념에 입각한 재판 준칙으로 기능한다.

II. 범죄피해자에 관한 헌법적 논의

우리 헌법에는 범죄피해자의 기본권을 정면으로 다룬 조항이 존재하지 않는다. 헌법 제27조 제5항에서 재판절차진술권을 규정하고 있지만 범죄피해자가 독자적으로 향유하는 기본권 주체로서의 일반근거조항이라 보기 어렵다. 그러므로 범죄피해자의 기본권은 재판 절차상 진술권에 한정된 것이라 볼 수 있다. 즉, 재판 절차에서 진술할 권리만을 염두에 둠으로써 범죄피해자의 기본권에 대해서는 다소 소극적인 입장이라 평가할 수 있다.

그러나 사법 절차에서 범죄피해자의 기본권 주체성을 전제로 두지 않고서 시혜적으로 권리와 보호가 부여되는 것이라고 한다면 범죄피해자의 안전과 회복, 평화는 기대할 수 없다. 범죄피해자가 기본권 주체성을 인식하고 자율적으로 판단하여 행동할 수 있을 때 비로소 범죄피해자의 권리 향유와 회복의 실현을 기대할 수 있다. 따라서 범죄피해자의 인격과 사법 절차상 독립성, 개인의 자율성을 존중하는 기반하에서 범죄피해자에 대한 보호와 지원이 이뤄져야 할 것이다.

헌법재판소는 불기소처분에 관한 헌법소원 사건[14]에서 "범죄피해자의 개념을 반드시 형사 실체법상의 '보호법익'을 기준으로 한 피해자 개념에 한정하여 결정할 것이 아니라, 보호법익의 직접적인 향유 주체로 해석되지 않더라도 문제된 범죄행위로 말미암아 '법률상 불이익'을 받게 되는 자의 뜻으로 풀이하여야 하고, 헌법 제10조에서 정한 '인간으로서 가지는 존엄과 가치를 유지하고 행복을 추구할 기본권'에 상처를 입었기 때문에 헌법 제27조 제5항에서 정한 법률상 불이익을 받은 범죄피해자의 범주에 속한다."라고 판시하여 범죄피해자의 기본권 주체성을 확인하고 있다. 대법원은 범죄피해자에 대한 법적 근거에 대해 전면적으로 다룬 판시는 없으나 반의사불벌죄에서 범죄피해자가 미성년자인 경우 법정대리인의 동의가 필요한지 여부가 쟁점이 된 사건에서 "국가의 국민의 생명, 신체에 대한 보호 의무는 인간의 존엄과 가치 및 행복추구권, 불가침의 기본적 인권을 보장할 국가의 의무를 규정하고 있는 헌법 제10조, 헌법에 열거되지 아니한 국민의 자유와 권리에 대해서도 그 경시를 금지

---

14) 헌법재판소 1992. 10. 1. 선고 91헌마31 결정.

한 헌법 제37조 제1항, 범죄피해자의 국가구조청구권을 규정하고 있는 헌법 제30조 등의 내용으로부터 도출된다(헌법재판소 1997. 1. 16. 선고 90헌마110등 결정 등 참조). 따라서 국가는 범죄로부터 생명, 신체를 훼손당한 범죄피해자를 보호할 의무가 있다."라고 판시하였다.[15]

살펴본 바와 같이 범죄피해자에게 있어 권리행사는 피해에 관한 회복적 사법 달성과 인간의 존엄성 보장에 중요한 실현 수단이 되기 때문에 범죄피해자의 권리를 보장할 필요성이 있다. 범죄피해자의 권리를 제도적으로 보장하려는 시도는 범죄피해자의 권리가 갖는 법적 정체성을 명료하게 정립하는 것에서 시작한다. 여기서 범죄피해자의 명시적인 헌법상 권리가 무엇인가?, 범죄피해자에 고유한 것은 아니나 헌법상 향유할 수 있는 권리는 무엇인가?, 범죄피해자에 관하여 헌법상 열거되지 아니한 기본권이 있는가?, 혹은 헌법 해석상 도출되기 어려운 부분은 헌법상 국가목표조항 도입에 따라 국가의 피해자 보호 의무를 마련할 수 있는가?와 같은 논의와 연결된다. 이하에서는 헌법의 체계적 해석을 통해 범죄피해자의 권리의 기본권성을 규명하고 그 헌법적 근거를 찾아 범죄피해자 보호를 위한 규범적 근거를 논의해 보고자 한다.

Ⅲ. 범죄피해자의 권리에 관한 헌법적 근거

범죄피해자의 권리는 범죄피해자가 외부로부터의 부당한 간섭 없이 헌법과 법률에 근거하여 자신의 선택과 결정에 따라 자율적으로 행사할 수 있는 권리를 의미한다.[16] 그런데 이 같은 권리는 범죄피해자의 권리를 자율적으로 행사할 수 있는 여건과 환경이 갖추어졌을 때 비로소 가능한 것이다. 즉, 범죄피해자의 권리는 소극적, 방어적인 성격이외에 적극적 성격 또한 갖는다고 할 수 있다.

범죄피해자의 권리와 그 보호 영역이 중첩되거나 직접 관련되는 개별적 기본권은

---

15) 대법원 2009. 11. 19. 선고 2009도6058 전원합의체 판결 중 대법관 김영란의 반대의견 참조.
16) 피해자학계에서는 피해자 권리에 관하여 "피해자가 국가나 일반인 혹은 특정인을 상대로 자기의 정당한 몫에 해당하는 특정 이익을 보호해 달라고 정당하게 주장할 수 있고, 그 상대방을 특정한 의무관계에 둘 수 있으며, 그 권리의 실현을 법에 의해 보장받을 수 있는 규범적 지위"라고 정의하기도 한다. 이에 관해서는 김재민, "범죄피해자 권리의 실효적 보장", 피해자학연구 제25권 제3호, 한국피해자학회, 2017, 36쪽 참조.

범죄피해자의 기본권으로 명시되어 있는 재판절차진술권(헌법 제27조 제5항), 범죄피해자구조청구권(헌법 제30조), 범죄피해자에게 고유한 기본권은 아니지만 범죄피해자가 향유할 수 있는 재판청구권, 사생활의 자유(헌법 제17조)에 근거한 개인정보자기결정권, 알 권리 등을 상정할 수 있다.

재판절차진술권은 범죄피해자가 사법절차 중 재판절차에서 진술할 수 있는 자유를 본질로 하므로 범죄피해자의 권리행사를 보장하는 근거 규정이라 할 수 있다. 다만, 재판절차진술권만으로 모든 범죄피해자의 진술할 권리를 포섭할 수 없고, 재판절차 이외의 수사나 형 집행, 기타 소송절차에서의 진술권까지 보장한다고 보기 어렵다.[17] 범죄피해자구조청구권 역시 범죄피해자의 회복을 돕기 위한 법률상 지원의 근거가 되는 기본권이지만, 그 자체로 범죄피해자의 구체적 권리가 도출된다고 보기 어렵다. 사생활의 자유는 사회공동체의 일반적인 생활규범의 범위 내에서 사생활을 자유롭게 형성해 나가고 그 설계 및 내용에 대해서 외부로부터의 간섭을 받지 아니할 권리를 말한다.[18] 사생활의 자유는 사적 영역에서 자신의 의사에 따라 생활 관계의 형성을 보호 영역으로 하므로 공적 영역에서의 활동은 사생활의 자유에서 예정된 보호범위에 포섭될 수 없다.[19] 범죄피해자의 권리가 해당 범죄피해자의 의사에 따라 사적인 영역에서 머물 수도 있지만 사법 절차 내에서 가해자와 긴장과 대립 관계를 형성하면서 실체적 진실 발견을 위해 다소 제한되거나 수사기관과 같은 공적 영역에서 권리 행사가 행해질 수 있는 것이어서 범죄피해자의 권리가 모두 사적인 영역에서만 이루어진다고 할 수 없다. 따라서 사생활의 자유도 범죄피해자의 권리를 온전히 포섭하지는 못한다. 개인정보자기결정권이나 알 권리는 사법 정보에 관한 정보결정권 내지 정보접근권의 근거가 되기는 하나 범죄피해자에 고유한 기본권이 아니다.

결국, 개별의 기본권에서 범죄피해자의 권리에 대한 종합적인 헌법적 근거를 독자적으로 찾기는 어렵다. 현행 헌법상으로는 개별 기본권외에 헌법 제10조 인간의 존

---

17) 한편, 최근 대법원은 2023. 8. 24. 행정소송규칙을 제정하였다. 행정소송규칙 제13조에서 행정소송의 당사자가 아니어도 처분과 밀접한 관련이 있는 ① 성폭력 피해자, ② 성희롱 피해자, ③ 학교폭력 피해학생과 그 보호자에게 행정소송에서 서면제출 등의 방법으로 의견을 진술할 기회를 부여하는 내용을 신설하였다.

18) 헌법재판소 2004. 8. 26. 선고 2003헌마457 결정; 헌법재판소 2002. 3. 28. 선고 2000헌마53 결정; 헌법재판소 2001. 8. 30. 선고 99헌바92 결정.

19) 헌법재판소 2001. 8. 30. 선고 99헌바92 결정; 헌법재판소 2003. 10. 30. 선고 2002헌마518 결정.

엄과 가치 조항에서 그 근거를 찾을 수 있을 것이다. 범죄피해자는 타인의 범죄로 인하여 개인적·사회적 생활에 지장을 초래할 피해를 입음으로 인간의 존엄성에 대한 침해를 받게 된다는 점에서 범죄피해자의 보호와 제도에 있어서도 근본적 헌법 근거가 된다.[20]

제2절 | 헌법상 범죄피해자의 기본권과 보호의 실현 구조

헌법 명문상 범죄피해자의 기본권은 범죄피해자에 고유한 재판절차진술권, 범죄피해자구조청구권이 있고, 범죄피해자에 특화되어 있지 않지만 범죄피해자의 기본권으로서 작용할 수 있는 재판청구권, 알 권리, 개인정보자기결정권이 있다. 여기에 헌법 제10조 인간의 존엄과 가치 조항과 헌법 제37조 제1항 열거되지 않은 권리 조항을 통하여 범죄피해자 기본권 체계를 구성한다. 국가는 범죄피해자에 대한 기본권 보호 의무를 지게 된다.

우리 헌법은 이와 같은 범죄피해자의 기본권과 보호의 실현 구조를 갖고 있음에도 불구하고, 범죄피해자에 대한 참여권, 진술권, 회복권, 정보접근권을 충실히 보호하지 못했다. 즉, 헌법 해석에 따른 실천으로 범죄피해자 보호를 국민의 눈높이에 부합시키지는 못했다.

이 절에서는 헌법 해석상 범죄피해자의 기본권과 보호의 실현 구조를 살펴보고, 범죄피해자 보호의 한계를 해결하기 위해 국가의 기본권 보호의무와 다른 차원으로 헌법 정책상 국가목표조항으로써 '국가의 범죄피해자 보호의무'를 수용할 필요가 있는지를 분석한다.

---

20) 류병관, 앞의 논문, 21~22쪽.

Ⅰ. 헌법 명문상 범죄피해자의 기본권

1. 재판절차진술권

(1) 재판절차진술권의 개념과 보호범위

우리나라 현행 헌법은 범죄피해자 기본권과 관련하여, 제27조 제5항에서 "형사피해자는 법률이 정하는 바에 의하여 당해 사건의 재판절차에서 진술할 수 있다."라고 규정하고 있다.[21]

재판절차진술권은 "형사피해자에게 법원에 대하여 증인신문절차에 의한 진술을 요구할 수 있는 권리",[22] "범죄로 인한 피해자가 당해사건의 재판절차에서 증인으로 출석하여, 자신이 입은 피해의 내용과 사건에 관하여 의견을 진술할 수 있는 권리"[23] 등으로 정의된다.

재판절차진술권은 1987년 헌법에서 최초로 규정되었고, 이를 구체화하기 위해 형사소송법 제294조의2(피해자등의 진술권)를 신설하였다. 피해자의 사법절차상 진술할 권리는 피해자 스스로 인간으로서의 존엄을 확보하는 바탕이 되는 것으로써 적극적이고 능동적인 사법시스템 참여를 위한 전제조건이 된다. 즉, 재판절차진술권은 소극적으로 피해자 등으로 하여금 당해 사건 절차에서 의견을 진술할 권리와 적극적으로 형사절차에 주도적으로 참여할 수 있는 권리를 내용으로 한다.[24] 이에 국가는 범죄피해자의 인간의 존엄성을 보장받을 권리, 명예와 사생활 평온의 보호, 해당 사건과 관련한 각종 절차에 참여할 권리를 보장할 의무를 진다.[25]

피해는 자연적 피해(by nature), 인간행위에 의한 피해(by human action), 사회구조적 피해(by social structure) 등으로 분류되는데,[26] 재판절차진술권의 보호대상에 포함되는 피해는 범죄피해로 한정한다.[27] 범죄피해가 아닌 피해는 재판절차진술권

---

21) 재판절차진술권을 공판정진술권이라는 용어로 사용하는 경우도 있다. 이에 관해서는 김성환, 앞의 논문, 483쪽.
22) 김학성,『헌법학원론』, 박영사, 2011, 558쪽; 이 책에서는 재판절차진술권을 독자적 기본권이 아닌 재판청구권의 하나로 인정하고 있다.
23) 권영성,『헌법학원론』, 법문사, 2010, 616쪽.
24) 김성환, 앞의 논문, 483쪽 이하.
25) 범죄피해자 보호법 제2조(기본이념).
26) 이윤호, 앞의 책, 2~6쪽.
27) 범죄피해로 한정하는 것에 관하여 형사처벌의 대상이 되는 범죄피해와 범죄피해에 준하는

의 보호대상이 아니라 더 직접적인 다른 기본권(예컨대, 환경피해는 환경권)이나 일반
적 공익 내지 기타 법률, 제도에 의해 보호된다고 할 것이다.[28] 헌법재판소는 범죄
피해를 입은 범죄피해자를 재판절차진술권의 보호대상으로 보고 있다.[29]

한편, 재판절차진술권은 재판청구권 및 피해자 보호에 관한 기본권과는 구별된
다. 범죄피해자 보호는 재판절차진술권과 같은 기본권이 아닌 형사소송법상 권리를
통하여 규율해도 무방하다는 견해도 있다.[30] 그러나 범죄피해자 보호는 재판청구권
의 주요 목적이 아니라는 점에서 충분한 설득력을 갖지 못한다. 또한 이미 헌법상
명문의 규정으로 재판절차진술권을 규정하고 있는 이상 형사사법절차에서 범죄피
해자의 진술권 박탈은 일차적으로 재판절차진술권 침해와 관련된다. 헌법재판소는
교통사고로 사망한 자의 배우자가 형사피해자로서 헌법소원을 할 수 있는 청구인
적격이 있는지 다투어진 사건[31]에서 헌법 제27조 제5항의 재판절차진술권을 독자
적 기본권으로 확인하는 한편, 범죄피해자의 기본권성을 인정하는 전제에서 헌법
제10조, 헌법 제27조 제5항, 제30조 등을 근거로 하여 범죄피해자를 헌법상 기본권
의 주체로 이해하고, 이들 조항을 근거로 하여 범죄피해자에 대한 국가의 보호의무
를 인정하였다.

(2) 재판절차진술권의 연혁

범죄피해자의 재판절차진술권을 비롯한 범죄피해자의 기본권은 제헌헌법 당시에
는 규정하지 않았다. 이후 현행 헌법에서 도입되었는데 헌법상 재판절차진술권의 시
초는 민주정의당(1981. 1. ~1990. 1.)이 1986년 8월 25일 국회 산하 헌법개정특별위
원회에 제출한 개헌안에 있었다.[32] 당시 민주정의당이 6·29 선언 이후 전두환 대통

파급력을 갖는 비범죄화 된 피해(예를 들어 간통죄)를 차별한다는 비판이 있을 수 있다. 그
러나 현행 헌법상 당해 형사절차에서 행사할 수 있는 권리로 고안된 점에서 비범죄화된 피
해의 경우 형사사건이 아닌 민·가사 사건등의 절차상 권리의 행사로서 진술권을 행사하여
야 할 것이다.

28) 예를 들어, 헌법재판소의 결정으로 비범죄화가 된 간통죄의 경우 더 이상 형사처벌은 되지
않는다. 다만, 피해자는 민법상 동거의무 위반에 따른 불법행위를 원인으로 손해배상청구권
의 행사는 여전히 가능하다.

29) 헌법재판소 2002. 10. 31. 선고 2002헌마453 결정.

30) 김학성, 앞의 책, 558쪽 각주 5).

31) 헌법재판소 2002. 2. 28. 선고 2001헌마580 결정.

32) 민주정의당, 『헌법개정안 요강』, 1986. 8; 정상우, "1987년 헌법개정안 형성과정 연구", 세

령의 대통령직선제 수용에 따라 제출한 헌법개정시안에 형사피해자에 대한 국가구
조 등 범죄피해자 보호 조항 신설에 관한 내용이 담겨 있었다.[33] 민주정의당이 재판
절차진술권에 관하여 도입취지로 제시한 것은 "피해자에게도 일정한 경우 형사절차
에 참여하여 그 의견을 개진할 기회를 부여함으로써 국가소추주의의 미비점을 보완
하고 피해자의 권익을 최대한 보장하고자 함"이라고 하였다. 이에 대해 신민당과 수
차례 독회를 하였으나 당시 반대 의견이 없었다. 이후 민주정의당의 범죄피해자에
관한 개헌안이 국회 헌법개정특별위원회 논의 과정에서 그대로 1987년 제9차 개정
헌법에 반영되었다.[34] 당시 이 규정에 대해서는 의원내각제 논의를 비롯한 다른 헌
법 쟁점에 비해 무게감 있게 다뤄지지 않았다.[35] 6월 민주화운동[36]을 비롯한 혼란
한 사회 상황 속에서 1980년 제8차 개정헌법에 대한 비판적 논의보다는 정치체제의
변화와 민주화의 갈망이 우선할 수밖에 없었기 때문이다.[37]

　　동 규정은 당시 다른 국가들이 헌법적으로 명문상 피해자의 기본권을 거의 규정
하지 않았던 것[38]에 비해 선진적인 규정이라 평가할 수 있다.[39] 그러나 1987년 헌
법 개정 당시에 기본권으로서의 재판절차진술권을 헌법에 두게 되면 어떠한 의미와

　　계헌법연구 제22권 제1호, 세계헌법학회 한국학회, 2016, 5~6쪽; 윤영미, "형사피해자의
　　재판절차진술권에 대한 헌법적 고찰", 헌법학연구 제15권 제4호, 한국헌법학회, 2009, 343
　　쪽; 이에 관하여는 제12대 국회 제136회 제8차 헌법개정특별위원회 회의록 상 14.항에 현
　　행 헌법 규정이 "刑事被害者는 法律이 정하는 바에 의하여 당해 事件의 裁判節次에서 陳述
　　할 수 있도록 함"이라는 안(案)으로 상정되어 있음을 확인할 수 있다. 위 회의록 15쪽 참조.

33) 정상우, 앞의 논문, 15쪽, 19쪽; 민주정의당의 경우 헌법개정안 요강(앞의 각주) 상에 총강
　　·기본권편 9.항에 범죄 피해자 보호에 관한 사항이 담겨있었으나, 통일민주당을 비롯하여
　　다른 정당 시안에는 범죄 피해자 관련 기본권 사항이 담겨있지 않았다.

34) 1986년에 구성된 국회 헌법개정특별위원회는 1986년 7월 30일부터 5차례 진행 후 중단되
　　었으나 당시 민주정의당을 비롯하여 신한민주당, 한국국민당이 개헌안을 마련하고 있었던
　　사정으로 1987년 9차 개헌이 신속하게 이뤄질 수 있었다. 이에 관한 상세한 설명으로, 장영
　　수, 『대한민국 헌법의 역사』제2판, 고려대학교 출판문화원, 2022, 271쪽 참고.

35) 민정당·신민당, "개헌안 비교검토(요약표)", 1986. 9. 30, 9쪽.

36) 6월 민주화 운동에 대한 소개와 이것이 1987년 헌법을 만드는 계기가 되었다는 설명으로
　　김명주, 『헌법사 산책』, 산수야, 2010, 343쪽 이하.

37) 이경주, "헌법의 어제와 오늘", 황해문화 통권 제45호, 새얼문화재단, 2004, 42쪽 이하.

38) 케냐, 프랑스 등 국가들의 헌법은 피해자 권리에 관한 조항을 명문으로 두고 있다(이하 외
　　국의 범죄피해자헌법 례 참조); 미국 캘리포니아 주 헌법의 경우 제28조(a)에서 범죄피해자
　　권리장전을 규정하였고, 제30조(b)에서 형사사건의 피해자와 증인을 보호하기 위해 전문증
　　거가 허용되어야 함을 규정하고 있다.

39) 황태정, 앞의 논문, 137쪽 이하.

문제를 갖게 되는지에 대한 충분한 논의와 검토가 없었고, 이로 인해 범죄피해자 권리에 관한 문제는 헌법적 과제로 남겨지게 되었다.[40]

(3) 범죄피해자의 범위

형사소송법 제294조의2(피해자등의 진술권)에서 "법원은 범죄로 인한 피해자 또는 그 법정대리인(피해자가 사망한 경우에는 배우자·직계친족·형제자매를 포함한다. 이하 이 조에서 "피해자등"이라 한다)의 신청이 있는 때에는 그 피해자등을 증인으로 신문하여야 한다."라고 규정하여 피해자의 절차상 진술할 권리를 보장하고 있다. 이때 규정된 피해자는 범죄에 의해 침해된 법익의 주체나 범죄의 공격대상이 된 자로서 반드시 형사실체법의 보호법익에 국한하지 않으며, 생명과 신체에 피해를 입은 피해자만을 의미하는 헌법 제30조 범죄피해자구조청구권보다 광의의 개념이다.[41] 범죄피해자의 범위를 법률에서 법정대리인, 피해자 사망 시 배우자 및 직계친족, 형제자매까지 확대하고 있다.

(4) 재판절차진술권의 법적 성격

현행 헌법 제27조 제5항 재판절차진술권의 법적 성격에 관하여 사법절차적 기본권설,[42] 국가에 대해 재판을 청구하는 것을 내용으로 하는 청구권적 기본권설,[43] 청구권적 기본권과 자유권적 기본권 양자의 성질을 갖는다는 견해[44] 등이 제시되고 있다. 재판절차진술권의 법적 성격에 대해 일의적으로 규정지을 수 없지만 인간의 존엄성 존중을 이념적 기초로 하면서 행복추구권 및 사법절차에 관한 제도적 보장의 성질을 가진다고 볼 수 있다.

헌법재판소는 재판절차진술권의 법적 성격에 대해 사법 절차적 기본권이라고 판

---

40) 윤영미, 앞의 논문, 342쪽 이하.

41) 손동권, 『형사소송법』, 세창출판사, 2010, 502쪽; 헌법 제27조 제5항의 형사피해자는 모든 범죄피해자를 의미하지만, 헌법 제30조는 생명, 신체에 대한 범죄피해자를 의미하여 전자의 범주가 후자보다 넓다는 설명으로 강경선·서경석·이경주, 『헌법Ⅰ』, 한국방송통신대학교 출판부, 2008, 276쪽.

42) 장원경, 앞의 논문, 77쪽; 김학성, 앞의 책, 558쪽; 김하열, 앞의 책, 642쪽.

43) 통상 재판청구권의 일부인 것으로 보고 있다; 권영성, 앞의 책, 616쪽; 성낙인, 앞의 책 (2023), 1620쪽.

44) 계희열, 『헌법학(중)』(신정2판), 박영사, 2007, 650쪽.

단하고 있다.[45] 헌법재판소는 "재판절차에서의 진술권은 피해자 등에 의한 사인소추를 전면 배제하고 형사소추권을 검사에게 독점시키고 있는 현행 기소독점주의의 형사소송체계 아래에서 형사피해자로 하여금 당해 사건의 형사재판절차에 참여하여 증언하는 이외에 형사사건에 관한 의견 진술을 할 수 있는 청문의 기회를 부여함으로써 형사사법의 절차적 적정성을 확보하기 위하여 이를 기본권으로 보장하는 것이다."라고 판시하였다.[46]

헌법재판소는 ① 검사의 자의적인 불기소처분에 대하여 평등권 외에 형사피해자의 재판절차진술권을 침해한다고 하여 헌법재판소법 제68조 제1항 헌법소원을 청구할 수 있는 논거를 제시한 바 있다. 이로써 검찰권의 행사를 사법적으로 통제할 수 있게 되었다.[47] 또한 ②「교통사고처리특례법」제4조 제1항 본문 중 업무상 과실 또는 중대한 과실로 인한 교통사고 시 피해자를 중상해에 이르게 한 경우 공소를 제기할 수 없도록 한 입법에 대해 평등권과 재판절차진술권을 침해한다고 판시한 바 있다.[48] 한편, 재판절차진술권의 입법형성권의 범위에 관하여 ③ 14세 미만자를 형사미성년자로 규정하고 있는 형법 제9조가 청구인의 재판절차진술권, 평등권을 침해하여 위헌인지가 문제가 된 사건에서 "헌법 제27조 제5항이 정한 법률유보는 법률에 의한 기본권의 제한을 목적으로 하는 자유권적 기본권에 대한 법률유보의 경우와는 달리 기본권으로서의 재판절차진술권을 보장하고 있는 헌법규범의 의미와 내용을 법률로써 구체화하기 위한 이른바 기본권 형성적 법률유보에 해당한다(헌법재판소 1993. 3. 11. 선고 92헌마48 결정). 따라서 헌법이 보장하는 형사피해자의 재판절차진술권을 어떠한 내용으로 구체화할 것인가에 관하여는 입법자에게 입법형성의 자유가 부여되고 있으며, 다만 그것이 재량의 범위를 넘어 명백히 불합리한 경우에 비로소 위헌의 문제가 생길 수 있다."라고 하여 입법자에게 입법형성의 자유가 부여되고, 그것이 재량의 범위를 일탈하여 명백히 불합리한 경우 위헌이 될 수 있다고 하였다.[49] ④ 최근 헌법재판소는 형법 제328조 제1항 친족상도례 규정에 관하여 일정한

45) 헌법재판소 1989. 4. 17. 선고 88헌마3 결정; 같은 평가로, 김성환, 앞의 논문, 484쪽; 범죄피해자에게 적극적인 참여권으로서 진술권을 보장함으로써 재판부에 적정한 형벌권을 행사할 것을 청구할 사법 절차적 기본권을 인정할 수 있는 헌법적 근거라고 할 수 있다.
46) 헌법재판소 1989. 4. 17. 선고 88헌마3 결정; 헌법재판소 1993. 3. 11. 선고 92헌마48 결정; 헌법재판소 2002. 10. 31. 선고 2002헌마453 결정 등 참조.
47) 헌법재판소 1993. 3. 11. 선고 92헌마48 결정.
48) 헌법재판소 2009. 2. 26. 선고 2005헌마764 결정.

친족 사이의 재산범죄에 관하여 일률적으로 형면제를 하는 내용이 피해자의 재판절차진술권을 침해한다고 판시하였다.[50]

한편, 검사의 불기소처분에 대한 헌법소원 사건에서 재판관 조대현의 별개 의견으로 "불기소결정을 취소하는 결정에는 동의하나, 이 사건 불기소결정으로 인하여 침해되는 기본권은 평등권이나 재판절차진술권이 아니라 사법구제청구권"이라며 헌법상 열거되지 않은 기본권으로 구성하려는 시도가 있었다. 헌법상 재판절차진술권이 기소 후에 인정되는 것 때문에, 기소 전 단계에서 피해자의 재판절차진술권이 침해된다고 보기 어렵다는 것이다. 즉, 이 견해는 검사의 처분이 헌법이나 법률에 위반한 것인 때에는 범죄피해자의 사법구제청구권을 침해한 것으로 구성해야 한다고 보았다.[51] 이는 범죄피해자의 기본권에 관하여 재판절차진술권이 아닌 '사법구제청구권'이라는 새로운 형태의 기본권을 인정하려는 시도라 할 수 있다.[52] 또한 재판절차진술권이 공소제기 후에 인정되는 기본권이라는 판단을 한 것으로 공소제기 전에 피해자의 권리 침해에 대한 개선이 필요함을 인정한 것이라 볼 수 있다.

이 책에서 재판절차진술권은 사법 절차적 기본권의 성격을 가지고 있지만, 명문상 '재판'으로 되어있어 여전히 논란이 있으며,[53] 현행헌법상 범죄피해자의 특수성을 포괄하는 기본권으로 보기에 무리가 있다는 점을 주장하고자 한다. 이하에서 이를 후술한다.

(5) 재판절차진술권과 헌법적 쟁점

범죄피해자의 재판절차진술권을 두고, 다음과 같은 쟁점들이 있다. ① 피해자는 당사자로서 권리와 참여권이 인정되어야 하는가(현행법 체계처럼 '증인'으로서의 지위가

---

49) 헌법재판소 2003. 9. 25. 선고 2002헌마533 결정; 앞선 교통사고처리특례법 사건과 달리 이 사건에서는 합리성 심사를 하였다. 이 사건에서는 형사미성년자의 연령은 책임의 한계를 근거 짓는 것으로 외국 입법례를 고려해보더라도 지나치게 높다고 볼 수 없어 입법자가 재량의 범위를 벗어나지 않았다고 판단하였다.

50) 헌법재판소 2024. 6. 27. 선고 2020헌마468 등 결정.

51) 헌법재판소 2007. 4. 26. 선고 2005헌마1220 결정 중 별개의견(재판관 조대현)의 의견 참조.

52) 이에 대한 평가로 이효원, 앞의 논문 99쪽.

53) 헌법재판소 2009. 2. 26. 선고 2005헌마764등 결정; 교통사고처리특례법 제4조 제1항 위헌확인 사건에서 반대의견은 '재판절차진술권은 피의자가 이미 공소제기된 것을 전제로 하는 것'이라고 지적한 바 있다.

적정한가)의 문제, ② 피해자 진술이나 피해자 변호사의 의견에 영향을 받는 형벌 부과의 정당성(평등에 반할 소지가 없는지), ③ 적법절차의 원칙, 무죄추정의 원칙, 공정한 재판받을 권리, 공소장일본주의, 공판중심주의 등과 같은 헌법 및 형사소송법상 피고인의 권리와의 충돌 문제(피고인 보호의 원칙과 피해자 보호의 원칙의 대립과 조화), ④ 피해자 진술 행사여부에 따른 차별 발생의 문제 등이다.

1) 재판절차진술권의 성격에 관한 논의

재판절차진술권의 헌법적 성격은 당사자 지위에 해당하는 권리는 아니고, 피고인의 방어권을 우선 보장하되 피고인 권리에 대응하는 절차적 참여권이라 할 수 있다.

이에 대해 현행 헌법상 재판절차진술권이 참여 자체의 보장에 초점을 맞춘 절차적 권리로 이해하면서, 기소 여부에 대한 내용적 타당성을 사법심사를 통해 통제할 수 있는 장치로 예정되지는 않았다고 평가한다.[54] 이러한 견해에 따라 법원은 범죄로 인한 피해자 등의 신청이 있는 때에는 그 피해자 등을 당사자가 아닌 증인으로 신문하여야 하며(형사소송법 제294조의2 제1항 본문),[55] 피해자 등을 신문하는 경우 피해의 정도 및 결과, 피고인의 처벌에 관한 의견, 그 밖에 당해 사건에 관한 의견을 진술할 기회를 주어야 한다(동조 제2항).[56] 또한 이 경우 당해 피해자·법정대리인 또는 검사의 신청에 따라 피해자의 사생활의 비밀이나 신변보호를 위하여 필요하다고 인정하는 때에는 결정으로 심리를 공개하지 아니할 수 있다(형사소송법 제294조의3 제1항). 한편, 법원은 범죄피해자를 증인으로 신문하는 경우 증인의 연령, 심신의 상태, 그 밖의 사정을 고려하여 직권 또는 당사자의 신청에 따라 피해자와 신뢰 관

---

54) 윤영미, 앞의 논문, 350쪽 이하.
55) 형사소송법 제294조의2(피해자등의 진술권) ① 법원은 범죄로 인한 피해자 또는 그 법정대리인(피해자가 사망한 경우에는 배우자·직계친족·형제자매를 포함한다. 이하 이 조에서 "피해자등"이라 한다)의 신청이 있는 때에는 그 피해자등을 증인으로 신문하여야 한다. 다만, 다음 각 호의 어느 하나에 해당하는 경우에는 그러하지 아니하다.
   1. 삭제
   2. 피해자등 이미 당해 사건에 관하여 공판절차에서 충분히 진술하여 다시 진술할 필요가 없다고 인정되는 경우
   3. 피해자등의 진술로 인하여 공판절차가 현저하게 지연될 우려가 있는 경우
56) 형사소송법 제294조의2 ② 법원은 제1항에 따라 피해자등을 신문하는 경우 피해의 정도 및 결과, 피고인의 처벌에 관한 의견, 그 밖에 당해 사건에 관한 의견을 진술할 기회를 주어야 한다.

계에 있는 자를 동석하게 할 수 있고, 피해자가 13세 미만이거나 신체적 또는 정신적 장애로 사물을 변별하거나 의사를 결정할 능력이 미약한 경우에는 신뢰관계자를 동석하게 하여야 한다(형사소송법 제163조의2). 특히 피해자인 아동 등을 증인으로 신문하는 경우에는 당사자의 의견을 들어 비디오 등 중계 장치에 의한 중계시설을 통하여 신문하거나 차폐시설 등을 설치하고 신문할 수 있다(형사소송법 제165조의2).

결국, 우리 헌법상 재판절차진술권은 그 본질이 독립적인 주체로서의 당사자의 권리라기보다 실체적 진실발견을 위한 증거방법(증인)으로 파악되고 있다. 당사자가 아닌 제3자인 증인으로서 인정되는 권리인 경우, 피해자임에도 법정에서 선서의무가 부여되고, 피해 진술을 제도적으로 강요받을 여지까지 있게 된다. 나아가 범죄피해에 관하여 의도적인 피고인 측의 요구에 따라 기억을 복기하여 진실을 밝힐 2차 피해를 입게 될 수도 있다. 이는 1987년 개헌과 함께 개정된 형사소송법에 따라 피해자의 절차적 참여를 이끌어낸 국제적으로 획기적인 변화임에도, 피해자 보호에 관한 인식과 제도가 미흡한 상태에서 별다른 논의 없이 헌법 규정화되었다는 한계가 있었다. 특히 피해자 진술의 소송법적 의미와 효과가 무엇인지 명확하지 않았고, 절차적 보장이 미흡했다는 지적이 있다.[57]

최근 헌법상 재판절차진술권만으로는 범죄피해자의 절차상 지위가 열악한 상태인 점을 고려하여, 피해자 변호사를 통하여 피고인 신문까지 하도록 할 필요가 있다는 견해가 등장하기도 하였다.[58] 이러한 점을 고려하면, 피해자의 현행 헌법상 지위는 규정상 피해자의 지위를 제3자인 증인으로 규정하지 않은 점, 사건의 주체로서 객관적 제3자인 증인의 본질적 성격과 부합하지 않는 점, 오히려 피해자의 진술이 형사소송에서 엄격한 입증책임을 지는 검사를 도와 실체적 진실을 발견할 수 있는 점을 고려하여 기본권의 성질을 이해할 필요가 있다. 헌법상 재판절차진술권이 절차상 참여권의 성질을 가지고 제정되었으나, 실제 피해자의 진술 내용이 검사의 공소유지에 기여하면서 소송상 대등 당사자 구조를 형성할 수밖에 없다. 즉, 재판절차진술권은 피고인의 헌법상 보장받는 각 기본권에 대응하여 상대 당사자에 준하는 지위로서 향

---

57) 김성돈, "우리나라 범죄피해자 우호적 형사정책의 과거, 현재, 그리고 미래", 피해자학연구 제20권 제1호, 한국피해자학회, 2012, 116쪽.

58) 조균석, "일본 피해자참가제도 시행 7년의 운영 성과와 그 시사점", 일감법학 vol. 38, 건국대학교 법학연구소, 2017, 169쪽 이하; "[피해자 국선]③처우 개선은…형사사법체계 변화, 피해자 권리 증진이 먼저" 뉴시스, 23. 1. 6.자 기사

유하는 권리로 이해하는 것이 타당하다.[59] 즉, 소송상 공방을 형성하는 적극적 성격을 가질 수 있다.

　피해자의 진술은 그동안 피해자가 소송법상 당사자로 지위를 점하지 못하였던 사유로 인하여 제3자에 준하는 증인으로만 이해되었다. 그 결과 피해자의 진술은 증인신문의 방법을 통해서 진행되는 것이 통상적인 소송절차였다. 그러나 범죄피해자는 사건의 당사자이지 객관적인 제3자라고 할 수 없으며,[60] 헌법상 재판절차진술권의 행사를 헌법에서 증인으로서 실현하도록 규정한 바 없다. 오히려 하위법령을 개정하여 피해자의 헌법상 기본권이 사법절차기본권으로서 독자적으로 보장될 수 있도록 하는 것이 피해자 보호에 관한 헌법 원리에 부합할 것이다.[61]

2) 형벌부과 정당성에 관한 논의

　기본권 행사의 일환으로 이뤄지는 피해자 진술이 양형에 영향을 미쳐, 결국 자의적인 양형 판단이 이뤄져 평등원칙에 반하는 형벌이 부과될 수 있다는 문제가 있다. 형사소송법상 피해자의 태도와 의견이 양형에 영향을 미쳐도 되는지, 안 되는지 혹은 영향을 미친다면 객관적이고 적정한 양형을 위해 어떻게 반영되어야 하는지에 관해서는 규정되어 있지 않다.[62] 또한 대법원 2023년 양형기준에도 피해자 진술 여부에 따라 양형이 가중·감경되는 경우는 없다.[63]

　이에 관하여 피고인이 양형 사유로서 피해 회복을 주장하듯이 피해자의 법적 진술로서 사건에 관한 법적 판단에 영향을 미칠 수 있는 주장을 할 수 있다는 긍정적

---

59) 미국의 경우 재판절차진술권과 같은 헌법상 기본권이 명문으로 규정되어 있지 않아 피해자의 진술권은 헌법상 열거되지 않은 권리를 근거로 삼고 있다는 견해가 있다. 이에 관해서는 Laurence H., Tribe, "In Support of a Victims' Rights Constitutional Amendment", RESPONSIVE COMMUNITY 8, 1998, 661쪽.

60) Douglas E., Beloof, 앞의 논문, 269쪽; 이 연구에서는 범죄피해자가 증인, 제3자가 아니고, 당사자에 준하는 "참가자"적 지위라고 주장되고 있다.

61) 입법적으로 재판절차진술권 행사방식에 관한 재검토가 필요하다는 데 같은 견해로 윤영미, 앞의 논문, 330쪽.

62) 피해자의 양형에 관한 진술이 인간의 존엄성을 존중하는 의미는 있으나, 객관적인 양형을 저해할 수 있고, 어느 정도 반영되어야 하는 지에 대한 내용이 없고, 어느 정도 반영될 때 과잉금지원칙이나 평등원칙에 반하지 않는 지에 관한 논쟁에 대해 어떠한 해명 없이 피해자 진술권이 입법된 것이라는 견해로 윤영미, 위의 논문, 356쪽 이하.

63) 현행 대법원 양형기준에 관해서는, https://sc.scourt.go.kr/sc/krsc/criterion/down/standard_down.jsp

견해가 있다.[64] 한편, 피해자 진술이 피해 사실 이외에 감정에 호소하는 경우 이는 범죄 사후적인 요소임에도 피고인의 죄책에 영향을 주는 것이기 때문에 부정적인 시각으로 보는 견해로 나눠져 있다.[65]

피해자의 재판절차진술권 행사 여부에 따라 양형이 자의적으로 변화한다는 실증 연구는 찾아보기 어렵다.[66] 다만, 공개되지 않거나 공정하지 않은 방법으로 언론을 통해 근거 없이 피해를 호소하거나 1심 선고 전에 피해자의 강한 문제 제기로 공정한 재판 진행을 저해할 것 같다는 식의 의혹 제기만 있을 뿐이다.[67]

---

64) Maureen, McLeod, "Victim participation at Sentencing", Criminal Law Bulletin, 22.6, 1986, 501~517쪽; 김재희, "양형절차에서 피해자 진술권의 역할－형사소송법 제294조의 2를 중심으로", 피해자학연구 제21권 제1호, 한국피해자학회, 2013, 217쪽 이하.

65) Laurence H., Tribe, "McVeigh's Victims Had a Right to Speak", The Newyork times, June 9, 1997; 위 칼럼은 오클라호마 시티 폭탄 테러 사건에서 담당 Match 판사가 배심원들을 자극하거나 선동할 수 있는 증언은 허용하지 않아야 된다고 하며, 피해자의 9살 난 자녀가 배심원들에게 그의 어머니 죽음에 대해 말할 수 없게 한 결정을 비판하고 있다. 위 칼럼에서 변호인이 피고인에 관하여 배심원들의 도덕적 판단을 구하기 위해 적절히 다양한 인간화를 시도하듯이, 피해자도 검찰을 통해 피해를 입은 사람에 대해 법정에서 진술할 수 있어야 한다고 설명하고 있다.
오클라호마 시티 폭탄 테러 사건에 관하여 추가적인 내용은, Paul G., Cassell, "Recognizing Victims in the Federal Rules of Criminal Procedure: Proposed Amendments in Light of the Crime Victims' Rights Act", BYU L. Rev., 2005, 845~847쪽 참조.

66) 피해자가 수사 과정과 재판 과정에서 호소하는 진술은 그것이 다소 감정에 기대어진 호소일지언정 피의자 또는 피고인이 향유하는 권리를 침해하지 않는 범위 내에서 충분히 보장되어야 한다. 피해자의 권리 행사의 한계는 부득이 공정한 수사 및 재판절차를 유지하고 운영해야 할 수사기관과 법관이 판단하여 제지할 수 있어야 하는 부분이지, 원천적으로 배제할 부분이 아니다. 또한 실무상 피해자가 '탄원서'라는 서류가 아닌 직접 수사기관과 재판부를 대면하면서 진술하는 것이 보다 효과적이라는 점에 관해서 양형에 직접적인 영향을 미쳤는지에 관한 실증연구는 없다. 다만, 피해자가 직접 수사기관과 재판부를 대면하면서 구체적 사실관계에 관한 진술을 하는 경우 사건의 실체적 진실발견에 기여할 가능성이 있다. 사건을 진행하는 국가 입장에서는 피해자의 자발적 조력이 실체 진실 접근을 가능하게 하여 유용할 수 있다. 따라서 탄원서를 제출할지, 혹은 직접 진술할지에 관한 선택은 피해자에게 맡겨져야 할 것이다. 결국 피해자의 재판절차진술권 행사 여부에 따라 형벌의 정당성 여부가 달라진다고 할 수 없고, 피고인의 기본권을 침해하지 않는 범위 내에서 충분히 보장되어야 할 것이다.

67) 오히려 언론 보도가 형사사건에 관한 근거 없는 소문이나 오해를 시정하고, 피해자 지원에 관한 이해와 관심을 높여주는 긍정적인 기능을 수행한다는 내용으로, Robert J., Gebotys, Julian V. Roberts, and Bikram DasGupta, "News Media Use and Public Perceptions of Crime Seriousness", Canadian Journal of Criminology and Criminal Justice, 1988, 3쪽 이하.

3) 적법절차의 원칙을 비롯한 피고인 권리와 충돌

재판 과정에서 피해자 진술 등 권리의 행사로 적법절차의 원칙, 무죄추정의 원칙을 비롯한 헌법상의 피고인 권리를 침해하는 것이 아닌가와 관련된 문제가 있다.

가) 적법절차 원칙 위반 여부

피해자 진술이 재판 과정에서 현출되는 것에 관하여 우리 헌법재판소에서 본격적으로 심리한 사례는 찾아보기 힘들다. 다만, 수사 시 동석한 신뢰관계인의 성립 인정 진술로 성폭력 피해 아동의 진술이 수록된 영상녹화물의 증거능력을 예외적으로 인정할 수 있는가에 관한 '아동·청소년의 성보호에 관한 법률 제3조 등 위헌소원' 사건에서 적법절차 원칙 위반 여부를 심리하였을 뿐이다.[68] 이때 헌법재판소는 적법절차 원칙에 관하여 독자적으로 심리하지 않고, 피고인의 반대신문권을 침해하여 공정한 재판을 받을 권리를 침해하였는지에 대한 쟁점을 중심으로 심리하였다.[69]

우리와 달리 미국의 경우 피해자 진술로 인한 적법절차 원칙 위반 여부에 관한 판단이 존재한다. State v. Basile 사건(이른바, 바질레 사건)에서 재판 중 과형 단계에서 재판부와 배심원이 피해자의 진술을 들은 것을 이유로 수정헌법 제8조(비정상적 형벌 부과 금지),[70] 적법절차의 원칙[71] 위반이 아니라고 보고 있다. 바질레 사건에서 피해자의 어머니는 엘레자베스 드카로의 죽음이 가족에게 미치는 영향에 관하여 증언하였다. 이로 인하여 배심원들의 감정이 동요하여 재판 중 일부가 울기 시작하는 일이 발생하였고, 피고인 측에서는 재판에 부적절한 영향을 미쳤으므로 적법절차 원칙 위반이라고 주장한 것이다. 그러나 재판부는 이 같은 피고인측 주장을 기각하면서, 법

---

68) 헌법재판소 2013. 12. 26. 선고 2011헌바108 결정.

69) 헌법재판소 2010. 11. 25. 선고 2009헌바57 결정; 헌법재판소 2012. 7. 26. 선고 2010헌바62 결정 등 참조.

70) Amendment 8 — Cruel and Unusual Punishment. Ratified 12/15/1791.
Excessive bail shall not be required, nor excessive fines imposed, nor cruel and unusual punishments inflicted.

71) Amendment 14 — Citizenship Rights. Ratified 7/9/1868.
1. All persons born or naturalized in the United States, and subject to the jurisdiction thereof, are citizens of the United States and of the State wherein they reside. No State shall make or enforce any law which shall abridge the privileges or immunities of citizens of the United States; nor shall any State deprive any person of life, liberty, or property, without due process of law; nor deny to any person within its jurisdiction the equal protection of the laws.

원의 재량에 따라 피해자에 미치는 영향에 관한 증거를 인정할 수 있으므로 피해자의 증언이 편파적인 경우가 아닌 한 그 자체로 수정헌법 제8조 내지 제14조 제1항 적법절차의 원칙 위반이 아니라고 판시하였다.[72]

피해자가 법정에서 진술한다고 하여 피고인의 절차상 보장되어야 할 권리가 침해된다고 볼 수 없으며, 피고인의 충분한 절차적 권리가 보장되는 동시에 피해자의 권리도 함께 보장될 수 있다. 즉, 적법절차의 원칙은 피고인에게만 보장되는 권리가 아니며, 사건 당사자를 비롯한 이해관계자 모두에게 동일하게 보장되는 권리라 할 수 있다. 미국에서도 ① 편파적인 피해자의 주장 진술과 ② 피고인과 재판부 공격을 위해 언론을 활용한 진술, ③ 예기치 못한 진술로 배심원에게 영향을 미치는 행위를 차단하고, 당사자 간 방어권 균형을 갖추기 위해 피고인에 대한 사전 고지가 실무상 이뤄지고 있다.[73]

나) 무죄추정의 원칙 위반 여부

수사 절차 및 재판 절차를 전후로 하여 이뤄진 피해자 진술권의 행사가 피고인의 무죄추정의 원칙을 형해화하고, 훼손할 가능성이 높다는 문제 제기가 있다.[74] 즉, 유죄 확정 이전에 피해자의 피해 사실 호소와 범죄 특정으로 인해 엄격한 입증책임을 져야 할 검찰 측에서 입증을 다하지 않을 우려(입증 회피 우려)가 있고, 피고인은 헌법상 무죄로 추정받는 자임에도 실제는 유죄로 추정받을 재판상 편견, 압박이 생긴다는 이유를 주된 논거로 한다.[75]

헌법학자 로렌스 트리브(Laurence H. Tribe)는 피해자 진술이 유죄 확정(진술권 행사가 유무죄 판단 후 이뤄지는 절차) 후 이뤄지므로 무죄추정의 원칙과 충돌이 없다고 주장하기도 한다.[76] 그러나 우리처럼 피해자의 진술권 행사가 재판 전후로 보장되고

---

72) State v. Basile, 942 S.W.2d 342 (1997).

73) 피고인의 방어권을 보장하기 위해서 피해자의 진술권 행사 이전에 피고인에게 공지되고 준비할 여지를 줘야 한다는 견해로, John H., Blume, "Ten Years of Payne: Victim Impact Evidence in Capital Cases", Cornell L. Rev. 88, 2002, 281쪽.

74) 권순민, "공판절차에서 피해자 직접 참여권의 범위와 한계 – 피해자이익과 피고인 방어권의 균형을 고려하여 – ", 법학논총 제42권 제4호, 단국대학교 법학연구소, 2018, 437쪽.

75) 이정민, "일본의 피해자 참가제도와 형사재판의 변화", 피해자학연구 제17권 제2호, 한국피해자학회, 2009, 48쪽; 무죄추정의 원칙이 훼손될 수 있으므로 피해자 진술의 시기를 증거조사 종료 후에 진행되는 것이 타당하다는 의견이다.

있는 사법 시스템에서 재판 절차상 피해자의 진술 행사의 시점이 구분되어 있지 않은 점에 대한 답변을 제시하지는 못한다.

헌법상 무죄추정의 원칙을 통한 피고인 보호가 곧바로 피해자가 무고를 하였거나, 위증한다는 추정을 낳지 않듯이 피해자 권리의 충실한 보호가 유죄 추정을 의미하지는 않는다.[77] 무죄추정의 원칙은 피고인을 중립적인 위치에 두고, 합리적 의심을 가능케 함으로써 실체적 진실발견에 기여할 수 있다. 이는 피고인이 재판 확정 전(前) 구속되는 경우에도 무죄추정의 원칙은 유지된다. 마찬가지로 가령 피해자가 진정하지 않은 피해자일지라도 피해자의 진술권을 충분히 보장하는 것이 실체적 진실발견에 기여할 수 있는 것이다. 따라서 피고인에 대한 헌법상 무죄추정의 원칙과 피해자 권리 보호가 모순된다고 보기 어렵다.

즉, 무죄추정의 원칙은 합리적 의심이 존재하는 처벌과 가혹한 형벌의 강요를 방지하고,[78] 피해자 진술권을 비롯한 권리의 보호는 피해자가 인간존엄성의 훼손에 따라 주체성을 회복하고 2차 피해를 방지하게 한다. 양 원리는 실체적 진실발견에 공통적으로 기여할 수 있음과 동시에 각자가 추구하고자 하는 목적달성을 위해 작용한다.

한편, 범죄피해자가 형사절차에 관여를 하여 의견 진술을 하게 되면, 마치 피고인이 범죄를 범한 것처럼 보여질 가능성이 있다.[79] 그러나 이는 범죄를 범한 것처럼 비춰지는 심증을 소송절차에서 배제해야 하는데 초점이 있는 것이지, 범죄피해자의 진술권 행사나 소송에 적극 관여하는 것이 무죄추정의 원칙에 반한다고 할 수는 없는 것이다. 또한 무죄추정의 원칙은 형이 확정되지 않은 상태에서 피해자의 개입을 단순히 배제하는 데 목적이 있는 것이 아니라 재판절차에서 피고인의 무죄를 전제하고, 검사가 피고인에 대한 범죄사실을 합리적 의심 없이 증명한 때에 유죄인정을 하는 '입증책임'을 본질로 하는 것이다. 그렇다면 범죄피해자의 절차 참여나 진술권행사로 인해 검사의 입증책임의 변화는 없기 때문에 무죄추정의 원칙에 반한다고 볼 수 없다.[80]

---

76) Laurence H., Tribe, 앞의 칼럼(1997) 참조.
77) 조정민, "형사절차상 피해자 보호의 원칙 — 무죄추정의 원칙과의 관계를 중심으로", 현대사회와성범죄연구회 2022년 공개토론회 자료집, 2022, 125쪽 이하.
78) 정영훈, "무죄 추정에 관한 연구", 고려대학교 법학박사학위 논문, 2012, 27쪽, 173쪽 이하.
79) 권순민, 앞의 논문, 438쪽.

4) 피해자 진술권 행사 여부에 따른 차별 여부

피해자 진술권의 행사 여부에 따라 양형이 달라져 피해자 사이에 차별이 발생할 수 있다는 문제 제기가 있다. 양형에 관한 피해자 진술은 사적복수 관념을 충족시키는 것 외에 형량의 중벌화를 가져오기 때문에 부적절하다고 한다.[81]

그러나 피해자 진술권 행사는 헌법과 법률에 따라 보장된 권리이므로 이를 행사한 사람과 행사하지 않은 사람 사이에 발생하는 결과에 대해서는 이를 비교집단으로 설정하여 차별이라 단정 지을 수 없다. 헌법이 재판절차진술권을 신설한 이론적 근거는 피해자의 진술을 청취하여 실체적 진실발견에 최선을 다하기 위함이다. 피해자 진술을 통해 국가가 피해자의 피해 상황을 직접 확인하여 국가구조 여부를 판단하는 자료로 활용하며, 당해 사건에 관한 피해자의 의견을 청취하므로 유무죄 판단과 양형 판단에 참고하고자 한 것이기 때문이다.[82] 헌법과 법률에서 정한 방식에 따라 진술한 것을 사적복수의 충족이라고 단정지을 수 없고, 진술권 행사만 가지고 피고인의 방어권에 제약을 초래한다고 볼 수 없다.[83]

따라서 기본권 행사 여부에 따라 (가정할 수 없지만) 유무죄판단이나 양형 판단이 달라져 차별이 발생한다고 볼 수 없다.

(6) 재판절차진술권 조항의 문제점

현행 재판절차진술권 조항은 범죄피해자의 개별적·집단적 특성을 반영하지 못하고, 진술 시점과 방법에 한계가 있으며, 범죄피해자의 권리를 포괄적으로 규율하지 못하며, 범죄피해자의 보호에 관한 권리구제를 충실히 달성하지 못한다는 한계

---

80) 김형만, "범죄피해자의 지위와 소송참가", 한국경찰연구 제8권 제4호, 한국경찰연구학회, 2009, 136쪽.

81) 윤영미, 앞의 논문, 341쪽; (부정적 취지의 견해) 민영성, "피해자의 양형절차에의 참가와 의견진술", 저스티스 통권 제93호, 한국법학원, 2006, 178~179쪽; Wayne A., Logan, "Through the past darkly: A survey of the uses and abuses of victim impact evidence in capital trials.", Ariz. L. Rev. 41, 1999, 191쪽 이하.
(긍정적 취지의 견해) 이정민, 앞의 논문, 44쪽, 이 논문 49쪽에서는 일본도 2000년에 의견 진술이 도입되었으나 중벌화 경향은 나타나지 않았고, 미국의 경우에도 중벌화 경향은 없었다고 하면서 피해당사자는 의견 진술 행사로서 존중받는데 의미가 크다고 한다.

82) 권영성, 『헌법학원론』, 법문사, 2010, 616쪽.

83) 범죄피해자의 의견 진술권을 증인신문 외에 서면까지 포함하고, 의견 진술의 내용을 양형에 반영하도록 하는 형사소송법 일부법률개정안(홍정민의원 등 10인)이 국회 계류 중이다(의안번호 15132).

가 있다.

1) 범죄피해자의 개별적·집단적 특성 미반영

재판절차진술권은 현행 헌법상 청구권 조항에 편제되어 있으나, 국가와 국민 간의 이해가 대립되는 관계 속에서 국민의 자유를 확보하기 위해 수단적 기본권으로 성립되어온 청구권의 역사적 배경과 달리 국가와 국민 간의 이해 대립 없이 범죄피해자 보호라는 정책적 목적에서 탄생하였다고 볼 수 있다.

재판절차진술권은 기본권외에 범죄피해자구조청구권과 함께 국가목표 조항으로도 기능하고, 이에 따라 국가는 범죄피해자를 보호할 의무를 지고, 국민도 이에 협력할 의무를 진다.

현행 헌법상 재판절차진술권은 진행 중인 형사사건에서 진술할 권리만을 규정하고 있을 뿐이고, 범죄피해자에 대한 국가의 관심과 보호해야 한다는 가치를 반영하고 있지 못한다. 재판절차진술권 자체만으로는 범죄피해자의 범죄로부터 발생하는 피해에 관한 개별적 특성(예컨대, 범죄피해자는 범죄로 인해 스트레스, 충격, 공포, 분노, 대인기피, 무력감, 체념, 불신, 죄의식 등과 같은 심리적 증상을 보이며, 특히 '외상 후 스트레스장애(우울증, 수면장애, 공황장애, 집중력 저하, 술 또는 약물의 과다복용 등)')을 겪게 된다는 점을 반영하지 못한다.[84] 또한 재판절차진술권만으로는 범죄피해 예방 실패에 대한 국가의 책임, 국가의 정책과제 설정과 같이 범죄피해에 대한 집단적, 정책적 특성을 반영하지 못한다.

재판절차진술권을 현재처럼 사법 절차적 기본권으로만 보는 경우, 범죄피해자에 대한 직접적인 보호(개별적 특성), 범죄피해자에 대한 보호를 위한 국가정책의 수립과 과제설정(집단적, 정책적 특성)을 반영하지 못하게 되고, 국가 목표 조항으로서의 기능을 수행하기도 어렵다.

2) 진술권 행사 방법의 한계

범죄피해자의 진술권은 우선 ⅰ) '증인신문'의 방법 또는 ⅱ) 증인 신문 외의 의견

---

84) D. C., Raskin, and Esplin, P. W., "Statement validity assessment: Interview procedures and content analysis of children's statements of sexual abuse", Behavioral Assessment, 13(3), 1991, 265~291쪽; 피해자는 사건발생 후 자기비난, 자기진술에 대한 의심제기, 자발적 기억 수정 등의 정신적 감각작용을 겪게 된다고 한다.

을 진술하는 방법으로 행사가 가능하다. 즉, 헌법 제27조 제5항에서 규정된 재판절차진술권을 형사소송법의 규정에 따라 증인으로서의 지위에서 진술권을 행사하거나, 혹은 증인신문에 의하지 아니하고 형사소송규칙 제134조의10에 따라 의견 진술권을 행사하도록 하고 있다.[85]

형사소송법 제294조의2에서 진술 방법을 증인신문으로 진행하도록 정하고, 그 범위를 ① 피해의 정도 및 결과, ② 피고인의 처벌에 관한 의견, ③ 그 밖에 당해 사건에 관한 의견을 진술할 기회의 3가지로 구체화하고 있다. 이 경우 증인으로서 법정에서 증언하므로 피해자의 증언이 곧 증거가 된다. 한편, 형사소송규칙 제134조의10 제1항에서 범죄피해자는 "범죄사실의 인정에 해당하지 않는 사항에 관하여 증인신문에 의하지 아니하고 의견을 진술하게 할 수 있다."라고 하여 진술권을 보장하고 있다. 다만, 법적 효과에 관해서는 「구 성폭력 범죄 사건의 심리, 재판 및 피해자 보호에 관한 규칙」(이른바, 성범죄 재판규칙) 제9조에서 의견 진술 또는 의견 진술에 갈음한 서면은 증거로 할 수 없다고 규정하고 있다.[86]

범죄피해자에 대한 배려와 보호에 대한 인식이 높아지면서 재판부와 공판검사도 공판절차 진행 시 되도록 피해자에 대한 진술권 부여에 신경쓰고 있으나,[87] 형사소송법상 증인신문의 방법에서 오는 한계가 있다. 또한 증인신문이 아닌 형사소송규칙에 의한 진술에서도 한계가 있다. 즉, 범죄피해자가 증언하는 경우 법정에 출석하여 증인으로 선서 후 증언을 해야 하고 위증죄의 부담을 안고 있으며, 특히 성범죄의 경우 피해자의 성행에 관한 질문 등 유도신문으로 인한 2차 피해를 방지하기 어렵

---

85) 대법원은 2015년 6월 29일 피해자를 증인 신문하는 문제 지적에 따라 형사소송규칙을 개정하여 증인신문에 의하지 않는 방식을 도입하였다.

86) 수사과정에서 피해자가 제출한 진술서는 증거가 되는데, 공판과정에서 피해자가 제출한 의견 진술에 갈음한 서면은 증거가 되지 않는다는 것은 합리적인 이유를 찾기 어렵고, 별다른 근거도 없어 보인다.

87) 검찰은 종래 검사실에서 피해자의 재판절차 진술에 관한 의사를 확인하여 공판카드 표지 우측 상단에 표시를 하였었다. 그 결과 피해자의 의사확인이 누락된 경우가 많았고, 그로인해 실질적으로 피해자의 재판절차진술권이 보장받지 못하는 경우가 종종 발생하였다. 검찰은 이를 시정하기 위해 2023년 7월 3일부터 ① '재판절차 진술권' 상세 안내 ② 공소제기 시 문자메시지 안내 ③ '피해자 의견 진술서' 양식 제공 등의 내용을 골자로 한 개선안을 발표하였다.
이때 검찰이 제공하는 표준 서식에는 심리적 피해, 신체적 피해, 사회관계적 피해, 경제적 피해, 2차 피해를 세분화하여 기재하도록 하고 있다. 이에 관해서는 대검찰청 인권기획담당관, 『범죄피해자의 형사재판 절차 참여』, 피해자국선전문화교육 발표자료, 2023.

다. 연소자 등에 대한 증인신문이 진행되는 경우 재판 과정에서 불안감을 느끼거나 정신적 피해를 악화시킬 수 있는 경우가 매우 많다.[88] 또한 피해자의 경우 사건 당사자이지 객관적인 제3자라고 보기 어렵기 때문에 이해관계에 따른 당사자 진술로 봐야하고, 일반적인 증언과 차이가 있는 점을 간과한 입법이라 할 수 있다.[89] 헌법에서 정하지 않은 진술 방법을 형사소송법에서 증인신문의 방법으로 진술을 하도록 정함으로 인해 기본권 주체인 범죄피해자를 형사재판의 객체로 취급하고, 헌법상 기본권 행사를 실질적으로 제한하는 것이다.[90]

　증언이 아닌 진술을 형사소송규칙에 따라 하는 경우에도 한계가 있다. 우선 ① 재판도중 진술권 행사의 시점이 명확하지 않다. 특히나 미국[91]과 달리 사실 심리와 양형 심리의 구분이 없는 현행 사법제도의 경우 피해자 진술권 행사의 시점을 특정할 수 없어 피해자에게 절차상 불안감을 주는 문제도 있다.[92] 또한 ② 증언하는 경우와 실제 유사함에도 해당 기일에 출석하여 진술한 내용이 증거로서 사용될 수 없다. 또 재판부는 ③ ⅰ) 해당 사건에 관하여 충분히 진술하여 다시 진술할 필요가 없다고 인정된 경우, ⅱ) 의견 진술 또는 질문으로 인하여 공판절차가 현저하게 지연될 우려가 있다고 인정되는 경우, ⅲ) 의견 진술과 질문이 해당 사건과 관계없는 사항에 해당한다고 인정되는 경우, ⅳ) 범죄사실의 인정에 관한 것이거나, 그 밖의 사유로 피해자등의 의견 진술로서 상당하지 아니하다고 인정되는 경우에는 의견 진술을 제한할 수 있어(형사소송규칙 제134조10(피해자등의 의견 진술) 제6항) 헌법 제27조 제5항

---

88) 오영근 외1, 앞의 보고서, 46쪽.

89) 피해자의 증언은 당사자 진술로 봐야 하며, 증거를 평가할 때 주의해야 한다는 견해로, Joachim, Herrmann, "Die Entwicklung des Opferschutzes im deutschen Strafrecht und Strafprozessrecht –Eine unendliche Geschichte", Zeitschrift für Internationale Strafrechtsdogmatik, 2010. 3, 242쪽.

90) 신주호, "범죄피해자권리의 헌법상 근거에 관한 소고", 세계헌법연구 제16권 제4호, 세계헌법학회 한국학회, 2010, 86쪽.

91) 미국의 경우 피해자 영향 진술(Victim impact statement)과 피해자 의견 진술(Victim statement of opinion)로 나누고 있다. 혹은, 피해자 영향(충격) 진술(Victim impact statement, VIS), 피해자 사적 진술(Victim personal statement, VPS), 피해자 의견 진술(Victim statement of opinion, VSO)의 3가지로 구분하기도 한다. 다만, 진술을 사실 심리와 양형 심리가 구분된 상태에서 진행하도록 한다.

92) 공소사실에 대한 신문인지 피해자 의견 진술인지 구별이 모호할 수 있다는 유사한 지적으로 김광주, 앞의 논문, 63쪽; 실무상 피해자가 언제 진술해야 할지를 알 수 없어 권리행사를 적극적으로 하기 어렵다.

을 법률이 아닌 형사소송규칙으로 제한하는 문제가 있다.

3) 진술권 행사 시점의 한계

재판절차진술권 행사 시점에 관해서도 다툼이 있다. 명문의 규정에 따라 공소제기 이후에 재판절차에서만 진술권 행사가 헌법상 보호된다는 입장과 공소제기 여부를 불문하고 재판절차진술권 행사가 가능해야 한다는 입장으로 나눠질 수 있다.[93]

헌법이 재판절차진술권을 인정한 것은 범죄피해자를 사법절차에서 단순히 심리의 대상이나 증인으로 취급하지 않고, 범죄피해자 스스로 자신의 권리를 주장하기 위한 적극적인 진술권 행사를 보장하기 위함이다. 따라서 이는 공소제기 이후만 인정될 것이 아니고, 공소제기를 불문하고 보장된다고 보아야 한다.

형사소송법 제294조의2 제2항에서 범죄피해자 재판절차진술의 내용은 규정하고 있으나 행사시점은 구체화하고 있지 않고 있으며, 이로 인해 수사단계에서 범죄피해자의 진술할 권리가 제대로 보장되지 않는 바,[94] 이를 개헌을 통해서 명시적으로 개정할 필요가 있다.

4) 증인신문에 대질할 기회를 못 갖는 점

공판절차에 출석한 범죄피해자가 재판절차진술권을 증언으로서 행사하는 경우 피고인은 증인신문에 참여하여 반대신문권을 행사할 수 있다. 그러나 피해자의 경우 법원이 소송지휘권에 따라 허가하는 경우에 한하여 피고인에게 대질의 기회가 부여되고, 적극적으로 피고인 주장을 반박할 권리는 형사소송법상 규정되어 있지 않다.[95]

범죄피해자는 사건의 실질적 주체임에도 불구하고 증인신문 과정에서 대질할 권리가 없고, 피고인 측의 신문에 일방적으로 답변을 해야 하는 한계가 있다.

---

93) 신주호, 앞의 논문, 85쪽.

94) 피해자 진술권을 보장하지 않고, 조사 없이 경찰이 피해자 진술서를 작성하여 유죄가 인정된 사례로, https://www.sedaily.com/NewsView/29OASPZ901
폭행을 당해서 50바늘을 꿰맸는데, 경찰의 피해자 조사가 없어서 문제된 사례로, https://news.mt.co.kr/mtview.php?no=2022021614133245612
군수사기관이 피해자를 조사하지 않다가, 공판절차에 이르러 피해자를 조사하게 된 사례로, https://imnews.imbc.com/replay/2022/nwtoday/article/6414381_35752.html

95) 신주호, 위의 논문, 87쪽.

2. 범죄피해자구조청구권

(1) 범죄피해자구조청구권의 개념과 보호 범위

우리나라 현행 헌법은 범죄피해자구조청구권과 관련하여, 제30조에서 "타인의 범죄행위로 생명·신체에 피해를 받은 국민은 법률에 따라 국가로부터 구조를 받을 수 있다."라고 규정하고 있다.

범죄피해자구조청구권은 "타인의 범죄행위로 피해배상을 받지 못한 경우에 국가에 대해 보상을 청구할 수 있는 권리",[96] "타인의 범죄행위로 생명이나 신체에 대한 피해를 당한 국민이 국가에 대해 구조를 청구할 권리",[97] "국가에 대하여 유족구조 또는 장해구조를 청구할 수 있는 권리",[98] "국민이나 그 유족이 가해자로부터 충분한 피해배상을 받지 못한 경우 국가에 대해 일정한 보상을 청구할 수 있는 권리",[99] "국가로부터 재정적 구조를 청구할 수 있는 권리"[100] 등으로 정의된다.

범죄피해자구조청구권은 적극적으로 범죄 예방을 실패한 국가에 대한 국가배상책임을 구할 권리, 인간다운 생활을 보장하기 위한 사회보장청구권, 범죄피해자의 구조절차에 관한 입법을 요구할 권리를 내용으로 한다.[101] 국가는 사회국가 이념에 따라 범죄피해자의 피해를 구조할 의무를 진다.[102]

범죄행위는 사람의 생명이나 신체를 해하는 행위이며, 피해는 신체적 피해, 정신적 피해, 재산적 피해 등으로 분류되는데, 범죄피해자구조청구권의 보호 대상에 포함되는 범죄피해의 범위에 관해 논란이 있다. 특히, 재산적 손해, 정신적 손해까지

---

96) 권영성, 앞의 책, 639쪽; 성낙인, 앞의 책(2023), 1654쪽.

97) 이준일, 앞의 책, 750쪽.

98) 장영수, 앞의 책, 932쪽.

99) 사단법인 한국헌법학회,『헌법주석[Ⅰ]』, 2013, 1030쪽.

100) 신주호, 앞의 논문, 81쪽.

101) 이준일, 앞의 책, 751쪽; 이준일, "방어권과 급부권의 구분과 결합 ― 재판청구권과 참정권을 중심으로 ―", 유럽헌법연구 제41호, 유럽헌법학회, 2023, 213~214쪽, 이 연구에서는 국가에 대해 입법을 요구할 수 있는 규범적 급부권 중 하나로 보호권을 설명하고 있고, 그 대표적 예로 범죄피해자구조청구권을 설명하고 있다. 범죄자가 저지른 범죄에 대한 피해의 책임은 가해자뿐만 아니라 범죄예방을 책임지는 국가도 예외가 될 수는 없다. 국가에게 이와 같은 책임을 인정하는 것은 보호권과 같은 맥락이라고 설명한다.

102) 권영성, 앞의 책, 641쪽; 이 견해에 반대하여 범죄행위를 개인에 대한 권리침해행위로 봐야 한다는 견해로, Marion Eleonora Ingeborg, Brienen and Ernestine Henriëtte Hoegen, "Victims of crime in 22 European criminal justice systems.", 2000, 30쪽 이하.

범죄피해자구조청구권의 내용에 포함 시킬지에 대한 논란이 있는데, 헌법재판소는 헌법 제30조가 생명, 신체에 대한 피해에 한해서 적용되는 규정임을 확인한 바 있다.[103] 한편, 정신적 피해에 관해서는 범죄피해자 구조범위를 확장하기 위해 2018년 국회에서 논의된 개헌안에 반영되기도 하였다.

　범죄피해자 보호법도 '구조대상 범죄피해라 함은 사람의 생명 또는 신체를 해치는 죄에 해당하는 행위로 사망하거나 장해 또는 중상해를 말한다'라고 정의하고 있으며 (동법 제3조 제1항 제4호),[104] 재산적·정신적 피해는 포함하고 있지 않다. 이처럼 범죄피해자 보호법상 범죄피해는 타인의 범죄행위로 인한 피해를 포함하고 있다는 점은 명백하나 그 구조범위가 지나치게 협소하여 현행 헌법상 범죄피해자구조청구권에서 논하는 범죄피해를 온전히 구조하지 못하고 있는 한계가 있다.

　우리 헌법재판소는 '해외에서 발생한 범죄피해에 대한 구조' 사건에서 범죄피해자구조청구권에 대해 국가의 보호의무를 인정한 이유는 "국가의 범죄방지책임 또는 범죄로부터 국민을 보호할 국가의 국민 보호의무를 다하지 못하였다는 것과 그 범죄피해자들에 대한 최소한의 구제가 필요하다는 데 있다."라고 하였다.[105] 그러나 현재까지 범죄피해자구조청구권을 독자적 권리로 인정하여 국가의 보호의무 위반을 인정한 사례는 없다.

　한편, 유럽인권재판소는 투니코바 사건[106]에서 가정폭력 범죄피해자에 대한 국가의 전방위적 보호의무 이행의 필요성을 인정하면서 러시아의 보호의무 위반을 인정하였다. 이 사건에서 유럽인권재판소는 러시아가 국제적 기준에 부합하는 피해자 보호에 관한 공공정책을 도입하고, 피해자 보상에 관한 국내입법을 해야 하며, 가정폭력 피해자 보호를 위한 모니터링 메커니즘을 준수할 필요성이 있다고 하였다.

---

103) 헌법재판소 2009. 7. 30. 선고 2008헌바1 결정; 헌법재판소 2018. 5. 15. 선고 2018헌마 434 결정.

104) 범죄피해자 보호법 제3조(정의) 제1항 4. "구조대상 범죄피해"란 대한민국의 영역 안에서 또는 대한민국의 영역 밖에 있는 대한민국의 선박이나 항공기 안에서 행하여진 사람의 생명 또는 신체를 해치는 죄에 해당하는 행위(「형법」 제9조, 제10조제1항, 제12조, 제22조 제1항에 따라 처벌되지 아니하는 행위를 포함하며, 같은 법 제20조 또는 제21조제1항에 따라 처벌되지 아니하는 행위 및 과실에 의한 행위는 제외한다)로 인하여 사망하거나 장해 또는 중상해를 입은 것을 말한다.

105) 헌법재판소 2011. 12. 29. 선고 2009헌마354 결정.

106) TUNIKOVA AND OTHERS v. RUSSIA (Applications nos.55974/16 and 3 others), 14 Dec. 2021.

(2) 범죄피해자구조청구권의 연혁

범죄피해자 구조제도는 마저리 프라이(M. Fry)의 "피해자를 위한 정의"라는 글에서 큰 영향을 받았고,[107] 1963년에 제정된 뉴질랜드 형사재해보상법(The Criminal Injury Compensation Act)을 시작으로 벤담(Jeremy Bentham)의 공리주의적 사회철학 열풍에 따라 전세계적으로 법제화되었다.[108] 우리의 경우 1981년 7월 3일 정부가 범죄피해자보상제도의 대강을 발표하였으나 재정상황을 이유로 실현되지 않았다.[109] 이후 1987년 제9차 개정헌법에서 범죄피해자구조청구권을 신설하고, 「범죄피해자구조법」을 제정하여 1988년 7월 1일부터 시행하였다. 이후 2005년 12월 「범죄피해자 보호법」으로 개편되었다.

범죄피해자구조청구권은 재판절차진술권과 마찬가지로 외국의 다른 국가들이 헌법상에 범죄피해자 보호를 명문으로 규정하지 않았던 것에 비해 상당히 진일보한 것이라 평가할 수 있다. 그러나 헌법 도입 당시 재판절차진술권과 마찬가지로 범죄피해자구조청구권을 헌법에 규정하게 되면 어떠한 효력이 있는지, 어떠한 문제가 발생할지에 관한 충분한 논의가 없는 상태에서 규정되었고, 이로 인해 범죄피해자구조청구권에 대한 문제는 헌법 이론의 문제로 남게 되었다. 현재까지 범죄피해자구조청구권을 헌법에서 규정할 필요가 있는지에 관한 헌법 정책상 의문을 제기하는 견해도 있다.[110]

(3) 범죄피해자구조청구권의 법적 성격

범죄피해자구조청구권의 법적 성격에 관하여 ① 국가는 범죄의 발생을 예방하고, 진압할 책임이 있으므로 피해자에게 배상할 책임이 있고, 이는 무과실배상책임이라는 국가책임설,[111] ② 범죄로 인한 피해를 개인에게 전담시키는 것은 사회국가의 이념에 반하여 국가가 사회보장차원에서 책임을 져야 한다는 사회보장설,[112] ③ 국가

---

107) Margery, Fry, "Justice for Victims", J. Pub. L. 8, 1959; 그 밖에 "범죄피해자 구조제도가 B. C. 2250년경 함무라비법전에서도 규정되어 있다."라는 소개도 있다. 이에 관해서는 권영성, 앞의 책, 640쪽.
108) 최우정, 『기본권론』, 준커뮤니케이션즈, 2016, 588쪽; 계희열, 앞의 책, 693쪽; 장영수, 앞의 책, 932쪽.
109) 계희열, 앞의 책, 694쪽.
110) 정종섭, 『헌법학원론』(제9판), 박영사, 2014, 871쪽 이하.
111) 권영성, 앞의 책, 640쪽 이하.

가 범죄로 인한 피해를 사회구성원에게 분담시키는 것이 적정하다는 사회분담설로 설명되고 있다.[113] 여기에 헌법 제30조가 제29조 청구권적 기본권 규정과 제31조부 터의 생존권적 기본권 사이에 배치되어 있는 점을 고려하여 생존권적 기본권으로의 성격을 강조하는 입장도 있다.[114] 현재는 법적 성격에 관한 구별의 실익과 논의가 크지 않고, 범죄피해자 구조에 관하여 국가의 책임과 사회보장적 성질을 종합적으로 갖는다고 설명하고 있다.[115]

우리 헌법재판소는 범죄피해자구조청구권의 법적 성격에 대하여 "범죄피해자 구 조청구권이라 함은 타인의 범죄행위로 말미암아 생명을 잃거나 신체상의 피해를 입 은 국민이나 그 유족이 가해자로부터 충분한 피해배상을 받지 못한 경우에 한하여 국가에 대하여 일정한 보상을 청구할 수 있는 권리이며, 그 법적 성격은 생존권적 기본권으로서의 성격을 가지는 청구권적 기본권"라고 판시하여 생존권적 성격을 띤 청구권으로 보고 있다.[116]

범죄피해자구조청구권은 기본권으로서의 성격이 불명확하고 사회보장적 청구권의 성격이 강조되어 범죄피해자 보호법의 입법적 근거로서 의미가 있으나 범죄피해자 의 일반적 권리의 근거규정으로 보기에 무리가 있다고 보는 견해도 있다.[117]

범죄피해자구조청구권은 불의의 범죄피해 발생에 대한 국가책임과 사회공동체가 불측의 범죄피해를 입은 구성원을 구조해야 할 사회책임을 동시에 고려하여야 하는 종합적인 성격의 청구권적 기본권이라 할 것이다.

또한 현행 헌법 제30조는 입법방침 규정이 아니고, 입법자의 입법 의무의 내용과 범위를 법률로써 정하는 '기본권 형성적 법률유보'에 해당하므로 입법자는 범죄피해 자 구조제도를 위한 입법 의무를 다해야 한다.[118] 그리고 범죄피해자 구조에 관한

---

112) 허영, 앞의 책(2022), 675쪽; 전광석, 『한국헌법론』, 집현재, 2014, 480쪽.
113) 국가책임과 사회보장설을 동시에 갖고 있다는 견해로, 권영성, 앞의 책, 641쪽; 이준일, 앞 의 책 750쪽; 장영수, 앞의 책, 933쪽; 계희열, 앞의 책, 695쪽.
114) 임종훈, "범죄피해자구조청구권에 관한 고찰", 헌법학연구 제15권 제4호, 한국헌법학회, 2009, 406쪽.
115) 성낙인, 앞의 책(2023), 1654쪽; 이준일, 『헌법학강의』(제8판), 홍문사, 2023, 728쪽; 강 경선·서경석·이경주, 앞의 책, 290쪽; 나달숙, 『헌법(1)』, 청목출판사, 2008, 561쪽.
116) 헌법재판소 1989. 4. 17. 선고 88헌마3 결정.
117) 류병관, 앞의 논문, 17쪽.
118) 권현식, "범죄피해자 구조제도의 문제점과 개선방안", 피해자학연구 제24권 제3호, 한국피 해자학회, 2016. 12, 59쪽 이하; 범죄로 인한 재산상의 피해의 구조는 이 권리의 내용에

법률은 상당한 정도로 권리구제에 구체적 실효성을 보장하는 것이어야 한다.[119]

헌법 제30조 범죄피해자구조청구권을 침해하는 행위에 대해서는 헌법에 반하게 되므로 헌법소원 등으로 다투어야 한다. 다만, 기본권 형성 유보에 해당하고, 현실적으로 범죄피해자구조청구권의 내용과 범위에 대해 입법자에게 광범위한 입법형성의 자유가 부여되므로 입법재량의 범위를 넘어 명백히 불합리할 때 위헌이라 할 것이다.[120]

(4) 범죄피해구조금의 내용

1) 의의와 기능

1987년 헌법 도입 이전에 범죄피해자 보호를 위한 국가구조 제도가 없었던 점을 생각하면, 범죄피해자의 보호를 위한 국가적 개입은 역사적으로 보충적인 2차적 수단이었다고 할 수 있다.[121] 즉, 범죄피해자는 범죄피해에 대하여 가해자를 상대로 손해배상청구를 통하여 피해를 회복하는 것이 원칙적인 모습이다. 그러나 가해자가 손해배상을 할 자력이 없거나 미미한 경우가 많다. 이러한 경우 범죄피해자의 회복에 치명적인 영향을 끼칠 경우가 발생하게 된다. 또한 범죄피해자는 범죄 발생 후 당장 물질적인 조력이 필요한 경우가 있기 때문에, 가해자로부터의 회복을 기다리기 이전에 구조가 필요할 수 있다.

이러한 경우 국가가 범죄피해자의 인간다운 생활을 위한 기초적 여건을 확보해 주고, 원상회복의 일환으로 지급하는 금전적 지원을 범죄피해구조금이라 한다.[122] "타인의 범죄행위로 생명·신체에 피해를 받은 국민은 법률에 따라 국가로부터 구조를 받을 수 있다."라고 규정한 헌법 제30조에 따른 제도이다. 헌법재판소는 "타인의 범죄행위로 말미암아 생명을 잃거나 신체상의 피해를 입은 국민이나 그 유족이 가해자로부터 충분한 손해배상을 받지 못한 경우, 국가에 대하여 일정한 보상을 청구할 수 있는 기본권이며 그 법적 성격은 생존권적 기본권으로서의 성격을 가지는 청구권

포함되지 않고, 별도의 민사상 손해배상으로 피해를 회복하여야 한다.

119) 장영수, 앞의 책, 933쪽; 허영, 앞의 책, 675쪽; 전광석, 앞의 책, 518쪽; 김하열, 앞의 책, 659쪽.

120) 이효원, 앞의 논문, 94쪽~96쪽; 임종훈, 앞의 논문, 411쪽.

121) 임종훈, 위의 논문, 405쪽.

122) 범죄피해자 보호법 제1조.

적 기본권"이라 하였다.[123] 국제연합(UN)도 1985년 총회에서 「범죄 및 권력남용의 피해자를 위한 사법 기본원칙」을 통해, "사망 또는 중대한 신체적 피해를 입은 범죄 피해자에 대한 국가의 보상 의무"를 선언한 바 있다. 범죄피해자에 대한 국가의 보상으로 지급되는 금원은 사회보장적 개념의 지원금이다.

이때 지급하는 금원은 범죄피해자의 피해를 회복할 권리의 내용이자 생존권적 기본권인 범죄피해자구조청구권의 본질적 내용이 된다.

2) 연혁과 지급절차

가) 연혁

헌법 제30조에서 범죄피해자구조청구권을 기본권의 한 목록으로 규정하고 있고, 이에 따라 1987년 11월 「범죄피해자구조법」이 제정되어 범죄피해자에 대해 물질적 구조가 시작되었다.

이후 1990. 12. 31. 개정을 통해 형사재판절차에 있어서 고소·고발이나 증언 등을 하였다는 이유로 '보복범죄'를 당한 경우, 그 피해의 구조요건을 일반범죄의 피해 구조요건보다 완화하여, 가해자의 불명 또는 무자력, 범죄피해자의 생계 곤란 여부와 관계없이 범죄피해구조금을 지급하도록 개정되었다. 이후 2005. 12. 29. 개정을 통해 ① 구조요건 중 "가해자 불명 또는 무자력" 요건 외에 별도로 요구되는 "피해자의 생계유지 곤란" 요건을 삭제하여 구조요건을 완화하였고, ② 피해자 사망 당시 피해자의 수입에 의하여 생계를 유지하고 있었는지를 불문하고 유족구조금 지급대상자로 하되, 배우자의 경우에는 1순위, 나머지 유족의 경우에는 범죄피해자와의 관계, 생계의존 여부 등에 따라 지급순위를 정하도록 하여 범죄피해자구조금을 받을 수 있는 유족의 범위를 확대하였다. ③ 범죄피해자구조금의 지급 신청 기간을 범죄 피해의 발생을 안 날부터 1년에서 2년으로 연장하였다.

그러나 구조금액이 미미하고, 요건이 까다로워 활용이 안 된다는 지적이 있자, 2010년 범죄피해자구조법은 「범죄피해자 보호법」에 통합되었다. 이 당시 형사조정이 도입되고, 구조금 신청에 따른 결정에 대해 불복절차가 마련되었고, 민법상 소멸시효 기간과 같이 구조금 신청 기간이 변경되었다. 또한 구조금 지급제한 사유가 대통령령에 규정되어 있던 것을 법률에 규정하도록 하였다. 이로써 2010. 5. 14. 범죄

---

123) 헌법재판소 2011. 12. 29. 선고 2009헌마354 결정.

피해자 보호법 전부개정을 통한 통합 출범으로 피해자 보호체계에 관한 기반이 마련되었다고 평가할 수 있다. 이후 2014년 개정으로 구조금액을 상향하고, 중상해구조금을 도입하였고, 정보 접근권 보장을 명문으로 규정하였으며, 친족 간 범죄의 경우에도 구조금의 실질적인 수혜자가 가해자로 귀착될 우려가 없다고 인정되는 경우에는 구조금이 지급될 수 있도록 하여 구조 범위를 확대하였다.[124]

나) 지급절차

범죄피해구조금 지급은 각 지방검찰청 범죄피해자구조심의회의 심의 및 결정을 통해서 이루어진다(범죄피해자 보호법 제24조). 또한 위 결정을 신속하게 할 수 없는 사정이 있는 때에는 긴급 구조금 지급을 결정하여 구조금을 우선 지급 후 사후 정산하는 방식을 취하고 있다.

범죄피해구조금 신청은 범죄피해자 보호법 제25조에 따라 범죄피해자의 신청에 따라 지급이 된다. 이때 신청은 당해 범죄 피해의 발생을 안 날로부터 3년 또는 당해 범죄피해가 발생한 날로부터 10년이 경과한 때에는 할 수 없다(범죄피해자 보호법 제25조 제2항). 구조금 신청이 있으면 지구심의회는 신속하게 구조금을 지급하거나, 지급하지 아니한다는 결정을 해야 한다.[125] 그리고 지급을 한다는 결정을 하는 경우에는 그 금액도 정해야 한다(범죄피해자 보호법 제26조). 한편, 지구심의회는 구조금 신청이 있는 경우 범죄피해자의 장해 또는 중상해가 명확하지 아니하거나, 그 밖의 사유로 인하여 구조금 지급 결정을 신속하게 결정할 수 없는 때에는 신청 또는 직권으로 대통령령이 정하는 범위 내의 금액을 '긴급구조금'으로 지급하는 결정을 할 수 있다(범죄피해자 보호법 제28조 제1항).

현재는 지급절차가 범죄피해자에 대한 보호에 미약하다는 비판에 따라 지방검찰청 소속 범죄피해자지원 담당자를 지정하고, 범죄피해자 구조 대상자를 면밀히 확인하고, 구조금 신청이 없는 경우에도 구조금 지급대상임을 안내하여 피해자 보호를 하는데 공백을 방지 하고 있다.

---

124) 각 개정법률 개정 이유를 국가법령정보센터에서 참조하였으며, 2014년 개정 이후에는 범죄피해자 구조범위 확대 및 구조금액 상향에 관한 특기할 만한 개정사항이 없다.
125) 지구심의회 결정에 대해서는 불복절차를 마련하고 있다(범죄피해자 보호법 제27조 재심신청). 그러나 재심결과에 대한 불복절차는 마련되어 있지 않다.

다) 개선 방향

범죄피해자의 회복할 권리를 충분하게 보장하기 위해서는 범죄피해자의 피해와 관련하여 완전보상의 수준에 이르게끔 개선될 필요가 있다. 대한법률구조공단의 범죄피해자 구조대상[126] 수준을 넘어 피해자에 대한 법률조력을 위한 지원비용, 주거비, 상담비 등을 계속적으로 상향조정을 할 필요가 있다. 그리고 이와 같은 재원은 국가가 가해자를 대신하여 피해자에게 대(代)지급을 한 후 구상소송을 통해서 확보하는 방안을 함께 고려해야 할 것이다.[127] 또한 범죄피해자 보호법 시행령 제3조에서는 신체나 그 생리적 기능이 손상된 경우와 범죄피해로 인한 중증의 정신질환의 경우 입원을 요구하고 있으나, 입원이 아니더라도 통원치료 받는 피해자도 구조가 가능하도록 개선할 필요가 있다.[128]

(5) 범죄피해자구조청구권 조항의 문제점

첫째, 범죄피해자구조제도의 법적 성격이 불명확하다. 헌법 제30조에서 말하는 범죄피해자구조제도는 규정상 "피해를 받은 국민은 법률이 정하는 바에 의하여 국가로부터 구조받을 수 있다."라고 규정하여, 이 규정이 국가배상청구를 규정한 것인지 사회국가적 입법의무를 규정한 것인지 분명하지 않다.[129] 즉, 이 규정이 입법방침규정인지 직접효력규정인지 불분명하다. 그러나 이는 단순한 입법방침이 아니라 범죄피해자의 구조에 관한 방법, 기준, 절차를 법률에 위임한 기본권 형성적 법률유보이므로 헌법 제30조 그 자체에서 구조를 요구할 권리가 나온다고 봄이 상당하다.[130]

문제는 이와 같은 범죄피해자구조청구권에 따라 법률로써 형성되는 범죄피해자구조제도는 어느 정도 실현되어야 하는 지에 관한 헌법적 규정과 판단이 없기 때문에 제도의 성격을 모호하게 만드는 문제가 있다. 예를 들어, 헌법 제23조 제3항에서 '정당한 보상'을 규정하고 있는 데 반하여 헌법 제30조에서는 어떠한 명시적 기준이 없다.

---

126) 중위소득 125% 이하의 국민; 구체적 구조대상자별로 구조요건이 다르다.
127) 다만, 이 경우 국가의 구상소송은 피해자의 권리행사가 종료한 후에 이뤄져야 할 것이다. 피해자의 권리행사와 병행되는 경우 소송행위에 취약한 피해자가 제대로 권리행사를 못할 우려가 있기 때문이다.
128) 김재민, 앞의 책, 204쪽.
129) 계희열, 앞의 책, 698쪽.
130) 정재황, 앞의 책, 663쪽; 성낙인, 앞의 책(2023), 1654쪽.

둘째, 범죄피해자의 피해회복에 불충분하다. 헌법 제30조에서 구조를 받는 대상은 '생명·신체에 대한 피해를 입은 국민'을 의미하고, 재산상 피해나 정신적 피해는 명문상 헌법으로 규정하고 있지 않다. 범죄피해자 구조의 확대를 위해 2018년 헌법개헌 논의에서는 정신적 피해를 반영한 논의가 있기도 하였다. 이에 관해서는 제3절에서 후술한다.

II. 범죄피해자에 특화되어 있지 않은 헌법상 기본권

범죄피해자의 권리와 보호는 헌법상 명시적으로 규정된 재판절차진술권과 범죄피해자구조청구권 이외에도 범죄피해자에게 특화되어 있지는 않지만 범죄피해자에게도 적용될 수 있는 재판청구권, 알 권리, 개인정보자기결정권, 사생활의 비밀의 자유, 모든 기본권의 이념적 기초가 되는 헌법 제10조의 인간으로서의 존엄과 가치와 행복추구권, 헌법 제37조 제1항의 열거되지 아니한 권리의 보장 근거로 삼을 수 있다.

1. 재판청구권

(1) 범죄피해자와 재판청구권

헌법 제27조 제1항은 "모든 국민은 헌법과 법률이 정한 법관에 의하여 법률에 의한 재판을 받을 권리를 가진다."라고 규정하고, 제3항에서는 "모든 국민은 신속한 재판을 받을 권리를 가진다."라고 규정하고 있다.[131]

형사절차와 관련된 사법절차적 보장 중에서 중요한 의미를 가지는 것이 재판청구권이며,[132] 이는 기본권 주체가 될 수 있는 범죄피해자에게도 적용된다고 볼 수 있다.

범죄피해자의 재판청구권은 적극적으로 국가의 행위를 구할 수 있는 권리, (합헌적) 법률에 의한 재판을 받을 권리로서의 성격과 소극적으로 법률에 의하지 아니한 재판을 받지 아니할 권리의 양면적 성격을 갖는 절차적 기본권이다.

---

131) 다만, 구체적 법률 형성 없이 헌법조항으로 신속한 재판을 받을 권리가 도출된다고 보기는 어렵다, 헌법재판소 1999. 9. 16. 선고 98헌마75 결정.
132) 권영성, 앞의 책, 607쪽.

(2) 범죄피해자와 재판청구권의 내용

재판이란 당사자 간 권리·의무에 관한 구체적 분쟁이 발생한 경우에 당사자의 청구에 따라 법원이 사실을 확인하여 그 존부를 종국적으로 확정하는 사법작용을 의미한다. 이때의 재판에는 민사재판, 형사재판 등 모든 재판이 포함된다. 또한 재판은 '공정'하고, '신속'해야 한다.[133)

범죄피해자는 (합헌적) 법률에 의한 재판을 받을 권리와 법률에 의하지 아니한 재판을 거부할 권리를 갖는다. 즉, 이때 법률은 실체법과 절차법을 모두 포함하고,[134) 헌법에 합치해야 한다.

또 범죄피해자는 정당한 이유 없음에도 불구하고 재판을 지연시키는 것으로부터 신속한 재판을 받을 권리를 갖는다.[135) 재판이 지연될 경우 범죄피해자가 시간적·경제적으로 부담을 겪을 뿐만 아니라 정신적 고통 또한 커질 수 있다.[136) 신속하지 않는 재판은 결국 범죄피해자에게 제도적 2차 피해를 발생시킬 수 있다.

또한 범죄피해자는 공정한 재판을 받을 권리를 갖는다. 이때 공정한 재판이라함은 정당한 재판을 의미하고, 적법한 관할을 가진 법원에서 진행되는 재판이어야 한다.[137)

2. 알 권리

(1) 범죄피해자와 알 권리

알 권리(right to know)는 정보원으로부터 일반적 정보를 수집하고, 처리할 수 있

---

133) 이준일, 앞의 책, 714쪽.
134) 헌법재판소 1993. 7. 29. 선고 90헌바35 결정.
135) 헌법 제27조 제3항 제1문.
136) 장영수, 앞의 책, 908쪽.
137) 관련 실무사례로 토지관할의 병합심리와 재판청구권 등 침해사례를 소개한다. 형사소송법 제6조에서는 "토지관할이 다른 여러 개의 관련사건이 각각 다른 법원에 계속된 때에는 공통되는 바로 위의 상급법원은 검사나 피고인의 신청에 의하여 결정으로 한 개 법원으로 하여금 병합심리하게 할 수 있다."라고 규정하고 있다. 이는 피고인의 형량상 이익, 법원의 심리의 편의 등을 고려하여 병합심리될 수 있다. 그러나 병합심리에 관하여 피해자의 의견이 반영되기 어려우며, 병합심리로 2차 피해가 발생할 수 있다. 예컨대, 성범죄의 경우 성폭력범죄의 처벌 등에 관한 특례법 제24조에 따라 피해자의 신원과 사생활 비밀 누설이 금지되는데, 병합심리로 인하여 다수의 피고인이 병합되거나 사건이 병합되는 경우 피해자 정보가 재판을 통해서 노출될 수 있기 때문이다. 이는 피해자의 적법한 관할에 의한 재판청구권을 침해할 수 있어 위헌의 소지가 있다.

는 권리를 말한다.[138] 이때 알 권리가 모든 정보를 빠짐없이 제공하도록 요구할 수
있는 권리로 새겨서는 안 되며, 법적으로 금지되지 않은 정보의 접근이 정당한 사유
없이 방해받아서는 안 됨을 의미한다.[139] 범죄피해자의 알 권리를 보장하는 것은 자
주적 주체로서 누리는 행복추구의 전제조건을 마련하는 것이다. 알 권리의 보장은
사법절차진행 상황에 대한 습득 이외에도 다른 범죄피해자의 권리를 적시에 행사할
수 있는 기반이 된다.[140] 즉, 알 권리의 보장은 사건에 대한 정보파악을 통해 재판
절차진술권을 비롯한 피해자 권리를 행사하는 데 긴요하게 작용한다.

알 권리는 명문으로 규정하고 있지 않으나, 헌법 제10조 인간의 존엄성과 행복추
구권, 제21조 제1항 표현의 자유, 제34조 제1항 인간다운 생활을 할 권리 등을 통해
서 헌법상 인정된다.

알 권리는 범죄피해자가 수사와 재판과정에서 접근가능한 정보원으로부터 자기
사건에 관한 정보를 수집할 수 있는 자유권적 성격을 가지며, 국가 기관의 정보에
대한 공개청구권을 의미할 때는 청구권적인 성격을 가진다. 이러한 알 권리에 대해
헌법재판소는 자유권적 성격과 함께 청구권적 성격을 모두 인정한다.[141] 헌법재판소
는 정부가 보유하고 있는 정보에 대해 정당한 이해관계가 있는 자가 그 공개를 요구
할 수 있는 권리인 정보공개청구권을 알 권리의 내용으로 보고 있다.[142] 이 결정을
범죄피해자에게 적용하면, 범죄피해자가 수사기관과 사법기관에 사건 진행상황에 관
한 정보, 피해자에 고유한 정보에 관하여 그 공개를 요구할 수 있는 권리는 헌법상
알 권리에 근거한다.

---

138) 성낙인, 『헌법학』(제22판), 법문사, 2022, 1383쪽; 한수웅, 앞의 책, 794쪽; 양건, 앞의 책,
     690쪽; 전광석, 앞의 책, 379쪽; 장영수, 앞의 책, 979쪽; 김하열, 앞의 책, 456쪽; 권영성,
     앞의 책, 500쪽 이하.
139) 장영수, 앞의 책, 679쪽.
140) 김민지, "형사절차상 알 권리 보장을 위한 현행 수사진행상황 통지 규정의 개선 방향", 피
     해자학연구 제31권 제1호, 한국피해자학회, 2023, 111쪽.
141) 헌법재판소 1994. 8. 31. 선고 93헌마174 결정; 헌법재판소 1991. 5. 13. 선고 90헌마133
     결정 등.
142) 헌법재판소 2009. 9. 24. 선고 2007헌바107 결정.

(2) 범죄피해자와 알 권리의 내용

1) 수사절차

먼저, 헌법상 알 권리에 근거한 절차상 정보에 관한 정보접근권의 실현은 수사 절차에 있어 고소인에 대한 처분내용 통지(형사소송법 제258조,[143] 제259조[144])), 범죄피해자에 대한 사건처리내용 통지(형사소송법 제259조의2[145]))가 있고, 「범죄피해자 보호 및 지원에 관한 지침」(대검찰청 예규) 제15조[146]에서 형사절차상 피해자 권리 통지에

---

143) 형사소송법 제258조(고소인등에의 처분고지) ① 검사는 고소 또는 고발 있는 사건에 관하여 공소를 제기하거나 제기하지 아니하는 처분, 공소의 취소 또는 제256조의 송치를 한 때에는 그 처분한 날로부터 7일 이내에 서면으로 고소인 또는 고발인에게 그 취지를 통지하여야 한다
② 검사는 불기소 또는 제256조의 처분을 한 때에는 피의자에게 즉시 그 취지를 통지하여야 한다.

144) 형사소송법 제259조(고소인등에의 공소불제기이유고지) 검사는 고소 또는 고발 있는 사건에 관하여 공소를 제기하지 아니하는 처분을 한 경우에 고소인 또는 고발인의 청구가 있는 때에는 7일 이내에 고소인 또는 고발인에게 그 이유를 서면으로 설명하여야 한다.

145) 형사소송법 제259조의2(피해자 등에 대한 통지) 검사는 범죄로 인한 피해자 또는 그 법정대리인(피해자가 사망한 경우에는 그 배우자·직계친족·형제자매를 포함한다)의 신청이 있는 때에는 당해 사건의 공소제기여부, 공판의 일시·장소, 재판결과, 피의자·피고인의 구속·석방 등 구금에 관한 사실 등을 신속하게 통지하여야 한다.

146) 범죄피해자 보호 및 지원에 관한 지침 제15조(범죄피해자에 대한 정보제공) ① 검사 또는 수사관은 범죄피해자를 조사하는 경우 다음 각 호의 정보가 기재된 별지 제4호의 '범죄피해자 권리 및 지원제도 안내서' 1부를 범죄피해자에게 교부하여야 하고, 1부는 서식 하단의 확인자란에 범죄피해자의 서명·날인을 받아 사건기록에 편철한다.
1. 형사절차상 범죄피해자의 권리
2. 범죄피해구조금 지급 및 범죄피해자 지원에 관한 정보
3. 기타 범죄피해자의 권리 보호 및 복지증진에 필요하다고 인정되는 정보
② 검사 또는 수사관은 제1항에 의한 정보제공 외에도 성폭력 범죄피해자에게 별지 제5호의, 가정폭력 범죄피해자에게 별지 제6호의, 아동학대 범죄피해자에게 별지 제7호의 권리 및 지원제도 안내서 1부를 해당 범죄피해자에게 교부하여야 하고, 1부는 서식 하단의 확인자란에 범죄피해자의 서명·날인을 받아 사건 기록에 편철한다.
③ 검사 또는 수사관은 범죄피해자를 조사하지 아니하는 때에는 가해자를 기소하거나 기소유예 처분 시 범죄피해자에게 제1항 및 제2항에 따른 정보를 제공하여야 한다. 이 경우 구두, 전화, 모사전송, 우편 그 밖에 이에 준하는 방법으로 할 수 있고, 권리 및 지원제도 안내서 하단에 정보제공 방법을 표시한 후 담당자란에 검사 또는 수사관이 서명 날인 하여 사건 기록에 편철한다.
④ 검사 또는 수사관은 범죄피해자의 피해상황·연령 또는 지능 등을 참작하여 범죄피해자의 보호자(친권자, 후견인, 피해자를 보호·양육하거나 그러한 의무가 있는 자 또는 업무·고용 등의 관계로 사실상 피해자를 보호·감독하는 자) 또는 범죄피해자와 신뢰관계에 있는 자에게 정보를 제공하는 것으로 제1항 내지 제3항에 따른 정보 제공을 갈음할 수 있다.

관하여 규정하고 있다. 그러나 공소제기 전에는 이런 절차 누락에 대한 제재가 없어서, 실효성 있게 정보접근권이 보장되지 못하고 있다. 또한 피해자 정보고지에 관한 명확한 범위 규정이 없어, 실무상 수사기관의 선의에 기대거나 피해자(소송대리인을 포함하여)가 스스로 전화 등을 활용하여 수사기관에 문의하는 경우에나 절차에 대한 정보를 얻을 수 있을 뿐인 상황이다.[147]

2) 재판절차

재판절차에서는 범죄피해자도 소송기록 열람·등사권(형사소송법 제294조의4)이 있다. 또한 피해자는 공소제기 후 증거제출 전 기록에 대해 본인진술 서류, 본인제출 서류 전부 또는 일부에 대해 피해회복의 필요성이 인정되는 경우 열람·복사를 할 수 있다.[148] 그러나 범죄피해자에 대한 통지제도는 피해자의 자발적 신청이 있는 경우에만 인정되고, 형사절차에서 범죄피해자가 어떠한 권리를 행사할 수 있는 지에 관한 정보를 취득할 권리에 대한 규정은 존재하지 않는다.[149] 또한 피해자의 열람·복사의 경우도 피해자 스스로 제출하거나 진술한 부분에 한정한다는 점에서 수사 내용을 파악하기에 한계가 있다. 때문에 수사단계에서는 피해자는 정보공개청구를 통해서 사건기록을 확보하는 경우가 많으나,[150] 정보공개를 통해서도 자기 진술관련 자료만 확보가 가능하여 수사 중인 사건 기록에 대한 접근은 거의 어렵다. 이에 반해

⑤ 제1항 내지 제4항에도 불구하고 다음 각 호의 경우에는 범죄피해자에게 정보를 제공하지 아니할 수 있다.
1. 경찰이 정보를 제공한 경우
2. 범죄피해자가 정보의 수령을 명시적으로 거부하는 경우
3. 범죄피해자의 소재가 불명인 경우
4. 기타 정보제공이 곤란한 사유가 있는 경우
⑥ 검사는 제5항 제2호 내지 제4호의 사유로 범죄피해자에게 정보를 제공하지 않는 경우에는 별지 제11호 서식에 정보를 제공하지 않은 사유 등을 기재하여 사건기록에 편철한다.
147) 실무상 검사실마다 통지의 정도가 차이가 있고, 우편을 통해서 통지하기도 하고, 유선전화를 통해서 통지하기도 하나 상당수가 누락되고 있다.
148) 대검예규 제1183호 사건기록 열람·등사에 관한 업무처리 지침 제4조.
149) 황태정, 앞의 논문, 151쪽 이하.
150) 오픈넷(www. open. go. kr)을 활용하여 정보공개청구를 하고, 이때 피해자 스스로 진술한 진술조서를 공소제기 전 단계에서 확보하여 활용하고 있다. 피해자의 정보공개청구에 대해 비공개처분이 있는 경우 이의신청 또는 행정소송도 가능하다. 그러나 실무상 피의자와 관련된 자료는 확보하기 어려운 상황이다.

재판단계에서는 형사소송법 제35조에서 피해자의 소송계속 중 관계서류 및 증거물에 관하여 별도로 규정하고 있지 않으나 공소제기 이후 열람 및 복사를 허용하고 있다. 이 경우도 재판부에 따라 기록 전부를 열람·복사 허가를 해 주기도 하고, 일부는 제한하기도 한다.[151] 다만, 법원의 열람·복사 불허결정에 대한 불복이 차단되어 있어 범죄피해자는 구체적인 불허 사유도 알기 어렵고, 그 결과 소송기록에 대한 접근이 어렵게 되는 문제가 있다.[152] 피의자 내지 피고인의 방어권에 대응하는 정도로 정보접근이 되어야 하나 실무상 상당히 열악한 위치에 있다.[153]

구체적으로 피해자는 피고인의 구속 여부, 구속영장갱신 여부, 공판진행 상황[154]에 관하여 통보를 받지 못하여 공판과정에서 의견을 제출하지 못해 피해자 진술권 행사에 중대한 제한을 받는 경우도 있다. 피고인의 경우 구속절차 고지 등 다양한 고지제도가 형사소송법상 규정되어 있으나 범죄피해자의 경우 정보고지에 관한 일반적 규정이 없고, 실무상 수사기관을 비롯하여 법원까지도 고지 여부의 중요성에 대한 인식이 낮아 범죄피해자에 대한 정보제공규정을 형사소송법에 규정할 필요가 있다.

(3) 알 권리 보장을 위한 입법개선 노력

범죄피해자의 알 권리를 보장하기 위해 2014. 10. 15. 「범죄피해자 보호법」을 개정하여 범죄피해자에게 수사 및 재판과정에 관한 정보를 제공할 수 있도록 근거 규정을 마련하였다.[155] 위 법에 따라 국가는 범죄피해자의 알 권리를 보장하기 위해

---

151) 이는 기본적으로 재판사항이나, 열람·복사 허가 기준에 대해 예측가능성을 제고할 필요가 있고, 재판부별로 편차를 줄여야 할 필요가 있다.

152) 범죄피해자의 재판기록 열람 등사를 보장하기 위해 형사소송법 일부개정법률안들이 국회에 계류 중에 있다. 2024. 9. 현재 의안번호(2201409, 2201548, 2201919)가 계류 중에 있다.

153) 오영근 외1, 앞의 보고서, 68쪽; 피해자가 민사소송을 진행하는 중에는 문서송부촉탁신청을 통해서 확보해야 한다. 그러나 불법행위 손해배상청구와 같이 민사소송법상 입증책임을 지는 피해자 입장에서 제한된 소송기록을 확보하는 경우가 다반사여서 정보 접근권에 대한 침해가 계속 발생하고 있다.

154) 피해자 변호사 선임서가 검사 공소제기 당시에 함께 제출되었던 경우는 기일 진행 통지가 피해자 변호사에게 이뤄지고 있으나 누락된 경우나 선임되지 않은 경우는 통지가 이뤄지지 않고 있다.

155) 범죄피해자 보호법 제8조의2(범죄피해자에 대한 정보 제공 등) ① 국가는 수사 및 재판과정에서 다음 각 호의 정보를 범죄피해자에게 제공하여야 한다.
  1. 범죄피해자의 해당 재판절차 참여 진술권 등 형사절차상 범죄피해자의 권리에 관한 정보

① 형사절차상 범죄피해자의 권리에 관한 정보, ② 범죄피해 구조금 지급 및 범죄피해자 보호, 지원 단체 현황 등 범죄피해자의 지원에 관한 정보, ③ 기타 범죄피해자의 권리 보호와 복지증진에 필요하다고 인정되는 정보를 제공해야 한다.156)

그러나 이 같은 법개정에도 불구하고 고소·고발인이 아닌 범죄피해자는 신청이 있는 경우가 아니면 공소제기나 재판 결과, 피고인 구금사실 등을 사건관계자임에도 통지받을 수 없다(형사소송법 제259조의2157)). 이 규정으로 인해 범죄피해자가 당해 형사사건의 실체적·절차적 내용에 충분히 접근하기 어렵고, 특히 수사단계에서 적절한 대응을 하기 어렵다는 등 형사사법 절차 진행 과정에서 피해자에 대한 알 권리 보장이 미흡하다는 지적이 계속 제기되어왔다. 이에 ① 범죄피해자에게 통지제도를 고지하도록 의무화하고, ② 범죄피해자가 당해 사건 통지 신청을 할 경우 당해 사건의 사건처분결과 및 피의자·피고인의 형 집행에 관한 사실 등 수사관련사항에 대한 통지를 의무화하여, 형사절차 진행 상황에 관한 충실한 정보 제공을 통한 범죄피해자의 알 권리를 제고하기 위해 형사소송법 일부 개정법률안들이 국회에 발의되어 있다.158)

형사절차에서 범죄피해자의 정보 접근권 실현은 범죄피해자가 스스로 자신의 권리를 확인하고, 행사하기 위한 바탕이 된다는 점에서 피해자 보호를 위해 본질적인 부분이다. 따라서 일종의 미란다 원칙에 준하여 피해자 권리 고지 조항을 형사소송

---

    2. 범죄피해 구조금 지급 및 범죄피해자 보호·지원 단체 현황 등 범죄피해자의 지원에 관한 정보
    3. 그 밖에 범죄피해자의 권리보호 및 복지증진을 위하여 필요하다고 인정되는 정보
    ② 제1항에 따른 정보 제공의 구체적인 방법 및 절차 등에 필요한 사항은 대통령령으로 정한다.

156) 피해자에 대한 정보 제공할 수 있는 방안을 마련하더라도 피고인의 사회복귀 측면을 충분히 고려해야 한다. 성범죄자 신상공개에 관해서 우리 헌법재판소는 헌법에 위배되지 않는다고 결정하기는 하였으나(헌법재판소 2003. 6. 26. 선고 2002헌가14 결정), 위헌 정족수 미달에 따른 결정으로 향후 결정이 달라질 여지도 있다. 나아가 현행 제도가 피해자 정보 제공에 적절한 방법인지에 관해서는 여전히 검토의 여지가 있다.

157) 형사소송법 제259조의2는 2008. 1. 1.에 신설된 규정으로, 고소인 등 범죄피해자에게 형사사건의 진행 및 그 결과에 대하여 통지하도록 함으로써, 형사절차에서 피고인 못지않은 관심과 이해관계를 가진 범죄피해자의 알 권리를 보장하기 위해 대검찰청의 「범죄피해자보호지침」에 따라 시행되어 오던 제도를 법제화한 것이다. 이에 대해서는 김희옥·박일환, 『주석형사소송법』, 한국사법행정학회, 2017, 619쪽.

158) 의안번호 23041 형사소송법 일부개정법률안(김도읍의원 등 11인); 의안번호 15951 형사소송법 일부개정법률안(신현영의원 등 17인).

법에 도입할 필요가 있다. 또한 피해자 권리 고지를 통하여 사법절차 정보를 제공받을 지 혹은 제공받지 않을지에 관한 범죄피해자 선택권 부여 조항까지 입법적으로 도입할 필요가 있다.

3. 개인정보자기결정권

(1) 범죄피해자와 개인정보자기결정권

개인정보자기결정권은 헌법 제10조 제1문에서 도출되는 일반적 인격권 및 헌법 제17조의 사생활의 비밀과 자유에 근거하는 기본권으로, 자신에 관한 정보에 대하여 정보 주체가 스스로 결정하고 통제할 수 있는 권리를 의미한다.[159] 헌법재판소는 개인정보자기결정권을 정보주체가 개인정보의 공개와 이용에 관하여 스스로 결정을 할 수 있는 권리로 보고 있다.[160] 개인정보자기결정권은 인격권의 표현으로 개인정보가 본인의 의사에 반하여 무분별하게 유통되고, 활용, 이용되는 것으로부터 보호받을 권리이다. 국민은 자기 관련 정보에 대해 유일한 향유주체일 수는 없으나 적어도 어떤 내용이, 어떤 방법으로 활용되는 지 혹은 어떤 내용이 양산되고 있는 지 알수 있어야 한다.[161]

범죄피해자가 개인정보자기결정권에 근거하여 사법절차정보의 공개에 관하여 스스로 결정하고 통제하기 위해서는 공개된 사법절차정보에 관하여 자유롭게 접근해서 열람할 수 있고, 잘못된 정보를 삭제하거나, 명예를 훼손하는 내용의 경우 비공개를 요청할 권리가 인정되어야 한다.

(2) 범죄피해자와 개인정보자기결정권의 내용

범죄피해자의 개인정보자기결정권은 범죄피해에 관한 정보가 언제 누구에게 어느 범위까지 알려지는지를 스스로 결정하는 것을 그 내용으로 한다.[162] 범죄피해자 정보의 경우 수사부터 재판에 걸쳐 광범위하게 노출될 수 있다. 또한 내밀한 사생활에

---

159) 성낙인, 앞의 책, 1424쪽; 전광석, 앞의 책, 346쪽; 양건, 앞의 책, 537쪽; 김하열, 앞의 책, 529쪽; 이준일, 앞의 책, 591쪽; 정재황, 『新헌법입문』(제11판), 박영사, 2021, 437쪽 이하.
160) 헌법재판소 2018. 8. 30. 선고 2014헌마843 결정 등.
161) 허영, 앞의 책(2022), 435쪽.
162) 개인정보자기결정권의 범위에 관한 이러한 취지로 헌법재판소 2005. 5. 26. 선고 99헌마513 결정 등.

관한 개인정보가 축적·이용·유통되어 2차 피해가 발생할 수 있으므로, 인격 침해에 대한 보호가 중요한 과제가 될 수 있다.

정보 주체인 범죄피해자가 사건기록의 공개와 이용에 관하여 사법기관에 의견을 제출할 권리, 수사기록에서의 가명처리를 통한 피해자의 보호, 공개 법정에서의 범죄피해자 실명 언급을 금지하여 개인정보 노출을 최소화하는 것, 판결문 열람·복사 제한을 통하여 범죄피해 노출을 막고 2차 피해를 예방하는 것, 소송상 피해자를 식별할 수 있는 자료의 현출을 최소화[163]등의 방법은 범죄피해자의 개인정보자기결정권의 구현 내용이 된다고 할 수 있다.

Ⅲ. 헌법상 열거되지 않은 기본권을 통한 범죄피해자 보호

1. 헌법상 열거되지 않은 기본권에 해당하는 지 여부

헌법 제37조 제1항은 "국민의 자유와 권리는 헌법에 열거되지 아니한 이유로 경시되지 아니한다."라고 규정하고 있다. 헌법에서 명문으로 재판절차진술권과 범죄피해자구조청구권을 규정하고 있는 바, 범죄피해자의 권리가 헌법상 열거되지 아니한 기본권에 해당할 수 있는 지 문제된다.

범죄피해자의 권리는 범죄로 인한 피해 상황에서 스스로 피해의 여부와 내용을 자신이 결정한 방식으로 사법절차 내에서 밝히고, 보호받을 수 있는 자유를 의미한다. 이는 수사에 참여 여부, 진술의 시기와 방법, 내용을 자율적으로 결정할 수 있는 일체의 권리를 포함한다.

범죄피해자의 권리를 헌법에 열거되지 않은 기본권으로서 확인하려면, 그 필요성이 특별히 인정되고, 보호 영역이 비교적 명확하여 구체적 기본권으로서의 실체 즉, 권리내용을 상대방에게 요구할 힘이 있으며, 그 실현이 방해되는 경우 재판에 의하여 그 실현을 보장받을 수 있는 구체적 권리로서의 실질에 부합해야 한다.[164] 즉, 헌법에 열거되어 있지는 않지만 보호받을 만한 인권임이 인정되고, 이를 헌법적 차

---

163) 예컨대, 실무상 성범죄 사건에서 CD 등의 영상녹화물을 재생하는 경우 피해자에 관한 정보가 법정에서 현출되어 피해자 정보가 노출되는 경우가 있다. 이를 방지하기 위해 법관의 PC에만 현출되는 방법으로 범죄피해자의 개인정보자기결정권을 보호하고 있다.

164) 헌법재판소는 평화적 생존권의 기본권성이 문제된 사건에서 이와 같이 설시하였다; 헌법재판소 2009. 5. 28. 선고 2007헌마369 결정.

원에서 피해자 보호를 할 만한 필요가 있어야 한다.[165]

범죄피해자의 권리는 피해자를 평화로운 상태로 회복시키는 수단이자 사건의 실체적 진실 발견에 조력을 할 수 있는 발판이 된다는 점에서 그 필요성은 특별히 인정된다. 또한 범죄피해자의 권리의 내용을 확정할 수 있는 이상 국가와 사회에 그 권리내용의 실현을 요구할 수 있을 정도로 보호영역을 명확하게 확정할 수 있고, 그 실현이 방해되는 경우 방해배제를 구하는 등으로 재판에 의해 그 실현을 보장받을 수 있을 만큼 구체적인 권리로서의 실질을 가진다고 볼 수 있다.[166] 따라서 범죄피해자의 권리는 헌법에 열거되지 않은 기본권으로서 헌법상 보장된다고 보아야 한다.

그러나 아직까지 헌법재판소나 대법원이 헌법상 명시적으로 범죄피해자의 기본권으로 규정한 재판절차진술권이나 범죄피해자구조청구권 이외에 '범죄피해자의 권리'를 기본권으로서 직접적으로 확인한 사례는 찾아보기 어렵다. 이는 현재 개헌이 이뤄지지 않은 상태에서는 헌법의 역사성과 개방성이 반영되고, 구체적 내용이 학계의 심도 있는 논의와 판례의 축적에 따라 형성될 수 있다고 생각된다.[167]

2. 범죄피해자의 변호사에 의한 조력받을 권리

형사피의자나 피고인은 헌법 제12조 제4항에 따라 변호인의 조력받을 권리를 가진다. 또한 형사피고인이 스스로 변호인을 구하지 못할 경우 법률이 정하는 바에 따라 국선변호인을 선정할 수 있게 하여 국선변호인 제도를 헌법적 차원에서 보장하고 있다. 여기서 조력은 변호인의 충분한 대화와 상담을 통한 조력을 의미하고, 이를 보장하기 위해 피의자나 피고인의 접견교통권을 기본권으로 보장하고 있다.[168]

이에 반해 범죄피해자의 변호사에 의해 조력받을 권리는 각종 법률에 피해자 변호사 선임특례를 통해서 규정하고 있을 뿐, 헌법상 규정되어 있지 않다. 피고인의 권리는 헌법으로 명문에 따라 보호받고 범죄피해자의 권리는 법률로 보호받게 되는 것은, 적어도 법체계상 동일한 비중으로 보호된다고 보기 어렵다.[169]

---

165) 신주호, 앞의 논문, 90쪽.
166) 헌법재판소 2011. 8. 30. 선고 2008헌마477 결정.
167) 신주호, 위의 논문, 90쪽; 이효원, 앞의 논문, 99쪽.
168) 헌법재판소 1992. 1. 28. 선고 91헌마111결정; 이러한 이유에서 피의자 또는 피고인의 접견교통권을 어떠한 경우에도 제한될 수 없는 기본권으로 이해하기도 한다. 이에 관하여 이준일, 앞의 책, 472쪽.
169) 신주호, 앞의 논문, 76쪽.

범죄피해자가 피해자변호사에 의한 조력을 받을 권리에 관한 법적 성격에 대해서는 선행연구를 찾아보기 어렵다. 범죄피해자는 사건의 당사자로서 사법절차 내에서 증인 이상의 적극적 지위를 가지고, 실체적 진실 발견에 기여함과 동시에 피해에 관한 의견을 진술함에 있어 변호사에 의한 조력을 받을 권리라는 점에서 개념이 명확하다.

또한 피해자변호사에 의한 조력을 받을 권리의 보호 범위는 사법절차에 있어 범죄피해자가 스스로의 의견에 따라 절차 참여여부, 의견개진 여부, 2차 피해 등을 보호하기 위한 절차적 조력인으로서의 역할이 부여됨으로 보호 범위도 설정될 수 있다. 또 피해자가 피해자변호사에 의한 조력을 받는다고 하더라도, 헌법상 보장된 피고인의 권리를 침해하지 않고 있으므로 경계 또한 설정된다고 할 것이다.

결국, 범죄피해자의 피해자변호사에 의해 조력받을 권리는 헌법 제10조를 비롯하여 헌법 제37조 제1항에 따른 열거되지 않는 권리로서 헌법상 보장된다고 볼 수 있다.

IV. 헌법 해석상 국가의 범죄피해자 보호의무 인정 여부

친구를 흉기로 찔러 살해한 초등 여학생 사건을 비롯하여 범죄피해가 속출하면서 헌법상 국가의 범죄피해자 보호의무가 인정되어야 한다는 주장이 나오고 있다. 이러한 국가의 범죄피해자 보호의무가 헌법상 기본권 보호의무에 따라 인정되고 있는지, 그렇지 않다면 국가정책목표사항으로 긴요하기 때문에 개헌이 필요한 것인지 문제된다.

1. 국가의 범죄피해자 보호의무는 헌법상 기본권 보호의무인지

헌법상 기본권 보호 의무(Duty to Protect Fundamental Rights in the Constitution)는 국가가 시민의 기본권을 보호하고, 존중할 책임을 의미한다. 기본권은 시민의 인간적 가치와 존엄성을 보호하며, 정치적, 사회적, 경제적 활동의 기반을 형성한다. 국가는 헌법상 기본권을 존중하고 보호하는 데 노력해야 하며, 시민들의 권리를 침해하거나 제한하는 것을 최소화해야 한다. 이러한 의무는 법률과 제도를 통해 구체화되며, 국가는 개별 시민의 헌법상 기본권을 존중하고 보호하는데 필요한 제반 조치를 취해야 한다.

헌법상 재판절차진술권, 범죄피해자구조청구권과 같은 범죄피해자에 대한 개별기본권에 기한 보호의무 도출은 당연하다. 그러나 헌법상 범죄피해자에 대한 기본권 보호의무가 곧바로 국가의 범죄피해자보호의무라고 할 수는 없다. 기본권 보호의무는 기본권 주체인 제3자의 침해에서 기본권적 법익을 보호할 국가의 의무에 한정하고, 국가의 보호의무는 이를 포함하여 헌법상 기본권이 아니더라도 국가정책목표 하에서 제3자로부터의 침해를 넘어 입법·사법·행정 작용의 한계를 근거 짓는 기능을 한다.[170]

기본권 보호의무로서 헌법상 피해자보호 의무란 국가의 헌법에 내포된 원칙으로, 국가가 개별 시민의 권리를 보호하고 그들이 피해를 입지 않도록 해야 한다는 의무를 나타낸다. 이러한 의무는 개별 시민이나 집단의 기본권을 보호하고 존중하는 것을 목표한다. 예를 들어, 헌법상 피해자보호 의무는 성폭력 피해자, 차별 피해자 등이 발생된 다양한 상황에서 시민들의 권리와 자유를 보호하고 존중하는 의무를 국가에 부여한다. 물론 헌법상 기본권 보호의무는 그 이행수단이 입법자의 재량에 맡겨져 있고,[171] 반드시 형사 제재에 의하도록 요구하는 것은 아니다.[172]

한편, 국가의 피해자보호 의무는 범죄 또는 위험한 상황에서 국가가 범죄피해자를 보호하고 안전을 보장해야 한다는 원칙을 말한다. 이러한 의무는 범죄 예방, 범죄 조사, 범죄피해자 지원 등을 통해 국가가 시민들의 안전을 유지하는 역할을 강조한다. 이는 헌법상 재판절차진술권과 같은 개별적 권리를 보장하는 것을 넘어 범죄라는 반사회적 상황에 대하여 국가적 보호를 통해 인간의 존엄성을 보장한다는 데에 목적이 있다. 예를 들어, 범죄 예방 프로그램, 경찰과 검찰 등 수사기관의 역할, 재판과 집행 절차에서 피해자 보호 등이 국가의 피해자보호 의무를 구체적으로 실현하는 방법이다.

결국, 헌법상 기본권 보호의무와 국가의 보호의무는 침해주체와 보호범위의 측면

---

170) 허완중, 『헌법 으뜸편』, 박영사, 2020, 51쪽 각주 114) 참조.

171) 헌법재판소는 국가의 기본권보호의무의 이행에 관하여 "입법자의 입법을 통하여 비로소 구체화되는 것이고, 국가가 그 보호의무를 어떻게 어느 정도로 이행할 것인지는 원칙적으로 한 나라의 정치·경제·사회·문화적인 제반여건과 재정사정 등을 감안하여 입법정책적으로 판단하여야 하는 입법재량의 범위에 속하는 것이다." 라고 하였다. 이에 관해서는 헌법재판소 1997. 1. 16. 선고 90헌마110 결정.

172) 헌법재판소 2009. 2. 26. 선고 2005헌마764 결정 등.

에서 다른 개념이다. 따라서 국가의 범죄피해자 보호의무는 곧바로 기본권 보호의무라 할 수는 없다.

2. 국가목표조항으로서 국가의 범죄피해자 보호의무 도입의 필요성

앞서 살펴본 바와 같이 국가의 범죄피해자 보호의무는 현행 헌법해석상 헌법상 기본권 보호의무의 범위 그 자체에 속한다고 보기는 무리가 있다.

다만, 헌법 제27조 제5항 재판절차진술권, 헌법 제30조 범죄피해자구조청구권과 같이 현행 헌법상 범죄피해자 보호에 관한 헌법적 근거가 있다. 이외에도 인간의 존엄과 가치, 행복추구권, 기본권 보장조항을 규정한 헌법 제10조, 열거되지 아니한 권리에 관한 헌법 제37조 제1항 등 헌법 전반에 범죄피해자에 대한 헌법적 근거를 바탕으로 국가의 범죄피해자 보호의무를 구성할 수 있다.

그러나 국가의 범죄피해자 보호의무가 헌법 명문으로 도입되어 있지 않아 범죄피해자 보호에 대한 확실한 규범적 근거가 마련되어 있다고 보기 어려운 점이 있다. 또한 앞서 살펴본 바와 같이 범죄피해자에 대한 헌법상 규범체계를 약 37년이 넘도록 유지해 왔지만 범죄피해자에 대한 보호는 국민의 눈높이를 충족시키지 못했다. 이는 헌법 해석론에 따른 실천적 한계가 존재함을 방증하는 것이다. 여전히 범죄피해는 계속 발생하고 있고, 보호 체계는 개선이 필요한 부분이 산적해 있다. 결국 헌법 개헌과 같은 헌법 정책적인 방법으로 접근하여 범죄피해자 보호에 관한 문제를 근본적으로 해결할 시점에 이르렀다고 할 수 있다.

범죄피해자 보호의 문제는 국가가 임의적으로 선택 가능한 정책목표가 아니라, 모든 관련 국가기관이 최우선적으로 삼아야 하는 국가목표라는 점에서 헌법적 차원에서 근거 지을 필요성이 있다. 그런데 아직도 헌법학계를 비롯하여 범죄피해자 권리의 의미와 근거에 대한 논의가 국제적인 논의에 이르지 못한 점을 고려할 때, 범죄피해자 기본권 조항과 국가의 범죄피해자 보호의무에 관한 국가목표조항을 포함하는 헌법 개정이 필요하다고 생각된다.

범죄피해에 따른 사회적 논란은 국가의 범죄피해자 보호의무에 관한 관심을 부각시키고 있으며, 국제적으로도 범죄피해자 보호에 관한 노력이 경쟁적으로 이루어지고 있다. 우리나라도 신종 범죄피해에 대한 대응,[173] 회복적 사법의 구현, 범죄피해

---

173) 전세사기, 교제폭력(2023년 5월경부터 데이트폭력이 아닌 교제폭력으로 용어가 쓰이고 있

자에 대한 보호 등을 위한 헌법 개정이 필요한 시기에 이르렀다.

범죄피해자 보호는 사회구성원의 안전과 평화에 직결된 문제이고, 범죄피해가 발생하면 피해자를 비롯한 사회적 손상이 다시 회복하기 어려운 점을 고려할 때, 국가가 미연에 범죄피해를 방지하고, 사후에도 범죄피해 방지와 회복을 위해 노력할 필요가 있다. 따라서 이러한 국가의 범죄피해자 보호의무를 헌법개정시 국가목표조항으로 규정하고, 범죄피해자 기본권의 독자성을 인식할 수 있도록 개선하여 규범성을 실질화해야 한다.[174]

3. 국가목표조항의 성격과 효력

국가목표조항(Staatszielbestimmung, National Objective Clause)은 "기본권적 특성을 지니지 않은 채 국가기관의 행위에 대한 지시와 지침을 나타내는 규정"[175]이라고 정의할 수 있으며, 입법·사법·행정을 기속하며,[176] "국가행위에 대한 명령과 지시로 일정한 방향으로 명령하고 실질적 과제를 부여"하는 기능을 수행한다.[177] 국가의 범죄피해자 보호를 달성하기 위한 수단이라고 할 수 있다.

국가목표조항은 국민에게 주관적 권리를 부여하지 않는다는 점에서 기본권으로서 재판절차진술권과 구별된다. 국가목표조항에 근거하여 개인의 주관적 공권이 인정되지 않기 때문에 소구권을 도출할 수도 없으며, 국가목표조항은 개별기본권의 방어권적 성격과는 구별된다.[178] 국가는 범죄피해자의 보호를 위해 충분히 대응할 것이 요구되므로 국가의 범죄피해자 보호의무가 헌법상 국가목표조항으로 설정될 필요가

다), 로맨스 스캠사기(사기인지 연인관계에서 대여약정인지 불분명하여 계좌동결조치가 안되고 있는 신종범죄 유형), 보이스 피싱 등 비대면 거래에 따른 명의도용 통신거래 등이 있다. 명의도용 피해에 대해서는 비대면 거래에 따른 본인확인절차에서 안면인식을 통해 피해를 저감하자는 논의가 있다. 이에 관해서는 방송통신위원회, 『통신분쟁조정 제도의 사회적 역할과 바람직한 발전방향』, 2023, 50쪽 이하.

174) 범죄피해자에 대한 보상이 국가의 당연한 의무가 되고, 이것이 인간의 기본적 권리로서 당연하다는 견해로 송승은, 앞의 논문, 226쪽.

175) 명재진, "국가목표규정에 관한 비교법적 연구", 세계헌법연구 제17권 제2호, 세계헌법학회 한국학회, 2011, 31쪽 이하.

176) 명재진, "국가목표조항의 헌법적 지위와 위헌심사척도에 관한 연구", 법학연구 제25권 제2호, 충남대학교 법학연구소, 2014, 19쪽.

177) 명재진, 앞의 논문(2011), 32∼33쪽.

178) 명재진, 앞의 논문(2014), 30쪽.

제3장 범죄피해자에 대한 헌법적 보호 **95**

있다.

물론, 현행 헌법 제30조에서 "국민은 법률이 정하는 바에 의하여 국가로부터 구조를 받을 수 있다."라고 규정하고 있어, 이를 범죄피해자 보호에 관한 국가목표라고 해석할 여지도 있다. 그러나 범죄피해자구조청구권은 헌법 도입 당시부터 생명·신체에 대한 범죄피해자에 대한 국가배상 및 사회보장적 성격에서 도입된 규정이었으며, 범죄피해자 권리와 보호를 포괄하지 못한다는 측면에서 볼 때, 향후 명시적으로 범죄피해자 보호를 국가목표조항으로 규정해야 할 필요가 있다.

4. 국가의 범죄피해자 보호의무의 한계

국가의 범죄피해자 보호의무는 헌법 질서 내에서 인정되면서, 다른 헌법의 기본원리와 조화를 이루어야 한다. 기존의 헌법상 기본원리인 민주주의 원리, 사회국가 원리, 법치주의 원리는 그 한계로 작용한다. 또한 국가의 범죄피해자 보호의무는 중요한 가치이지만, 다른 헌법적 가치나 기본권에 무조건적으로 우선하는 것은 아니다. 또 모든 정책 과제와 관계에서 반드시 범죄피해자 보호의무가 최우선 순위가 된다고 단정할 수는 없다. 국가의 범죄피해자 보호를 이유로 민주적 절차를 생략한 채 피의자·피고인의 헌법상 기본권에 무분별하고, 광범위한 제한을 가해서는 안 된다. 또 법치국가원리에 반하여 진정소급입법이나 처분적 법률, 상징입법을 제정하는 등의 방식을 사용해서도 안 되며, 명확성 원칙, 포괄위임입법금지의 원칙, 신뢰보호의 원칙 등 법치국가원리의 제원리를 준수해야 한다. 뿐만 아니라 국가의 범죄피해자 보호를 위한 정책은 다른 기본권과의 비례관계를 유지하여야 한다(비례 원칙의 준수). 즉, 범죄피해자 보호를 위한 정책으로 인한 다른 기본권 제한은 정당한 목적과 이에 적합한 수단이어야 하며(적정성), 필요하고 상당한 것이어야 한다(필요성, 상당성).[179] 나아가 국가가 수행하는 범죄피해자 보호의무를 위한 활동이 남용되지 않도록 시민에 의해 감시와 평가가 계속적으로 이뤄져야 한다.[180] 즉, 국가가 범죄피해자 보호

---

179) Thorsten Kingreen·Ralf Poscher(정태호 역), 『독일기본권론』(제33판), 박영사, 2021, 67쪽.
180) 국가의 기본권 보호의무에 기한 활동 또는 국가의 활동이 국가를 가해자와 관계에서 기본권 향유자가 되는 남용을 경계(후견적 입장에 기한 국가주의 경계)해야 한다는 견해로 서경석, "국가의 기본권보호의무 비판", 헌법학연구 제9권 제3호, 한국헌법학회, 2003, 417쪽 이하.

를 명목으로 또 다른 기본권 침해를 하지 않도록 해야 한다.

제3절 | 국가의 범죄피해자 보호 강화 방향

I. 범죄피해자조항에 대한 헌법개정 논의

1. 들어가면서

1987년 제9차 헌법 개정 이래 약 37년이 지났지만, 아직 우리 헌법은 범죄피해자에 대한 헌법 개정의 필요성에도 불구하고, 개정되지 못하고 있다. 특히, 오늘날 신종 범죄의 등장[181]과 범죄피해자 보호에 대한 국민적 관심은 1987년 개헌 당시에는 예측하지 못했던 현상이라고 할 수 있다. 정부를 비롯한 학계, 시민단체에서 이러한 문제점을 해결하기 위해 헌법개정안을 제시하였으나 범죄피해자에 관한 부분은 큰 주목을 받지는 못하였다. 이하에서는 2018년을 전후로 발표된 헌법개정안을 살펴보고, 국가목표조항으로 국가의 범죄피해자 보호 의무와 범죄피해자 기본권의 정비를 위한 우리나라의 헌법개정방향을 제시하고자 한다.[182]

---

181) 예를 들어, SNS 사용이 활발해지면서 발생하는 로맨스 스캠의 경우 사기와 보이스피싱의 결합 형태의 신종 범죄라고 할 수 있다.

182) 1987년 개헌 이후 약 37년이 지난 지금까지 현행 헌법 체제가 유지되고 있다. 매 정권 변동기 때마다 급변하는 정치, 경제, 사회, 문화의 변화에 따라 개헌론이 등장하였으나, 뿌리 깊은 정치 갈등, 시기상조론 등으로 개헌에 성공하지 못하였다. 지난 문재인 정부에서 2018년 6월 지방선거라는 시점까지 특정한 개헌을 시도하였으나, 이 역시도 성공하지 못하였다. 시대의 변화에 따라 반드시 헌법을 개정해야 하는 것은 아니나, 헌법 현실과 규범의 괴리는 오늘날 현대 헌법 국가에서 바람직한 것이라 할 수 없다(김형성, "헌법개정의 과제와 전망", 헌법학연구 제12권 제1호, 한국헌법학회, 2006, 17쪽). 인권보장 규범으로서의 헌법 역할을 놓칠 수 있기 때문이다. 약 37년이 지난 1987년 헌법이 현 시대적 상황에 맞는 헌법인지 의문이 존재할 수밖에 없다. 1987년 헌법의 핵심이 '민주적 정당성'의 확보에 있었다면, 현재는 4차 산업혁명 시대에 사회적, 문화적 변화에 유연하게 대응하는 헌법의 규범력 확보가 핵심과제일 것이다(김일환, "헌법개정을 위한 기본권 쟁점에 관한 고찰", 세계헌법연구, 세계헌법학회 한국학회, 2010, 68쪽). 앞으로의 우리나라의 민주주의 발전과 통일, 지속적인 세계화를 대비한다면 현재의 시점에 맞는 헌법정립과정이 절실하다. 최초로 1987년 헌법에 등장한 '범죄피해자 권리'는 제10차 개헌을 앞두고 어떠한 내용으로 재구성하여 담아야 하는지 충분한 논의가 필요하다. 범죄피해자의 기본권을 강화

2. 2018년 헌법개정안

현행 헌법상 범죄피해자 관련 조항은 재판절차진술권, 범죄피해자구조청구권을 두고 있으나, 범죄피해자의 권리와 보호를 헌법적 측면에서부터 명문으로 규정하여 강화해야 한다는 지적이 있었다.[183] 이러한 시민단체와 학계의 문제 제기를 담아 정부, 국회를 비롯하여 각종 단체는 범죄피해자와 권리와 보호에 관하여 '범죄피해자 헌법'의 토대가 될 만한 의견을 발표하였다.

표 2 2018년 각 제안 주체별 범죄피해자 부분 헌법개정(안)

개헌 제안주체	전문	조항	비고
대한민국 국회 헌법개정 특별위원회[184]	… 인류애와 생명 존중으로 평화와 공존을 추구하고 …	제46조 ⑤ 형사피해자는 법률로 정하는 바에 따라 재판절차에서 진술권을 가진다. 제49조 ① 타인의 범죄행위로 인하여 생명·신체 및 정신적 피해를 받은 국민은 법률로 정하는 바에 따라 국가로부터 구조 및 보호를 받을 권리를 가진다. ② 제1항의 법률은 피해자의 인권을 존중하도록 정하여야 한다.	- 재판절차 진술권과 관련하여 '당해 사건'을 삭제하는 외에 현행 헌법대로 존치 - 범죄피해자 구조 범위를 정신적 피해까지 확장 - 구조 및 보호받을 권리의 명시 - 피해자 관련 법률의 피해자 인권 존중 의무 명시
문재인 대통령 [185]	우리들과 미래 세대의 안전과 자유와 행복을 영원히 확보할 것을 다짐하면서 …	제28조 ⑤ 형사피해자는 법률로 정하는 바에 따라 해당 사건의 재판절차에서 진술할 수 있다.	- 재판절차진술권 존치(당해에서 해당으로 자구 수정) - 범죄피해자구조청구권 존치

시키는 방향의 개헌 논의를 통해 피해자의 공감대를 형성하고, 범죄피해자의 목소리를 수렴하는 논의가 함께 이뤄져야 할 것이다.

183) 황태정, 앞의 논문(2019), 155쪽.

		제31조 타인의 범죄행위로 생명·신체에 대한 피해를 입은 국민은 법률로 정하는 바에 따라 국가로부터 구조를 받을 수 있다.	
한국헌법학회[186]	–	제12조 ① 모든 사람은 위험으로부터 안전할 권리가 있다. ② 국가는 재난이나 재해 및 모든 형태의 폭력 등에 대한 위험을 제어하고 피해를 최소화하며 그 위험으로부터 사람을 보호할 책임을 진다. ③ 모든 사람은 국가에게 법률에 따라 구조 및 **보호받을 권리**가 있다. 제30조 타인의 범죄행위로 인하여 생명·신체 및 **정신적 피해**를 받은 국민은 법률이 정하는 바에 의하여 국가로부터 구조를 받을 수 있다.	－ 제12조는 안전권이 신설되는 안인데, 이는 범죄피해자를 염두하기보다는 세월호 사건의 여파로 도입이 논의된 것이다. 제30조 범죄피해자 구조청구권의 경우 구조청구의 범위('생명·신체에 대한 피해'에서 '생명·신체 및 정신적 피해'로 확대)
참여연대[187]	인류애와 생명존중에 입각한 평화와 공존을 추구하고, … 사회정의·연대·성평등에 기초하여 모든 사람에게 균등한 기회와 인간다운 삶을 공동체가 더불어 보장하고 …	제56조 ① **타인의 범죄행위로 인하여** 생명·신체 및 **정신적 피해**를 받은 국민은 법률이 정하는 바에 의하여 국가로부터 구조 및 **보호를 받을 권리**를 가진다.	－ 범죄피해자의 보호를 받을 권리 명시 － 정신적 피해까지 확장

(1) 국회 헌법개정특별위원회 발표안

국회 헌법개정특별위원회(이하, '개헌특위'라 한다)는 2017년 1월 5일 첫 회의부터 약 8개월에 걸쳐 현행 1987년 헌법의 각 분야별 주요 쟁점에 대해 심도 있는 개정 논의를 진행하였다. 1948년 헌법이 제정된 이래 매 개헌 때마다 대부분 정부구조와 관련된 내용이 주된 쟁점이 되었으나, 개헌 이후 30년이 지나 이루어지는 10차 개헌의 쟁점 회의는 권력 구조 개편뿐만 아니라 기본권의 강화 중심의 논의까지 심도 있게 진행되었다.[188]

범죄피해자와 관련해서 개헌특위에서 별다른 토론 없이 현행 헌법 제27조 제5항 재판절차진술권에 관하여 법률로 정할 사항이라는 이유로 삭제하는 의견이 있었다.[189] 최종적으로 개정 시안은 제46조 제5항에 재판절차 진술권을 두는 것으로 남겨지기는 하였다.[190]

한편, 개헌논의에서 범죄피해자 관련하여 특기할 만한 부분은 범죄피해자 구조청구권을 확대하는 데 있다. 국회 헌법개정특별위원회 발표안은 범죄피해자의 국가로부터 보호받을 권리를 담고 있었다.[191] 헌법재판소는 이미 현행 헌법 제30조에서 범죄로부터 국민을 보호하여야 할 국가의 의무를 인정하였고, 법적 성질에 관하여 범

---

184) 국회 헌법개정특별위원회, 「기본권·총강 분과 활동 백서」, 2018.
185) 청와대, 『문재인 대통령 헌법개정안』, 더휴먼, 2022, 61쪽.
186) 허종렬·엄주희·박진완, "헌법상 기본권 개정안 논의 동향과 성과 검토 － 2018 한국헌법학회 헌법개정연구위원회 기본권분과위원회의 활동을 중심으로 －", 법학논고 제63집, 경북대학교, 2018, 101쪽 이하.
187) 참여연대 보도자료, "참여연대 헌법개정안 입법청원", 2018, 2.
188) 국회 헌법개정특별위원회, 앞의 백서, 3쪽 이하.
189) 국회 헌법개정특별위원회, 위의 백서, 186쪽, 304쪽 참조.
190) 개정시안 제46조 제5항에서 "형사피해자는 법률로 정하는 바에 따라 재판절차에서 진술권을 가진다."라고 규정하고 있다.
　　이 개정시안에 대해서는 향후 개헌 논의에서도 '삭제 의견'이 등장할 수 있다. 삭제 의견에 따라 재판절차진술권을 법률 수준에 두는 경우 범죄피해자의 권리의 종합적 규범력을 약화시킬 수 있다. 1987년도에 범죄피해자의 대표적 기본권을 헌법에 둠으로써 피해자 권리의 국제적 모범이 되었음에도 삭제하는 건 세계적 추세에도 맞지 않는다. 또한 헌법은 피고인뿐만 아니라 피해자에 대해서도 기본권 보호 의무를 다할 수 있는 규범으로서의 역할을 하여야 하고, 사법제도 전반에 걸쳐 피고인의 권리에 대응한 피해자의 권리를 마련해야 한다. 즉, 오히려 피해자의 권리를 확장하고, 보장할 방안이 제10차 개헌에서 논의되어야 할 것이다.
191) 국회 헌법개정특별위원회, 위의 백서, 198쪽.

죄피해를 입은 국민에 대해 적극적 구조행위까지 하도록 규정한 것으로 범죄피해자의 기본권을 생존권적 기본권의 차원으로 인정한 바 있다.[192] 이러한 헌법재판소의 입장을 반영하여 피해자가 국가에 대해 보호를 요청할 수 있는 적극적 권리를 개정시안 제49조 제1항에서 정하게 되었다.[193] 우선 ① 생명, 신체에 대한 피해에서 정신적 피해까지 확장함으로써 종전 범죄피해의 개념의 확장성을 인정하게 되었다. ② 구조이외에 '보호받을 권리'를 인정함으로써 범죄피해자의 기본권을 확인하였다. 또한 ③ 피해자의 구조와 보호에 관한 법률은 피해자의 인권을 존중하도록 정하여야 한다고 규정하였다. 이에 대하여 정부 측은 ① 정신적 피해에 관하여 금전적인 배상으로 피해회복이 되기 어렵고, 보호의 필요성이 있지만, 구체적인 청구권을 설정하기 어렵다고 반대하였다. 또한 ② 사기나 배임과 같이 재산적 범죄는 살인 등의 신체적 범죄와 결을 달리하여 국가의 피해자 보호 의무를 동일시할 수 없다고 주장하였다. 나아가, 정부는 재정적 한계를 이유로 범죄피해자 권리의 확장을 반대하였다.

그러나 개헌특위에서는 범죄피해자의 인권을 존중하도록 방향성을 설정하고, 피해자 보호 및 구조의 범위는 법률에서 구체적으로 특정할 수 있다는 점에서 개정안으로 결정한 것으로 보인다.[194] 이 헌법 개헌안은 범죄피해자 보호에 관하여 권리와 보호 모두 확장할 여지를 둠으로써 피해자 기본권을 한층 강화하는 방향으로 논의되었다고 평가할 수 있다.

(2) 2018년 문재인 정부의 개헌 발표안

문재인 정부는 2018. 3. 22. 헌법 개헌안 전문을 발표하였다. 현행 헌법은 전문(前文)과 10개장 130조, 부칙으로 구성되어 있으나 개헌안은 전문(前文)과 11장 137조, 부칙으로 구성되었다.

개헌안 전문(前文) 상에 범죄피해자와 관련된 언급은 없다. 문재인 대통령 개헌안의 범죄피해자와 관련된 개정사항은 재판절차진술권을 헌법 제28조 제5항에서 "형사피해자는 법률로 정하는 바에 따라 해당 사건의 재판절차에서 진술할 수 있다."라

---

192) 헌법재판소 1989. 4. 17. 선고 88헌마3 결정.
193) 개정조문시안 제49조 ① 타인의 범죄행위로 인하여 생명 · 신체 및 정신적 피해를 받은 국민은 법률로 정하는 바에 따라 국가로부터 구조 및 보호를 받을 권리를 가진다. ② 제1항의 법률은 피해자의 인권을 존중하도록 정하여야 한다.
194) 국회 헌법개정특별위원회, 위의 백서, 199쪽.

고 하여, 당해 사건을 '해당 사건'이라고 명칭을 변경한 이 외에 별다른 변경 없이 현행 헌법과 같은 내용으로 유지하였다. 범죄피해자구조청구권은 헌법 제31조에서 "타인의 범죄행위로 생명·신체에 대한 피해를 입은 국민은 법률로 정하는 바에 따라 국가로부터 구조를 받을 수 있다."라고 하여 현행 헌법의 내용과 같이 유지되었다.[195]

국회 개헌특위에서 논의된 정신적 피해까지의 보호 범위를 확장하는 내용과 보호받을 권리를 명시하는 것, 범죄피해자의 구조와 보호에 관련 법률이 인권을 존중할 것을 명시하는 내용은 제외되었다.

(3) 기타 단체 개헌안

헌법학회,[196] 참여연대를 비롯한 기타 단체에서도 개헌안을 제시하였다. 헌법학회, 참여연대는 범죄피해자의 구조청구권에 관하여 국회 발표안과 같이 정신적 피해까지 확장하는 안을 제시하였고, 참여연대의 경우 '보호받을 권리'를 피해자의 기본권으로 명시하기도 하였다.

3. 검토

1987년 제9차 헌법 개정 이후 2005년 UN이 채택한 '피해자 권리 기본원칙'에 따라 범죄피해자 보호는 인류 공통의 관심사로 공유해야 할 국제인권의 이념으로 받아들여졌다. 앞서 살펴본 헌법개정논의는 다소 미흡한 부분이 있으나 공통적으로 범죄피해자에 대한 권리 보장과 보호의 확장에 목표를 두고 있다.

위 헌법개정안들은 국가의 범죄피해자 보호 의무에 관한 국가목표조항 도입에 관한 논의가 없었고, 기존의 재판절차진술권, 범죄피해자구조청구권의 문제점과 한계를 개선할 방안을 구체적으로 마련하지 못하였다. 이는 다른 헌법적 쟁점과 논의에 비하여 범죄피해자에 대한 권리와 보호에 대한 연구가 부족한 데에서 비롯한 결과로 생각된다.[197]

---

195) 청와대, 앞의 책, 63~77쪽.
196) 헌법학회는 검사의 불기소처분에 의하여 피해자가 재판정에서 진술할 기회가 박탈되는 것을 방지하기 위해 재판절차진술권은 현행대로 규정하는 것이 바람직하다고 하였다. 이에 대해서는, 사단법인 한국헌법학회 헌법개정연구위원회, 『헌법개정연구』, 박영사, 2020, 85쪽.
197) 헌법상 피해자에 대한 관심을 얻지 못한 상황이라는 지적으로, 이윤호, 앞의 책, 277쪽.

  신림동 흉기 난동사건,[198] 서현역 묻지마 칼부림[199]을 비롯한 범죄피해 사건을 타개하기 위해서는 적어도 국제사회가 경쟁적으로 도입하고 있는 각종 범죄피해자 보호제도와 주관적 권리로서 범죄피해자 기본권 강화, 국가의 범죄피해자 보호 의무에 관한 국가목표조항 도입 등의 방향으로 헌법 개정을 도모해야 할 것이다.

Ⅱ. 범죄피해자 기본권의 실질화

  현행 헌법은 범죄피해자에 대하여 구체적인 권리를 보장하는 방식의 접근을 하고 있지 않다. 헌법 제27조 제5항 재판절차진술권은 형사절차에 한정된 '진술할 권리'를 보장하고, 헌법 제30조 범죄피해자구조청구권은 '회복할 권리'를 보장하는 것에 불과하여 종합적인 범죄피해자 기본권으로서의 성질을 갖지 못하는 한계를 지닌다. 따라서 향후 개헌의 방향은 피해자의 권리확장과 보호라는 헌법상 '범죄피해자 보호'를 종합적으로 확인하는 것이어야 한다.

  헌법상 재판절차진술권은 명문상의 해석으로 수사절차가 제외되는 것인지 논란이 있고,[200] 실무적으로 범죄피해자에게 보장되지 않는 경우가 빈번하여 개헌의 필요성이 있다. 즉, 재판절차진술권을 구체적으로 범죄피해자의 '진술할 권리'로 개정하여 성격을 분명히 할 필요가 있다. 헌법이 재판절차진술권을 규정한 것이 단순히 법원 단계의 절차에서 심리의 대상이나 증인의 지위에서 진술할 것만을 의미한다고 볼 것이 아니라 피해자 자신의 지위와 권리를 확인하고 공격·방어를 하는 적극적 권리로서 헌법에서 인정한 것이기 때문이다.[201] 따라서 공소제기를 불문하고 피해자의 진술할 권리를 보장하기 위하여 개헌을 통해 권리를 명확히 규정하고, 형사소송법 제 규정과 통일적 해석이 가능하도록 정비해야 한다.

---

198) 송석주 기자, "'신림역 흉기난동' 조선 "피해망상에 공격…살해 고의는 없어"", 2023. 8. 23.자 이투데이

199) 윤정민·최모란·김민정·손성배·신혜연 기자, "서현역 '묻지마 테러' 14명 부상…도심 복판 남녀노소 안 가렸다", 2023. 8. 4.자 중앙일보

200) 실제 수사과정에서 피해자의 진술권을 보장하지 않고, 공소제기가 이뤄지는 경우가 종종 발생하고 있다. 이는 피해자에게 절차상 통지가 이뤄지지 않아 피해자의 정확한 권리행사가 제한되는 부분이기도 하다. 이하는 이와 같이 피해자의 의견이 반영되지 않는 수사기관의 관행에 대한 보도로 김상훈 기자, "[단독] 군, 피해자 조사 '부실'··가해자 동료들은 '탄원서'", 2022. 10. 4.자 MBC뉴스데스크

201) 이효원, 앞의 논문, 92쪽.

다음으로 2018년 국회 개헌안은 범죄피해자구조청구권을 확대하는 논의 과정에서 범죄피해자의 보호받을 권리와 정신적 피해의 구조범위 확대를 주요 골자로 하였다. 피해자의 보호받을 권리는 헌법 제10조 인간의 존엄성에 근거하거나, 헌법상 열거되지 않은 권리로서 헌법에서 도출될 수 있는 권리이다. 구체적으로 각종 범죄피해자의 권리가 법률로 보장된다고 하여도 충실한 보호가 되지 않을 가능성이 있어서 헌법에 명문화하는 개정이 필요하다. 그러나 국회 개헌안의 경우 범죄피해자의 권리와 구조를 섞어서 한 조항에 둠으로써 피해자의 권리의 규범력을 약화시킬 수 있고, 마치 국가의 시혜적인 권리로 인식될 가능성이 있으므로 권리부분과 구조범위에 관한 부분은 분리하여 규정할 필요가 있다.

그 밖에 피해자의 정보접근권에 관해서는 개정조문 시안 제28조 1항에서 "모든 사람은 알 권리 및 정보접근권을 가진다."고 규정하고 있어 관련 법률의 제·개정을 통해서 피해자의 정보접근권을 충실히 보장하면 될 것으로 보인다.[202] 이 외에 피해자의 변호사에 의한 조력을 받을 권리에 관해서는 개헌특위의 논의가 없었으나, 피고인의 권리에 상응한 처우가 필요하다는 점에서 헌법 규정화할 필요가 있다. 즉, 피해자의 변호사에 의한 조력 받을 권리의 법적 성격이 법률상 권리인지 혹은 헌법상 명시되지 않은 기본권에 근거한 권리인지에 관한 논쟁이 없도록 명시적으로 헌법에 규정할 필요가 있다.

III. 국가목표로서 범죄피해자 보호의무 강화

1. 범죄피해자 보호 국가목표조항의 규정 필요성

범죄피해자 보호 문제를 해결하기 위해서는 개인의 주관적 권리로서 재판절차진술권 등 기본권 보장도 중요하지만, 헌법에서 규율하고 있지 못하는 범죄피해자에 대한 권리, 제도를 통해 충분한 보호를 하기 위해서는 국가목표조항이 필요하다. 국가목표조항은 입법, 사법, 행정의 모든 국가기관을 구속하며, 국가기관이 국가목표조항을 위반하는 경우 헌법소원 등을 비롯한 사법심사가 가능하다는 점에서 범죄피해자 보호를 명확히 규정할 실익이 있다.[203]

---

202) 국회 헌법개정특별위원회, 앞의 백서, 107쪽.
203) 형사절차 중 피해자의 기본권이 침해되었을 때 헌법재판소의 구제절차를 통하여 헌법규범

2. 국가의 범죄피해자 보호의무 규정

국가의 범죄피해자 보호의무에 관한 국가목표조항을 헌법에 신설할 필요가 있다.

앞서 살펴본 바와 같이 국가는 범죄피해자에 관한 현행 헌법상 기본권에 따라 기본권 보호의무를 진다. 그럼에도 불구하고 국가의 범죄피해자 보호의무를 특별히 국가목표조항으로 도입해야 하는 것은 범죄피해자의 기본권에 대한 헌법 해석상의 보장과 그에 따른 기본권의 객관적 가치질서만으로는 범죄피해자 보호에 부족하기 때문이다. 국가의 범죄피해자 보호의무 규정은 미국 내 상당수의 주헌법과 에콰도르를 비롯한 수 개의 국가가 이미 도입하고 있기도 하며, 최고법인 헌법에 범죄피해자의 권리실현과 회복적 사법을 실천할 국가의 의무를 별도로 규정하여 규범력을 확보하는 것이 바람직하다.

가해자와 피해자 사이의 갈등은 평화로운 상태의 사회를 범죄라는 매개를 통하여 사회통합을 저해한 것으로, 갈등관리의 측면에서 반드시 해결될 필요가 있다. 현행 헌법은 가해자, 피해자 모두에게 헌법상 기본권을 부여하고 있고(예컨대, 무죄추정의 원칙, 재판절차진술권 등), 서로의 충돌 및 긴장 관계 하에서 해당 기본권이 행사되나, 피의자·피고인을 중심으로 규정되어 있다는 점에서 피해자 보호에 관한 국가목표조항을 별도로 신설하여 무게의 균형을 맞출 필요가 있다.

헌법은 범죄로부터 발생하는 결과를 해결하고, 치유하는 갈등관리의 과정에서 '약자에 관한 보호'라는 역할을 할 수 있고, 구체적으로 '피해자 보호' 역할에 관한 가이드라인을 규범적 지침으로서 제시할 수 있다.204) 헌법은 국가 운영의 근본 원칙이고, 국민의 삶은 그 안에서 이루어진다. 헌법은 그 시대 정신의 반영이자 그 시대 이념과 현실의 접점이라고 볼 수 있기 때문에 시대의 가치와 화두를 담을 수 있어야 한다.205) 성범죄로부터 촉발되는 젠더 갈등, 아동, 노인, 장애인에 대한 범죄로부터 발생하는 소수자 보호의 문제, 묻지마 살인 등을 비롯한 우발적 범죄피해자 보호의

이 형사절차의 재판규범이 되는 단계에 이르렀다는 부분에 관한 소개로, 정영훈, 앞의 논문(2012), 53쪽.

204) 헌법의 구체적 역할과 기능에 관해서는 김하열, "통합, 헌법, 헌법재판", 저스티스 통권 제182-1호, 한국법학원, 2021, 54쪽 이하.

205) 장영수, "헌법사의 의의와 접근방법", 고려법학 제75호, 고려대학교 법학연구원, 2014, 134쪽.

문제, 다문화 사회 진입으로 유발되는 사회적 갈등 속에 범죄피해자는 기본권을 향유할 전인격적 주체로 놓여 있고, 헌법은 사회통합과 약자 보호의 관점에서 피고인 보호뿐만 아니라 범죄피해자 보호에 관해서도 관심을 두어야 한다. 즉, 종래 피의자·피고인 중심의 논의체계에서 이제는 범죄피해자의 보호에 관한 논의까지 함께 이뤄질 수 있어야 한다.

범죄피해자 또한 무죄추정의 원칙에 대응하여 절차상 문제를 제기할 진술권과 참여권이 충분히 보장되어야 하고, 그 과정에서 어떠한 추가적인 피해를 입지 않도록 충분히 보호되어야 한다. 즉, '권리는 충분하게, 보호는 두텁게' 이뤄져야 한다. 범죄피해자의 권리는 헌법적 차원에서 그가 선택할 수 있는 정보를 충분히 부여받고 행사할 수 있어야 하며, 범죄피해자의 보호는 범죄로부터 발생한 피해를 회복하고, 사회 속에 새롭게 자립할 수 있는 여건까지 마련됨을 의미한다.

헌법 전문을 비롯하여 국가의 범죄피해자 보호 의무를 명문으로 규정하고 있지 않으나 이는 헌법상 인간의 존엄성을 규정한 헌법 제10조 등을 근거로 인정될 수 있는 인권보장을 위한 기본원칙이라 할 것이다. 그러나 범죄피해자 보호를 위한 헌법해석론의 전개와 범죄피해자에 대한 다양한 입법적 노력에도 불구하고, 범죄피해자에 대한 보호가 여전히 미약한 것이 사실이다. 따라서 범죄피해자에 대한 헌법상 기본권을 정비하여 개편하는 한편, 국가목표조항으로 국가의 피해자 보호에 관한 의무 조항을 아래 <표 3>과 같이 헌법에 명문화하여 규범력을 강화할 필요가 있다.

표 3 국가목표조항의 도입(안)

국가목표조항	
총강	…범죄피해자의 안전과 보호…
제00조	1안) 국가는 범죄피해자를 법률이 정하는 바에 따라 보호하여야 한다. 또는 범죄피해자는 법률이 정하는 바에 따라 국가의 보호를 받는다. 2안) 국가는 범죄피해자 보호를 위한 정책을 시행해야 한다. 3안) 국가는 범죄피해자를 보호해야 한다.

국가의 범죄피해자 보호가 국가목표조항으로 명문화된다고 하더라도, 헌법 제37조 제2항에 따라 국가안전보장, 질서유지, 공공복리를 위해 필요한 경우에 따른 기본권 제한이 여전히 가능하며, 예를 들어 전세사기 사건의 경우 피해자를 위해 국가기관의 정책적 목적의 경매절차 정지도 헌법적으로 목적이 정당화된다고 할 수 있다.

또한 위와 같이 개정이 되면, 입법자는 입법과정에서 범죄피해자 보호 의무를 법률을 통해 실현해야 할 헌법적 의무를 지게 된다. 최근에 민사소송을 통한 범죄피해자 정보 노출이 문제가 되자, 국회에서 법원이 범죄피해자의 개인정보를 보호하는 조치를 할 수 있도록 하는 민사소송법 개정안을 입법화한 바 있다.206) 이 조항의 신설로써 민사소송에서 범죄피해자의 인적사항을 보호하려는 시초를 마련하였다고 할 수 있다. 그러나 가명을 사용할 수 있는지, 민사소송이외에 집행절차 등에서도 보호가 되는지에 관한 논의는 없었으며, 범죄피해자에 고유한 입법 조치라 보기 어려운 한계가 있다.207)

이러한 이유로 국가의 범죄피해자 보호를 위한 입법적 조치의 근거가 되는 헌법 조항을 국가목표조항으로 신설하여야 할 것이다.

IV. 헌법 개정안의 제안(안)

우리나라는 1987년 개정헌법 당시 적극적으로 범죄피해자의 기본권으로 재판절차 진술권과 범죄피해자구조청구권을 신설하였다. 그러나 1987년 헌법 이후 37년이 지

---

206) 민사소송법 제163조(비밀보호를 위한 열람 등의 제한) [시행일: 2025. 7. 12.]
　　② 소송관계인의 생명 또는 신체에 대한 위해의 우려가 있다는 소명이 있는 경우에는 법원은 해당 소송관계인의 신청에 따라 결정으로 소송기록의 열람·복사·송달에 앞서 주소 등 대법원규칙으로 정하는 개인정보로서 해당 소송관계인이 지정하는 부분(이하 "개인정보 기재부분"이라 한다)이 제3자(당사자를 포함한다. 이하 제3항·제4항 중 이 항과 관련된 부분에서 같다)에게 공개되지 아니하도록 보호조치를 할 수 있다.
　　③ 제1항 또는 제2항의 신청이 있는 경우에는 그 신청에 관한 재판이 확정될 때까지 제3자는 개인정보 기재부분 또는 비밀 기재부분의 열람 등을 신청할 수 없다.

207) 관련 사례로, 전기통신금융사기 피해 방지 및 피해금 환급에 관한 특별법 제4조 제1항에 따라 금융회사는 사기이용계좌로 이용되었다고 의심할만한 사정이 있는 경우 해당 사기이용계좌의 전부에 대해 지급정지 조치를 하여야 한다. 그런데, 로맨스스캠과 같은 신종 사기 형태의 경우 사기인지 여부가 모호하다는 이유로 실무상 지급정지 대상에서 제외되는 사례가 있다. 이런 사례도 범죄피해자 보호 의무를 이행하지 않는 것이다.

났지만, 범죄피해자의 특수성을 반영하지 못하고, 범죄피해자의 권리로서의 성격이 미흡하며, 기본권 침해 시 권리구제가 어려운 사정 등으로 범죄피해자 보호에 대한 일반적인 헌법적 근거의 역할을 다하고 있지 못한다고 지적되고 있다.

2018년 발표된 각종 헌법개정안들은 위와 같은 문제점을 고려하여, 범죄피해자 보호를 위한 논의와 개선안을 내었으나, 여전히 범죄피해자에 관한 헌법적 논의가 부족하여 실효성 있는 안(案)을 도출하지는 못하였다.

비교헌법적인 검토를 하면, 미국의 상당수 주와 국가들이 헌법에 범죄피해자에 관한 규정을 두고 있다. 그 규정을 살펴보면 국가의 범죄피해자 보호의무, 범죄피해자의 권리, 범죄피해자에 대한 국가의 보상의무 등을 규정하고 있다. 그리고 이러한 헌법적 근거를 토대로 입법, 사법, 행정의 전 국가 권력 분야에서 범죄피해자 보호의무를 부담하게 하였다. 이에 관해서 상세한 내용은 제4장에서 살펴본다.

우리나라도 범죄피해자 보호에 적절히 대응하기 위해서는 최고법인 헌법적 차원에서 국가의 범죄피해자 보호의무를 규정하는 데서 시작해야 하며,[208] 회복적 사법을 달성하고 사회의 안녕을 꾀하기 위해 헌법 개정이 필요한 시점이다. 이 책에서 제안하는 헌법개정안은 다음 <표 4>와 같다.

표 4 헌법 개정안 제안(안)

헌법 분류	조항(안)	비고
총강	제00조 국가는 법률이 정하는 바에 의하여 범죄피해자를 보호할 의무를 진다.	국가의 범죄피해자 보호의무
기본권 조항	제00조 제1항 범죄피해자는 법률이 정하는 바에 따라 다음 각 호의 권리를 가진다. 1. 피의자 또는 피고인의 모든 형사사법절차에 참여할 권리를 가진다. 2. 범죄피해자는 전호의 형사사법절차상 당해 사건의 절차에서 진술할 권리를 가진다. 3. 범죄행위의 결과로 손해를 입	– 기본권 조항과 국가목표조항의 분리 – 재판절차진술권, 범죄피해자구조청구권의 문제점 개선 – 범죄피해자 권리의 구체적 열거

---

208) 헌법에 범죄피해자 권리를 두는 게 최선의 선택이라는 같은 견해로, Douglas E., Beloof, 앞의 논문(2002), 259쪽.

은 사람은 가해자로부터 회복
할 권리를 가진다.
4. 범죄피해자 또는 그 대리인은
당해 사건에 관하여 정보에 접
근할 권리를 가진다.

제00조 제2항 범죄피해자에 대한
전항의 특정 권리의 열거는 다른
범죄피해자 권리 행사의 장애로
해석되어서는 안 된다.

제00조 타인의 범죄행위로 인하여
생명·신체·정신에 대한 피해를
받은 사람은 법률이 정하는 바에
의하여 국가로부터 구조를 받을
수 있다. 이 때 보상은 정당한 보
상이어야 한다.

제00조 누구나 범죄피해를 당한
경우 법률이 정하는 바에 따라 즉
시 피해자 변호사의 도움을 받을
권리를 가진다.

우선, 헌법 총강에 국가목표로서 범죄피해자 보호의무 조항을 기본권 조항과 분리
하여 국가목표를 강조하여 사법적 구제의 가능성을 확보해야 한다. 이에 따라 모든
국가기관은 국가목표를 달성하기 위해 범죄피해자 보호의무를 입법·사법·행정 전
영역에서 충실히 이행해야 할 것이다.

다음으로 범죄피해자의 기본권을 실질화해야 한다. 현행 헌법상 재판절차진술권
과 범죄피해자구조청구권의 개선논의를 반영하여 일반적인 범죄피해자 권리에 관한
조항을 주관적 권리로서 명시해야 한다. 또한 범죄피해자에 대한 특정 권리의 열거
는 다른 범죄피해자 권리 행사의 장애로 해석되어서는 안 된다.

마지막으로 범죄피해자구조청구권과 관련해서 정신적 피해에 대한 헌법적 근거를
신설하고, 국가의 보상은 정당한 보상이 되도록 규정해야 한다. 또한 범죄피해자의
변호사에 의한 조력받을 권리를 규정하여 헌법적 차원에서 피해자를 보호해야 한다.

제4절 | 분석과 정리

제3장에서는 범죄피해자 보호에 관한 기본이념, 헌법상 범죄피해자의 기본권과 실현 구조에 관한 분석을 토대로 국가의 범죄피해자 보호 강화 방향을 개진하였다.

법무부는 2022년 범죄피해자보호지원 시행계획을 발표하면서, "범죄피해자의 인권 존중 및 인간다운 삶의 보장 실현"을 국가 비전(vision)으로 선언하였다. 이는 우리 사회가 범죄피해자에게 피해에 대한 원상회복과 사법 절차에서의 실질적 참여, 평온하고 안전한 삶의 복귀라는 목표를 실천하는 것이 매우 중요한 과제임을 의미한다.[209] 범죄피해자의 인간의 존엄성을 회복하기 위한 제도적인 보장은 범죄피해자 권리에 대한 헌법상 기본권적 지위를 확인하는 데 있다(제1절).

헌법상 범죄피해자의 기본권과 보호의 실현구조는 헌법 명문상 범죄피해자의 기본권과 범죄피해자에 특화되어 있지 않은 헌법상 기본권으로 전개된다. 범죄피해자의 권리는 헌법 제10조에서 정한 인간의 존엄성과 가치, 헌법 제27조에서 정한 재판절차진술권, 헌법 제30조에서 정한 범죄피해자구조청구권, 헌법 제27조 재판청구권, 알 권리, 헌법 제17조에서 정한 사생활의 자유(개인정보자기결정권) 등에 근거한 구체적 권리로서 실질을 가진다. 또한 범죄피해자의 권리는 모든 국가작용에서 행위 지침이나 객관적 판단지침을 제공한다. 즉, 범죄피해자의 권리행사를 부당하게 제한하지 못하도록 하는 한계를 설정하고, 사회적 약자로서 범죄피해자에 대한 존중과 배려의 근거를 제공한다. 그러나 이 같은 헌법상 기본권에 관한 해석론의 전개만으로는 범죄피해자의 보호를 충실히 보호하지 못하고 있는 현실을 고려할 때, 헌법 개정을 통해 국가의 범죄피해자 보호의무에 관한 국가목표조항을 명시적으로 둘 필요가 있다(제2절).

범죄가 발생하면 피해회복이 손쉽지 않다는 점과 피해자 보호는 사회 평화와 안녕에 기여한다는 점을 생각하면, 국가의 범죄피해자 보호의무를 헌법에 명시하여 입법권의 범위와 한계를 결정짓도록 하고(입법의 영역), 헌법을 비롯한 모든 법령해석의 기준이 되도록 하고(사법의 영역), 국가정책 방향의 기준을 제시하도록 해야 할 것이다(행정의 영역). 그러나 현행 헌법과 기존의 형사법이 피의자·피고인 중심의 사법

---

209) 법무부, 2022년 범죄피해자보호지원 시행계획.

체계라는 한계점을 고려하면, 우리 헌법이 향후 개헌에서 도입해야 하는 것은 피의자 대(對) 피해자의 이분법적 사고를 벗어나 양측 소송관계인의 실질적 의견이 반영되면서 범죄피해자가 충분히 보호되는 환경을 조성하는 것이다. 이러한 배경에서 국가의 범죄피해자 보호의무에 관한 국가목표조항을 도입하고, 기존의 헌법 논의와 문제점을 해결하기 위해 <표 4>와 같이 헌법개정안을 제시하였다(제3절).

앞서 언급했듯이, 범죄피해자 권리를 규범적 측면에서 분석한 연구는 많지 않고, 범죄피해자에 관한 연구는 제도적 연구에 집중되어 있다. 범죄피해자의 헌법적 논의는 1987년 범죄피해자의 재판절차진술권이라는 기본권을 일찍이 도입한 제도적 연혁에 비해 학술적 논의에서 벗어나 있었던 것으로 보여진다. 이 책을 계기로 범죄피해자의 권리에 관한 기본권적 체계화 시도가 범죄피해자의 권리와 보호를 한층 두텁게 할 이론적 기초를 마련하길 바란다.

제4장

외국의 범죄피해자 보호 제도

제4장

외국의 범죄피해자 보호 제도

우리나라 경우 1981년 소송촉진 등에 관한 특례법상 배상명령 제도 도입을 비롯하여 1987년 개헌 시 헌법상 재판절차진술권을 기본권 차원에서 규정할 정도로 비교적 빠르게 피해자 권리를 확장시켜 왔다. 그러나 여전히 피해자에 대한 권리는 제대로 보장되지 못하고 있는 부분이 많다. 따라서 실질적인 피해자 보호를 위해서 비교법적 분석을 통해서 제도 개선점을 찾을 필요성은 남아 있다. 이하에서는 범죄피해자 규정을 헌법에 명시적으로 두고 있는 외국 헌법 례를 분석하고, 이어서 헌법에 명시적 규정을 두고 있지 않은 영국, 미국, 독일, 일본의 제도를 통해 범죄피해자 보호에 관한 시사점을 검토하고자 한다.

> ## 제1절 | 헌법상 범죄피해자조항에 관한 비교헌법적 접근

I. 외국의 범죄피해자 헌법 례

영국, 미국, 독일, 일본의 경우 범죄피해자의 권리를 헌법에서 규정하지 않고, 법률적 차원에서 규정하고 있다. 그러나 미국의 경우 연방헌법에 범죄피해자의 권리를 도입하기 위한 운동이 여전히 있고, 미국 33개 주 헌법에서 범죄피해자의 권리를 규정하고 있다. 또한 아래 <표 5>에서 보는 바와 같이 상당수 국가가 헌법에 범죄피해자의 권리를 규정하고 있다. 이하에서는 범죄피해자의 권리를 헌법화한 외국의 범죄피해자 헌법 례를 분석한다. 아래 <표 5>에서는 범죄피해자의 권리를 헌법상

명시한 국가와 명시하지 않은 국가로 나누어 분류하였다.

표 5 외국의 범죄피해자 헌법 례[1]

국가	내용	비고
범죄피해자의 권리를 헌법상 명시한 국가		
스위스	제124조 피해자 지원 연방과 주정부는 범죄 행위로 인해 신체적, 정신적 또는 성적 완전성에 해를 입은 사람이 지원을 받고, 재정적 어려움을 겪는 경우 적절한 보상을 받을 수 있도록 보장한다.	−신체, 정신적 피해 등에 대한 보상
에콰도르	제78조 형사 범죄의 피해자는 특별 보호를 받아야 하며, 재피해가 발생하지 않도록 보장되어야 한다. 특히 증거의 수집과 채택에 있어서는 어떠한 위협으로부터도 보호받아야 한다. 또한 지체 없이 사실의 진실에 대한 확인, 배상, 보상, 회복, 반복되지 않을 권리를 포함하는 포괄적인 배상을 위한 메커니즘을 채택해야 한다. 피해자에 대한 보호 및 지원 시스템이 구축되어야 한다.	−범죄피해자에 대한 보호의무
필리핀	제12조 ④ 본 조의 위반에 대한 형사상 및 민사상 제재와 고문 또는 유사한 활동의 피해자 및 그 가족의 재활을 위한 보상은 법률로 규정된다. 제18조 ⑥ 의회에 인권을 고취시키고 인권침해 피해자와 그 가족에게 보상을 제공하는 효과적인 방안을 권고한다.	−피해자에 대한 보상을 법률로 하도록 규정 −인권침해 피해자에 대한 의회의 입법의무 권고규정
이라크	제37조 C.의 후문, 피해자는 법에 따라 발생한 손해에 대해 물질적, 정신적 보상을 요구할 권리가 있다.	−피해자의 회복할 권리 규정
콜롬비아	제250조 국가 법무장관실은 그 기능을 행사할 때 다음과 같이 한다: 6. 판사에게 피해자의 지원을 위해 필요한 사법 조치를 요청하고 범죄의 영향을 받은 사람들에 대한 권리 회복 및 완전한 배상을 명령한다.	−국가의 사법에 대한 피해자 지원 요청 −범죄피해자 권리 회복 및 완전한 배상
페루	제19조 h. 누구도 도덕적, 정신적 또는 신체적 폭력의 피해자가 되어서는 안 되며, 고문이나 비인간적이거나 굴욕적인 대우를 받아서는 안 된다. 모든 개인은 부상당한 사람에 대해 즉시 의료조치를 요청할 수 있다.	−피해자 보호조항
멕시코	제16조 …사법부는 …피고인, 피해자의 권리를 보장해야 한다.	−피해자권리보장 조항

제19조 **피해자 증인에 대한 보호**
제20조 C. 피해자 권리
I. 법률 자문을 받을 권리; 다음에 대한 정보를 받을 권리
헌법이 정한 권리에 대한 정보를 제공받을 권리, 그의
이익과 그가 그렇게 요구해야 할 때마다 형사 소송의
진행 상황에 대한 정보를 받을 권리
II. 검사의 조력을 받을 권리
그가 제공하는 모든 정보와 증거를 받을 권리, 예비 범
죄 조사 기간 동안뿐만 아니라 절차 진행 중 및 적절
한 절차를 수행하는 데 필요한 경우, 검사가 거부를 정
당화하는 법과 사실의 근거를 명시해야 한다.
III. 범죄가 발생한 순간부터 긴급한 의료 및 심리 치료   — 피해자 보호조항
IV. 피해를 복구, 검사는 손해배상을 요구할 의무가 있다.   — 검사의 의무
V. 신원 및 기타 개인 정보를 보호
다음과 같은 경우: 미성년자 관련, 강간, 납치 또는 조
직 범죄, 그리고 판사가 보호가 필요하다고 판단하는
경우
검사는 피해자, 가해자, 피의자, 참고인, 증인 및 재판에
참여하는 사람의 보호를 보장해야 한다.
VI. 자신의 안전과 보안을 위해 법에 의해 제공된 금지 명
령 및 조치
그의 보안 및 지원을 위해 법에 의해 제공 및 지원
VII. 사법 당국에 이의를 제기하기 위해선, 검찰의 수사 누
락, 기소되지 않은 부분, 손해회복 전 절차의 중지, 비밀보
장 등
제19조 제7호 개인의 자유 및 안전에 관한 권리. 이에
따라 다음 각호의 권리를 가진다.
e) 재판관이 조사나 **피해자** 또는 사회의 안전을 위하여
구금 또는 유치가 필요하다고 간주하는 경우를 제외하   — 피의자 석방시 피
고 피의자에 대한 석방을 이행한다.   해자 안전 고려
제20조 …법원은 법의 지배의 회복과 마땅한 **피해자**   조항
보호의 보장을 위해 필요하다고 판단하는 결정을 즉시   — 피해자보호고려
채택하되 소관 당국 및 재판부가 인정하는 그 밖의 권   조항
리에 저촉되지 아니하는 범위 내에서 이행한다.   — 국가에 대한 피해
제21조 헌법이나 법률이 정하는 바를 위반하여 체포되   자보호 의무 부여
거나 구금 또는 징역에 처해지는 모든 개인은 직접 또   — 사소 도입
는 본인 명의의 대리인을 통해 법이 정하는 사법관에
게 청원하여 사법관으로 하여금 법적 절차를 준수하고
법의 지배의 회복과 마땅한 **피해자 보호의 보장**을 위해

칠레

	필요하다고 판단하는 결정을 즉시 채택하도록 할 수 있다. …(중략)… 제83조 … 피해자와 증인를 보호하기위한 조치를 취하는 일도 검찰청의 소관이다. … **범죄로 피해를 입은 자나 기타 법률이 정하는 사람들도 마찬가지로 형사소송을 할 수 있다.** 검찰청은 조사 기간 동안 칠레 보안군에 직접적인 명령을 할 수 있다. 그러나 본 헌법이 보장하는 바와 같이 피해자 또는 제3자의 권리행사를 박탈하거나, 축소하거나, 방해하는 행위는 사전에 사법부의 승인이 필요하다. 관계 당국은 상기의 명령을 곧바로 수행해야 하며, 사법부의 승인 제시를 요구하는 것 외에는 명령의 근거, 적절성, 정당한 사유, 적법성을 평가할 수 없다. …	
러시아	제52조 **범죄와 행정 남용의 피해자의 권리는 법으로 보호되어야 한다.** 국가는 그들을 위해 정의에 대한 접근과 지속적인 **피해에 대한 보상**을 제공해야 한다.	─피해자의 권리 보호, 보상 규정
프랑스	제68조의2 (2) 정부 구성원이 그의 직무 행사에서 저지른 중대 범죄 또는 기타 중대 범죄의 피해자라고 주장하는 사람은 청원 위원회에 **청원**을 제기할 수 있다.	─피해자의 청원권
케냐	제50조 (9) 의회는 범죄피해자의 보호와 권리, 복지를 규정하는 법률을 제정한다. 제70조 (2) (c) 청정하고 건강에 유익한 환경에 대한 권리 침해의 피해자에게 보상을 제공한다. 제133조 (4) 자문위원회는 대통령에 대한 권고를 고려하는 범죄피해자의 의견을 고려할 수 있다.	─의회에 대한 범죄피해자 법률제정 의무 부과 ─환경피해자 보상 규정 ─사면 관련 범죄피해자 의견 청취

범죄피해자의 권리를 헌법상 명시하지 않은 국가

미연방헌법, 일본, 독일, 아르헨티나, 투르크메니스탄, 벨라루스, 카자흐스탄, 태국, 키르기스스탄, 인도네시아, 스페인, 우크라이나, 카타르, 인도, 캐나다, 우즈베키스탄, 베트남, 벨기에, 파키스탄, 중국, 모로코, 캄보디아, 스리랑카, 알제리, 오스트리아, 호주2), 미얀마, 룩셈부르크, 뉴질랜드, 말레이시아, 싱가포르, 브루나이, 오스트리아, 핀란드3), 폴란드, 아일랜드, 이탈리아, 아이슬랜드 등

1) 이 부분의 외국의 범죄피해자 헌법 례는 웹상 공개가 되어있는 각 국가의 의회, 법령정보기관, 세계법제정보센터(https://world.moleg.go.kr/web/main/index.do) 등을 통하여 범죄피해자의 권리와 관련하여 필요한 부분을 조사하고 번역하였다.

2) 호주는 2000년대 들어 범죄피해자의 권리를 강화하기 시작하였으며, 2010년대에 들어 피해자 보호를 위한 접근방식을 추진하게 되었다. 호주의 범죄피해자 권리는 10가지로 구성된다(존중, 정보, 참여, 법률구조, 은둔, 보호, 대안, 반환, 보상, 보조). 이에 대한 상세한 설명

II. 외국 헌법상 범죄피해자 규정의 법적 성격에 따른 분류

세계 각국이 헌법에 범죄피해자 보호를 규정하는 방식은 ⅰ) 범죄피해자를 보호할 국가의 의무를 규정하는 방법, ⅱ) 사법상 절차적 권리 등을 비롯한 범죄피해자에 대한 권리를 규정하는 방법, ⅲ) 범죄피해자에 대한 보상이나 보호를 규정하는 방법 등이 있다.

국가의 범죄피해자 보호 의무를 헌법에 명시한 국가로는 대표적으로 스위스, 에콰도르, 칠레 등이 있다. 스위스 헌법 제124조는 국가목표조항 형식으로, "연방과 주정부는 범죄 행위로 인해 신체적, 정신적 또는 성적 완전성에 해를 입은 사람이 지원을 받고 재정적 어려움을 겪는 경우 적절한 보상을 받을 수 있도록 보장한다."라고 규정하고 있다. 또한 에콰도르 헌법 제78조는 "형사범죄의 피해자는 특별 보호를 받아야 하며, 재피해가 발생하지 않도록 보장되어야 한다."라고 규정한다.

다음으로, 범죄피해자의 사법상 실질적인 권리를 규정한 대표 사례로 멕시코 헌법이 있다. 멕시코 헌법은 제16조에서 피해자의 권리를 보장해야 한다고 하고, 제19조에서 피해자 증인에 대한 보호를 규정하고, 제20조에서 구체적인 피해자의 권리를 열거하고 있다. 그 내용은 헌법이 정한 권리에 대한 정보를 제공받을 권리, 검사의 조력을 받을 권리, 범죄가 발생한 순간부터의 긴급 의료와 심리 치료에 관한 권리, 신원 및 개인정보 보호에 관한 권리 등이 있다. 이러한 형태는 국가의 범죄피해자 보호의무에 관한 국가목표조항, 범죄피해자의 권리를 모두 헌법에 규정한 것이라 할 수 있다.

범죄피해자 보호에 관한 권리를 헌법에 규정하는 것의 의미는 범죄피해자를 헌법에서 주된 보호와 관심의 대상으로 삼고, 사법상 절차에 대한 정보접근권, 진술권을

은, O'Connell, Michael, "Victimology – An introduction to the notion of criminal victimisation", Key issues in criminal justice, 2004, Chapter 8 참조.

3) 日本弁護士連合会(犯罪被害者支援委員会),「被害者の刑事手続への参加とリーガルアクセス 」, 2021, 24쪽 이하에서 핀란드의 범죄피해자 권리와 접근권에 관한 내용을 담고 있다. 핀란드는 범죄피해자에 대한 EU의 유럽의회 및 이사회의 지침 2012/29/EU에 따라 2016년 입법을 하였다. 이 법은 피해자의 특별한 보호, 범죄피해자 기금 강화, 피해자의 권리 보장을 골자로 한다. 핀란드는 가해자로부터 회복되지 않은 손해에 대해 범죄피해자구조금을 지급하고, 법률구조도 지원한다. 특색은 피해자는 소송 절차에서 당사자의 지위를 갖고 있다. 검사가 해당 사건에 관하여 불기소 결정을 하였다고 하더라도 피해자가 처벌의사를 밝힌 경우 기소할 수 있다.

비롯한 참여권 등을 보장하는 한편, 입법부의 법률제정의무, 행정부의 범죄피해자 정책수립 방향 설정, 사법부의 피해자 보호에 관한 이정표 역할을 하게 하는 것이다. 앞서 살펴본 멕시코 헌법이 그 대표적 사례이다.

국가의 범죄피해자 보호의무를 규정한 헌법으로는 에콰도르, 멕시코, 칠레, 케냐가 있다. 대표적으로 에콰도르 헌법은 제78조에서 "형사 범죄의 피해자는 특별한 보호를 받아야 하며, 재피해가 발생하지 않도록 보장되어야 한다."라고 규정하고, "범죄피해자에 대한 보호 지원 시스템이 구축되어야 한다."라고 규정하여 국가의 보호의무를 국가목표조항 형식으로 규정하고 있다. 에콰도르 헌법은 국가목표조항과 동시에 배상, 보상, 반복되지 않을 권리 등 헌법상 기본권까지 규정하고 있다.

나머지 대부분의 범죄피해자 헌법은 범죄피해자에 대한 권리를 명시적으로 규정하고 있지 않더라도 스위스 헌법과 같이 범죄피해자에 대한 보상을 규정하는 방식을 취하고 있다.

끝으로 헌법상 범죄피해자에 고유한 조항을 두고 있지 않지만, 예를 들어 대만 헌법과 같이 이례적인 재난이 발생하게 된 데 따른 범죄에 대해 범죄피해자를 보호하는 규정을 채택하기도 한다.[4]

III. 검토

이상에서 살펴본 바와 같이 상당수의 국가는 미국 주 헌법들과 마찬가지로 헌법에 범죄피해자의 기본권 또는 국가의 범죄피해자 보호의무를 규정하고 있다. 그리고 범죄피해자에 관해서 헌법상 규정하는 방식은 국가의 범죄피해자 보호의무를 국가목표로 규정하는 방식, 범죄피해자의 권리를 규정하는 방식, 범죄피해에 따른 보상을 규정하는 방식, 혹은 위 세 가지를 혼합하는 방식으로 나눠진다.

우리의 경우 범죄피해자의 재판절차진술권을 규정하는 동시에, 범죄피해자 보상에 관한 범죄피해자구조청구권을 규정하고 있다. 또한 인간의 존엄성과 행복추구권에 관한 헌법 제10조 등을 통해 간접적으로 범죄피해자를 보호하는 방식을 택하고 있다.

---

4) 대만 헌법 제155조는 "국가는 사회복지를 증진하기 위하여 사회보험제도를 확립한다. 노인, 생계를 유지할 수 없는 자, 이례적인 재난 피해자를 위해서 국가는 적절한 원조와 구호를 제공해야 한다."라고 규정하고 있다.

 헌법에 범죄피해자 보호를 어떻게 규정할 것인 지보다는 실제 범죄피해자 보호 규정을 실현할 수 있는 권리구제절차가 정상적으로 작동하여 실효적으로 권리가 보장되는 지가 중요하다. 즉, 헌법에 범죄피해자 규정이 도입되어도 실질적인 실현 입법과 구제 수단이 없다면 무용지물이다. 상징입법으로는 피해자의 보호에 충분하지 않다. 사실 우리나라 헌법은 재판절차진술권, 범죄피해자구조청구권이라는 기본권을 규정하는 형식을 채택하였지만, 이와 대조적으로 미국의 경우 연방 헌법에는 범죄피해자 기본권 규정이 없으며, 스위스나 필리핀 헌법은 범죄피해자 보호를 국가목표로 규정하는 방식을 택하였다. 그렇지만 범죄피해자 기본권을 규정하는 나라에서의 보호가 헌법 규정을 두고 있지 않은 영국, 미국, 독일, 일본보다 압도적으로 우월하다고 할 수 없다. 마찬가지로 범죄피해자에 대한 보호의무를 헌법상에 규정한 스위스나 필리핀의 피해자 보호보다 영국, 미국, 독일, 일본의 피해자 보호가 명백하게 우수하다고도 볼 수는 없다. 그 원인으로, 우리나라는 범죄피해자 기본권을 헌법상 권리로 독자적으로 취급할 필요가 없다고 생각해 왔거나, 범죄피해자를 시혜적 보호의 대상으로 이해하여 헌법상 국가정책의 목표로까지는 다루지 못하고 있는 결과라고 생각된다. 결국, 범죄피해자에 대한 현행 헌법은 범죄피해자 보호를 위한 치밀한 근거를 제공하지 못하였고, 피해자는 사법제도에서 주목받지 못하고 주변인으로 소외되게 되었다.

 재판절차진술권이 행사되는 실제 소송에서 헌법을 해석하고 적용하는 사법부의 역할도 중요하다. 에콰도르 헌법의 경우 명문상 범죄피해자 보호에 관한 목표 조항을 선언적 의미의 조항으로 규율하고 있으나, 에콰도르 법원은 구체적 사건에서 '국가와 사법기관의 범죄피해자 보호의무'를 확인하고, '보상받을 권리', '2차 피해로부터 자유로울 권리'를 적극적으로 헌법해석을 하여 주관적 공권성을 인정하는 태도를 보이고 있다.[5] 나아가 에콰도르 법원은 범죄피해자를 법체계 내에서 특별히 보호해야 할 구성원이라고까지 선언하고 있다.[6] 사법부의 이러한 판결은 에콰도르가 헌법 개정을 통해 범죄피해자 보호에 대한 헌법상 명문의 근거규정을 도입하였기 때문에 가능하였던 것이다.[7]

5) JUICIO No : 1333−2015
6) JUICIO No : 2013−0187−2
7) JUICIO No : 2011−1025의 결정 이유에서 "국가는 헌법의 보장자로서 재판 당사자의 권리가 존중되도록 보장해야 한다. 그 중 공정한 재판을 통해 법을 위반하는 사람에게 상응하는

우리 헌법에서 국가의 범죄피해자 보호의무를 해석상 도출할 수는 있겠으나, 범죄피해자에 대한 국가의 기본권 보호의무 이상의 법적 근거를 갖고 있다고 보기 어렵다. 또한 국제적인 범죄피해자 보호 추세를 반영하고 있지 못한 점을 고려할 때 범죄피해자에 관한 헌법 개정이 이제 필요하다고 생각된다.

제2절 | 영국

Ⅰ. 피해자 보호 제도 연혁

영국의 보통법에서는 '범죄'를 국가나 사회에 대한 불법행위로 이해하기 보다는 피해자 개인에 대한 불법행위로 인식하였다. 또한 민사 불법행위와 형사 범죄행위를 엄격하게 구별 짓지 않았다. 그 결과 범죄피해자는 스스로 피해회복을 위해 사설탐정을 고용하여 가해자를 추적하고, 체포하여 수사기관에 인계할 수 있었다.[8] 이와 같은 영국 보통법 시스템은 피해자가 사건 당사자로서 중심적 역할을 할 필요가 없었으며, 별도로 권리를 논할 실익이 적었다. 사인 스스로 피해회복에 보다 큰 관심이 있었기 때문이다. 이러한 역사적 배경으로 인해서 영국은 '권리' 중심의 피해자 논의보다는 피해자의 '회복'에 초점을 맞춘 손해전보제도가 우선적으로 발달하게 되었다.[9]

처벌을 부과하고, 사회복귀를 위해 국가의 교도소 중 한 곳에서 형을 집행한다. 범죄의 피해자는 특히 성적 자유를 포함한 모든 권리를 보장받을 권리가 있으며, 취약계층에 위치하게 되는 범죄 영향으로부터 특별하고 우선적인 보호를 제공하며, 메커니즘을 채택하여 종합적으로 치료하고 지원해야 한다. 우리는 보상, 재활, 반복되지 않는 보호 및 침해된 권리의 만족을 포함한다."라고 하였다.

8) 영국은 사인 소추제도가 존재하는 국가로 알려져 있으나 실무상 국가소추를 중심으로 하고 있고, 활용되고 있지 않다. 이에 대해서는 김한수, "영국 형사절차에서의 피해자 보호", 2011년 국외훈련검사 연구논문집 제26집, 2011, 31~32쪽.

9) 그 결과 피해자 보호 제도를 선도한 영국임에도 불구하고, 여전히 범죄피해자는 증인 패러다임 속에 속하고 있는 상황이다. 이는 국가가 범죄피해자를 보호하는 문제와 권리를 보장하는 문제는 다른 차원의 것임을 시사한다고 할 수 있다. 이에 관해서는 European Union Agency for Fundamental Rights, "Victims of crime in the EU: The extent and nature of support for victims.", Luxembourg: Publications Office of the European Union,

초기 영국 법제도는 피해 '보상'제도에 관심이 있었으며, 특정 범죄에 대한 금전적 피해 금액이 사회적 합의로써 정해져 있었다. 그리고 이 금전 보상에 관한 규정을 이행하면 형을 감경하는 시스템이었다. 그러나 피해자 개인보다는 보상을 대리하는 국가의 역할을 우선시해 오던 영국 법체계는 피해자 지위에 관한 사회적 분위기가 고조되면서 변화하게 되었다.[10] 이와 더불어 1950년대부터 영국 범죄피해자 보호 활동을 선도적으로 이끌어 온 여성 사회운동가이자 치안법원 판사였던 마저리 프라이(Margery fry)가 1957년 The Observer에 '피해자를 위한 정의(Justice for Victims)'[11]라는 글을 통해 피해자의 회복을 위한 국가의 적극적인 역할 수행을 요구하였다.[12]

이러한 사회적 분위기 속에서 1964년 영국 정부는 범죄피해보상계획(Criminal Injuries Compensation Scheme)을 수립하고, 법률이 아닌 지원금 혹은 위로금의 형태로 피해자의 피해를 실질적으로 회복하게 하였다. 당시 이 계획은 피해자 회복에 관한 사회적 논의를 반영한 것이었다. 이후 국가적 차원의 다양한 범죄피해자 보상계획이 범죄피해자에 관한 이슈를 더욱 증폭시켰다.[13] 그리고 1974년 범죄피해자그룹(Victim Support group)을 시작으로 국가피해자지원협회(The National Association of Victim Support Schemes) 등의 민간단체(쉼터, 피해자 서포트, 성폭력 위기대응 센터, 피해자 지원연락망 등)가 설립되어 피해자 보호 활동이 활발하게 전개되었다.[14] 그중 국가피해자지원협회는 국가 기관과 긴밀한 협조체계를 통하여 피해자 지원서비스를 운영하였다.[15] 이러한 범죄피해자 권리신장과 보호체계 마련을 위한 움직임은 영국식 '피해자 운동'으로 발전해나갔다.[16]

1980년 치안판사법원법(The Magistrates' Court Act, 1980) 제정을 통해 경미범죄에

2014, 31쪽.

10) Robert E., Scott, 앞의 논문, 283쪽 이하.

11) 원혜욱, "범죄피해자 보호·지원제도의 개선방안", 피해자학연구 제25권 제3호, 한국피해자학회, 2017, 57쪽.

12) 김용세·김종덕, "민간단체에 의한 범죄피해자 지원의 현황과 전망", 피해자학연구 제11권 제2호, 한국피해자학회, 2003, 268쪽.

13) Tom, Campbell, "Compensation as Punishment", UNSWLJ 7, 1984, 338쪽 이하.

14) https://www.victimsupport.org.uk/more-us/about-us/history/

15) 허경미, 앞의 책, 107쪽.

16) Elaine, Wedlock and Jacki Tapley, "What works in supporting victims of crime : a rapid evidence assessment", Victims' Commissioner Report, 2016, 6쪽.

대해서 범행일로부터 6개월이 경과하면 공소를 제기할 수 없다는 규정을 도입한 것 외에 현재까지 공소시효 제도를 운영하고 있지 않다.[17] 1990년에는 피해자 헌장 (Victim's Charter)을 공표하였으며,[18] 1995년에 이르러 범죄피해자보상법(Crimianl Injuries Compensation Act, 1995)을 제정하면서 법률상 명문으로 피해자 보상 내용을 규정하게 되었다. 원칙적으로 피해는 신체적 피해로 야기되어야 하는 것이지만, 일부 정신적 피해(위자료)에 대해서도 보상하고 있다. 이와 함께 영국은 피해자의 참여권, 형사 화해, 피해자 진술권, 배상명령을 법제화하였다.[19] 2003년에는 형사사법법 (Criminal Justice Act, 2003)이 제정되면서 공포에 질린 증인의 경우 일정한 경우에 증언을 하지 않고 공판정 외에서 작성한 진술서를 낭독하는 방식이 도입되기도 하였다.[20] 2004년에는 가정폭력범죄피해자법(The Domestic Violence, Crime and Victim Act, 2004)을 제정하여 피해자 지위를 강화하였다.[21] 이후 이 법은 유럽연합 피해자 보호지침을 반영하여 2015년에 범죄피해자보호법(Code of Practice for Victims of Crime)에 통합되었다.[22] 2013년에는 명예훼손법(Defamation Act, 2013)을 개정하여 피고의 면책사유 입증책임과 관련한 내용을 명문의 규정으로 입법화하였다.[23]

영국은 유럽연합에 의해 2001년에 채택된 '유럽연합 형사사법절차에서 피해자의 지위에 대한 이사회 기본결정' 및 2012년에 채택된 '유럽연합 형사절차상 피해자보호지침' 등 피해자에 관한 국제적 가이드라인을 반영하여 피해자 보호제도를 개선해 오고 있다.[24]

---

17) 김한수, 앞의 논문, 28~29쪽.
18) 허경미, 앞의 책, 108쪽; 이를 보완하여 1996년에는 '신피해자헌장'을 공표하였다.
19) 김순석, "범죄피해자보호 관련 법제에 관한 소고", 한국경찰학회보 19권 6호, 한국경찰학회, 2017, 49쪽.
20) 김한수, 앞의 논문, 10쪽.
21) 류병관, 앞의 논문, 3쪽.
22) 허경미, 앞의 책, 109쪽.
23) 보통법상 명예훼손 행위에 담긴 내용에 관하여 오인할 만한 정당한 사유가 있었다거나 고의가 없었다는 등 면책사유에 관하여 피고에게 입증책임을 부여하고 있었다. 이와 같은 내용을 2013년 개정 명예훼손법 제2조에서 피고가 명예훼손에 관한 면책사유(실질적으로 진실인 경우 등)를 입증하도록 하는 내용을 명문화하게 되었다.
24) 법무부 인권국, 『외국의 범죄피해자 인권 : UN, 유럽, 캐나다, 미국, 일본 법률 및 선언문』, 2009, 20쪽 이하.

Ⅱ. 보호제도의 구체적 내용

1. 보상체계의 세분화

영국의 경우 ⅰ) 피해자, ⅱ) 범죄를 예방하거나 범죄결과를 방지하기 위해 수사기관을 조력하다가 피해를 입은 자, ⅲ) 사건현장에서 피해를 목격하다가 피해를 입게 된 자 등에 대해서 보상을 하고 있다. 피해자 이외에 피해에 관련된 자에 대해서도 폭넓은 보상을 하고 있다. 그 유형으로 ① 상해보상, ② 일실소득보상, ③ 특별비용보상, ④ 유족보상, ⑤ 양육비보상, ⑥ 부양비보상, ⑦ 장례비보상, ⑧ 기타 사망보상 등 주로 8가지 보상체계를 규정하고 있다. 피해자 등은 8종 보상금에 대해서 중복 수령이 가능하며, 외국인인 경우에도 해당 국가의 상호보증이 있는 경우 보상금을 지급하고 있다. 나아가 영국 국민 외에도 유럽연합을 비롯하여[25] 상호조약이 체약된 국민까지 보상범위를 확대하고 있다. 범죄피해자에 대한 보상은 범죄배상심의위원회(Criminal Injuries Compensation Authority)에 신청할 수 있다.[26]

영국의 피해자 보상체계는 실질적 피해 회복을 추구하며, '지급요건은 넓게, 지급제외사유는 좁게' 원칙을 지향하고 있다. 나아가 보상결정에 만족하지 않는 당사자는 영국 범죄피해자 보상국에 불복의 방법으로 재검토를 요청할 수 있고, 재검토 결과에 불만족하는 경우 소송상 불복절차를 통해 다툴 수 있다.

2. 피해자의 의견 진술과 정보제공

영국은 피해자에게 수사단계에서 각종 통지를 비롯하여,[27] 공판절차 진행상황, 석방정보 등을 문서로 제공하고 있다(Victims' Information Service).[28] 즉, 이는 범죄피해자에게 자신 또는 가족에게 미칠 영향에 관하여 진술할 기회를 부여하는 등 범죄피해자의 권리행사를 보장하기 위함이다. 특색이 있는 점은 형 집행단계에서도 '피해

---

25) 송승은, "영국의 범죄피해자보상제도에 대한 소고", 피해자학연구 제20권 제2호, 한국피해자학회, 2012, 224쪽.

26) https://www.gov.uk/government/organisations/criminal‐injuries‐compensation‐authority

27) 영국은 피해자 관점에서 피해자의 욕구(needs)에 초점을 맞추어 수사단계에서부터 통지를 하고 있다. 예를 들면, "범죄로 인한 피해를 배상받고 싶으신가요", "진행상황을 수시로 알려주길 원하시나요" 등의 방식을 활용하고 있다. 이에 관해서는 김한수, 앞의 논문, 13쪽.

28) http://ministryofjustice.github.io/vis‐prototype/

자 연락제도(Victim Contact Scheme)'를 통해 피해자에게 형사사법정보에 대한 알 권리를 보장하고 있다는 점이다.29) 범죄피해자의 의견 진술(Victim Personal Statement)은 영국 내무부가 2001년 10월부터 전국적으로 시행하였으며, 범죄사실을 제외한 신체적, 정신적, 정서적 등 기타 피해영향에 관한 모든 것이 포함된다.30) 의견 진술은 서면으로 작성하여 재판진행 중 법정에서 읽을 수도 있다.31) 범죄피해자는 자신의 형사 사건에서 진술이 일관됨을 주장하는 방법으로 신빙성에 관한 의견을 제시할 수도 있다.32) 영국은 범죄피해자의 의견 진술권을 보장하기 위해서 검사가 공소를 취소하거나 공소장을 실질적으로 변경하는 경우, 피고인과 유죄협상의 내용에 관하여 협의할 필요가 있는 경우 피해자에게 의견을 구하고 있다.33)

또한 가석방심사 과정에서 범죄피해자가 가석방 조치에 관한 의견을 진술할 수 있다. 범죄피해자는 가석방위원회에 출석하여 주거지 제한, 접근금지 등의 조건제한을 요청할 수 있다. 범죄피해자의 진술할 권리를 보장하기 위해 피해자 연락담당자(Victim Liaison Officer)를 두고 있다.34)

교정기관 외에 사회 내 처우를 담당하는 보호관찰소는 형 집행 중 발생한 사실, 보호관찰 사항 등을 피해자에게 정보전달하고 있다. 영국의 보호관찰소는 형사사건 진행 중에도 선고 전 보고서(pre-sentence report)를 작성하여 법원에서 피해자 현재 상황에 대한 이해를 높이도록 하고 있다.35) 또한 미국과 같이 성범죄자 등록 및 공개제도를 채택하여 피해자로 하여금 주거에 대한 심리적 안정을 도모할 수 있게 하고 있다.36)

---

29) 김혁, "영국 피해자 보호·지원 정책의 최근 동향과 그 시사점", 피해자학연구 제24권 제2호, 한국피해자학회, 2016, 193쪽.

30) Julian V., Roberts and Marie Manikis, "Victim Personal Statements: A Review of Empirical Research", University of Oxford, 2011, 8쪽.

31) https://www.gov.uk/government/publications/victim-personal-statement

32) 사법정책연구원, "성폭력 형사사건에서 피해자 진술의 신빙성과 경험칙에 관한 연구", 2020, 35쪽.

33) 김한수, 앞의 논문, 25쪽.

34) Parole Board, Information for Victims, 2015, 14~16쪽; 영국의 경우 특정범죄 또는 성범죄 피해자로서 가해자가 12개월 이상의 형을 선고받는 경우 선고와 석방의 각 단계에서 의견 진술할 기회를 부여받고 있다.

35) 이윤호, 앞의 책, 282쪽.

36) 오영근, "교정단계에서 피해자보호", 교정연구, 한국교정학회, 2005, 12쪽.

3. 민간단체에 의한 피해자 보호

피해자보호협회(Victim Support, VS)는 영국 내 전국 조직이자 독립적인 자선단체로서 1974년 영국 브리스톨(Bristol)에서 처음 결성되었다.[37] 이를 계기로 1979년부터 전국적으로 피해자 지원 네크워크가 구축되고, 피해자 증인보호(Witness Service, WS)를 주된 업무로 하고 있다.[38] 피해자에 대한 증인지원팀을 상시 운영하고 있고, 주로 국고지원을 받고 있다. 2022년 영국의 피해자 지원 정기보고에 따르면, 코로나－19 이후로 가정폭력, 성범죄가 늘었다고 한다. 이에 정부에서 2021～2022년에는 786,574명에게 피해자 권리 정보와 약 184,000명에게 피해자 맞춤형 지원을 제공하기도 했다.[39]

최근에는 24시간 365일 무료 통화지원라인을 개설하고, 라이브 채팅을 도입하여 실시간 피해자에 대한 법률, 의료, 상담의 종합적인 지원을 하고 있다. 또한 일부 피해자들이 사법기관이나 민간단체를 불신하는 것을 해소하기 위해 기관 간 연대의 방법을 통해서 플랫폼을 구축하여 다기관 협력체계를 마련하고 있다.[40] 다기관 협력은 주로 성폭력, 가정폭력 사건에서 이뤄지고 있다.[41]

한편, 법원에서는 WS를 통하여 형사절차 전 과정에서 피해자에게 정보 제공과 필요한 지원을 하고 있다. WS와 VS 모두는 전국피해자보호단체연합회(National Association of Victim Support, NAVS)에 소속되어 피해자 권리에 관한 입법활동, 지원시스템 구축, 교육활동을 하고 있다.[42]

III. 시사점

영국의 경우 피해자 보상체계가 폭력 범죄피해자를 중심으로 이뤄져 왔다는 점이

---

37) 브리스톨 범죄피해자 지원협회(Bristol Victim Support Schemes)로 시작하여 1989년 피해자지원협회(Victim Support)로 명칭을 변경하였다.
38) 김용세 외1, 앞의 논문, 269쪽 이하.
39) https://www.victimsupport.org.uk/more－us/about－us/annual－reports/
40) Victim Support, Victim support annual review, 2021/22, 3쪽 이하.
41) 김혁, 앞의 논문, 188쪽.
42) 김용세 외1, 앞의 논문 271쪽.

특색이다. 또한 보상대상자의 범위와 보상 종류가 우리보다 세분화되어 있고, 중복
보상이 가능하여 피해회복에 집중적인 지원이 이뤄지고 있다는 점도 한정적인 유형
의 보상체계를 운용 중인 우리의 경우에 검토할 만한 부분이다. 나아가 영국의 경우
국적미보유자의 경우도 보상을 하고있다는 점도 주목할 필요가 있다.

우리의 경우 피해자 보상체계에 관하여 종전에는 국가의 시혜적인 행위로 이해하
기도 하였으나 현재는 피해자 권리의 관점에서 이해하고, 보장의 폭을 넓혀가는 입
법을 하는 것은 영국의 경우 비슷하다고 할 수 있다. 보상의 요건으로 입법상 ① 무
자력을 요구하거나 ② 가해자 불명이 아닐 것이라는 요건을 삭제한 것만으로도 국
가의 피해자에 대한 기본권보호의무를 점차적으로 실현하고 있다고 평가할 수 있
다.[43]

영국의 경우에도 범죄피해자의 형사절차상 참여권과 진술권을 보장하고 있다. 피
해자 진술권의 경우 피고인의 양형 판단에 해로운 영향을 미칠 수 있어 제한해야 한
다는 견해와 범죄피해자의 권리로서 인정하고, 피해자의 피해영향진술이 양형에 고
려되어야 한다는 견해가 팽팽하게 대립하고 있다.[44] 이런 대립에도 불구하고, 2001
년부터 전국 시행하여 2014년~2015년의 경우 해당사건 피해자의 약 38%가 피해자
의견 진술이 법정에서 현출되길 희망하였다고 한다. 영국의 경우 피해자 의견 진술
이 양형을 위한 증거로 사용되고, 의견 진술은 피해자의 진술, 대리인을 통한 진술,
영상녹화물의 재생, 익명 증언(Witness anoymity) 등 다양한 방식으로 이뤄지고 있으
며, 합리적 배제사유 없는 한 보장되고 있다.[45]

한국의 경우에도 진술권 행사의 방법과 시점, 활용방안에 관하여 영국의 사례를
참조할 필요가 있다.

---

43) 황태정, "영국의 범죄피해자구조제도 : 법제도적 시사점", 형사법의 신동향 통권 제48호, 대
   검찰청, 2015. 9, 271쪽.
44) Edna, Erez and Linda Rogers, "Victim impact statements and sentencing outcomes
   and processes. The perspectives of legal professionals.", British Journal of
   Criminology 39.2, 1999, 216쪽 이하.
45) 김혁, 앞의 논문, 194쪽 이하.

제3절 | 미국

Ⅰ. 피해자 보호 제도 개관

미국에서 피해자 논의는 '권리체계 형성' 이전에 피해 보상에 초점이 놓여 있었다. 1965년 범죄피해자 보상 프로그램이 캘리포니아주에서 시행되었고, 1972년에는 민간인으로 구성된 피해자 원조조직을 중심으로 피해 보상과 형사절차상 피해자의 불리한 지위를 향상시키기 위한 '피해자 권리운동(The Rise of the Victims' Rights Movement)'이 시작되었다.[46] 1970년까지 5개의 주(뉴욕, 하와이, 메사추세츠, 메릴랜드, 미국령 버진아일랜드)까지 범죄피해자 보상프로그램이 확장되었다. 1992년에 이르러 모든 주에서 범죄피해자 보상 법률이 제정되었다.[47]

이후 피해자에 대한 보상 논의를 넘어 피해자의 권리 형성에 관한 관심이 높아졌다. 특히 '강간센터'와 같이 성범죄피해자 권리 실현 운동을 하는 단체가 출범하기도 하였다. 미국에서의 피해자 권리 운동은 1970년대부터 연방 헌법 개정을 시도하였으나 실패하였다. 1982년 캘리포니아주에서 처음 피해자 권리를 인정한 이후 개별 주를 중심으로 주 헌법 개정이 이뤄지다가 연방 법률이 2004년에 개정되면서 본격적으로 피해자 권리가 입법화되고 있다.[48]

특히, 2004년에 제정된 미국의 「범죄피해자권리법」(Crime Victim's Rights Act of 2004)[49]은 공판절차, 유죄답변협상, 기소유예합의, 석방심사 등 형사절차 전반에 관

---

46) Paul G., Cassell, 앞의 논문, 841쪽; 김광주, 앞의 논문, 27쪽 이하.

47) 오영근 외1, 앞의 보고서, 7쪽.

48) 윤영미, 앞의 논문, 332쪽.

49) 미국의 「범죄피해자권리법」에 관해서는 아래 링크 참조,
https://www.justice.gov/usao/resources/crime−victims−rights−ombudsman/victims−rights−act
(a) RIGHTS OF CRIME VICTIMS.−−A crime victim has the following rights:
(1) The right to be reasonably protected from the accused.
   : 피고인으로부터 합리적으로(상당한) 보호받을 권리
(2) The right to reasonable, accurate, and timely notice of any public court proceeding, or any parole proceeding, involving the crime or of any release or escape of the accused.
   : 범죄와 관련된 또는 그의 피고인과 관련된 모든 공판절차, 가석방절차, 석방 또는 도

하여 피해자의 정보권을 보장하기 위한 통지의무, 절차에 참여할 권리, 적정한 시기에 진술할 권리, 공정한 처우를 받을 권리를 규정하고 있다. 이는 우리나라의 「범죄피해자 보호법」과 유사하나 범죄피해자의 권리를 독립적 주체인 당사자 수준으로서 이해하고 폭넓게 규정한 점에서 검토할 필요가 있다.50)

주에 관해 합리적이고, 정확하고, 시기에 적합한 고지를 받을 권리
(3) The right not to be excluded from any such public court proceeding, unless the court, after receiving clear and convincing evidence, determines that testimony by the victim would be materially altered if the victim heard other testimony at that proceeding.
: 그와 같이 어떠한 공적인 법적 절차에서 배제되지 않을 권리, 단 법원이 명백한 증거에 기초하여 피해자가 당해 절차에서 다른 증언을 청취하여 피해자의 증언이 실질적으로 변경되었다고 판단되는 경우를 제외한다.
(4) The right to be reasonably heard at any public proceeding in the district court involving release, plea, sentencing, or any parole proceeding.
: 석방, 변론, 선고 또는 모든 가석방 절차와 관련된 지방 법원에서의 모든 공적 절차에서 의견을 상당성 있게 보장받을 권리
(5) The reasonable right to confer with the attorney for the Government in the case.
: 정부의 변호사(국선 변호사)와 사건에 관해 상담할 권리의 합리적 보장
(6) The right to full and timely restitution as provided in law.
: 법률이 정하는 바에 따라서 완전하고, 시기 적절한 배상을 받을 권리
(7) The right to proceedings free from unreasonable delay.
: 재판절차가 불합리하게 지연되지 않게 할 권리
(8) The right to be treated with fairness and with respect for the victim's dignity and privacy.
: 피해자의 존엄성과 사생활을 존중하고, 공정하게 대우받을 권리
(9) The right to be informed in a timely manner of any plea bargain or deferred prosecution agreement.
: 모든 유죄조건부 합의(플리바게닝) 또는 기소 유예 합의에 대해 적시에 통지받을 권리
(10) The right to be informed of the rights under this section and the services described in section 503(c) of the Victims' Rights and Restitution Act of 1990 (42 U.S.C. 10607(c)) and provided contact information for the Office of the Victims' Rights Ombudsman of the Department of Justice.
: 본 섹션에 따른 권리와 1990년 피해자 권리 및 보상법(미국 대법원 판례집편 42권 10607(c))의 섹션 503(c)에 설명된 서비스에 대한 정보를 받을 권리 및 법무부 피해자 권리 옴부즈맨 사무실의 연락처 정보를 제공합니다.

50) 각종 연혁에 관한 자료로서, https://www.mdcrimevictims.org/wp−content/uploads/2020/01/Landmarks.pdf

Ⅱ. 피해자 권리 발전과 법체계

1. 범죄피해자 권리의 형성

범죄피해자의 보호와 적극적 권리 옹호의 계기는 1973년 Linda R. S. v. Richard D[51]사건에서 재판부가 사생아의 모인 청구인(피해자)의 사법적 권리가 없다는 이유로 피해자의 참여를 기각하면서 촉발되었다. 이후 로널드 윌슨 레이건(Ronald Wilson Reagan) 대통령은 1981년 취임 직후 특별조사단을 구성하여 범죄피해자들이 필요로 하는 재정적, 의료적, 법적 도움을 받을 수 있도록 돕기 위해 피해자 권리 및 보호에 관한 권고 목록을 고안했다. 권고안은 연방 및 주 정부, 형사 사법 기관 및 민간 기관(병원, 학교, 정신건강 기관 등)을 대상으로 하였다. 또한 로널드 윌슨 레이건 대통령은 매년 범죄로 희생되는 수백만 명의 미국인들과 그들의 가족들의 필요를 해결하기 위해 1982년 범죄피해자들에 대한 대통령 대책 위원회(President's Task Force on Victim of Crime)를 만들었다. 대책 위원회는 범죄 피해에 대한 이용 가능한 자료들을 검토하고, 피해자에 관한 전문가들을 인터뷰했으며, 범죄로 인해 삶이 변화된 시민들로부터 진술을 청취하여 피해자 보호에 관한 여건을 마련하고자 하였다.[52] 당시 대책 위원회에서 헌법적, 법률적인 측면의 피해자 권고 사항 68개를 제시하였으며 이 중 상당수는 법제화되었다.[53]

2. 범죄피해자 법체계

미국의 범죄피해자 법체계는 연방 헌법 차원 논의로 시작하여 주 헌법, 연방 법률, 주 법률 차원으로 확장되어 왔다.

---

51) Linda R. S. v. Richard D., 410 U.S. 614 (1973)
52) 대책 위원회의 활동에 관해서는 아래 링크를 참조,
　　https://ovc.ojp.gov/library/publications/final－report－presidents－task－force－victims－crime
53) 이 권고 이후 개별 주별로 피해자 권리를 입법화(예를 들어 피해자 권리장전 제정)하였고, 1990년대 주 헌법 개정 운동이 시작되었다.

(1) 연방 헌법

미국에서 피해자 권리를 법적 차원으로 구성하려는 노력은 연방 헌법 차원에서 시작하였고, 그것은 1982년 피해자에 관한 대통령 직속 대책위원회의 권고로부터였다. 위 위원회는 미국 연방수정헌법 제6조를 개정하여 피해자의 권리를 명시할 것을 제안했다. 제안의 내용은 "피의자와 같이 피해자도 모든 형사기소절차에서 참여할 권리가 있으며, 사법절차의 중요한 모든 단계에서 고지받을 권리가 있다."[54]는 내용으로 피해자의 법적 자격을 확인하고 사법접근권을 확대하는 내용이었다.[55] 그러나 미국 연방 헌법을 종국적으로 개헌하기 위해서는 당시 최소 38개 주(50개주 X 3/4의 값 이상)의 인준이 필요하였으나 제안 단계(Proposal Stage)부터 충족하지 못하여,[56] 연방 헌법 개정 운동은 실패하게 되었다.[57]

---

54) "Likewise, the victim, in every criminal prosecution shall have the right to be present and to be heard at all critical stages of judicial proceedings"이에 관해서는 이영돈, "미국의 범죄피해자의 법적 권리에 관한 고찰", 서강법률논총 제4권 제2호, 서강대학교 법학연구소, 2015. 8, 7쪽 이하.

55) https://www.ncjrs.gov/ovc_archives/ncvrw/1999/amend.htm

56) Paul G., Cassell, 앞의 논문, 850쪽; 2002년에 하원에서 법안이 제안되었고, 2003년 카일 상원 의원과 파인스타인 상원 의원은 수정안을 제안하였다. 상원 사법위원회는 그해 4월에 청문회를 개최했고, 그 후 수정안을 지지하는 서면 보고서를 발표했다. 그러나 얼마 지나지 않아 법안 심의를 진행하기 위한 동의가 철회되었다. 당시 개정안 지지자들이 개정안 통과에 필요한 67표(상원 제안 단계에서 100명 중 2/3의 정족수를 충족해야 함)를 확보하지 못했다고 판단하여 철회된 것이었다. 수정안을 통과시키는 데 필요한 제안 단계의 정족수를 달성 할 수 없다는 것이 분명해지자 피해자 옹호자들은 연방 헌법 개정을 잠정적으로 포기하고, 포괄적인 피해자 권리 법안을 제정하는 것으로 목표를 변경하게 되었다.

57) 미국 연방헌법 개헌 제안 안은 미국 연방 헌법을 새롭게 인준하는 데 필요한 주의 3분의 2의 찬성을 받아야 한다. 인준 후에는 각 주에서도 개정안에 대한 찬성 비율이 3/4 이상이어야 한다. 이 요건으로 인해 개헌은 매우 어렵다.
미국연방헌법 제5조 헌법 개정에 관해서는 "Article. V. — Amendment
The Congress, whenever two thirds of both Houses shall deem it necessary, shall propose Amendments to this Constitution, or, on the Application of the Legislatures of two thirds of the several States, shall call a Convention for proposing Amendments, which, in either Case, shall be valid to all Intents and Purposes, as part of this Constitution, when ratified by the Legislatures of three fourths of the several States, or by Conventions in three fourths thereof, as the one or the other Mode of Ratification may be proposed by the Congress; Provided that no Amendment which may be made prior to the Year One thousand eight hundred and eight shall in any Manner affect the first and fourth Clauses in the Ninth Section of the first Article; and that no State, without its Consent, shall be deprived of its equal

이후 1975년에 설립된 미국에서 가장 오래된 전국 피해자 시민운동가 중심의 지원 단체인 '피해자 지원 전국협의회'(National Organization of Victim Assistance, NOVA, 1975)[58]는 연방수정헌법 제6조 개정 대신 제26조 신설을 제안하였다. 제26조에 포괄적인 피해자 권리조항을 신설하여 피의자의 권리를 침해한다는 논란을 피하는 우회 방법의 연방 헌법 제정 운동을 시도하였다. 그러나 이 역시 좌절되었고, 연방 헌법 차원의 제·개정 운동에서 주 단위 헌법 개정 차원으로 '피해자 권리 찾기' 운동이 전개되었다.[59] 최근에도 수정헌법이 제안되는 등 여전히 피해자 권리에 관하여 연방 헌법 차원에서 제·개정해야 한다는 논의는 계속되고 있다.[60] 이는 특히 클린턴(William Jefferson Clinton) 대통령이 1996. 4.경 로즈가든 행사에서 공화당과 민주당의 지지를 받으며 피해자 권리선언을 공식 지지하였고,[61] 1996. 6. 25. 피해자 권리 헌법 개정 발표를 연설하면서 크게 주목을 받은 것이 현재까지 영향이 있고, 이 연설은 주 헌법 개정에 큰 영향을 미치기도 하였다.[62]

Suffrage in the Senate."규정을 참조.

58) 노바(NOVA)는 비영리 민간주체 중심의 조직으로 세계에서 가장 오래된 피해자 지원 조직이며, 형사사법관계 종사자들에 의해 운영이 되었다. 연방으로부터 지원금을 보조받고 있으며, 면접 또는 전화를 통해 의료, 법률, 복지 지원 등을 하고 있다.

59) 민간단체의 연방헌법상 피해자권리 확보 노력에 관해서는, Aileen, Adams, and David Osborne, "Victims' Rights and Services: A Historical Perspective and Goals for the Twenty－First Century", McGeorge L. Rev. 33, 2001, 683쪽.

60) 국가 피해자－헌법 개정 네트워크(NV CAN)는 1995년 연방피해자 권리 개헌을 위해 초안을 제안했다. Jon Kyl, Dianne Feinstein 상원의원의 후원을 받은 범죄피해자를 위한 헌법적 권리(상원 합동결의안)는 1998년 검토를 위해 상원으로 보내졌고, 이것은 이후 헌법화되지는 않았으나 범죄 피해자 권리를 안착시키는 데 역할을 하였다. 주된 내용을 요약하면 피해자의 존엄과 사생활을 존중하고 공정하게 대우받을 권리, 피고인으로부터 합리적으로 보호받을 권리, 모든 법원 절차에 대해 통지를 받을 권리, 모든 공개재판절차에 출석할 수 있는 권리, 모든 공개절차에 진술서를 제출할 수 있는 권리, 배상받을 권리, 피고인의 유죄판결 등에 관한 정보제공권을 담고 있다. 이에 관하여 Robert A., Jerin, 『The Victims of Crime』, Prentice Hall, 2010, 14쪽 이하.

61) Aileen, Adams, and David Osborne, 앞의 논문, 683～684쪽.

62) President William Jefferson Clinton, Remarks at Announcement of Victims' Rights Constitutional Amendment, June 25, 1996, "When someone is a victim, he or she should be at the center of the criminal justice process, not on the outside looking in. Participation in all forms of government is the essence of democracy. Victims should be guaranteed the right to participate in proceedings related to crimes committed against them. People accused of crimes have explicit constitutional rights. Ordinary citizens have a constitutional right to participate in criminal trials by

(2) 주 헌법

미국은 연방 헌법에 피해자 권리를 규정하는 데 난항을 겪으면서 피해자 단체들을 중심으로 주 헌법 개정 운동이 1980년대 후반부터 1990년까지 활발히 이뤄졌다.

1986년 로드 아일랜드는 피해자의 권리를 헌법 사항으로 인정하고, 피해자에게 배상받을 권리를 보장하는 수정안을 통과시켰으며, 가해자는 '피해자 영향 진술서'를 제출하고 치료받아야 함을 입법화하였다.[63] 그러나 1987년에 Booth v. Maryland 사건[64]에서 대법원은 5대 4 판결로 피해자 영향 진술을 듣고 판단하는 것은 헌법위반이며, 양형 단계에서 피고인 이외의 사유는 참작할 수 없다고 하였다. 이에 대해 이 사건 반대의견은 피고인의 책임과 관련된 요소로 도덕적 죄책감 등 양형 요소로서 피해자의 진술 등을 고려할 수 있다고 하였다. 당시 대법관 스칼리아(Scalia)는 피고인의 도덕적 책임에 의한 감경사유는 인정하면서, 피고인이 초래한 피해에 대한 진술을 허용하지 않는 것은 지나치게 한쪽으로 기울어졌다고 하였다.[65]

---

serving on a jury. The press has a constitutional right to attend trials. All of this is as it should be. It is only the victims of crime who have no constitutional right to participate, and that is not the way it should be."
위 연설을 번역하면 다음과 같다.
William Jefferson Clinton 대통령은 1996년 6월 25일 피해자 권리 헌법 개정을 발표하면서 "누군가가 피해자일 때 외부에서 들여다보는 것이 아니라 형사 사법 절차의 중심에 있어야 합니다. 모든 형태의 정부 참여는 민주주의의 본질입니다. 피해자는 절차에 참여할 권리를 보장받아야 합니다. 범죄로 기소된 사람은 명시적인 헌법상의 권리가 있습니다. 일반 시민은 배심원으로 형사재판에 참여할 헌법상의 권리가 있습니다. 언론은 재판에 참석할 헌법상의 권리가 있습니다. 이 모든 것은 당연한 것입니다. 헌법상 참여할 권리가 없는 것은 범죄의 피해자일 뿐이고, 그렇게 되어서는 안 됩니다"고 말했다.
클린턴 대통령 이 외에 로널드 레이건 대통령도 재임 시 범죄피해자 주간을 만들어 피해자 보호에 관하여 역설을 하기도 하였다.

63) Joe, Frankel, "Payne, victim impact statements, and nearly two decades of devolving standards of decency.", NY City L. Rev. 12, 2008, 93쪽.

64) Booth v. Maryland, 482 U.S. 496, 107 S.Ct. 2529, 96 L.Ed.2d 440 (1987); Booth v. Maryland (482 U.S. 496) 사건으로 피해자 요소 반영을 반대하는 것이 다수의견이었다. 그러나 이 판결은 이후 1991년 Payne v. Tennessee (501 U.S. 808)에서 7:2로 변경되며, 이 사건에서 피해자 요소의 반영이 필요하다는 의견이 다수의견이 되었다.

65) 이 사건에 관하여 상세한 사실관계 설명은 장원경, "피해자의 재판절차진술권에 관한 연구: 미국 연방사형재판에서 피해자영향증거를 중심으로", 피해자학연구 제20권 제2호, 한국피해자학회, 2012, 62쪽 이하; 기타 사례에 관해서는 Theodore, Eisenberg, Stephen P. Garvey, and Martin T. Wells, "Victim Characteristics and Victim Impact Evidence in South Carolina Capital Cases", Cornell L. Rev. 88, 2002, 290쪽 이하.

  사법절차에 참여하여 피해자가 스스로 피해 영향에 관하여 진술을 할 권리가 박탈당한 이 사건을 계기로 피해자 단체[66]들은 헌법개정운동과 입법청원운동을 본격화하였다. 이 운동의 결과로 1988년 플로리다주에서 피해자 권리에 관한 헌법 수정안이 투표에 붙여지기도 하였다. 이어 애리조나, 캘리포니아, 워싱턴, 플로리다 개정안이 약 90%, 미시간, 코네티컷이 약 80%의 득표율로 주 헌법이 개정되었다. 대표적으로 1996년 11월 27일에 채택된 코네티컷주 헌법은 피해자의 권리로 ① 형사 사법 절차 전반에 걸쳐 공정하고, 존중받는 대우를 받을 권리, ② 피고인의 권리를 축소시키지 않으면서 피고인이 체포되는 경우 사건이 적시에 처리될 권리, ③ 형사 사법 절차 전반에 걸쳐 피고인으로부터 합리적으로 보호받을 권리, ④ 법원 절차에 대한 통지를 받을 권리, ⑤ 피해자가 법정에 출석하여 다른 사람의 증언을 듣게 되어 피해자 증언이 영향을 미칠 수 있다고 법원이 판단하는 경우가 아닌 한 피고인이 출석할 재판에 피해자도 출석할 권리, ⑥ 검찰과 협의할 권리, ⑦ 검사와 피고인 간의 유죄합의에 반대하거나 찬성할 권리, 그리고 피고인에 대한 유죄 인정이 있기 전에 피해자가 법정에서 진술할 권리, ⑧ 법원의 형 선고시 진술할 권리, ⑨ 국가가 피해자를 위해 손해배상을 강제집행할 수 있도록 할 수 있는 권리, ⑩ 피고인의 체포, 유죄판결, 선고, 석방에 관한 정보를 얻을 권리를 규정하기도 하였다.[67]

  연방 헌법 개정은 성공하지 못한 반면, 주 헌법의 경우 지역의 전폭적 지지를 받으며 피해자 권리를 헌법화한 주가 33개 주에 달하게 되었다.[68] 아래 <표 6>에서 보는 바와 같이, 미국 내 33개 주는 피해자에 대한 통지, 참여, 보호 등 다양한 권리를 보장하면서 이 중 일부는 성인 피해자 이외에도 소년, 장애인과 같은 특정 분야의 피해자 보호까지 보장하고 있다. 1990년대 말에 이르러서는 주 헌법을 비롯한 하위 법률단계에서 피해자 처우에 관한 입법이 본격화되었다.

  결국, 미국의 범죄피해자보호 입법은 헌법에서 법률로 개정이 진행되는 Top−bottom 방식이 아닌 하위법령에서부터 입법을 시도하는 Bottom−top 방식으로 진행되어 왔다. 미국 내 50개 주가 2002년 말까지 피해자 보상 프로그램을 제도화하였다.

---

66) The National Victim Constitutional Amendment Network(NVCAN)
67) https://portal.ct.gov/SOTS/Register−Manual/Section−I/Constitution−of−the−State−of−Connecticut
68) https://www.ncjrs.gov/ovc_archives/ncvrw/1999/amend.htm

표 6 주 헌법상 범죄피해자 헌법 례(69)

주	권리의 내용	주의 의무 등
델러웨어	–	
펜실베니아70)	–	–
뉴저지	제22조 사법절차 출석, 입법부에 의해 권리구제를 받을 권리	제22조 범죄피해자는 공정성, 연민 및 존중으로 대우, 범죄피해자 권리의 보장, 범죄피해 범위에 정신적 피해 포함
조지아	–	(f)범죄피해자 보상 권한
코네티컷	b. 공정성과 존중, 적시처리, 보호, 절차 통지, 절차 참석, 검찰과의 협의, 유죄협의 반대 또는 찬성, 의견 진술, 배상, 형사 정보	–
매사추세츠	–	–
메릴랜드	제47조(B) 통지, 사법절차 참석	제47조(A)국가의 범죄피해자 존엄한 대우 의무
사우스캐롤라이나	–	
뉴햄프셔	–	–
버지니아	제8조A 절차 고지, 보호, 존중, 적시통지, 원상회복, 구속해제 또는 도주통지, 검찰협의(미국헌법, 주 헌법에서 보장되는 권리 침해하지 않는 범위 내에서 보장)	제8조A 수사관의 피해자 존중의무
뉴욕	–	–
노스캐롤라이나	–	
로드아일랜드	제23조 의견 진술, 금전보상	–
버몬트	–	–
켄터키	제26조A 절차적시통지, 출석, 협의, 신속절차, 보호, 피해자의 변호사 조력	제26조A 피해자의 당사자성 불인정
테네시	제35조 검찰협의, 협박으로부터 보호, 절차 출석, 청취, 절차 및 석방통지, 신속한 재판, 회복	제35조 법제정권한
오하이오	제10조a 공정하고 존엄한 대우, 개인정보보호, 절차 출석, 청취	–
루이지애나	제25조 존엄, 절차통지, 검찰 협의, 인터뷰 거부, 배상	–
인디애나	제13조(b) 존엄한 대우, 사법절차 출석	–
미시시피	제26조A 형사사법절차상 권리	제26조A 공정한 대우, 입법부의 피해자 보호입법의무
일리노이	제8.1.사생활존중, 절차통지, 검찰	–

	협의, 법원 의견 진술, 사법판단 정보제공, 적시처분, 보호, 출석, 원상회복	
앨라배마	제557조 피고인의 헌법상 권리를 방해하지 않는 범위 내에서 정보 제공, 출석, 청취	-
메인	-	-
미주리	제32조 출석, 통지 및 심리, 원상 회복, 신속한 재판받을 권리와 항 소를 심사받을 권리, 보호, 석방정 보, 형사사법제도 작동, 피해자 요 청에 따른 정보	-
아칸소	-	-
미시간	제24조(1) 존엄성, 사법절차 적시 처분, 보호, 통지, 출석, 검찰 협 의, 의견 진술, 정보제공	제24조(2) 입법부의 법률제정의무
플로리다	제16조(b) 피고인의 헌법상 권리 침해하지 않는 범위에서 정보, 출 석, 의견청취	-
텍사스	제30조 공정하게 대우, 사생활존 중, 절차 통지, 법정 출석, 검찰과 협의, 원상회복 제31조 범죄기금으로 보상	제1장 제11조b 보석거부 사유로 피해자 보호 명시 제30조 입법부의 법률제정 권한
아이오와	-	-
위스콘신	제9조m 적시처리, 절차 참석, 보 호, 검찰 협의, 배상, 보상, 의견 진술	제9조m 국가의 피해자 공정, 존엄 성 보장의무, 입법부의 의무
캘리포니아[71]	제28조(a) 안전, 원상회복 제28조(b) 공정성과 존중, 보호, 보석 등 석방시 피해자 안전고려, 비밀보호, 검사와 면담, 재판절차 의 통지와 출석, 신속한 재판, 보 호관찰에 대한 정보제공, 선고전 보고서 수령권, 유죄판결 등 정보 제공, 원상회복	제28조(a) 범죄피해자권리장전을 보장하는 법률, 형사 사법 시스템 이 국가 전체의 중대한 관심사임 을 명시, 입법부의 입법의무
미네소타	-	-
오리건	제42조 참석, 정보, 인터뷰거절/제 43조 보호	-
캔자스	제15조 통지, 출석	-
웨스트버지니아	-	-
네바다	제8조(A) 존엄성, 보호, 안전, 2차	제8조 2. 법원의 신속한 판결, 피

	피해 방지, 인터뷰 거절 등, 검찰 등과 협의, 절차 통지 및 결과 청취, 양형 조사에 따른 정보 제공, 석방통지, 시기적절한 회복	해자는 형사절차에서 당사자의 지위를 갖지 않음/6. 입법부는 범죄피해자 권리보장 조치의무/7. 피해자의 범위(피해를 입은 모든 사람 포함)
네브래스카	1-28(1) 정보제공, 절차 통지, 출석, 진술, 열거되지 않아도 보호	1-28(2) 입법부의 법률제정의무
콜로라도	제16a 절차에 대한 의견청취	-
노스다코타	-	-
사우스다코타	제29조 존중, 협박 등으로부터 보호, 안전과 복지, 비공개, 프라이버시, 적시통지, 석방통보, 정보제공, 신속한 절차 진행, 통지받을 권리, 변호사 조력, Marsy's Card	제29조 입법부의 제정권한
몬태나	-	제28조 형사사법정책 - 피해자에 대한 배상고려
워싱턴	제35조 절차통지, 의견 진술	제35조 피해자 존중의무
아이다호	제22조 공정성, 존엄성, 사생활 보호, 적시 사건처리, 재판/항소/가석방 사전통지, 출석, 검찰 협의, 의견 진술, 회복, 인터뷰거절	제22조 입법부는 피해자 권리를 보존, 확대하기 위한 권한을 가짐
와이오밍	-	-
유타	-	-
오클라호마	제2-34 존엄성, 사생활존중, 인터뷰거절, 통지	제2-34 입법부의 법률제정 권한
뉴멕시코	제24조 존엄성, 사생활, 적시처분, 보호, 절차 통지, 법정 출석, 검찰 협의, 의견 진술, 회복, 정보	-
애리조나72)	제2.1. 공평, 존중, 석방통지, 인터뷰 거부, 절차 통지, 신속한 재판, 정보제공	제2.1. 피해자 권리를 보호하기 위한 입법부의 제정의무
알래스카	제24조 보호, 검찰과 협의, 존엄한 대우, 절차의 모든 단계에서 존중과 공정성, 절차적 적시, 정보 취득, 출석할 권리, 회복	제12조 형사행정은 범죄피해자의 권리, 범죄자로부터의 회복에 기초해야 한다는 내용
하와이	-	-

69) 미국 국립기록관리처를 비롯하여 각 주의 의회, 법제사이트를 활용하여 미국 내 주 헌법을 전수 조사하고자 하였다. 다만, 원문 자체를 그대로 옮기지 않고, 이 책에서 필요한 범위 내에서 범죄피해자 관련 조항을 키워드 중심으로 요약 정리하였다.

70) 범죄피해자에 대한 언급은 없으나 재난피해자에 대한 보호의무는 규정하고 있다.

71) 캘리포니아 주 법무장관실은 범죄피해자 권리에 관한 마시의 카드(Marsy's Card and Reso

즉, 미국의 경우 33개 주에서 범죄피해자에 대한 주 정부의 피해자보호의무 조항, 범죄피해자에 대한 권리를 헌법에서 명문화하고 있다. <표 6>에서 보는 바와 같이 미국 주들이 헌법에 범죄피해자 보호를 규정하는 방식은 주 헌법에 주의 의무를 규정하는 방법, 범죄피해자의 권리를 규정하는 방법, 범죄피해자에 대한 보상을 규정하는 방법, 이들을 혼합하여 규정하는 방법으로 나뉜다.

주의 범죄피해자 보호 의무를 주 헌법에 명시한 주로는 대표적으로 메릴랜드, 위스콘신이 있다. 메릴랜드 주 헌법 제47조(A)에서는 국가목표조항 형식으로, '주의 범죄피해자에 대한 존엄한 대우와 보호의무'를 규정하고 있다. 또한 위스콘신 주 헌법 제9조(m)에서도 '국가의 피해자 존엄성 보장 의무'를 규정하고 있다.

다음으로, 범죄피해자의 실질적 권리를 주 헌법에 명시한 대표적 사례로는 사우스다코다, 뉴멕시코 등이 있다. 사우스다코다 주 헌법 제29조에서는 보호받을 권리, 사생활의 비밀을 보장받을 권리, 사법절차에 대한 정보를 통지받을 권리, 피해자 변호사의 조력을 받을 권리, 피해자 권리에 관하여 고지받을 권리를 규정하고 있다.

한편, 미국 주 가운데 엘라배마, 플로리다의 경우는 범죄피해자의 권리를 주 헌법에 규정하되, '피고인의 헌법상 권리를 방해하지 않는 범위 내'라는 제한규정을 두어 피해자의 권리가 피고인의 권리와 조화를 이루도록 하고 있다. 또한 미국 켄터키, 네바다의 경우에는 헌법에 명시적으로 피해자가 당사자로서의 지위를 갖지 않는다는 규정을 두고 있기도 하다.

미국 33개 주에서 범죄피해자의 권리를 헌법에 규정한 것은 연방 헌법 도입의 실패에 따른 결과라 할 수 있지만, 주 단위에서라도 각종 피해자 단체를 중심으로 범죄피해자를 보호와 관심의 대상으로 삼고자 한 노력의 결실이라고 할 수 있다. 미국의 경우 범죄피해자에 대한 연방 헌법 규정은 존재하지 않으나 주 헌법 단위에서 국가목표조항, 범죄피해자의 권리가 이미 도입되어있어 우리의 헌법 개정과정에서 참고가 될 수 있다.

한편, 주 헌법에 범죄피해자 권리를 명시하지 않고 있는 주도 있다. 노스다코타, 버몬트, 아칸소, 유타, 미네소타, 아이오와, 뉴햄프셔, 뉴욕, 매사추세츠, 메인, 델라웨어, 하와이, 와이오밍,[73] 웨스트 버지니아, 펜실베니아[74] 등이 주 헌법에 범죄

---

　urces)를 제공한다. 이에 관해서는 https://oag.ca.gov/victimservices/marsy

72) Paul G., Cassell, 앞의 논문, 2005, 842쪽 이하에서 애리조나 헌법상 공정성, 존중 및 존엄하게 대우받을 권리에 관한 설명이 있다.

피해자 규정을 두고 있지 않으며, 이들의 경우 법률적 차원에서 범죄피해자를 보호하고 있다.

(3) 연방 법률

연방 헌법 개정운동은 실패하였지만, 연방 법률은 계속적으로 피해자의 권리를 확장하고, 보상프로그램을 확충하는 방향으로 진행되었다. 1982년 「피해자와 증인 보호법」(The Federal Victim And Witness Protection Act of 1982, VWPA)[75]이 제정되어 형사사법절차에서 형사절차 참여, 피해자영향진술(Victim Impact Statement, VIS)을 도입하여 피해자의 지위를 강화하는 입법이 실질적으로 시작하게 되었다.[76] 이후 1984년 「범죄피해자법」(The Victims of Crime Act, VOCA) 제정으로 범죄피해자 기금 (Crime Victims Fund, CVF)이 조성되었다. 이때 조성된 기금은 범죄에 부과되는 벌금, 몰수, 추징으로 확보되는 것이었다.[77] 1990년에는 연방 최초로 피해자 기본권을 보장하기 위한 내용을 담아 피해자 권리장전(Victims Bills of Rights)으로 불리는 「범죄통제법」(Crime Control Act)이 제정되어 수사기관을 비롯한 사법관계자들에게 피해자의 기본적 권리가 충분히 보장되도록 노력할 것을 권고하게 되었다.[78] 1990년 「피해자권리 및 배상법」(Victim's Rights and Restitution Act)을 제정하여 연방기관의 수사기관 담당자의 책임을 명확히 하고, 범죄피해자가 이용할 수 있는 보호방안을 규정하였다. 1997년에는 「피해자 권리 명시법」(Victim's Right Clarification Act)을 제정하여 피해자의 재판 출석권을 명시하였다. 2004년 부시 대통령 재임 시에는 피해자의 구체적 권리(정보권, 형사절차참여권, 신변보호권 등)를 연방 법률차원에서 폭넓게 규정하는 「범죄피해자권리법」(Crime Victim's Rights Act)이 제정되었다.[79]

---

73) 와이오밍 주의 경우 '피해자' 용어에 대한 언급은 있으나 다른 미국 주처럼 피해자 권리에 관한 규정을 주 헌법에 도입하지는 않았다.

74) 범죄피해자에 대한 언급은 없으나 재난피해자에 대한 보호의무는 규정하고 있다.

75) 1982. 10. 12.에 제정된 미국 연방 피해자와 증인 보호법은 피해자와 증인의 법적보호를 강화시키는 것을 목적으로 제정되었다. 이 법률에 피해자의 진술권, 형사보상제도, 피해자에 대한 협박금지 등 주요내용을 담고 있다. 이에 관하여 상세한 내용은 김영철, "미국의 피해자 및 증인보호에 관한 연구", 해외파견검사연구논문집 제9집, 1993, 392쪽 이하.

76) 류병관, "형사절차상 범죄피해자권리의 헌법적 보장에 관한 연구", 피해자학연구 제14권 제1호, 한국피해자학회, 2006, 3쪽.

77) 오영근 외1, 앞의 보고서, 79쪽 이하.

78) 오영근 외1, 위의 보고서, 8쪽 이하; 김광주, 앞의 논문, 27~28쪽 이하.

(4) 주 법률

연방 차원에서 피해자 권리 확장 운동이 이뤄지는 동안 미국 각 주별로 법률 개정은 피해자 권리를 확인하고, 보상프로그램을 마련하는 것으로 속도감 있게 진행되었다. 범죄별로 모든 범죄에 대하여 피해자의 권리를 인정할 것인지, 일부 강력범죄 또는 성범죄에 한하여 피해자의 권리를 인정할 것인지 다툼이 있었다. 또한 다수의 주에서 피해자의 공판절차 참여를 인정하고 있었지만 피고인의 권리 보장과의 충돌로 발생할 2차 피해를 방지하기 위해 피해자 진술 기일을 사전에 협의하는 등 일정한 제한을 두기도 하였다.[80]

III. 피해자 권리의 구체적 내용

1. 보호받을 권리

피해자 권리 보장체계에서 가장 중요한 것은 피의자 또는 피고인으로부터 2차 피해가 발생하지 않도록 신변보호 조치를 보장하는 '보호받을 권리(the Right to Protection)'이다. 미국 여러 주에서 재판 진행 중 피해자 보호를 위해 증인 보호 프로그램, 거주지 지원, 위협 시 보호 제도, 경호, 접근금지명령 등을 통해 피해자가 불측의 추가적인 피해를 입지 않도록 보장하고 있다.

미국은 1994년 「폭력범죄 규제 및 법집행법」(Violent Crime Control and Law Enforcement Act)에 성폭력, 아동학대 등 피해자의 보호받을 권리를 규정하였다. 이후 1990년대 후반에는 일명 Megan's Law(메간법)라 불리는 법을 도입하였다.[81]

---

79) 미국은 피해자의 8가지 구체적 권리를 다음과 같이 입법화하였다. ① 피의자로부터 보호받을 권리, ② 고지 받을 권리, ③ 절차에서 배제되지 않을 권리, ④ 진술할 권리, ⑤ 검사와 면담할 권리, ⑥ 배상받을 권리, ⑦ 불필요한 지체로부터 자유로울 권리(신속한 절차를 받을 권리), ⑧ 공정한 처우, 존엄과 사생활 비밀을 보장받을 권리.

80) 이영돈, 앞의 논문, 10쪽 이하 참조.

81) 1996년 미국 뉴저지주에서 최초로 제정된 일명 메간법(메건법으로도 불린다)은 1994. 7. 29. 7살 소녀 메건 칸카(Megan Kanka)가 자신들도 모르는 사이에 길 건너편으로 이사 온 것으로 알려진 등록 성범죄자에게 강간당하고 살해당한 데서 이름이 유래되었다. 그 비극의 결과로, 칸카의 가족은 지역 사회가 그 지역의 성범죄자들에 대해 경고하도록 운동을 시작하게 되었고, 미국 전역에 '메건법'의 형태로 지역사회에 수형자의 정보를 공유하는 법제가 등장하게 되었다. 박병식·황성기·김경제·정태진·최은하, 『아동·청소년대상 성범죄자 인터넷열람제도 도입방안 연구』, 보건복지부, 2008, 56～57쪽.

주요 골자는 석방된 성범죄자에 대한 정보를 지역사회에 통보하거나 지역사회에서 성범죄자에 대한 기록에 접근할 권한을 부여하여 미연에 보복범죄를 방지하는 것이었다.

2. 정보를 고지받을 권리

피해자는 자신의 피해 사건에 관하여 사법절차 정보를 제공받을 권리가 있다. 미국은 1980년대 초까지만 해도 피해자에 대한 정보 고지가 제대로 이뤄지지 않았다. 이후 미국은 1984년 피해자에 대하여 연방 교정시설 내의 수용 상황에 대한 피해자 통지 시스템(Victim Notification System, VNS)을 구축하였다. 연방 정부는 범죄피해자에게 VNS를 통하여 수사상태, 기소여부, 법원 사건 진행 상황, 교도소 수감현황, 석방정보, 보호관찰에 대한 정보를 상세히 제공하고 있다.[82]

정보를 고지받을 권리는 피해자로 하여금 사법절차 진행 정도에 관한 파악으로 추가적인 피해를 미연에 방지하고, 안전을 확보하는 것으로 피해자에게 중요한 권리이다. 일부 주에서는 중요한 단계나 중요한 심리절차에 있어 고지받을 권리를 규정하고 있고, 이때 제공되는 형사절차 정보는 피해자 보상프로그램, 보상 가능성, 지원기관, 피해자 진술권, 민사소송 제기, 증언을 위한 비용 마련, 석방일자, 원상회복 교섭, 신변보호, 피해자－가해자 대화프로그램 등이 있다. 특히 피고인의 집행에 관한 '석방 정보' 통지는 1982년 범죄피해자들에 대한 대통령 대책 위원회(President's Task Force on Victim of Crime)의 주된 권고사항으로 가석방 시에 피해자나 가족 등에게 통지하고 청문에 참석하여 범죄피해 정보를 진술할 수 있는 기회를 부여하는 것을 목적으로 이뤄졌다.[83]

또한 미국은 피해자 권리 보호에 관한 인식이 높아지면서 피해자의 자기정보에 관한 결정권을 보장하기 위한 형사 기록 삭제권, 형사사법참여권, 피고인 집행정보 제공제도를 도입하고 있다. 자동고지시스템을 도입하여 피해자의 알 권리를 보장하고 있는 주도 있다. 나아가 피해자에 대한 정보고지를 보다 명확히 하기 위해 피의자 권리고지에 활용되는 '미란다 권리카드'에 대응하여 피해자 권리카드를 마련하여 사용하자는 주장도 등장하고 있다.[84]

---

82) 허경미, 앞의 책, 2023, 118쪽.
83) 오영근, 앞의 논문, 7쪽 이하.

3. 참여할 권리와 진술할 권리

참여할 권리는 피해자가 사법절차에서 배제되지 않게 하여 사건 당사자로서 사법 진행 상황을 파악하게 한다. <표 6>에서 살펴본 바와 같이 미국 앨라바마, 플로리다, 캔자스주 등에서는 재판부가 피고인의 권리 보장과의 충돌을 이유로 헌법과 법률의 범위 내에서 또는 증거 법칙적 제한의 범위 내에서 피해자 참여를 허가한다.[85] 즉, 피해자의 참여가 피고인의 헌법적, 법률적 권리와 조화되지 않는 경우 피해자의 배제를 허용하며, 다른 증인으로부터 오염되지 않도록 일부 참여를 제한하기도 한다.[86] 또한 미국은 형 집행과정에서 피해자에게 가석방 정보를 제공하는 방법으로 청문절차 시 피해자의 참여할 권리를 보장하고 있다. 이때 참여는 직접 참석하여 구술로 피해에 관한 의견을 진술할 수도 있고, 서면으로 가석방에 관한 의견을 밝힐 수도 있다. 미국은 실무상 녹음테이프나 비디오테이프 제출을 집행절차에서 활용하고 있다.

피해자의 진술할 권리는 피해자 권리 확장 운동에서 가장 중핵이 되는 권리로서 사법절차에서 범죄에 의해 인간의 존엄성을 침해받았고, 그 사건의 당사자로서 있음을 확인받는 권리이다. 피해자의 진술 할 권리의 유형은 두 가지로 구별할 수 있으

---

84) 미란다카드에 대응한 피해자 권리카드 모델에 관해서는, http://nvcap.org/

[Victims' Rights Card Model]

We are sorry that you have become a victim of a crime. As a crime victim, you are entitled to specific rights. You have the right to:

- Be treated with dignity and respect.
- Be notified of all critical proceedings and developments in your case.
- Be notified of the status of the alleged or convicted offender.
- Be present at all hearings at which the defendant is entitled to attend.
- Be heard at critical proceedings
- Restitution to be paid by the offender in cases that result in a conviction.
- Reasonable protection from the alleged or convicted offender before, during, and after the trial.
- Apply for victim compensation in cases involving violent crime (for more information call [list number for compensation information]).
- Information about and referrals to services and assistance.
- Right to pursue legal remedies if your rights are violated.

85) Kansas Constitution Article 15.

86) 이영돈, 앞의 논문, 14쪽 이하.

며, 하나는 피해자 영향 진술(A Victim Impact Statement, VIS)로 피해자가 범죄로 인해 어떠한 영향을 입었는지 진술하는 제도이다.[87] 다른 하나는 피의자 또는 피고인에게 결정될 형량, 집행에 대해 피해자의 견해를 밝히는 피해자 의견 진술(A Victim Statement of Opinion, VSO)이다.[88] 피해자의 진술할 권리의 보장은 형사사법에서 재판부가 피해자에 대한 배려와 관심을 가짐으로써 피해자에게 사법신뢰를 높여준다는 점에서 긍정적인 의견과 피해자의 감정적 진술로 인해 과도하게 영향을 받아 가혹한 처벌을 가져오고, 이로써 양형의 불균형을 초래할 수 있다는 우려가 상존하고 있다.[89]

4. 검사와 상담할 권리

피해자는 당해 사건에 관하여 검사와 상담할 권리를 갖는다. 피해자가 검사와 상담할 권리에는 검사가 피해자의 의견을 듣는 것, 검사와 절차에 관하여 상의하거나 협상할 권리가 포함된다. 미국은 버지니아, 테네시, 루이지애나, 일리노이 등 <표 6>에서 보는바와 같이 11개의 주 헌법에 검사와 상담할 권리를 명문으로 규정하고 있다.[90] 코네티컷 주의 경우 검사와 상담할 권리 이외에도 검사와 피고인 간의 유죄합의에 반대하거나 찬성할 권리까지 규정하고 있다. 그러나 실무상 '검사와 상담할 권리'가 피해자 권리로서 보장된다고 보기에는 무리가 있고, 수사과정에서 참고인 조사의 일환으로 편의가 제공되는 경우라 볼 수 있다. 또한 우리의 경우와 마찬가지로 미국은 2차 피해를 방지하기 위해 피해자에 관한 참고인 조사 이외에 피해자 협조가 필요한 경우 전화나 이메일을 활용하여 피해자의 의견을 청취하고 있다. 즉, 수사기관인 검찰이 피해자와 사건에 관하여 실체적 진실 발견을 위해 협의하고, 2차 피해를 사전에 방지하기 위해 협조하는 것이다.

---

87) 미국의 형사절차는 사실심리와 양형조사로 나눠져, 피해자 영향진술 대신 피해자 영향에 관한 증거(victim impact evidence)를 판결전조사보고서에 기재하도록 하는 경우가 있다. 이는 우리의 경우 양형조사관이 재판부에 양형조사보고서를 제출하는 것과 유사한 것이라 할 수 있다.

88) Douglas E., Beloof, "Constitutional Implications of Crime Victims as Participants", Cornell L. Rev. 88, 2002, 282쪽 이하.

89) 정연욱, 앞의 논문, 84쪽.

90) 버지니아, 테네시, 루이지애나, 일리노이, 미시간, 텍사스, 위스콘신, 네바다, 아이다호, 뉴멕시코, 알래스카.

5. 배상받을 권리

1984년 레이건 대통령의 전폭적인 지지 하에 연방 정부 차원에서 「범죄피해자법(VOCA)」이 통과되었다. 범죄피해자법은 가해자로부터 징수한 형사 벌금을 피해자에게 보상해 주는 내용을 골자로 하고 있었다. 또한 당시 지역 차원에서도 피해자 회복 시스템을 구축하기 시작하였다. 1985년에 범죄피해자 기금이 6,800만 달러에 이르게 되었고, 국립 피해자 센터[91]가 출범하였다. 당시 피해자 원상회복에 대한 논의가 미국 사회 내에서 국가책임 측면에서 강력히 대두되었으며, 국제연합은 '피해자 정의의 기본원칙과 국가와 지역의 피해자 보호 체계 구축'을 선언하기도 하였다.

입법의 방식이 조금씩 다르나 미국 모든 주에서 피해자에 대한 배상을 명령할 수 있는 제도를 도입하고 있다. 배상명령 규정은 피해자에 대한 손해배상을 가능하게 한다는 점과 조속한 배상으로 형량을 감축시키는 기회를 부여하여 범죄피해에 대한 책임감을 일깨우고 조속한 사회복귀를 꾀할 수 있다는 점을 고려한 제도라 할 수 있다.[92] 미국 각 주의 교정당국은 가해자에게 배상금 지급을 유도하거나 징역에 따른 임금, 조세환급금 등을 직접 집행하여 피해자를 원상회복시키는 역할까지 담당하기도 한다.[93]

또한 미 연방 및 주 정부는 범죄로 인하여 부정한 이익을 박탈하는 '범죄수익몰수 제도'를 통하여 부정한 이익을 취득한 자에게 몰수를 하고, 이렇게 몰수된 재산으로 피해자의 재활과 원상회복, 재범방지 프로그램 비용으로 사용하고 있다.[94]

6. 불합리한 지체로부터 자유로울 권리

피해자는 절차상 신속한 처리를 진행 받을 수 있는 권리를 가진다. 앞서 살펴본 <표 6>과 같이 미국 내 코네티컷, 버지니아, 켄터키, 테네시, 미주리, 네바다, 사우스다코타, 아이다호, 뉴멕시코, 애리조나, 알래스카주 등이 신속한 절차진행과 관련

---

91) The National Victim Center (renamed the National Center for Victims of Crime in 1998) 가 출범하였고, 1998년에 범죄피해자센터로 명칭이 변경되었다.
92) 김광주, 앞의 논문, 31쪽.
93) 오영근, 앞의 논문, 9쪽.
94) 이는 일명 뉴욕주의 Son of Sam's Law의 영향을 받아 연방 정부가 형사소송법에 특별몰수 명령제를 도입하여 범죄수익을 몰수하도록 하면서 도입된 것이다.

된 권리 규정을 주 헌법에 두고 있다. 이는 절차 지연으로부터 오는 피해자의 고통을 감경하고자 하는 것을 본질로 한다. 예컨대, 피고인의 재판 연기 신청이 있는 경우 재판부는 불합리한 지연이 발생할 수 있는지에 관하여 피해자에게 미치는 영향과 피해자 측의 의견을 고려하는 것이다. 특히, 미국 법원은 피해자가 아동, 노인, 성폭력 범죄피해자의 경우 신속하게 이를 고려하여 사건을 처리하고 있다.

7. 피해자의 사생활 비밀을 존중받을 권리

피해자의 사생활 비밀을 존중받을 권리란 피해자의 인적 사항이 법집행보고서, 법원파일, 재판기록을 비롯하여 재판 외 용도로 활용되거나 피해자의 동의 없이 노출되지 않도록 하여 피해자의 사생활 비밀을 보호하는 것을 의미한다. 이는 사건 기록상에 남겨진 피해자의 정보 노출로 인해 발생할 2차 피해를 예방하고, 원치 않은 정보의 공개로 피해자의 명예가 훼손되는 것을 방지하는 권리이다.

8. 피해자 - 가해자 대화프로그램 운영

미국은 피해자-가해자 대화 프로그램(victim-offender dialogue)을 운영하여 피해자의 손해회복을 시도하고, 회복적 사법의 방법을 수사부터 형 집행과정까지 도모하고 있다. 일종의 화해제도로서 경미한 재산범죄를 원칙으로 하나,[95] 예외적으로 폭력 범죄의 경우에도 대상이 된다. 피해자는 자발적으로 이 프로그램에 참여하여 자신의 의견을 밝힐 기회를 갖게 되고, 가해자는 능동적으로 반성할 기회를 얻게 된다. 자발적으로 진행되는 대화프로그램은 피해자가 겪고 있는 고통을 스스로 해소할 수 있는 점에서 형사사법보다 큰 만족과 피해보상을 받을 가능성을 높여준다는 점에서 장점이 있다.[96] 다만, 화해의 달성이 가해자의 의지에 의존한다는 한계가 존재한다.[97]

---

95) 피해자와 가해자 사이에 모든 문제를 회복적 사법으로 해결하기는 어렵고, 경미한 범죄에 한정될 수밖에 없다는 한계에 관한 설명으로, Adam, Crawford, and Jo Goodey, 『Integrating a victim perspective within criminal justice: International debates』, Ashgate Pub Co, 2000, 193쪽 이하.
96) 이윤호, 앞의 책, 307쪽.
97) 김광주, 앞의 논문, 31~32쪽.

9. 피해자 - 가해자 조정

피해자나 가해자가 법원이나 집행단계에서 보호관찰기관으로부터 권유받아 형사
사건의 합의를 도출하는 피해자-가해자 조정프로그램으로 독일 사례와 같이 운영
되고 있다. 조정프로그램에서 법원의 화해권고결정과 유사하게 집단선고(Circle
Sentencing),[98] 가족집단선고(Family Group Sentencing),[99] 화해권고법원(Peace
Maker Courts)을 시도하고 있다. 사법시스템을 활용하여 당사자 간 갈등을 조정하
여 합의에 이르게 한다.[100] 피해자 - 가해자 조정제도는 분쟁을 조기에 해결하고,
추가적인 2차 피해를 예방하는 등의 장점이 있다. 다만, 조정사항의 이행 여부가
화해제도와 마찬가지로 가해자에게 달려 있다는 한계(이른바, 참여인 수용성의 한계)
가 존재한다.

IV. 시사점

1. 입법방식과 보호주체의 다양화

미국은 '연방과 주'로 피해자 보호 입법이 이원화되어있지만, 피해자의 주체적 관
점에서 8가지의 권리 유형을 명확히 규정하고 있다는 점이 특기할 만하다. 우리의
경우 형사소송법에 피해자 진술권을 규정하고 있을 뿐 구체적 권리 유형에 대한 독
립적 입법이 없어, 피의자 또는 피고인의 권리에 비하면 피해자의 경우 권리로서의
성격이 약하고, 실무상 권리 보장 정도가 미미한 편이다. 미국의 사례와 같이 우리
도 피해자 권리가 산재해 있는 형사소송법과 범죄피해자 보호법을 통합하여 입법적
으로 단일한 법체계로 정비할 필요가 있다.

또한 미국은 경찰, 검찰 또는 법원과 같은 3가지 권력기관 이외에 형 집행기관인

---

98) 양형써클이라는 용어로 번역되기도 하며, 이는 캐나다에서 활용되던 것으로 지역사회, 피
해자, 가해자 등 관계인의 적절한 요구를 화해 과정에서 다루는 것을 의미한다. 이에 관한
소개로, 사법정책연구원, 『형사재판에서의 회복적 · 치료적 사법에 관한 연구』, 2021, 26쪽
이하.

99) 가족 집단 협의(Family Group Conferencing)로 설명하기도 한다. 법원행정처, 『외국사법
제도연구(13) - 각국의 회복적 사법제도 - 』, 2013, 1쪽.

100) 허경미, 앞의 책, 2023, 114쪽 이하.

교정기관을 통하여 피해자 보호를 도모하고 있다. 교정기관은 수형자의 재사회화를 담당하는 기능과 함께 피해자의 회복을 도모하는 기능을 담당할 수 있다는 점에서 우리도 교정기관의 역할을 재검토할 필요가 있다.

우리의 경우 교정기관의 피해자 보호 역할에 관한 규정이 제대로 마련되어 있지 않고, 그 역할이 주목받지 못하고 있다.

따라서 ① 수형자의 출소 정보가 피해자에게 피해자 동의조건부로 통지될 수 있는 제도를 마련하고, ② 가석방과 같이 조기출소의 경우 가석방심의위원회에 피해자가 참여하고 의견을 진술할 기회를 보장할 수 있어야 한다. 또한 ③ 미국 교정기관이 활용하고 있는 교육방법이나 피해자 — 가해자 대화 프로그램을 우리의 경우에도 시범 실시해 볼 필요도 있으며, ④ 교정기관 외의 처우인 보호관찰소를 통한 사회 내 처우의 경우에도 피해자 회복의 관점에서 피해자 보호가 이뤄져야 할 것이다.[101]

2. 고지받을 권리의 내실화

미국의 경우 미란다 원칙에 대응하여 '피해자 권리카드'를 도입하여 피해자에게 피해자의 권리를 상세히 고지하고 있다. 그러나 우리의 경우 사건절차에 대한 통지권은 형사소송법에, 피해자 권리 및 지원에 관한 정보제공은 범죄피해자 보호법에서 나눠서 규정하고 있고, 나아가 범위와 절차가 명시되어 있지 않다. 단지 실무상 수사 결과 통지 시 피해자에게 안내서를 교부하는 정도이다.[102] 피해자를 실질적으로 보호하려면 미국과 같이 피해자 권리 정보가 신속하고 정확하게 안내될 필요가 있으므로 피해자의 신청이 없더라도 우선적으로 권리안내가 이뤄지도록 하고, 피해자의 권리행사는 스스로 선택하도록 보장할 필요가 있다.[103]

---

101) 오영근, 앞의 논문, 10쪽 이하.

102) 수사결과 통지시 범죄피해자 구조신청제도, 의사상자예우 등에 관한 제도, 범죄행위의 피해에 대한 손해배상명령, 가정폭력·성폭력 피해자 보호 및 구조, 무보험 차량 교통사고 뺑소니 피해자 구조제도, 국민건강보험제도를 이용한 피해자 구조제도, 법률구조공단의 법률구조제도, 범죄피해자지원센터, 국민권익위원회 고충민원 접수제도, 국가인권위원회 진정접수제도, 수사심의신청제도, 수사중지 결정 이의제기 제도를 안내하고 있다. 이에 관해서는 대한법률구조공단, 『2023년 피해자 국선 변호사 전문화교육 자료』, 2023. 참조.

103) 같은 견해로 이영돈, 앞의 논문, 22쪽 이하.

3. 피해자 진술권 개선

미국의 피해자 영향 진술 제도와 같이 피해자 진술권을 세분화하여 피해자 의견 진술과 피해 영향 진술로 나눠서 적극적으로 보장할 필요가 있다. 우리의 경우 피해자 진술은 증인신문의 방법을 통해서 진행하고 있는데, 적어도 피해영향진술 부분은 증인이 아니더라도 객관적인 피해 영향을 재판과정에서 별도로 현출할 수 있는 부분이 필요하다. 따라서 사건 피해 당사자로서 피해 영향에 관해서는 진술할 수 있는 제도를 미국과 같이 별도로 법률에 명시적으로 마련할 필요가 있다.

4. 형사절차 참여규정의 구체화

미국의 경우 공판 전(前) 심리, 공판 등의 재판절차, 집행 절차까지 폭넓게 피해자의 참여가 인정되고 있다. 우리의 경우 범죄피해자 보호법에 각종 법적절차에 참여할 권리를 인정하고 있으나 구체적 범위에 대한 규정이 없어, 실제 수사 과정에 참여가 허용되지 않는 경우가 있고, 형 집행 과정에는 피해자의 의견이 반영되지 않고 있다. 미국의 경우와 같이 피고인의 권리를 침해하지 않는 범위 내에서 피해자의 권리 실현을 위한 참여를 보장할 필요가 있다.

5. 소결

미국의 경우 범죄피해자의 권리보장을 폭넓게 보장하고 있다. 우리의 경우도 범죄피해자 권리를 개별법령이 아닌 통합법령으로 정비하여 이른바 '범죄피해자 권리법' 체계하에서 범죄피해자 권리보장 제도가 운용되게 할 필요가 있다.

또한 미국과 같이 피해자 진술권과 관련하여 적어도 피해자 영향진술을 독자적으로 보장하여 사건 심리에 있어 참작할 필요가 있다. 그뿐만 아니라 수사기관부터 재판절차, 집행절차 전반에 관한 정보제공을 피해자에게 충실하게 제공될 수 있도록 해서 2차 피해를 방지하고, 피해자의 조속한 일상회복방안을 마련할 수 있도록 해야 할 것이다.

나아가 미국은 주 헌법에서 주의 피해자 보호의무를 일종의 국가목표조항으로 두고 있다. 특히, 메릴랜드, 위스콘신주에서 규정하고 있는 주의 피해자에 대한 보호와 존중의무는 우리의 헌법 개헌에 있어 도입을 고려할 수 있다.

제4절 | 독일

I. 피해자 보호 제도 연혁

독일의 피해자 보호제도는 국가가 범죄를 사전에 예방하지 못했다는 책임을 져야 한다는 사회국가적 이념에 근거하여 도입되었다.[104] 피해회복에는 민사상 손해배상 청구를 하는 방법과 형사소송법에 따라 공소 참가, 사인소추를 이용한 간접강제 등 선택할 수 있는 수단이 있으나 가해자 자력이 없으면 집행이 불가하여 결국 자력이 풍부한 국가가 책임을 져야 한다는 관념에 기초한다. 독일은 국가피해자 보상 제도를 시행하고 있는데, 주요 특징은 과실범을 제외하고, 고의에 의한 불법행위에 대해 보상을 시행하고, 연방사회보장법의 적용을 받아 제한된 금액만 보상한다는 점이다.[105]

독일은 1970년대 이전에 범죄피해자를 증거방법으로 이해하였다.[106] 즉, 피해자를 독립된 인격체로서 권리보장이 필요한 당사자로 보지 않았고,[107] 보호에 관한 논의도 미비하였다. 1976년 아나운서 에드아르트 찜머만(Eduard Zimmermann)에 의해 설립된 백색고리 연합(Der Weißer Ring e.V.)[108]과 1988년 10월에 설립된 범죄피해자보호협회에서 피해자 지원이 시작되었다.[109] 즉, 독일은 범죄피해자 피해 회복 논

---

104) 원혜욱, "범죄피해자 보호·지원제도의 개선방안", 피해자학연구 제25권 제3호, 한국피해자학회, 2017, 69쪽.

105) 원혜욱, 위의 논문(2017), 70쪽.

106) 범죄피해자의 지위를 증인으로 보는 시각이 미국에서 시작되었다는 견해로, Hans-Heiner, Kühne, "The position of the victim in German Criminal Procedings", 피해자학연구 제30권 제1호, 한국피해자학회, 2022, 216쪽 이하.

107) Joachim, Herrmann, 앞의 논문, 236쪽 이하, 이 연구에서는 게르만 시대와 카롤링거 시대에는 피해자가 고소인으로 소송절차의 시작과 진행을 결정했으나 국가 권력이 부상하면서 피해자의 적극적 역할이 상실되었고, 이후 1871년 고발권의 도입되고, 1877년 사적 기소 및 보조기소가 도입되었음에도 불구하고 피해자가 여전히 잊혀진 존재로 남아있다고 법제사적 분석을 한다.

108) 백색고리 연합(바이서링)은 독일 내 민간봉사단체 중 가장 큰 규모의 활동단체로 상담, 의료, 사법동행 등의 피해자 지원서비스를 제공하고 있다. 이에 관해서는 http://weisser-ring.de/

109) 원혜욱, 앞의 논문(2017), 75쪽 이하; 김재민, 앞의 책, 47쪽 이하.

의로 시작하여 피해자 권리보장 체계 논의가 확대되는 방향으로 전개되었다. 1976년 5월 「폭력 범죄피해자에 대한 보상법」(Gesetz über die Entschädigung für Opfer von Gewalttaten, OEG)이 제정되어[110] 범죄피해자의 경제적 피해를 우선적으로 회복하는 방법으로 피해자 권리 논의가 시작되었다. 이때 치료비, 재활치료 비용 등 복지차원의 급여가 폭넓게 지급되었다. 또한 이 법에는 외국인 범죄피해자에 대한 보상내용도 포함되어있었다.[111] 이후 1986년 12월 18일 독일의 "「형사절차에서의 피해자의 지위 개선에 관한 제1법률」(피해자보호법)"(Erste Gesetz zur Verbesserung der Stellung des Verletzten im Strafverfahren (Opferschutzgesetz: OSG) vom 18. Dezember 1986)이 제정되면서 정보에 관한 권리가 도입되었고, 형사소송법이 개정되어 피해자가 소송절차에 참여할 수 있는 권리들이 도입되었다(예를 들어, 소송참가, 부대소송).[112] 1992년에 소년법원법 제10조에 소년사건에서 가해자－피해자 화해제도가 도입되었고, 1994년에는 「범죄투쟁법」(Verbrechensbekampfungsgesetz)에 의해 형법 제46a조에서 가해자－피해자－조정제도가 도입되었다. 1998년에는 「증인보호법」(Zeugenschutzgesetz, ZSchG)에 비디오 등 기술을 사용하여 형사소송에서 신문할 때 취약한 증인을 최대한 보호하기 위해 영상진행에 관한 조항, 피해자에 대해 변호사의 조력 받을 권리의 보장 조항, 참가적 권리 조항이 도입되었다.[113]

　　2004년 6월에는 1차 피해자권리개혁법(Opferrechtsreformgesetz)을 통해 피해자의 지위가 더욱 강화되었다. 피해자의 알 권리를 보장하기 위해 피해자에 대한 형사 진행 정보통지제도를 도입하였고, 신뢰관계자동석제도를 통해 증인출석에 대한 부담을 경감시켰다.[114] 또한 가해자－피해자 조정(TOA)을 도입하였다. 이후 2009년 2차 피해자권리개혁법에서는 정보권과 피해자변호사제도에 의한 피해자 권리 강화, 피해자와 증인의 사생활 보호, 부대소송(공소 참가) 개편, 보상제도 개선 등의 내용이 담겨 있었다.[115] 2017년 3차 피해자권리개혁법에서 재판 전후 피해자에 대한 심리적, 법

---

110) https://www.gesetze－im－internet.de/oeg/

111) 박상민, "외국인 범죄피해자 보호·지원 제도에 관한 검토", 일감법학 제48, 건국대학교 법학연구소, 2021, 500쪽.

112) 오영근 외1, 앞의 보고서, 10쪽 이하.

113) Jorg－Martin, Jehle,(번역 원혜욱), "독일 피해자학의 신(新)경향", 피해자학연구 제9권 제2호, 한국피해자학회, 2001, 59쪽.

114) 김재민, 앞의 책, 51쪽.

115) 원혜욱, 앞의 논문(2017), 69쪽.

적 지원을 강화하는 내용이 마련되기도 하였다.

독일은 형사소송법 제406조f 제1항에서 피해자 변호사 선임권에 관한 일반 규정을 마련하고 있다. 또한 형사소송법 제406조h에서 '권리에 대한 통지'라는 항목에서 피해자에게 공소 참가제도에 의한 소송참가권, 변호사에 의한 조력 받을 권리, 재판에 참석할 권리, 소송비용구조수급권, 피해자보상청구권, 피해자구조수급권 등을 알려주도록 규정하고 있다.

독일은 주 헌법에 피해자의 권리를 국가목표로 규범화해야 한다는 논의가 있으며,[116] 범죄피해자 보호에 관한 입법이 계속되고 있다.

II. 보호제도의 구체적 내용

1. 범죄피해자의 권리

독일의 경우 범죄피해자의 권리를 헌법상에서 보장하지 않고, 형사소송법을 비롯한 개별 법령을 통하여 보호제도를 규정하고 있다. 독일의 범죄피해자의 권리는 주로 ① 정보권, ② 참여권, ③ 변호사에 의한 조력을 받을 권리, ④ 배상받을 권리로 나뉘진다. 범죄피해자는 사법절차에 대한 정보를 전달받을 권리가 있으며, 범죄피해자의 신청에 의해 절차의 중단, 기일정보, 공소사실, 법원의 판단을 희망하는 언어로 제공받을 수 있다(독일형사소송법 Strafprozeßordnung, 이하 StPO 제406조d 제1항). 또한 범죄피해자와 피해자 변호사는 법원에 소송기록열람 신청을 하여 정보를 제공받을 권리를 행사할 수 있다(StPO 제406조e).

범죄피해자는 수사를 비롯한 재판과정에서 자신이 선택한 변호사에 의한 조력 받을 권리가 있다. 피해자 변호사는 범죄피해자가 수사과정에서 2차 피해를 받지 않도록 동석하고, 필요한 경우 재판과정에서 신문까지 가능하다. 또한 범죄피해자에 가해지는 질문에 대해 이의할 수도 있는 등 보호에 기여할 수 있다.[117] 공소 참가 권한이 있는 범죄피해자에 대해서도 조력할 수 있는 법적 근거를 두고 있다(StPO 제406조h).

그 밖에 법원은 직권 또는 신청으로 범죄피해자에게 심리사회적 지원을 제공할

---

116) Jörg — Martin, Jehle(번역 원혜욱), 앞의 논문, 58쪽 이하.
117) Jörg — Martin, Jehle(번역 원혜욱), 위의 논문, 61쪽.

수도 있다.

또한 범죄피해자는 배상받을 권리를 가진다. 다만, 가해자가 자력이 없는 경우가 많고 국가의 범죄에 대한 책임을 고려하여 독일도 형사보상법을 마련해두기는 하였다. 그러나 지급요건이 지나치게 복잡하고, 기각의 사유가 매우 광범위하며 '형사보상제한법'이라는 비판이 있다.[118]

기타 독일의 보호제도의 구체적 내용은 항을 바꾸어 상술한다.

2. 항고와 재정신청

독일의 경우 우리와 같이 항고와 재정신청 제도를 마련하고 있다. 독일의 형사소송법상 항고(Beschwere)는 피해자인 고소인이 검사로부터 불기소처분 통지를 받은 날로부터 14일 이내에 상급 검사에게 할 수 있다(StPO 제172조 제1항). 검사가 고소인에게 불기소처분을 통지하지 않은 경우에는 항고기간은 진행하지 않는다(StPO 제172조 제2항). 피해자 아닌 고소인은 항고할 수 없으므로 불기소처분 통지의 대상은 되지 않고, 피해자인 고소인에게는 불복을 보장하기 위해 반드시 절차상 통지가 이뤄져야 한다.[119]

재정신청(Klageerzwingungsverfahren)은 상급검사에 항고한 사건의 기각결정에 관하여 법원에 기소여부에 관한 판단을 구하는 불복방법이다.[120] 피해자인 고소인은 항고기각 결정을 통지받은 날로부터 1개월 이내에 고등법원(Oberlandesgericht)에 재정신청 할 수 있다. 이때 항고기각결정 내용과 재정신청 절차가 고지되었어야 하며, 이를 고지하지 않는 경우는 재정신청 기간이 진행하지 않는다(StPO 제172조 제2항, 제4항). 재정신청은 사인소추 대상 범죄를 제외하며, 경제사건에 대한 기소유예, 법원의 동의를 얻은 조건부 기소유예 등도 역시 제외하고 있다(StPO 제172조 제2항, 제4항). 재정신청은 공소 제기의 근거가 되는 사실 및 증거방법을 기재해야 하고, 변호사의 서명이 있어야 한다(StPO 제172조 제3항). 법원은 공소 제기의 근거가 충분하지 않은 경우 기각결정을 하거나, 피의자의 의견을 청취 후 재정신청이 이유 있다고 인

---

118) Hans−Heiner, Kühne, 앞의 논문, 220쪽 이하.

119) 김정진, "독일의 형사사법에서의 피해자 지위에 관한 연구", 국외훈련검사연구논문집 제30집, 2015, 23쪽.

120) 김광주, 앞의 논문, 36쪽.

정되는 경우는 공소 제기 결정을 한다. 이때의 공소 제기 결정에 대해서는 검사는 그 결정에 따라야 할 의무를 지게 된다(StPO 175조).

3. 사인소추

독일은 범죄피해자가 형사절차에서 직접 공소를 제기하는 사인소추제도와 공소제기 절차에 피해자가 참여하는 공소참가제도를 마련하고 있다.

독일의 사인소추(Privatklage)는 독일 형사소송법 제374조에서 규정하고 있는 제도로서 사적인 성향이 강한 주거침입, 비밀 침해 등의 범죄와 같이 수사기관을 통하지 않고, 범죄피해자 스스로의 비용으로 직접 법원에 소를 제기하는 것을 말한다.[121) 사인소추인은 변호사와 동행하여 법정에 출석할 수 있고, 검사는 출석 의무가 없으나 법원이 검찰의 사건 인수가 필요하다고 인정하는 경우 검사에게 기록 제출을 요구할 수 있다. 이 경우 검사는 어느 절차에서나 공판절차를 인계받을 수 있다. 사인소추인은 민사소송에서 가압류 신청 시 담보 제공을 하는 것처럼 피고인에게 발생할 비용에 대해서 담보를 제공해야 하고, 이러한 담보제공 문제로 인해 실제 사인소추 이용률이 저조한 편이다.[122) 이에 대해 사전 화해 단계에서 화해가 성립되어 사인소추 단계까지 진행되는 경우가 많지 않고, 변호사 선임이 필요적이라 번거로운 점이 있으며, 유죄율이 낮아 소송비용부담을 해야 하는 점 때문에 범죄피해자의 경우 다른 방식의 구제가 논의되어야 한다는 주장도 있다.[123)

사인소추의 제도적 취지는 범죄피해자 보호를 하기 위해서 도입되었다기보다는 'minima non curat praetor(법관은 사소한 사건을 취급하지 않는다)'과 같은 로마법 원칙에 따라 기소법정주의의 예외를 둔 것이라는 평가가 있으며, 실제 이용률[124)과 승소율은 낮다.[125)

---

121) Hans−Heiner, Kühne, 앞의 논문, 217∼218쪽; 강석철, 『독일의 범죄피해자 형사절차 참여제도』, 2023년 제2회 형사법 아카데미, 대검찰청, 2023, 12쪽; 김정진, 앞의 논문, 25쪽.

122) Joachim, Herrmann, 앞의 논문, 240쪽에 따르면 독일의 경우 사인소추에 대해 승소가능성이 낮고, 폐지논의가 있다; 정연욱, 앞의 논문, 94쪽부터 95쪽까지.

123) 김정진, 앞의 논문, 29쪽.

124) 2021년 기준 총 412,440건의 구공판 사건 중 사인소추 심리 건수는 167건이라 한다. 이에 관해서는 강석철, 앞의 자료, 13쪽.

125) Hans−Heiner, Kühne, 앞의 논문, 218쪽.

4. 공소 참가(Nebenklage, accessory prosecution)

공소 참가는 우리 형사소송법에 없는 제도로서, 피해자 측이 공판절차에서 공소 참가인으로 검사 옆에서 검사와 유사한 참여권, 청취권 등의 고유한 절차상 권리를 갖는 제도를 의미한다.126) 이는 범죄피해자가 사법절차상 제3자가 아닌 당사자에 준하여 주체적으로 참여할 수 있는 제도라 할 수 있다.127)

주로 범죄가 중하거나 인적 피해가 심한 성폭력 범죄, 학대, 강도, 상해 등의 피해자가 공소 참가인으로 참여할 수 있고(StPO 제395조 제1항), 참가는 판결의 효력 발생 전까지 가능하다. 참가의 의사표시를 공소제기 전이라면 검찰, 공소제기 후라면 법원에 서면으로 제출해야 한다(StPO 제396조 제1항). 1989년 시행된 형벌 절차에서 피해자 보호 개선을 위한 법률 이후로 특별한 보호의 필요성이 있는 경우에는 피해자 변호사를 선정하여 변호사에 의한 조력을 보장한다(StPO 제397조a). 이때 피해자 변호사는 국비지원을 받을 수 있으며, 형사기록을 열람할 수 있고, 증거조사신청 또는 구제 신청을 법원에 할 수 있다.128)

공소 참가인은 피해자 변호사에 의해 조력 받을 권리, 소송기록 열람·복사권 등 범죄피해자의 일반적 권리 외에도 검사와 독립적인 상소 제기권, 재판부 기피권, 공판심리기일 출석권, 재판부 석명에 대한 이의제기권, 증거 신청권, 의견 진술권을 갖는다.

우리의 경우 범죄피해자는 증거방법의 지위를 갖고 있는 점에 비하여, 독일의 공소 참가제도는 피해자 스스로 공판절차에 참여하여 피해자 지위 강화에 실질적 역할을 하고 있다. 또한 재판과정에서 피해자 입장을 적극적으로 개진함으로써 피해자의 실질적 회복에도 기여할 수 있는 점에서 차이가 있다. 나아가 검사의 소극적인 공소 유지를 견제하고 적극적 소송수행을 요구하는 역할을 수행하기도 한다.129) 2021년 기준으로 총 412,440건의 구 공판 사건 중 6,713건의 범죄피해자 공소 참가가 이뤄

---

126) 김정진, 앞의 논문, 35쪽.

127) Andreas, Petritsch, "Die kontradiktorische Vernehmung", Karl – Franzens – Universität Graz, 2010, 7쪽; 형사소송법상 피해자는 단순 증인에 머무르지 않고, 다양한 권리를 행사할 수 있어 차이가 있다고 설명하고 있다.

128) Hans – Heiner, Kühne, 앞의 논문, 218~219쪽.

129) 김광주, 앞의 논문, 40쪽.

졌으며, 실무상 활용도가 상당하다.[130]

5. 부대 소송(부대 사소)

부대 소송이란 우리의 배상명령과 유사한 제도로, 형사절차에서 피해자 등이 피고인의 범죄행위로 인한 재산적 피해에 대해 청구하는 소송을 의미한다. 모든 범죄피해자가 가액 상관없이 청구가 가능하다는 특색이 있고, 그 범위가 적극적 손해 외에도 위자료까지 인정하고 있다.[131] 그러나 범죄의 대상이 모든 범죄행위로 되어 있고, 배상의 범위가 위자료까지 확대되어 있음에도 불구하고 형사재판 시 민사적인 판단을 기피하는 재판 실무로 인해 이용률이 저조하다고 한다. 우리의 경우 배상명령의 이용이 저조한 것과 맥락을 같이 한다.[132]

6. 가해자 – 피해자 화해

독일 형법 제46조a는 피해자와 합의가 이뤄진 경우 형벌을 감경하거나 벌금형을 면제할 수 있다고 규정하고 있다. 범죄를 범한 가해자가 피해자에게 화해를 성사시키기 위해 피해를 배상하거나 혹은 그에 이르기까지 진지한 노력을 다했다는 등의 사유가 인정되는 경우 형벌을 감경하거나 벌금형까지 선고할 수 있도록 하고 있다. 유죄가 인정되는 경우 집행유예 선고 시 피해배상을 위한 조건을 설정할 수도 있고(위 법 제56조b), 보호관찰 결정 시 피해회복에 관한 명령을 할 수도 있다(위 법 제59조a). 또한 독일 형사소송법 제153조a에서 피해자 배상 등을 조건부로 기소중지를 하기도 하며, 검사와 법원에 대해서도 형사절차 단계에 걸쳐 가해자 – 피해자 사이의 화해(Täter–Opfer–Ausgleich)를 시도해야 한다고 규정하고 있다(위 법 제155조a). 또한 검찰과 법원이 직접 화해를 시도하지 않더라도 제3의 조정 기관을 통해 화해 등을 의뢰할 수 있고, 민간기관일 경우 정보처리 내용 등을 규율하여 당사자 사이의 회복적 사법을 시도하고 있다(위 법 제155조b).

---

130) 강석철, 앞의 자료, 15쪽.
131) 최병호, "범죄피해자보호와 피해회복에 관한 연구", 고려대학교 박사학위논문, 2005, 233
～235쪽.
132) 최병호, 위의 논문, 234쪽.

7. 피해자 민간 지원

독일은 1976년 피해자보상법 의결과 동시에 민간단체인 백색고리연합(Der Weißer Ring e.V.)을 시작으로, 폭력피해여성의 쉼터인 여성의 집, 성범죄 피해 상담소 여울목(Wildwasser), 강간 피해여성을 위한 위기센터 라라(Rara) 등 범죄피해자 보호를 위한 민간차원 단체들이 광범위하게 활동하고 있다.

백색고리연합은 1976년 아나운서 에드아르트 찜머만(Eduard Zimmermann)을 중심으로 범죄피해자에 대한 초기대응부터 심리, 상담, 교육, 법률, 의료 지원, 범죄예방활동 등을 하기 위해 설립된 비영리 민간단체이자, 전국 규모의 피해자 지원조직이다. 전국에 약 3,000명 이상의 상근 자원봉사자가 봉사하고 있으며, 개인회원은 5만 명에 이른다. 특색은 국가 또는 주로부터 어떠한 재정적 지원을 받지 않고 독립적으로 운영된다는 점이다.[133] 현재 116 006이라는 피해자 전화제도를 통하여 오전 7시부터 오후 22시까지 익명의 피해자도 지원을 받을 수 있게끔 피해자 전화상담 제도를 운영하고 있다.[134] 빠른 피해자 지원으로 국가주도의 피해자 지원을 보충하는 역할을 하고 있다.[135]

백색고리연합 이외에도 민간단체로서 1988년에 창설된 범죄피해자보호협회가 있다. 범죄피해자보호협회는 전국적인 네트워크형 조직으로 전화상담, 면접상담, 심리치료, 피해자를 위한 위기개입, 소송 시 법정 동행, 중재 등의 지원을 하고 있다.[136]

Ⅲ. 시사점

독일의 경우 사인소추, 공소 참가 제도를 도입하여 피해자에 대한 절차상 지위 및 권리를 강화하고 있다. 이러한 점은 우리 입법에는 존재하지 않는 것으로서 입법 시 고려할 사항이 될 수 있다. 독일은 공소 참가 제도를 통해서 피해자의 지위를 강화함과 동시에 피해의 실질적 회복을 도모하고 있다. 한국도 2011년 7월 14일 독일의

---

133) 원혜욱, 앞의 논문(2017), 73~75쪽.
134) https://weisser-ring.de/
135) 이러한 백색고리연합의 활발한 활동으로 인하여 형사보상법 개혁이 이뤄지지 않고 있는 걸림돌이 되는 것 같다는 평가로 Hans-Heiner, Kühne, 앞의 논문, 222쪽.
136) 원혜욱, 앞의 논문(2017), 76쪽.

공소 참가제도와 유사한 형태를 도입하는 형사소송법 개정안(법무부안)이 입법 발의
되었으나 2012년 5월 29일 임기만료로 폐기되었다.[137] 이후 2014. 2. 6. 강창길 국
회의원이 대표 발의했으나 역시 임기만료로 폐기되었다.[138] 범죄피해자에 대한 국가
의 피해자 보호의무가 강조되는 상황에서 피해자의 적극적 지위를 인정하고, 그에
따라 절차에 참여할 권리를 보장하는 공소 참가제도는 우리 입법에서도 고려할 만한
것으로 생각된다.

더불어 공소 참가 제도가 도입되는 경우 피해자의 변호사 선정을 '필요적'으로 규
정하여, 피해자가 직접 법정에 출석하지 않더라도 공평한 진술 기회를 부여할 수 있
도록 해야 할 것이다.

또한 독일의 사례를 참고하여 피해자−가해자 화해에 대한 근거규정을 신설하여
원상회복 시 가석방 허가사유에 관한 한 요소로서 명문화하는 방안을 고려할 수 있
다. 또한 피해 전부 원상회복이 되는 경우 벌금형 선고 시 분납을 허가하는 방안도
고려할 만하다. 나아가 화해제도의 실효성을 확보하기 위해 공판조서에 화해성립에
관한 내용을 기재하게 하고, 미 이행시 별도의 민사소송 없이도 집행권원으로서 집
행이 가능하게끔 명문화할 필요가 있다.[139] 이로써 피해자가 사법 절차를 이중으로
겪음으로 인해서 오는 정신적 피해와 고통을 경감할 수 있을 것이다.

---

137) 의안번호 1812633 「형사사송법 일부개정안」 중 피해자 공판절차 참가제도 도입(안 제294
조의5부터 제294조의9까지 신설)을 포함하고 있었다. 참가제도를 도입하게 된 원인에 대
해서는 "1) 헌법이 범죄피해자의 재판절차 진술권과 범죄피해자에 대한 국가구조제도를
명시하여 피해자 보호에 만전을 기할 것을 규정하고 있음에도 불구하고 현재는 피해자가
재판절차에서 증인으로서 진술할 수 있도록 규정하고 있을 뿐 피고인이나 증인을 직접 신
문하는 지위 등은 인정하지 않고 있어 피해자의 형사재판절차에서의 권리가 미흡한 상태
임, 2) 살인, 상해, 교통사고, 약취·유인, 성범죄, 강도 등 범죄의 피해자, 법정대리인 또
는 이들로부터 참가의 위임을 받은 변호인이 해당 사건의 공판절차 참가를 검사에게 신청
한 경우 검사는 의견을 붙여 법원에 이를 송부하고 법원은 결정으로 참가를 허가할 수 있
도록 하며, 피해자측 참가인 또는 그 위임을 받은 변호인은 일정 범위에서 증인신문과 피
고인신문 및 의견 진술을 할 수 있도록 함"이라 하였다.
138) 의안번호 9287 형사소송법 일부개정안.
139) 오영근, 앞의 논문, 19쪽 이하.

> 제5절 | 일본

Ⅰ. 피해자 보호 제도 연혁

일본은 1960년대 전후로 소위 '피해자학'(被害者學)이 자국에 소개된 이래, 1980년 2월 피해자에게 경제적 지원의 방법으로 금전을 지급하는 「범죄피해자 등 급부금지급법(犯罪被害者 等給付金支給法)」이 제정되면서 피해자 보호에 관한 관심이 증가하였다.[140] 즉, 일본도 피해자 권리 보장체계보다는 피해자에 대한 보상체계가 우선하여 논의된 것이다. 당시는 고의에 의한 범죄 행위에 의해 사망한 피해자 유족 및 중상해를 입은 극히 일부 피해자에게 경제적인 면에서 급부금을 지급하는 것을 주된 골자로 규정하였고, 이는 헌법적 차원이 아닌 법률적 차원의 피해자 보호제도로 논의가 시작되었다.[141] 그러나 범죄피해자의 문제는 경제적 차원만으로는 해결하기 어렵고, 피해자 보호와 사법적 지원에 충실하지 못하다는 사회적 분위기가 조성되었다.[142] 금전적인 급부금 지원 이외에도 피해자의 사법절차에 관한 알 권리를 충분히 보장하기 위해 1995년 경찰청은 '범죄피해자대책요강'을 발표하여 수사상황과 피의자 정보를 제공하는 피해자연락제도를 도입하였고,[143] 이후 1999년 법무성은 범죄피해자에게 불기소의 이유 및 공판일정 등에 관한 정보를 제공하는 '피해자 등 사건 관련 통지제도'를 실시하였다.[144]

2000년 5월에는 「범죄피해자 등의 보호를 위한 형사절차상 부수조치에 관한 법률」이 제정되었고,[145] 「형사소송법및검찰심사회법의일부를개정하는법률」(이하 '일본 형

---

140) 범죄피해자 등 급부금 지급법이 제정된 이유는 1974년 미츠비시 중공업 빌딩 폭파사건으로 인해 사망자와 중경상자가 발생하여 범죄피해자에 대한 경제적 보상이 필요하다는 여론이 형성되면서다. 이에 관해서는 오영근 외1, 앞의 보고서, 11쪽 이하.

141) 淺野信二郎,「犯罪被害給付制度の基本的考え方」, 警察学論集33巻11号, 1981. 2, 1항 이하.

142) 원혜욱, 앞의 논문(2017), 63쪽 이하.

143) 阿部信三郎,「警察における被害者連絡制度」 警察学論集52巻5号, 1999, 47항 이하.

144) 오영근 외1, 앞의 보고서, 11쪽 이하.

145) 해당 법률에 관하여 상세한 내용에 관해서는 조상철, "일본의 새로운 피해자보호 관련법률에 관한 고찰", 해외연구검사연구논문집 제17집, 2001. 12, 24쪽 이하 참조;제정은 2000. 5. 12, 공포일은 2000. 5. 19, 시행일은 2000. 11. 1.이며, 국내에서는 약칭하여 '범죄피해자 보호법'으로 연구되고 있다.

사소송법'이라 한다) 개정으로 친고죄인 성범죄 고소기간을 철폐하였고, 증인부담완화조치(신뢰관계인 동석, 비디오 링크를 통한 신문)제도를 도입하는 한편, 공판에서의 의견진술제도를 도입하여 피해자의 재판상 진술권을 보장하였다.[146] 소년보호절차에서는 가정재판소 또는 조사관에 의한 피해의견청취제도를 도입하기도 하였다.[147]

2004년 12월 8일에는 「범죄피해자등기본법(犯罪被害者等基本法)」의 제정으로 피해자에 관한 일반법을 제정하여 피해자지원정책의 새로운 일대 전환기를 맞게 되었으며, 피해자 관계 기관 사이에 상호 연계와 협력의 기준과 근거를 마련하였다. 이에 따라 2005년 제1차 범죄피해자등기본계획을 시작으로 5년마다 범죄피해자등기본계획을 책정하고 있다.[148]

2006년 4월 10일에는 「종합법률지원법(總合法律支援法)」에 근거하여 법무성 산하에 비영리 공익법인이자 독립행정법인으로 사법지원센터를 창설하여 2006년 10월 2일부터 범죄피해자 지원을 비롯한 법률구조 사업을 실시하였다.[149]

2007년 갱생보호법에 따라 가석방 심리단계에서 피해자 의견진술청취제도, 피수용자 처우상황, 가석방, 가퇴원을 포함한 석방정보의 제공을 도입하였고, 2008년 피해자참가제도를 도입(피해자참가인이 독일과는 달리 사실조사에 관여 불가하고 상소권은 없음)하였다.[150] 그러나 범죄사실 이외의 정상에 관하여 증인에게 반대신문을 하거나 의견 진술에 필요한 범위에서 피고인에게 질문을 할 수 있다. 입법과정에서 피고인의 방어권을 침해한다는 강력한 비판이 있었으나, 절차상 검찰과 협의 후 피해자참가변호사를 통해 권한을 행사하는 방법으로 운영되고 있다.

---

146) 당시 피해자 진술권 보장으로 재판절차가 지연될 우려가 클 것이라는 비판이 있었으나 현재까지 제도는 그대로 유지되고 있다.

147) 우리의 경우는 실무상 소년보호사건이 비공개로 진행되어, 피해자변호사로 선임계가 제출되어도 기일에서 별도의 통지가 이뤄지지 않고 있으며 출석이 허가되지 않아 피해자의 절차상 참여가 어려운 상황이다.

148) 황태정, "일본의 범죄피해자구조제도 : 정책적·법적 시사점", 피해자학연구 제23권 제1호, 한국피해자학회, 2015, 267쪽; 제2차 범죄피해자기본계획은 2011년 3월에 수립되었다.

149) 일본 사법지원센터(본부와 도쿄를 제외한 지방지부는 변호사회 위탁방식 운영)는 정보제공업무, 민사법률구조, 형사국선변호, 범죄피해자지원, 사법과소대책, 수탁업무를 수행하고 있다.

150) 日本弁護士連合会(犯罪被害者支援委員会),「被害者の刑事手続への参加とリーガルアクセス」, 2021, 1쪽; 日本弁護士連合会(犯罪被害者支援委員会),「被害者の刑事手続への参加とリーガルアクセス」, 2021, 10쪽.

2009년부터는 피해자가 검찰의 불기소처분에 이의가 있는 경우 피해자가 신청하면 일반 시민 11명으로 구성된 검찰심사회가 불기소의 상당성을 판단하고 두 번의 심사에서 기소의결을 한 경우 재판소가 지정한 변호사가 검찰관으로서 피의자를 기소하여야 하는 '기소강제'를 일부 도입하고 있다.

법무성은 2019년 5월부터 2020년 2월까지 7회에 걸쳐 갱생보호를 통한 범죄피해자 시책에 대해 논의하였다. 당시 2007년 제정된 갱생보호법에 도입되었던 ① 피해자 등에 대한 통지, ② 의견 등 청취, ③ 심정전달, ④ 상담 및 지원에 대한 평가 및 개선방안을 중심으로 논의하였다.151) 그러나 형 집행절차에서 피해자에 대한 권리를 확대하더라도 형사사법절차에 당사자로 피해자가 관여하는 데 한계가 있었다.152)

1980년 이래 약 40년간 피해자 지원의 확대과정이 있었던 일본은 현재에도 피해자의 손해배상 실효성 제고문제, 지방자치단체에 의한 피해자 지원, 형 집행단계에서 피해자 관점 도입 등 우리의 논의와 유사한 상황이 전개되고 있다.153)

이하에서는 국가적 차원에서 피해자 지원이 활발히 이뤄지고 있는 일본의 피해자 보호에 관한 입법 및 실무상 특이사항을 살펴보고 우리 입법에 고려할 시사점을 확인하기로 한다.

II. 보호제도의 구체적 내용

1. 수사단계에서 피해자 보호

(1) 친고죄 고소기간 폐지

일본 형사소송법 제235조 제1항은 "친고죄의 고소는 범인을 안 날로부터 6개월을 경과한 때에는 이를 할 수 없다. 단, 다음에 열거하는 고소에 대하여는 그러하지 아니하다"라고 규정하고 있었다. 그러나 성범죄피해자의 경우 다른 범죄에 비해 극심한 정신적 충격을 받고 곧바로 고소 등의 절차를 진행하기에 무리가 있다는 비판이

---

151) 일본 법무부의 형사시설에서 피해자 관점을 도입한 논의 등 자료에 관하여, http://www.moj.go.jp/content/001224613.pdf

152) 阿部　千寿子, "矯正・更生保護における犯罪被害者 : 被害者施策及び加害者処遇両面からの考察", 同志社法學 72巻 7 号 [通巻417号], 同志社法學會, 2021, 636쪽 이하.

153) 太田達也, "日本における被害者学と被害者支援―過去・現在・未来", 피해자학연구 제30권 제1호, 한국피해자학회, 2022, 127쪽 이하.

있었고, 6개월 기간이 지나치게 짧고 오히려 가해자에게 유리하다는 논란이 있었다. 이러한 비판으로 2000년 5월 친고죄 중 성범죄에 대한 고소기간을 철폐하게 되었다.[154]

(2) 불기소처분에 대한 불복방법 – 검찰심사회

우리의 경우 검찰청법에 따른 항고제도를 통하여 검사의 불기소처분을 다투고 있으나, 일본은 1949년 제정된 「검찰심사회법」을 통해 불기소처분에 대해 불복절차를 규율하고 있다. 일본 검찰심사회는 일본의 형사사법제도에서 중요한 역할을 담당하는 기관 중 하나로, 검사(일본의 경우 검찰관이라 한다)의 수사결과를 검토하여 검사가 공소를 제기할지 여부를 결정하거나, 공소제기 이전에 추가 수사를 지시하는 역할을 한다.

검찰심사회는 법원과는 별개 기관으로 재판소 또는 그 지부 소재지에 8개의 지방심사회와 중앙 심사회로 설치되어 있고, 중의원 선거 인명부에서 무작위로 검찰심사원 11명(최소 3명)을 선출한다. 검찰심사회는 검사와 독립적인 지위에서 판단한다. 고소·고발인, 범죄피해자, 유족의 신청 또는 심사위원 과반수로 심사절차를 직접 개시할 수 있다. 검찰심사회는 불기소처분을 심사하여 기소상당, 불기소부당, 불기소상당의 의결을 하고 기소상당, 불기소부당 의결이 되면 검찰은 다시 수사한다. 2007년 검찰심사회법을 개정하여 검찰심사회가 기소의결한 사건에 대해 검사가 재차 불기소처분한 경우 재심을 통해 기소의결을 할 수 있게 하는 한편, 재판소가 지정한 변호사가 그 사건의 기소와 공소유지를 하게 하였다. 이는 수사절차에 시민의 사법참여를 폭넓게 허용하는 한편, 특히 수사기관의 수사권 남용을 견제하여 범죄피해자가 납득할 만한 결과 도출을 위해 신중한 처리를 하게 만들었다고 평가할 수 있다.[155]

(3) 불기소기록에 대한 피해자의 기록열람·복사권

불기소기록은 검사가 사건 관련자의 프라이버시, 관계사건의 영향을 고려하여 공익상 필요한 사정이 있다고 인정되는 경우 열람·복사를 허가하고 있다. 일본 법무성은 2000년 3월 23일 피해자 보호차원에서 교통사고 실황견분조서(한국의 실황조사

---

154) 김보현, "일본의 형사사법절차에서의 피해자의 지위", 해외연구검사연구논문집 제26집, 2011, 201쪽; 우리의 경우 2013년에 성범죄의 친고죄 규정을 폐지하였다.
155) 김보현, 위의 논문, 202쪽; 김광주, 앞의 논문, 45쪽 이하.

서) 이외의 불기소기록도 열람·복사를 허용하도록 하였다. 또한 민사소송에서 피해자가 권리행사에 필요한 경우에도 기록 열람·복사를 허용하고 있다. 이는 우리의 경우 피해자가 가해자를 상대로 손해배상소송을 하면서 입증책임을 다하기 위해 문서송부촉탁신청 등을 검찰청 상대로 하는 것과 유사하다고 할 수 있다.156)

또한 법무성은 2004년 5월 31일 불기소기록 중 공술조서(한국의 진술조서)에 대한 열람·복사 기준을 제시하였다. 열람·복사 시 ① 사생활 침해 우려가 있는 경우, ② 국가안보 저해 우려가 있는 경우, ③ 범죄 피의자나 피해자의 인격권을 침해할 우려가 있는 경우, ④ 타인의 명예를 손상시킬 우려가 있는 경우 등을 제외하고 공술자가 사망하여 민사소송에서 중요 증거를 확보하지 못하는 경우나 수사나 공판에 지장이 없는 경우, 목격자 등을 특정하는 데 필요하고 피해자에게 긴요한 증거가 되는 경우는 열람·복사를 허가하고 있다. 다만, 열람·복사가 피해자에게 유리하긴 하나 민사소송 제기 중일 때만 허용하여 소송을 포기한 피해자에게는 기록에 대한 정보접근권이 제한된다는 비판이 있고, 피의자가 사망한 사건기록의 경우 열람·복사가 불가하여 사건의 실체적 진실발견이 저해된다는 비판이 있다.157)

2. 공판단계에서 피해자 보호

(1) 범죄피해자 등에 관한 정보보호

일본 형사소송법 제290조의2 제1항158)은 피해자 등 또는 피해자의 법정대리인, 피해자 변호사의 신청이 있을 때 피고인 측의 의견을 들어 상당하다고 인정되는 때 피해자의 특정 사항(성명, 주소 등)을 공개 법정에서 밝히지 아니한다는 결정을 할 수 있다. 피해자가 사망하거나 중한 장애가 있는 경우 정보 보호를 위하여 그 배우자, 직계혈족, 형제자매가 신청할 수도 있다.159) 또한 공판과정에서 검사 또는 피고인이

---

156) 김보현, 앞의 논문, 203∼205쪽; 정연욱, 앞의 논문, 113쪽.

157) 高井 康行 等, "犯罪被害者保護法制解說 第2判", 2008, 53쪽(김보현, 앞의 논문, 205쪽, 재인용)

158) 일본 형사소송법 제290조의2 裁判所は〞次に掲げる事件を取り扱う場合において〞当該事件の被害者等（被害者又は被害者が死亡した場合若しくはその心身に重大な故障がある場合におけるその配偶者〞直系の親族若しくは兄弟姉妹をいう゜以下同じ゜）若しくは当該被害者の法定代理人又はこれらの者から委託を受けた弁護士から申出があるときは〞被告人又は弁護人の意見を聴き〞相当と認めるときは〞被害者特定事項（氏名及び住所その他の当該事件の被害者を特定させることとなる事項をいう゜以下同じ゜）を公開の法廷で明らかにしない旨の決定をすることができる゜

범죄 증명에 중대한 제한을 초래하는 경우가 아닌 한 피해자 특정사항이 노출되는 경우 재판부는 제지할 수 있다. 이를 따르지 않는 경우 재판부는 검사 또는 변호인의 각 지휘 감독권한이 있는 자에게 적당한 조치를 취할 것을 요구하는 방법으로 실효성을 담보하고 있다(일본 형사소송법 제295조).[160)]

(2) 피해자 진술과 증인 부담 경감조치

피해자 진술은 우리의 경우와 달리 원칙적으로 증인신문의 방식으로 이뤄지지 않는다. 즉, 증인으로 진술하는 부담을 완화하는 방식을 우선적으로 제도화하여 피해자를 보호하는 것이다. 이러한 방식은 피해자의 심정과 피해 상황을 피고인에게 재판 중 인식시켜 피고인 스스로의 반성을 유도한다. 이때의 진술은 양형에 관한 자료로 쓸 수 있으나, 범죄사실 인정을 위한 증거로 사용될 수 없다고 법률에 규정하고 있다(일본 형사소송법 제292조의2 제9항).[161)] 또한 재판부와 소송관계인은 피해자에게 의견 진술취지를 확인하기 위해 신문할 수 있으나, 이에 대해 성격상 반대신문이 행해지지 않고 있다.

한편, 피해자가 피해자 진술이 아닌 증인으로서 피해자가 출석하여 진술한 경우 부담이 가중되게 되는데, 종전 형사소송법은 이런 점들에 대한 고려가 없었다. 이후 2000년 5월 형사소송법의 개정으로 성범죄 등의 피해자가 공판정에 증인으로서 출석하는 경우 신뢰관계자의 동석(일본 형사소송법 제157조의2), 차폐시설의 설치 및 비디오 링크 방식의 신문(일본 형사소송법 제157조의4)을 신설하여 증인 진술의 부담을 완화하는 방법으로 피해자를 보호하고 있다.[162)]

2008년 12월 개정 형사소송법 시행으로 사실 또는 법률의 적용에 관한 의견 진술을 할 수 있게 되었으나 이는 증거로 사용되는 것은 아니었다. 다만, 일본은 피해자의 구형의견을 재판부에 의견 진술로서 제출할 수 있게 된 점에서 특색이 있었다.[163)]

---

159) 김보현, 앞의 논문, 208쪽; 위 결정 이후 실무상 '피해자'로 호칭되고 있다.
160) 김광주, 앞의 논문, 49쪽.
161) 조상철, 앞의 논문, 21쪽 이하 참조.
162) 김보현, 앞의 논문, 210~211쪽.
163) 이정민, 앞의 논문, 40쪽.

(3) 피해자 참가와 피해자 참가인을 위한 국선 변호사

일본의 경우 2008년 12월부터 피해자가 형사 절차에 직접 참여할 수 있는 참가제도를 시행하고 있다.[164] 형사소송에서 피해자 참가를 희망하는 피해자 등은 담당 검사에게 그 취지를 알려 재판소에 허가를 요구하고, 참가의 허가를 받으면 피해자 참가인의 지위에서 ① 형사재판절차에 있어서 공판기일에 출석하는 것(공판기일 출석권), ② 검찰관의 소송활동에 관여하여 의견을 진술하고 설명을 듣는 것(의견 진술권, 설명청취권), ③ 일정의 범위 내에서 증인에게 신문을 하는 것(증인신문권), ④ 일정의 범위 내에서 피고인에게 질문을 하는 것(질문권), ⑤ 사실 및 법률의 적용에 대하여 의견을 진술하는 것(의견 진술권)을 할 수 있다(일본 형사소송법 제316조의33). 일본도 소송절차상 범죄피해자에게 특별한 지위를 인정하는 것에 관하여 논란이 있었고, 용어도 참가인이 아닌 보조참가인으로 제안되기도 하였으나 피해자의 지위를 명확히 하기 위해 피해자 참가인으로 입법화되었다.[165]

피해자 참가인에 관한 소송행위의 허가는 범죄피해자를 종전 증인과 같은 제3자적 지위에서 당사자적 지위에 준하여 법적 지위를 인정하는 것이다. 또한 일본은 피해자를 위하여 변론을 할 수 있는 피해자 변호사에 관한 규정까지 마련하였다(일본 형사소송법 제316조의34). 이는 독일과 같이 범죄피해자의 변호사에 의한 조력 받을 권리에 관한 일반 규정이라고 보기는 어렵고, 피해자 진술을 보조하는 법률상 권리에 해당한다.[166] 또한 일본은 범죄피해자와 그 유족이 형사 사건에 적극적 참여할 기회를 부여함으로 사법절차 참여와 정보접근을 용이하게 하였으며, 피해자 명예회복을 비롯한 회복적 사법의 여건을 조성하고 있다.

일본은 2000년에 피해자 '민사법률부조'의 중요성이 부각되면서 「민사법률부조법」을 제정하여 국책 사업으로 민사법률구조가 이뤄지게 하였다. 그 후 변호사의 대도시 집중과 편재 등을 해소하기 위해 2004년 제정된 「종합법률지원법」에 근거하여 설립된 '일본 사법지원센터'가 2006년 출범하였다.[167] 이 센터는 '법테라스'라는 명

---

164) 피해자 참가제도의 도입 계기는 2004년 7월 일본 전국범죄피해자회를 기점으로 시작하였다는 설명에 대해서는 서혜진, 앞의 논문, 51쪽.

165) 이정민, 앞의 논문, 38쪽.

166) 서혜진, 앞의 논문, 50쪽.

167) 일본 사법지원센터(일명 법테라스) 홈페이지에서는 구체적 운영 이념, 목적과 업무 등을 설명하고 있다. 사법 서비스가 친근하고 이용하기 쉬운 사회가 되는 것을 목표로, 일본 사법제도 개혁의 일환으로서 2006년에 설립되었다. 이후 17년간 법률정보제공, 민사법률부조,

칭으로 불리며, 이는 우리의 대한법률구조공단[168]에 해당하는 기관으로 무료법률상담, 변호사비용 대납제도(민사법률부조)를 운영하고 있다.[169] 형사소송의 경우 피해자 참가인이 자력이 없는 경우 사법지원센터가 변호사를 지원한 후 재판소에서 이를 선정하여 국비 부담으로 '피해자 참가 국선 변호사제도'를 시행하고 있다. 또한 변호사가 없는 법률 사각지대에 대한 대책, 범죄피해자 원조 업무까지 지원하고 있다.[170] 전국 지방법원 본청 소재지 50곳에 사무실을 두고 있다. 법 테라스는 상근변호사와 계약변호사로 구성되고, 상근변호사는 계약변호사에게 피해자 국선, 피고인 국선 등 사건을 연결시켜 주는 허브 역할을 하고 있다.[171]

한편, 일본은 피해자 참가신청이 없더라도 범죄피해자 보호법상 '방청 배려'에 관한 사항을 2000년에 규범화하여 피해자가 법정 방청 시 보호받으면서 형사 절차에 참여할 수 있도록 하고 있다.[172]

(4) 손해배상명령과 형사화해

피해자의 피해 회복을 형사절차에서 통합적으로 구현하기 위해 일본 구 형사소송법에는 부대사소가 있었으나, 현행 형사소송법에서는 폐지되었다. 대신 일본은 형사기록을 조사하는 방법으로 형사재판에 이어 4회 이내의 심리에서 손해배상명령을 결정하는 손해배상명령신청제도를 2008년 도입하였다.[173]

국선변호관련, 사법과소대책, 범죄피해자지원과 각종 권리옹호사업에 관련된 관련 기관으로부터 수탁업무를 실시하였다. 새로운 사회 과제에도 대응하여 동일본 대지진 법률 원조, 대규모 재해의 피해자 법률 상담 원조, 인지 능력이 충분하지 않은 고령자 · 장애인 등에 대한 법률 상담 원조, 스토커 · 아동 학대의 피해자에 대한 법률 상담 원조를 하고 있다. 우리의 대한법률구조공단에 대응하는 법률구조기관이라고 할 수 있다. 보다 자세한 설명과 자료에 대해서는 링크를 참조, https://www.houterasu.or.jp/

168) 대한법률구조공단은 법률지식이 부족하면서도 경제적으로 법의 보호를 충분히 보호받지 못하는 사람들에게 법률상담, 변호사에 의한 소송대리, 형사변호 등의 법률적 지원을 하기 위해 1987. 9. 1. 설립된 법무부 산하 공공기관이다. 법률구조법 제8조에 근거를 두고 있으며, 이에 대한 상세한 설명은 아래 홈페이지 참조, https://klac.or.kr/

169) 廣渡 清吾, 『市民社会と法』, 放送大学教育振興会, 2008, 49쪽 이하; 대한법률구조공단, 『공익소송 및 법률복지 포럼』, 2023. 8, 103쪽.

170) 廣渡 清吾, 앞의 책, 2008, 71쪽 이하.

171) 廣渡 清吾, 위의 책, 2008, 72쪽 이하.

172) 김보현, 앞의 논문, 218쪽.

173) 이는 프랑스에서 유래되어 메이지시대에 도입되었다가 제2차 세계대전 후 현행 형사소송법에서 폐지된 부대사소에 준한다는 견해로, 太田達也, 앞의 논문, 129쪽 이하.

범죄피해자는 이로써 민사상 불법행위의 손해배상책임의 입증 책임(원고의 증명책임)으로부터 해방되어 형사재판 후 4회 이내 심리에서 손해배상액을 결정받을 수 있다. 이는 우리의 배상명령과 같이 형사사건 진행시에 통합적으로 진행되고 있다는 점은 유사한 면이지만 절차의 진행이 명목상이나마 형사절차와 분리되어있는 점이 특색이라 할 수 있다. 또한 화해가 성사되는 경우 그 내용이 공판조서에 기재되면, 그 기재가 재판상 화해와 동일한 효력을 갖게 된다.

그러나 우리의 배상명령과 마찬가지로 피해자가 손해배상명령을 통하여 집행권원을 확보한 후, 민사집행을 개시하더라도 가해자가 실질적 자력이 없는 경우는 무용지물이 될 수 있다. 즉, 범죄자에게 재산이 없으면 더 이상 재산상 피해회복은 불가능하게 되는 것이다. 종전에는 이 같은 결과에 대해 민사상 재산피해 회복인 경우 '어쩔 수 없다.'는 식으로 피해자가 당연히 결과를 받아들여야 했지만 현재는 실질적이고 실효적인 피해회복이 이루어져야 한다는 공감대가 형성되고 있다. 그 결과 2021년에는 '피해자의 관점을 반영한 교육'이 도입되어 피해배상을 위한 구체적 교육프로그램을 마련하기까지 하여 형사 처벌에 따른 수형생활이외에도 실제 민사적 피해회복을 위해 법률교육을 하는 등 제도적 차원의 노력이 계속되고 있다.[174]

또한 일본 범죄피해자 보호법 제13조 제1항은 형사 사건의 피고인과 피해자가 민사상 다툼에 관하여 합의가 성립하는 경우 진행 중인 형사재판 공판조서에 이른바 형사화해 내용의 기재를 신청할 수 있다고 규정하고 있다. 이는 진행 중인 형사사건에서 합의가 성립한 경우 민사상 화해와 동일한 효력을 인정하여 별도의 민사소송을 제기해야 하는 부담을 경감하기 위한 조치이다.[175] 공판조서에 기재된 합의 내용은 재판상 화해와 동일한 효력을 갖게 되고, 피고인이 이행하지 않는 경우 별도의 민사소송 없이 독자적 집행권원으로서 민사집행이 가능하다.

174) 刑事施設における,「被害者の視点を取り入れた教育」, 檢討会 각 자료, 이에 관해서는 https://www.moj.go.jp/kyousei1/kyousei05_00126.html
제1회 4차 피해자 관점 교육 브로셔에는 "被害者について十分な知識と理解を持ち, 受刑者の社会復帰に賛同している, 犯罪被害者支援団体のメンバーや犯罪被害者（その家族等）を刑事施設に招へいし, 受刑者に対し, 被害者（その家族等）の苦しみや心の傷について話していただいている。"이라 소개하고 있는데, 이는 범죄피해자에 대해 충분한 지식과 이해를 가진 수형자의 사회복귀에 찬동하고 있는 범죄피해자 지원단체의 멤버나 범죄피해자(그 가족 등)를 형사시설에 초빙하여, 수형자에게 피해자(그 가족 등)의 고통이나 마음의 상처에 대해 이야기하는 방식을 설명하고 있다.
175) 김보현, 앞의 논문, 240쪽.

3. 형 집행단계에서의 피해자 지원 - 회복적 사법의 방법

일본의 경우 형사재판을 통해 유죄 확정이 되었다 하더라도 피해의 완전한 회복이 이뤄지지 않은 점에 착안하여 형 집행단계에서 가해자와 피해자 사이의 피해회복을 시도하고 있다. 앞서 살펴본 바와 같이 소년원[176]을 비롯한 구금시설에서 ① 피해자 관점을 반영한 교육을 실시하기도 하며,[177] ② 형 집행단계에서 피해자 의견청취 및 심정전달제도[178]를 통하여 형 집행종료 시까지 피해자에게 정보전달(사건처리 결과, 공판기일, 형사재판결과, 신병상황, 출소사실 등) 및 피해회복 정도를 공유하고 있다.[179]

2005년 제정된 「형사수용시설법」에 이어 2014년 소년원법에 특별개선지도의 일환으로 '피해자 관점을 반영한 교육'을 시행하도록 규정하고,[180] 그 내용으로 배상 또는 속죄를 위한 구체적 행동을 촉구하고 있다. 일본 교정국 지도요령에 따르면, 가해자는 이 교육을 통하여 자신이 범한 범죄와 피해에 대해 재검토하여 가해자로서 중한 책임을 인식하도록 하고, 범죄피해자에게 생기는 신체, 정신 등 생활전반의 고충을 이해하게 된다.[181] 다만, 이 과정에서 사건 피해자를 등장시키지 않아 교육효과를 높일 수 없고, 일반적인 피해자에 대한 이해만 시킬 뿐이라는 한계를 가지고 있다.[182]

---

176) 소년원에서의 피해자 배려 관점에 따른 교육과 일본 내 소년법 적용 연령 인하 논의에 관하여는, 奧村正雄, "少年法の適用年齡引下げの是非をめぐる議論－犯罪被害者等への配慮の視点を中心に－", 同志社法学 69巻 7 号, 同志社法學會, 2018, 2861쪽 이하.
177) 일본은 형무소에서 매년 약 1000명 정도 피해자 관점을 도입한 교육을 이수하고 있다. 이에 관해서는 阿部 千寿子, 앞의 논문, 646쪽 통계 표1. 참조.
178) 일본은 피해자의 신청에 따라 심정전달제도를 운영하고 있으며, 이를 담당하는 것은 교정시설의 직원이고, 판단은 교정시설의 장이 한다. 신청제로 한 이유는 사건을 기억하고 싶지 않은 피해자의 의사를 존중하기 위함이다. 阿部 千寿子, 위의 논문, 659쪽.
179) 검찰청, 소년원, 형무소, 지방갱생보호위원회, 보호관찰소는 피해자에 대해 형사재판확정 후 가해자의 수형 중 처우에 관한 사항, 가석방 심리에 관한 사항, 보호관찰 중의 처우 상황 등에 관한 내용에 대해 통지를 하고 있다. 이에 관해서는 阿部 千寿子, 위의 논문, 647쪽.
180) 阿部 千寿子, 위의 논문, 640쪽 이하.
181) 미국에서의 Victim Awareness Program과 유사하다. 일본 피해자 관점 교육에 관한 상세한 설명에 대해서는, 新海 浩之, "我が国における長期刑受刑者の意識及び施設適応とその処遇に関する試論－実証研究を基盤とした分析－", 一橋大学審査学位論文 博士論文, 2016, 93쪽 이하.

나아가 구금시설이 피해 회복에 관한 정보를 확인할 수 없는 점을 감안하여, 2007년부터 가석방 심사 및 결정 시 피해자 의견을 청취할 수 있도록 하고, 피해자의 심정이나 요구를 피해자로부터 청취하여 보호관찰대상자에게 전달하는 '심정전달제도'를 입법하여 실질적으로 피해회복을 시도하고 있다.[183] 이에 대해 장기형을 선고받은 수형자인 경우 실제 피해회복이 어렵고, 오히려 수형자의 반발을 가져온다는 비판이 있으며, 대부분 피해자가 가석방을 반대한다는 점에서 심정전달제도의 실효성이 떨어진다는 논란이 있다.[184]

그러나 피해자의 의사를 최대한 반영하는 시스템을 구축하려는 형태를 갖춘 일본에서는 형 집행단계에도 피해자의 개입을 인정하여 조속한 피해회복을 촉진하고, 동시에 수형자의 온전한 사회복귀를 위한 회복적 사법을 시도하고 있다는 점에서 높게 평가할 만하다.

4. 피해자 경제적 지원

1980년 「범죄피해자 등 급부금 지급법」이 제정되어, 고의의 범죄행위에 의해 사망한 피해자 유족, 장해가 남은 사람, 중상병을 입은 피해자에 대해 ① 유족 급부금, ② 장해 급부금, ③ 중상병(가료기간이 1개월 이상이고, 입원기간 3일 이상, 정신질환은 3일 이상 근로 불가시 입원불요) 급부금을 지급하고 있다. 범죄 피해의 조기 경감을 통한 확대 방지와 회복을 위해 피해자의 수입과 피해 정도에 기초한 일시금을 일괄 지급하고 있다. 다만, 교통사고 사건과 같이 상당한 비율을 차지하고 있는 과실범을 제외하고 있어 개선논의가 계속되고 있다.

또한 일본 내각은 범죄피해자의 회복을 위하여 위로금·대부금 제도를 운영하고 있다. 일본 국내에서 발생한 범죄피해에 주로 지급하고 있으며, 국외 범죄피해의 경우 국외범죄피해자위로금을 별도 고정액으로 지급하고 있다. 2007년 4월 1일 이바

---

182) 이에 관한 같은 지적으로, 김혁, "일본에서의 교정처우·교정교육과 피해자 관여에 관한 최근 동향", 피해자학연구 제31권 제1호, 한국피해자학회, 2023, 41쪽 이하.

183) 太田達也, "矯正における被害者支援と犯罪者処遇の両立：刑及び保護処分の執行段階における心情聴取及び伝達制度と被害者の視点を取り入れた教育の課題", 法學研究：法律·政治·社会 95巻12号, 慶應義塾大学法学研究会, 2022, 143쪽.

184) 太田達也, "自由刑の執行過程における被害者の意見聴取及び伝達制度―修復的矯正·修復的保護観察への発展可能性を含めて", 山口厚ほか編, 高橋則夫先生古稀祝賀論文集（下巻）, 成文堂, 2022. 3, 903〜921쪽.

라키(茨城)현 이타코(潮来)시에서 해외범죄피해자 사망 시 위로금액으로 30만엔을 지급한 것을 시작으로 확대되고 있다.185)

5. 지방자치단체 및 민간단체 피해자 지원

일본의 경우 지방자치단체와 민간단체 중심으로 피해자 지원이 매우 활발하다. 일본의 지방자치단체들은 경찰과 협력체계를 구축하여 지방자치단체 조례를 제정하여 범죄피해자에게 적절한 지원이 제공될 수 있도록 하고 있다.186) 지방자치단체들이 일본 사법지원센터, 경찰과 연대하여 범죄피해자에 대한 정보제공을 적기에 제공될 수 있도록 하고 있다. 다만, 지방자치단체의 조례에 의한 범죄피해자 지원은 장기적 협력체계를 구축하는 데에는 한계가 있다.

일본의 민간단체는 1980년부터 민간단체의 피해자 지원이 활성화되었고, 1981년 범죄피해자구원기금이 마련되었다. 1983년 동경 강간구원센터가 출범하였고, 1991년 전국교통사고유족회가 출범하여 범죄 유형별 피해자에 대한 지원이 촉진되었다. 1993년 범죄피해자상담실이 설치되어 피해자에 대한 법률상담, 심리 상담이 본격화되었다. 1995년 7월 미토피해자원조센터, 1996년 3월 오사카 YMCA 피해자상담실이 활동을 개시하였으며, 1998년 폭력단 피해자구조기금, 전국피해자지원네트워크 등이 설립되어 활동하였다. 1992년 범죄피해자지원상담실을 설치하여 범죄피해자 상담 및 지원을 개시 이후 우리의 경우 범죄피해자지원센터와 같은 역할을 하는 1998년 전국피해자지원센터가 설립되었다.

1999년에는 '범죄피해자 권리선언'을 통해 "공정한 처우를 받을 권리, 정보를 제공받을 권리, 피해회복의 권리, 의견을 진술할 권리, 지원을 받을 권리, 재피해(再被害)로부터 지켜질 권리, 평온하고 안전하게 생활할 권리"를 공표하기도 하였다.187)

2001년 「범죄피해자 등 급부금의 지급 등에 관한 법률」 개정을 통해 피해자를 지원하는 민간단체가 제공하는 지원의 질과 수준을 유지 향상시킴과 동시에 경찰이 보유하고 있는 피해자의 개인정보를 민간단체에 제공할 수 있도록 하는 범죄피해자 등

---

185) 황태정, 앞의 논문(2015), 272쪽.
186) 滝澤依子, "第 2 次犯罪被害者等基本計画及び犯罪被害者支援要綱の制定について.", 警察学論集/警察大学校 編 65.1, 2012, 38쪽; 田村正博, "被害者及び被害者支援団体と警察との関係の在り方.", 警察学論集/警察大学校 編 65.1, 2012, 29쪽 이하.
187) 오영근 외1, 앞의 보고서, 12쪽 이하.

조기원조단체 제도가 도입되었으며. 전국 48개 중 47개가 조기원조단체로 지정되어 피해자를 지원하고 있다.

2006년 전국피해자지원네트워크가 설립되어 피해자지원에 관한 홍보와 계몽 교육 활동, 피해자 지원 단체와의 연계 등을 지원하고 있다.[188]

Ⅲ. 시사점

일본의 경우 2000년도 이후 피해자의 지위와 관련하여 적극적 권리 보장체계를 갖추고 있다. 2004년 범죄피해자기본법 제정 이후 그에 따른 '범죄피해자기본계획'을 매년 수립하여 피해자 보호 대책을 수립하고 발표하는 것이 특기할만하다.

수사단계에서 검찰심의회를 통하여 불기소처분에 대해 기소의 상당성을 판단 받아 실질적 불복을 보장하고 있는 부분은 우리의 경우 검찰항고제도를 마련한 점에서 큰 차이가 존재하지는 않는다.

공판단계에서 제3자적 지위가 아닌 당사자적 지위에 준하여 피해자 '참가'제도를 도입하고 있는 점에서 피해자의 사법적 지위를 일정한 제한 내에서 격상시킨 부분은 바람직한 조치라 할 수 있고, 우리 입법에서도 참고할 만한 부분이다.

절차상 진술권 관련해서 소년보호절차의 경우 피해자의견청취제도를 두어 피해자의 절차상 진술권을 보장한 부분, 가석방 심리단계를 비롯한 형 집행단계에서도 피해자 의견청취제도를 마련하여 피해자의 의견을 반영하고 있는 부분은 우리의 경우에도 입법에 고려할 수 있는 부분이다.

뿐만 아니라 피해회복에 관련해서 형사소송과 동시에 진행되는 손해배상명령신청제도, 피해자 관점을 반영한 형 집행교육, 피해자심정전달제도, 지방자치단체의 피해자 생활지원, 피해자참가변호사제도의 각 운영방법도 우리의 입법에 참고할 수 있다. 또한 구조금지급 대상과 관련하여 우리의 '중상해' 개념보다 완화된 '중상병'이라는 개념을 활용하여 치료기간이 짧은 경우에도 범죄피해자에 대한 구조금을 지급하고 있는 점, 구조금 제외범위가 좁은 점 등을 입법 시 반영할 필요가 있다.

---

188) 원혜욱, 앞의 논문(2017), 67쪽.

제6절 | 분석과 정리

제4장에서는 외국의 범죄피해자 보호에 관한 논의를 비교법적으로 검토하였다. 각국의 피해자 지위 및 권리에 관한 정책 흐름은 대체로 국가에 의한 피해자 손해보상제도로 출발하여 피해자의 권리를 국가적 차원에서 신장시키는 방향으로 전개됨을 확인하였다.

이미 상당수의 국가와 미국의 33개주는 범죄피해자의 권리를 헌법에 ① 국가(주)의 범죄피해자 보호의무를 규정하는 방법, ② 범죄피해자의 권리를 규정하는 방법, ③ 범죄피해자에 대한 국가(주)의 보상을 규정하는 방법 등으로 전개되고 있는 점을 확인하였다(제1절, 제3절).

또한 헌법에 명시적인 범죄피해자 규정을 두고 있지 않은 외국의 범죄피해자 보호제도를 정리하면 아래 <표 7>과 같다.

표 7 외국의 범죄피해자 보호제도

구분	영국	미국	독일	일본
헌법상 피해자 규정 유무	–	일부 주헌법에 도입	–	–
참여권	– 피해자 참여 존중	– 피해자 참여권 보장	– 공소 참가 – 사인 소추	– 피해자 참가, 피해자 참가를 위한 국선 변호사
진술권	– 피해자 의견 진술	– 피해자 영향진술, 피해자 의견 진술	– 피고인 퇴정 하의 증인신문	– 피해자 의견 진술
회복권	– 8가지 보상체계	– 배상명령 – 국립피해자센터	– 부대 사소 – 가해자−피해자 화해	– 화해제도
정보접근권	– 피해자 정보 제공 서비스 – 피해자 연락 제도	– 피해자 통지시스템(VNS) – 가석방 정보 제공	– 형사절차 정보	– 피해자 통지 제도
기타	– 전국피해자보호단체연합회,	– 보호받을 권리(협박 등	– 백색고리 연합(바이서 링)	– 지방자치단체 피해자 보호

	증인보호협회 활동 -1990년 피해자 헌장 공표	가해행위, 2차 가해로부터 보호)	-피해자 변호사에 의한 조력받을 권리 명문화	및 지원 활성화 -법테라스 -전국피해자지원네트워크

영국은 피해자에 대한 보상의 종류를 세분화하여 규정하고 있으며, 충분한 피해회복을 위해 요건상 중복되는 경우에도 보상금을 지급을 하고 있다. 또한 국적 미보유자의 경우에도 보상시스템을 마련하여 자국 내 범죄피해자 보호에 대한 국가의무를 이행하고 있는 특색이 있다(제2절).

미국은 1970년 피해자 권리운동으로 일찍이 피해자 권리 신장에 관한 입법 활동이 전개되었다. 피해자의 절차상 진술권 보장에 관한 연방 헌법적 차원의 제정 움직임이 현재까지도 진행되고 있다. 미란다 원칙에 준하는 피해자 권리 카드의 제공과 고지 방식은 우리 수사관행 개선에 큰 도움이 될 것이다. 또한 피해자의 진술을 피해자 영향 진술과 피해자 의견 진술로 구분하여 진술의 유형을 세분화한 방식은 우리 입법에 고려할 수 있을 것이다(제3절).

독일의 경우 형사소송법상 범죄피해자의 변호사에 의한 조력을 받을 권리를 명문으로 규정하고 있고, 사인소추, 공소 참가제도를 도입하여 피해자의 지위를 당사자에 준하여 권리를 보장하고 있는 점이 특기할 만하다. 공소 참가를 통해 피해자의 진술권을 두텁게 보장하고 있는 점은 우리의 피해자 권리보장 논의에 있어서도 고려할 만하다. 민간단체인 백색고리의 활동 등은 우리의 민간단체 활동과 크게 다르지 않다. 피해회복의 관점에서 부대소송을 통해 정신적 손해배상 부분까지 일거에 해결하려는 경향은 우리의 제도 개선 시 참고가 될 수 있다(제4절).

일본의 경우 성범죄 친고죄 폐지, 피해자 참가인을 위한 국선변호인 제도를 도입하는 등 피해자 권리와 보호를 강화하고 있다. 일본의 경우 피해자 참가제도를 통해서 피해자를 단순히 사법 객체가 아닌 당사자로서의 지위를 인정하였다고 볼 수 있다. 또한 범죄피해자에 대한 법률구조를 위해 설립된 사법지원센터(일명, 법테라스)는 일본 사법개혁의 하나로 등장하여 피해자 조력을 해 오고 있으며, 우리의 경우와 비슷하다. 일본이 회복적 사법 달성을 위해 피해자의 의견을 사법절차 전반에 반영하는 시스템을 갖춘 것은 우리의 경우에도 참고할 만하다(제5절).

우리의 경우 범죄피해자에 관한 명시적인 헌법 규정을 갖고 있음에도 불구하고 피해자 보호에 관한 제도적 구현은 여전히 부족한 부분이 있음을 부인하기 어렵다. 앞서 살펴본 것처럼, 영국과 같이 피해자 보상급여를 다양화할 필요가 있다. 또한 독일의 공소 참가, 일본의 피해자 참가와 같은 모델을 도입하여 피해자를 당사자에 준하여 권리를 인정하고, 미국과 같이 피해자 진술의 유형을 분리하여 피해자의 의견 진술이 충분히 사법시스템에 반영될 수 있어야 한다.

다음 제5장에서는 앞서 살펴본 외국의 피해자 보호에 관한 논의를 기초로 범죄피해자 보호를 위한 제도적 구현에 관하여 분석한다.

제5장

범죄피해자 보호의 제도적 구현

제5장

범죄피해자 보호의 제도적 구현

범죄피해자 보호의 제도적 구현은 범죄피해자의 권리행사를 충분히 보장하고, 범죄피해자를 보호하는 목적을 달성하기 위한 기초를 마련하는 것을 의미한다. 범죄피해자 보호법에서 범죄피해자 제도보장과 관련하여 범죄피해자 보호·지원을 "범죄피해자의 손실 복구, 정당한 권리 행사 및 복지 증진에 기여하는 행위"라고 규정하고, 이에 관하여 범죄피해자가 인간의 존엄성을 회복하고, 일상 회복을 위한 방안을 규정하고 있다(법 제3조 제1항 제2호).

범죄피해자의 제도 논의는 범죄피해자의 권리에 관한 근거, 성격이 미약한 상황해서도 '범죄피해자를 보호해야 한다'는 패러다임하에 정책적 측면에서 계속되어 왔다. 그러나 이러한 제도 논의와 일부 개선에도 불구하고, 여전히 범죄피해자와 국민의 눈높이를 충족시키지 못하고 있다. 제5장은 '왜 제도가 있음에도 불구하고, 제도가 제대로 작동하지 못하는 가'에 관한 근원적 물음을 해결하기 위한 제도 개선논의이다. 범죄피해자 보호는 제도적 측면에서 권리의 신장뿐만 아니라 실질적 피해회복을 가져오는 것이어야 한다. 즉, 전통적인 응보형 사법제도에서 보기 힘든 가해자의 피해자에 대한 진지한 반성과 사과, 그에 따른 피해의 치유로 연결되는 회복적 사법으로 이어져야 한다. 이하에서는 범죄피해자 보호의 제도적 구현의 헌법적 목표가 될 수 있는 회복적 사법을 살피고, 범죄피해자 관련 제도를 분석한다.

> ### 제1절 │ 회복적 사법과 범죄피해자

Ⅰ. 회복적 사법의 의의

1. 회복적 사법의 개념과 목표

회복적 사법(Restorative Justice)이란 피해자와 가해자, 수사기관, 사법기관 등 사건 관계자, 지역사회 공동체 구성원이 사건 해결 과정에 능동적으로 참여하여 피해자 또는 지역사회의 물질적·정신적 피해를 회복하여 관계 당사자의 새로운 공동체 통합과 항구적인 평화, 정의를 찾아가는 방식에 관한 패러다임을 의미한다.[1]

회복적 사법의 개념은 미국 심리학자인 알버트 이글래시(Albert Eglash)가 '손해배상을 넘어 : 창조적 배상'이라는 글을 발표하면서 시작되었다.[2] 이 개념은 1990년 말 이후 헌법학, 형사법학, 피해자학계 등에서 두루 논의되어 왔다.[3] 회복적 사법의 논의에는 다음과 같은 내용이 전제되어야 한다. ① 인간은 존엄하고, 평등하며 피해자와 가해자는 대등한 지위여야 한다. ② 피해자와 가해자, 지역사회 공동체를 비롯한 구성원이 평화적으로 문제 해결을 할 수 있는 환경이 조성되어야 한다. ③ 피해자는 사법 절차에 희망하는 바에 따라 참여하고, 사법 정보에 관하여 정확히 파악하고 있어야 한다.[4] ④ 회복적 사법의 과정은 '피해자에게는 회복을, 가해자에게는 사회복귀'를 도모할 수 있어야 한다.[5] ⑤ 범죄에 대한 책임을 사회구성원이 법 이외의

---

1) Howard, Zehr, Harry Mika, and Mark Umbreit, "Restorative justice: The concept.", Corrections Today 59, 1997, 68쪽~71쪽; Howard, Zehr, 『Changing lenses:New focus for crime and justice』, Herald Press, 1990, 1쪽 이하; 노정환, "수사절차상 범죄피해자의 법적 지위 - 정의의 회복이론에 입각하여 -", 형사법의 신동향 통권 제16호, 대검찰청, 2008, 52쪽 이하; 이재영, 『회복적 정의 세상을 치유하다』, 피스빌딩, 2021, 98쪽; 회복적 사법은 문제가 발생하기 전으로 되돌리는 것이 아니라 올바르게 돌려놓는 것을 의미한다.

2) Albert, Eglash, "Beyond restitution: Creative restitution.", Restitution in criminal justice, 1977, 91쪽 이하; 이 글에서 알버트 이글래시는 정의를 응보적 정의, 분배적 정의, 회복적 정의로 구분하여 설명하였다.

3) 서혜진, 앞의 논문, 22쪽.

4) Daniel W., Van Ness, and Strong, Karen Heetderks, "Restoring justice: An introduction to restorative justice", Anderson Publishing, 1997, 24쪽; 회복의 과정에서 피해자와 가해자가 적극적으로 참여한다는 점에서 특색이 있다.

5) 처벌이외에 피해자의 욕구가 고려되어야 한다는 내용은 Howard, Zehr, 『The big book of

영역에서 해결할 수 있는 방법도 고려할 수 있어야 한다.[6]

이러한 전제하에서 대표적으로 회복적 사법이 실현될 수 있는 형태는 조정 (mediation) 프로그램과 화해(reconciliation) 프로그램이라 할 수 있다.[7] 회복적 사법 은 처벌 지향적인 형사사법절차에 관하여 반성하고, 이를 개선하여 공동체 구성원의 전인적인 치유를 도모하고자 한다.[8]

2. 회복적 사법의 전개 과정

회복적 사법은 뉴질랜드 마오리족 공동체나 호주 원주민 집단이 사회적 문제를 집단적으로 해결하는 데에서 시초가 있다고 알려져 있다.[9] 그러나 이는 교정시설을 사용하지 않고 집단적으로 싸우고 화해하는 식으로 문제를 해결했으므로, 오늘날 회 복적 사법보다는 응보적 사법 개념을 실현했다고 할 수 있다. 오히려 1974년 4월 캐 나다 온타리오주 엘마리아(Elmira)시에서 피해자-가해자 화해프로그램이 최초로 회 복적 사법 이념을 실무적으로 실현하였다고 평가할 수 있다. 당시 보호관찰관이었던 마크 얀츠(Mark Yantzi)가 비행소년들의 손괴 행위에 대해 피해자와 접촉하는 것이 회복효과를 가져올 수 있다는 의견을 법원에 제출한 것을 계기로 보호관찰 조건으로 피해배상명령이 내려졌고, 비행소년이 그 조건을 이행한 것이 최초의 시작이었다.[10]

restorative justice』, Good Books, 2015, 23쪽; 엄벌주의가 재범예방에 큰 효과를 거두지 못했다는 사고에 기초한다, Paul, Redekop, "Changing paradigms: Punishment and restorative discipline.", Herald Press, 2008, 39쪽.

6) 장규원·윤현석, "회복적 사법의 한계에 대한 고찰", 동아법학 제57호, 동아대학교 법학연구 소, 2012, 125∼127쪽에서 회복적 사법에 관한 전제사항을 설명하고 있다.

7) 피해자-가해자 조정·화해 프로그램이 형사사법의 대안으로 자리 잡기 시작하였다는 연구 로, Marilyn, Armour, "Restorative justice: Some facts and history.", Tikkun 27.1, 2012, 25∼65쪽.

8) 형사재판에만 주목하였던 사고를 탈피하여 가해자-피해자의 관계회복에 주목을 해야 한다 는 견해로, 諏訪雅顕, "刑事裁判における被害者参加制度の問題点-実務上真の被害者救済 になり得るものか-", 信州大学法学論集 第15号, 信州大学大学院法曹法務研究科, 2010, 87쪽.

9) 사법정책연구원, 『형사재판에서의 회복적·치료적 사법에 관한 연구』, 2021, 15쪽.

10) Mark, Yantzi, 『Sexual offending and restoration』, Herald Press, 1998, 52쪽; 최초의 회 복적 사법 사례로 언급되는 이 사건에서 보호관찰관 마크 얀츠는 소년들을 피해본 이웃을 찾아가게 하는 안을 멕코넬 판사에 제안하였다; 가해자가 피해자를 대면했을 때의 충격에 대해서는 Russ, Kelly, "From Scoundrel to Scholar--: The Russ Kelly Story.", Russ Kelly Publishing, 2006, 23쪽 이하.

이를 계기로 1975년 캐나다 온타리오주에서 피해자－범죄자 화해프로그램이 출범하였다. 1985년에는 UN 총회가 채택한 범죄피해자 인권선언에서도 범죄피해자에 대한 배상과 회복이 주요한 과제로 논의되었다. 1990년대 전후로 유럽에서도 형사화해프로그램이 등장하였고, 1994년 미국 변호사협회(ABA)도 형사화해를 적극적으로 수용하였고, 1996년에 미국 법무부는 피해자－범죄자 조정프로그램에 대한 연구를 실시하기도 하였다.[11]

　우리나라의 경우, 2007년 12월 21일 소년법 개정으로 도입된 화해권고 제도가 회복적 사법의 제도적 시초라고 평가할 수 있다.[12] 법원은 소년의 품행을 교정하고, 실질적 회복을 위해 화해권고위원을 지정하여 화해 및 배상을 권고할 수 있다. 재판부는 가해자와 피해자 사이에 실질적 사과와 배상이 성립되어 화해가 성사되는 경우 이를 참작하여 경한 보호처분을 결정할 수 있다. 이와 더불어 2010. 5. 14. 법률 제10283호로 전부 개정된 「범죄피해자 보호법」은 형사조정제도를 도입하였다. 범죄피해자가 입은 피해를 실질적으로 회복하는 데 필요하다고 인정되면, 당사자의 신청 또는 직권으로 수사 중인 형사사건을 형사조정에 회부하여 조정이 성립되는 경우 각하 또는 경한 처분을 할 수 있는 제도를 마련하고 있다.[13] 민사소송으로 다룰 문제를 형사절차로서 악용하려 한다는 비판이 있기는 하나, 피해자 입장에서 신속한 회복과 일회적 분쟁해결을 도모한다는 점에서 형사조정 범위를 공소제기 이후인 법원

---

11) 김광주, 앞의 논문, 21~22쪽.

12) 소년법 제25조의3(화해권고) ① 소년부 판사는 소년의 품행을 교정하고 피해자를 보호하기 위하여 필요하다고 인정하면 소년에게 피해 변상 등 피해자와의 화해를 권고할 수 있다.
　　② 소년부 판사는 제1항의 화해를 위하여 필요하다고 인정하면 기일을 지정하여 소년, 보호자 또는 참고인을 소환할 수 있다.
　　③ 소년부 판사는 소년이 제1항의 권고에 따라 피해자와 화해하였을 경우에는 보호처분을 결정할 때 이를 고려할 수 있다.

13) 범죄피해자 보호법 제41조(형사조정 회부) ① 검사는피의자와 범죄피해자(이하 "당사자"라 한다) 사이에 형사분쟁을 공정하고 원만하게 해결하여 범죄피해자가 입은 피해를 실질적으로 회복하는 데 필요하다고 인정하면 당사자의 신청 또는 직권으로 수사 중인 형사사건을 형사조정에 회부할 수 있다.
　　② 형사조정에 회부할 수 있는 형사사건의 구체적인 범위는 대통령령으로 정한다. 다음 각 호의 어느 하나에 해당하는 경우에는 형사조정에 회부하여서는 아니 된다.
　　1. 피의자가 도주하거나 증거를 인멸할 염려가 있는 경우
　　2. 공소시효의 완성이 임박한 경우
　　3. 불기소처분의 사유에 해당함이 명백한 경우(기소유예처분의 사유에 해당하는 경우는 제외한다)

단계까지 확장할 것을 고려할 필요가 있다.14)

II. 회복적 사법의 논의와 범죄피해자

1. 범죄피해자 보호와 회복적 사법의 과제

회복적 사법은 범죄자로 하여금 스스로 반성할 기회를 부여하여 조기에 사건 종결을 가져와 피해자를 실질적으로 보호하는 결과를 가져다준다.15) 또한 피해자는 번거로운 민사소송을 거치지 않더라도 피해를 조기 회복하여 제도적 2차 피해를 줄일 수 있다. 나아가 사법기관의 미제 사건 처리율을 경감하여 국가의 범죄 대응역량 강화에도 종국적으로 기여한다. 이러한 회복적 사법 논의가 이루어지던 1980년대에는 본래 목적에 반하여 피해자 중심으로 운용되지 못하고, 징벌적 응보사법을 회피하고 가해자에게 지나치게 의존한다는 문제가 제기되기도 했다. 또한 교도소 과밀 수용과 사법기관의 업무 경감을 위한 도구(예를 들어, 기계적인 조정회부16))로 활용되면서 피해자가 또 다른 피해를 겪게 되는 문제도 있다. 그뿐만 아니라 비사법기관의 개입이 자칫 정형적이고 객관적이어야 하는 형사판단에 영향을 미치는 결과를 초래할 수 있다는 것도 고려하지 못했다.17) 즉, 전통적 형사사법에서의 응보의 역할이 무엇인지, 회복적 사법이 전통적 형사사법을 대체할 대안이 될 수 있는지 계속적으로 논의되어야 한다.

그러나 현재는 범죄피해자의 지위와 권리에 대한 관심이 높아지면서 어떻게 피해자 관점의 회복적 사법을 달성할 것인가에 대한 논의의 장이 열렸다. 따라서 헌법학에서도 회복적 사법은 범죄피해자 입장에서 최선의 결과가 무엇인지를 고려하는 한편, 양 당사자의 헌법상 기본권, 법률상 권리가 조화되는 가운데 달성될 수 있도록

---

14) 적어도 민형사상 경계에 있는 범죄로서 사기죄와 같은 재산범죄의 경우 법원단계에서 형사조정 도입을 적극적으로 고려할 필요가 있다.

15) 재범을 감소시키고, 피해자의 회복에 기여한다. Mark, Umbreit, "Restorative justice through victim−offender mediation: A multi−site assessment.", Western criminology review w 1.1, 1998, 1쪽 이하.

16) 필자가 경험한 가장 극단적 사례는 강간범죄피해자가 신변보호조치를 형사 사건 진행 중 받고 있었음에도 불구하고, 가사 사건에서 재판부가 조정기일을 통지하고 출석을 요구한 경우가 있다.

17) 김광주, 앞의 논문, 25~26쪽.

시도되어야 할 것이다.

2. 사법적 차원의 범죄피해자와 회복적 사법

범죄피해자에 대한 회복적 사법의 논의는 '피해자의 변호사에 의한 조력을 받을 권리'와는 떼어놓을 수 없다. 피해자 스스로 가해자와 사건 발생 이후 피해에 관해서 합의하거나 화해하기 어렵기 때문이다. 또한 범죄피해자가 범죄로 인한 직접적 피해 (1차적 피해) 이후에 형사절차에서 겪는 신체적, 정신적 고통을 비롯하여 원치 않은 진술의 강요로 인한 고충 등은 피해자 홀로 감당하기 어려운 부분이다.[18] 즉, 회복적 사법의 달성 여부는 피해자의 지위와 보호를 어떻게 구성하여 피해자를 회복시킬 수 있는지에 달려있는 것이다.

이 외에도 국가가 범한 국가범죄에서도 사법적 차원의 범죄피해자와 회복적 사법의 논의가 이루어지고 있다. 일본 위안부 사건, 강제 노역 사건, 삼청교육대[19] 피해자 사건 등이 현재까지 피해회복과 관련하여 사법적 분쟁이 계속되고 있다. 이는 이 책에서 본격적으로 다루지는 않으나 국가범죄가 회복적 사법의 주요 연구 대상이 되고 있는 점은 주지의 사실이다. 국가범죄로 인한 범죄피해자에 대한 실질적 회복은 사법기관의 사법 피해자에 대한 반성,[20] 국가범죄피해자에 대한 정부의 과거사에 대한 해결 의지, 보상 법률의 제정, 피해자의 명예회복 등이 방안이 될 수 있다.[21]

---

18) 서혜진, 앞의 논문, 22~23쪽.

19) 삼청교육대 사건은 1980. 7. 29. 국가보위비상대책위원회가 사회악 일소 및 순화교육을 명분으로 입안되어 계엄사령관의 조치로 시작된 것으로, 군·경이 별도의 체포·구속영장 없이 6만여 명의 대상자를 검거하고 그중 약 4만 명을 삼청교육대에 수용해 순화교육, 근로봉사, 보호감호를 실시하였고, 그 와중에 다수의 사망자와 부상자가 발생하였다.

20) 과거사정리위원회 조사결과, 법원에서 재심을 통하여 무죄를 선고하고 있는 상황에서 前 대법관 박시환은 사법부의 통렬한 사과와 반성을 촉구하기도 하였다. 새얼문화재단에 기고한 글 말미에 "나 자신으로 돌아와 살펴보면 뭐라 할 말이 없다. 무엇이 어떻게 부족했는지조차도 알 수 없다. 좀 더 철저히 고민했어야 하며, 좀 더 오래 깊이 준비했어야 하며, 좀 더 끝까지 포기하지 말고 애썼어야 하지 않았을까 하는 말로 사죄의 말을 대신하고자 한다."라고 하여 사법부의 일원이었던 경험에서 과거사 피해자에 대한 반성의 마음을 글로써 담은 바 있다. 이에 대한 내용에 관해서는 박시환, "사법개혁에 관한 회고", 황해문화 통권 제81호, 새얼문화재단, 2013, 513~514쪽.
이 밖에 사법부에 관하여 2008년 당시 이용훈 대법원장이 과거 권위주의 정권 시절에 선고된 판결들에 대해 사과한 정도뿐이어서 통렬한 성찰이 필요하다는 시론으로, Michael Stolleis(이종수 옮김), 앞의 책, 16쪽.

21) 피해자의 명예회복을 시도하는데서 과거청산 과제가 시작해야 한다는 주장으로, 이종수,

따라서 회복적 사법의 실현 방법과 관련해서 적절한 사법 방어권의 행사와 심리적 안정감의 확보, 합의 절차에서 원만한 문제 해결 도모, 피해자의 헌법과 법률상 권리 보장, 사법 불신 해소를 위해 피해자를 조력할 피해자 변호사의 역할이 매우 중요한 과제가 된다고 할 수 있다. 이러한 과제 해결을 모색하기 위해 이하에서 범죄피해자 제도의 쟁점들에 관하여 살펴본다.

제2절 | 사법절차 내의 범죄피해자 구제 제도

Ⅰ. 범죄피해자에 대한 존중과 배려

수사 절차에서 피해자의 협조는 가장 중요하다. 피해자의 진술이 수사의 단서가 되기도 하고, 성범죄의 경우 가장 유력한 증거가 되기도 한다. 그러나 수사 절차에서 피해자에 대한 빈번한 소환, 중복된 질문, 반인권적 조사 등은 피해자에게 제도적 2차 피해를 가하기도 한다.[22] 한편, 피해자에 대한 어떠한 수사정보 통지나 참고인 조사가 없는 경우 가해자에 대한 합당한 처벌이 불가능한 경우가 있다. 즉, 수사 절차에서 실체적 진실을 발견하고, 정당한 형벌부과를 위해서는 피해자에 대한 권리 보장과 2차 피해로부터의 보호라는 2가지 과제가 모두 달성될 수 있어야 한다. '피해자 보호'라는 중요한 가치는 수사과정에서 조사 빈도보다 절차적으로 피해자에게 안전을 담보하는 진행에 따라 실현된다.[23] 단 한 번의 조사라도 피해자의 특성에 부합하지 않는 경우 수사 자체가 2차 피해가 될 수 있기 때문이다. 따라서 범죄 발생 후 피해자에 대한 존중과 배려가 사건 처리에 유리할 수 있으며, 조속한 피해회복을 가져올 수 있다는 점을 유념해야 한다.

공판 절차에서도 피해자의 명예와 감정이 상하지 않도록 충분히 배려할 필요가

"재심제도와 사법권 ― 과거청산의 과제를 중심으로 ―", 헌법학연구 제14권 제4호, 한국헌법학회, 2008, 78쪽 이하.
22) 도중진·박광섭, "형사사법절차에서의 범죄피해자 지위강화를 통한 범죄피해자 참여 실질화 방안", 국회입법조사처, 2013. 8, 5쪽 이하.
23) 김태경, 앞의 책, 131쪽.

있다. 피해자의 지위를 증인과 같은 증거방법으로 이해하여 실체 진실을 발견하기 위해 지나치게 피해자를 몰아세워 추궁을 해온 관행으로 2차 피해를 입혀 왔기 때문이다.[24]

Ⅱ. 범죄피해자에 대한 절차별 보호

범죄피해자는 범죄 피해 발생 후 2차 피해로부터도 보호받아야 한다. 범죄 피해 발생 후 2차 피해는 가해자, 수사기관, 사법기관, 언론 등을 통해 범죄피해자의 사생활 비밀을 해치거나, 명예를 훼손하는 등 인간의 존엄성을 침해하는 양상으로 전개된다. 범죄피해자의 추가 피해를 방지하고 조속한 일상 복귀를 위한 회복적 사법 달성을 위해 범죄피해자의 보호는 충분히 보장되어야 한다. 이하에서는 사법절차의 각 단계별로 범죄피해자 보호에 관하여 검토한다.

1. 수사절차상 범죄피해자 보호

수사 과정에서 피해자에 대한 정보보호가 이루어지지 않아 2차 피해가 발생하기도 한다. 이를 방지하기 위해 형사소송법 제198조는 인권을 존중하고, 수사과정 중 취득한 비밀이 유출되지 않도록 해야 한다고 규정하고 있다.[25] 이는 피의자, 피해자를 비롯하여 수사 진행 중 지득하게 된 모든 사람에 관한 정보에 적용된다. 또한 특정범죄신고자 등 보호법은 범죄가 흉포화되면서 범죄피해자가 보복범죄를 우려하여 범죄신고를 기피하는 현상이 발생하자 이를 해결하기 위해 제정되었다. 이 법은 제7

---

24) 수사 및 공판 과정에서 피해자 관련 조사 관행에 관한 지적으로 이은영, 『법 여성학 강의 (제3판)』, 박영사, 2011, 216쪽 이하.

25) 형사소송법 제198조(준수사항) ① 피의자에 대한 수사는 불구속 상태에서 함을 원칙으로 한다.
② 검사·사법경찰관리와 그 밖에 직무상 수사에 관계있는 자는 피의자 또는 다른 사람의 인권을 존중하고 수사과정에서 취득한 비밀을 엄수하며 수사에 방해되는 일이 없도록 하여야 한다.
③ 검사·사법경찰관리와 그 밖에 직무상 수사에 관계있는 자는 수사과정에서 수사와 관련하여 작성하거나 취득한 서류 또는 물건에 대한 목록을 빠짐 없이 작성하여야 한다.
④ 수사기관은 수사 중인 사건의 범죄 혐의를 밝히기 위한 목적으로 합리적인 근거 없이 별개의 사건을 부당하게 수사하여서는 아니 되고, 다른 사건의 수사를 통하여 확보된 증거 또는 자료를 내세워 관련 없는 사건에 대한 자백이나 진술을 강요하여서도 아니 된다

조 내지 제9조에서 피해자의 정보보호를 위해 인적사항 기재 생략, 인적사항의 공개 금지, 신원관리카드의 열람 허용 및 제한 규정을 두고, 성폭력범죄의 처벌 등에 관한 특례법 제23조에서 이를 준용하도록 명시하고 있다.

또한 사법경찰관리 집무규칙 제7조에서는 기밀을 엄수하며, 피해자의 명예를 훼손하지 않도록 규정하고 있다. 범죄피해자의 신상정보 유출로 인한 2차 피해를 방지하기 위해 수사 진행 시 범죄피해자는 범죄수사규칙 제176조 제1항에 따라 가명을 선택할 수 있다.[26) 피해자가 가명 사용을 희망하는 경우 수사기관은 수사기록 편철 시 피해자의 실명을 제거하고, 가명조서를 작성하여 피해자의 정보를 보호하게 된다. 또한 피해자의 성명, 연령, 주소, 직업 등의 신원을 알 수 있는 인적사항을 기재하지 않을 수 있다. 또한 수사 자료의 문서 송부 시 피해자에 관한 정보를 비실명처리하고 있다. 형사소송은 전자소송이 전면 실시되지 않아 실무관이 수정테이프나 수작업으로 지우기도 하고, 전산화된 기록 일부에 한하여 열람·복사 신청 접수 시 전산작업을 통해 피해자 정보를 삭제 후 제공하고 있다.[27)

2. 재판절차상 범죄피해자 보호 : 영상 녹화물의 증거능력과 증인신문

(1) 문제제기

2003년 「성폭력범죄의처벌및피해자보호등에관한법률」 개정으로, 13세 미만 성폭력 피해자에 대한 진술내용의 녹화 및 그에 대한 증거능력 부여 규정을 신설을 하였다 (법 제21조의2 제2항, 제3항). 이후 영상물에 수록된 19세 미만 피해자의 경우 조사 과정에 동석하였던 신뢰관계인, 피해자 국선 변호사를 비롯한 진술조력인의 법정진술에 의해 성립의 진정이 인정된 경우 증거능력이 인정될 수 있도록 규정하고 있었다 (법 제30조 제6항).

---

26) 군 사건의 경우 군사경찰 범죄수사규칙제정 국방부훈령 제234조에서 피해자 인적사항 기재 생략을 규정하고 있다.

27) **[경찰 단계]**
「범죄수사규칙」(경찰청훈령 제1057호, 2022. 6. 20. 발령·시행) 제176조제1항 및 「피해자 보호 및 지원에 관한 규칙」(경찰청훈령 제1063호, 2022. 10. 7. 발령·시행) 제23조에 근거하여 인적사항을 기재하지 않을 수 있다.
[검찰 단계]
「범죄피해자 보호 및 지원에 관한 지침」(대검찰청 예규 제1250호, 2021. 12. 3. 발령·시행) 제17조제1항·제2항에 근거하여 피해자의 이름, 주소, 신상정보를 노출할 우려가 있는 사항에 관하여 기재하지 않을 수 있다.

그런데 헌법재판소는 원진술자(피해자)에 대한 피고인의 반대신문권을 제한하는 성폭력범죄의 처벌 등에 관한 특례법 제30조 제6항에 대해 피고인의 방어권을 과도하게 제한하여 과잉금지원칙에 반한다고 보아 재판관 6:3 의견으로 위헌결정을 선고하였다(이하 '이 사건 결정'이라 한다).[28] 이는 종전 헌법재판소 2013. 12. 26. 선고 2011헌바108 결정의 입장[29]을 변경한 것이었다.

이 사건 결정으로 미성년 피해자의 2차 피해 방지에 관한 대책과 논란이 불거졌고, 소송 실무에서 부득이 미성년 피해자가 법정 출석을 해야 하는 문제가 발생하게 되었다. 이러한 문제를 해결하기 위해서 헌법재판소의 반대 의견에 주목할 필요가 있고, 이하에서 이 사건 결정을 비판적으로 검토한다.

(2) 이 사건 결정

1) 사건의 개요와 헌법재판소의 결론

청구인은 2010년부터 위력으로 13세 미만 피해자를 수차례 추행하였다는 등의 범죄사실로 1심 및 항소심에서 징역 6년 등을 선고받았다.[30] 청구인은 1심에서 각 영

---

28) 헌법재판소 2021. 12. 23. 선고 2018헌바524 결정; 이 사건은 미성년자 부분만 위헌결정이 선고된 것이고, 소송상 미성년자 본인이 재판에 출석하여 진정성립을 하면 해바라기센터 등에서 촬영한 영상녹화물 CD는 증거능력이 인정된다.

29) 헌법재판소는 아동·청소년의 성보호에 관한 법률 제3조 등 위헌소원(소위 '성폭력범죄 피해아동 영상 녹화물' 사건)에서 "동석한 신뢰관계인의 성립인정의 진술만으로 성폭력 피해아동의 진술이 수록된 영상 녹화물의 증거능력을 인정할 수 있도록 규정한 구 '아동·청소년의 성보호에 관한 법률'(2010. 4. 15. 법률 제10260호로 개정되고, 2012. 2. 1. 법률 제11287호로 개정되기 전의 것) 제18조의2 제5항 중 "제1항부터 제3항까지의 절차에 따라 촬영한 영상물에 수록된 피해자의 진술은 공판준비 또는 공판기일에 조사과정에 동석하였던 신뢰관계에 있는 자의 진술에 의하여 그 성립의 진정함이 인정된 때에는 증거로 할 수 있다."는 부분(이하 '증거능력 특례조항'이라 한다)이 적법한 절차에 따라 공정한 재판을 받을 권리를 침해하는지"가 문제 된 사안에서 합헌결정을 선고한 바 있다(헌법재판소 2013. 12. 26. 선고 2011헌바108 결정).
이 사건에서 헌재는 ① 피해 아동이 법정에서 반복해서 진술함으로써 심리적, 정서적 외상과 충격을 방지하기 위한 목적의 정당성이 인정되고, ② 위 목적을 달성하기 위해 영상 녹화물에 신뢰관계인의 성립인정 진술로 증거능력을 부여하는 위 규정이 적절한 수단이 된다고 보았다. 나아가 이렇게 증거능력을 부여하더라도 ③ 피고인 측은 여전히 피해 아동을 증인으로 신청할 수 있고, 이 경우 피고인의 방어권이 보장될 수 있다고 하였다. 나아가 과학기술 발전에 따라 ④ 영상 녹화물의 왜곡 없는 진행 방법에 관하여 피고인이 탄핵할 수 있는 이상 피고인의 반대신문권이 증거능력 인정 자체로 무력화되지는 않는다고 보았다. 즉, 영상 녹화물의 증거능력 부여로 인해 피고인의 반대신문권 행사 기회가 박탈된다고 보기 어려운 이상 합헌 결정을 한 것이다.

상 녹화물에 수록된 피해자 진술에 대하여 증거 부동의를 하였으나 1심 법원은 조사 과정에 동석하였던 신뢰관계인들에 대한 증인신문을 통해 진정 성립을 확인하여 이를 유죄의 증거로 사용하였다. 항소심 법원도 같은 입장을 유지하였다. 이 과정에서 피해자를 증인으로 소환하여 신문하지는 않았다.31) 이에 청구인은 원심판결에 대해 상고하였고, 상고심 계속 중 성폭력범죄의 처벌 등에 관한 특례법 제30조 제6항32) 등에 관하여 위헌법률심판제청신청을 하였다. 청구인은 위 신청이 기각되자, 2018. 12. 27. 이 사건 헌법소원심판을 청구하게 된 것이다.

헌법재판소는 이 사건 '성폭력범죄의 처벌 등에 관한 특례법'(2012. 12. 18. 법률 제 11556호로 전부개정된 것) 제30조 제6항 중 "제1항에 따라 촬영한 영상물에 수록된 피해자의 진술은 공판준비기일 또는 공판기일에 조사 과정에 동석하였던 신뢰관계에 있는 사람 또는 진술조력인의 진술에 의하여 그 성립의 진정함이 인정된 경우에 증거로 할 수 있다." 부분 가운데 19세 미만 성폭력범죄피해자에 관한 부분(이하 '심판 대상 조항'이라 한다)이 헌법에 위반된다고 보았다. 당시 19세 미만으로 특정하고, "신체적인 또는 정신적인 장애로 사물을 변별하거나 의사를 결정할 능력이 미약한 경우"와 같은 장애가 있는 피해자의 경우는 심판대상에서 제외되었는데 이는 헌법소원심판청구의 전제가 된 대상 사건이 미성년 피해자에 대한 사건이었기 때문이다.33)

---

30) 대구고등법원 2018. 9. 5. 선고 2018노59 판결.

31) 헌법재판소 2021. 12. 23. 선고 2018헌바524 결정상 피고인이 영상녹화물을 증거 부동의한 사실은 확인이 되나, 피고인 또는 검찰이 피해자를 별도로 증인으로 신청하였으나 기각한 것과 같은 소송경과에 대한 내용은 확인할 수 없다.

32) 이 사건 심판대상은 '성폭력범죄의 처벌 등에 관한 특례법'(2012. 12. 18. 법률 제11556호로 전부개정된 것) 제30조 제6항 중 '제1항에 따라 촬영한 영상물에 수록된 피해자의 진술은 공판준비기일 또는 공판기일에 조사 과정에 동석하였던 신뢰관계에 있는 사람 또는 진술조력인의 진술에 의하여 그 성립의 진정함이 인정된 경우에 증거로 할 수 있다' 부분 가운데 19세 미만 성폭력범죄피해자에 관한 부분(이하 '심판대상조항'이라 한다)이 헌법에 위반되는지 여부였다.
[심판대상조항]
성폭력범죄의 처벌 등에 관한 특례법(2012. 12. 18. 법률 제11556호로 전부개정된 것)
제30조(영상물의 촬영·보존 등) ⑥ 제1항에 따라 촬영한 영상물에 수록된 피해자의 진술은 공판준비기일 또는 공판기일에 피해자나 조사 과정에 동석하였던 신뢰관계에 있는 사람 또는 진술조력인의 진술에 의하여 그 성립의 진정함이 인정된 경우에 증거로 할 수 있다.

33) 유사한 견해로 장애가 있는 피해자 부분이 제외되었다는 견해로 주현빈, "미성년 피해자 진술에 대한 증거능력 특례조항 위헌결정 사건에 관한 고찰", 젠더법학 제14권 제1호(통권 제 26호), 한국젠더법학회, 2022, 56쪽 이하; 그러나 위 논문에서 설명하는 것과 같이 장애가

2) 제한되는 기본권 – 공정한 재판을 받을 권리

헌법 제27조 제1항은 "모든 국민은 헌법과 법률이 정한 법관에 의하여 법률에 의한 재판을 받을 권리를 가진다.", 같은 조 제3항은 "모든 국민은 신속한 재판을 받을 권리를 가진다. 형사피고인은 상당한 이유가 없는 한 지체 없이 공개재판을 받을 권리를 가진다."라고 재판청구권을 규정하여, 명문의 헌법규정은 없으나 피고인에게 공정한 재판을 받을 권리를 보장하고 있다.[34]

공정한 재판을 받을 권리 속에는 신속하고 공개된 법정의 법관 면전에서 모든 증거자료가 조사·진술되고 이에 대하여 피고인이 공격·방어할 수 있는 기회가 보장되는 재판, 즉 원칙적으로 당사자주의와 구두변론주의가 보장되어 당사자에게 공소사실에 대한 답변과 입증 및 반증의 기회가 부여되는 등 공격·방어권이 충분히 보장되는 재판을 받을 권리가 포함된다.[35] 여기에 헌법 제27조 제4항의 무죄추정 원칙을 종합하면 피고인은 단순한 처벌대상이 아니라 절차를 형성하고 유지하는 당사자로서 검사에 대해 무기대등의 관점에서 보장된 기본권을 향유할 주체라고 보았다.[36]

피고인의 반대신문권은 헌법상 명문으로 규정하고 있지는 않으나 형사소송법 제161조의2에서 반대신문을 전제로 한 교호신문을 규정하고 있고, 제310조2에서 법관의 면전에서 진술되지 아니하고, 피고인에게 반대신문의 기회가 부여되지 아니한 진술에 대해서는 증거능력을 부여하지 아니하는 내용을 규정하고 있다(이른바, 전문법칙의 예외요건 규정).[37] 이에 더하여 형사소송법 제312조 제4항, 제5항[38]에서 피고인

있는 피해자 부분이 제외된 것을 장애인으로 통칭하기에는 무리가 있다고 보인다. 신체적 또는 정신적 장애로 사물변별할 능력이 없다고 하여 그 자체로 장애인임을 의미하지는 않기 때문이다.

34) 공정한 재판을 받을 권리가 명문의 헌법규정은 없으나 법치국가원리, 재판청구권 등의 보장 취지에 따라 헌법상 인정된다는 견해로, 김하열, 『헌법강의』(제4판), 박영사, 2022, 639쪽 이하.

35) 헌법재판소 2001. 6. 28. 선고 99헌가14 결정.

36) 헌법재판소 2012. 5. 31. 선고 2010헌바403 결정.

37) 형사소송법 제310조의2(전문증거와 증거능력의 제한) 제311조 내지 제316조에 규정한 것이 외에는 공판준비 또는 공판기일에서의 진술에 대신하여 진술을 기재한 서류나 공판준비 또는 공판기일 외에서의 타인의 진술을 내용으로 하는 진술은 이를 증거로 할 수 없다.

38) 형사소송법 제312조 ④ 검사 또는 사법경찰관이 피고인이 아닌 자의 진술을 기재한 조서는 적법한 절차와 방식에 따라 작성된 것으로서 그 조서가 검사 또는 사법경찰관 앞에서 진술한 내용과 동일하게 기재되어 있음이 원진술자의 공판준비 또는 공판기일에서의 진술이나

또는 변호인이 공판준비 내지 공판기일에서 원진술자를 신문할 수 있을 때 한하여 피고인 아닌 자의 진술을 기재한 조서나 진술서의 증거능력을 인정하도록 규정하고 있다. 이는 피고인에게 불리한 증거에 대해서는 형사소송법상 반대 신문할 권리를 보장하고 있는 것으로 헌법상 공정한 재판을 받을 권리를 형사소송절차에서 구현하는 것이라 할 수 있다.[39]

헌법재판소는 이 사건 심판대상 조항이 피고인의 반대신문권을 제한하고 있어, 이의 근거가 된 헌법 제27조에서 보장하는 '공정한 재판을 받을 권리'를 제한하는 것으로 보았다. 이 사건에서는 이러한 공정한 재판을 받을 권리의 제한이 헌법적 한계를 벗어난 것인지가 쟁점이 되었다.

3) 과잉금지원칙 위배 여부

가) 목적의 정당성 및 수단의 적합성

헌법재판소는 영상 녹화물을 이용한 조사 이후 공판과정에서 받을 수 있는 2차 피해를 막기 위한 것으로 이 사건 심판대상조항이 목적의 정당성이 인정된다고 보았다. 또한 영상 녹화물에 수록된 미성년 피해자의 진술의 증거능력을 인정함으로써 법정에서의 증인신문을 최소화한 것이므로 위와 같은 목적달성에 기여할 수 있어 수단의 적합성도 충족한다고 보았다.[40]

나) 피해의 최소성

헌법재판소는 2차 피해 방지가 성폭력 범죄에 관한 형사절차에 있어 매우 중요한 점이나 이에 못지않게 피고인의 공정한 재판받을 권리를 보장해야 한다고 하였다. 즉, 피고인에게 공격, 방어방법을 충분히 보장하면서 피해자의 추가적인 피해를 방

영상 녹화물 또는 그 밖의 객관적인 방법에 의하여 증명되고, 피고인 또는 변호인이 공판준비 또는 공판기일에 그 기재 내용에 관하여 원진술자를 신문할 수 있었던 때에는 증거로 할 수 있다. 그 조서에 기재된 진술이 특히 신빙할 수 있는 상태하에서 행하여졌음이 증명된 때에 한한다.

⑤ 제1항부터 제4항까지의 규정은 피고인 또는 피고인이 아닌 자가 수사과정에서 작성한 진술서에 관하여 준용한다.

39) 헌법재판소 1998. 9. 30. 선고 97헌바51 결정; 헌법재판소 2013. 12. 26. 선고 2011헌바108 결정; 헌법재판소 2021. 12. 23. 선고 2018헌바524 결정 등 참조.

40) 헌법재판소 2021. 12. 23. 선고 2018헌바524 결정.

지할 조화적인 방법을 갖추었을 때 해당 기본권제한입법이 피해의 최소성을 준수하
였다고 보는 것이다.[41]

우선 성범죄의 특성상 영상 녹화물에 담긴 피해자의 진술이 핵심증거인 경우가
다반사인데, 진술증거의 왜곡과 오류를 시정할 수 있는 효과적인 방법인 반대신문을
할 수 없고, 이를 대체할 만한 수단도 없다는 점을 주된 논거로 하였다. 또한 동석하
였던 신뢰관계인 등이 법정에 출석하여 진정 성립을 하는 경우에도 피해자와 달리
실질적 반대신문이 이뤄질 수 없어 피고인의 반대신문권 보장이 이뤄질 수 없다고
보았다. 나아가 법원이 직권 또는 신청으로 미성년 피해자를 증인 신문할 수 있으나
실제 법정에 피해자가 출석하여 증언을 하리라는 보장이 없으므로 이 역시 반대신문
권 보장이 어렵다고 보았다. 결국 영상녹화물에 담긴 진술증거에 관해 충분히 탄핵
과 반박의 기회를 갖지 못한 채 유죄판결을 받을 수 있어 피고인의 공정한 재판받을
권리의 제한 정도가 중대하다고 하였다.

다수 견해는 ① 수사절차부터 '증거보전절차'를 활용하여 피고인에게 반대신문의
기회를 부여하면서도 미성년 피해자의 반복된 진술로 인한 2차 피해를 적절히 방지
할 수 있다고 보았다.[42] 또 ② 비디오 등 중계 장치에 의한 증인신문제도 등이 마련
되어 있어 피해자가 법정 외의 증언실에 출석하여 중계 장치를 통해 증언이 가능하
므로 영상 녹화물의 증거능력을 현행과 같은 방식으로 인정할 필요가 없다고 보았
다. 즉, 피고인의 반대신문권을 보장하면서 피해자를 보호할 방법을 상정할 수 있음
에도 피고인의 반대신문권을 실질적으로 배제한 심판대상조항은 피해의 최소성을
갖추지 못하였다고 판단하였다.[43]

다) 법익의 균형성

다수의견은 심판대상조항이 달성하려는 2차 피해 방지 등의 공익이 제한되는 피
고인의 공정한 재판받을 권리, 반대신문권의 보장의 사익보다 우월하다고 단정 짓기

---

41) 헌법재판소 2013. 12. 26. 선고 2011헌바108 결정 참조; 종전 헌법재판소 반대 의견이 이
사건 결정의 다수 의견의 주된 논거로서 활용되었다.

42) 이 사건 헌법재판소 결정에 따라 법무부는 증거보전 활성화를 위한 개정안 등을 발표하였
다. 이에 관해서는 법무부 보도자료, 『미성년 성폭력 피해자 맞춤형 증거보전절차 도입－
「성폭력처벌법」 개정안 국무회의 통과 －』, 2022. 6. 29.자.

43) 헌법재판소 2021. 12. 23. 선고 2018헌바524 결정.

어려워 법익의 균형성을 갖추지 못하였다고 보았다.

4) 반대 의견(재판관 이선애, 이영진, 이미선)

반대 의견은 헌법 제27조가 정한 재판청구권, 그 중 '공정한 재판을 받을 권리'의 제한이 발생하는 심판대상조항이 헌법적 한계를 벗어난 지 여부에 관하여 범죄피해자 보호의 관점에서 의견을 개진하였다.

범죄피해자가 사법절차에서 위험이 노출되는 현상에 대해 오늘날 관심이 고조되는 상황에서 피해자 보호는 보다 중시되어야 한다는 취지에서 미성년 피해자에 대한 영상 녹화물의 증거능력을 인정하고, 이를 본증(本證)으로 사용하는 것은 목적의 정당성과 수단의 적합성을 갖추었다고 보았다.

반대의견은 ① 피고인 측의 반대신문이 본질적으로 피해자 진술의 약점을 공격하게 되어 반대신문이 기대하는 기능과 달리 피해자에게 심리적 압박 등을 가하여 2차 피해만 발생할 가능성이 높다는 점, ② 미성년 피해자의 경우 공격적인 반대신문으로 인해 그 기억과 진술이 왜곡될 가능성이 높다는 점, ③ 나아가 영상 녹화물이 보통 수사 초기에 제작되어 진술에 허위 개입여지가 적고 신용성이 정황적으로 보장된다는 점에 주목하였다. 이에 더하여 ① 심판대상조항이 피고인을 단순히 처벌의 대상으로 전락시키고자 하는 규정이 아닌 점, ② 피고인은 여전히 재판 중 증거능력 및 증명력에 관하여 탄핵할 수 있는 점, ③ 피해자가 법정에 출석하지 않아도 재판부는 직권으로 증명력에 관한 판단을 할 수 있는 점, ④ 수사초기에 이뤄지는 증거보전은 미성년 피해자에게 상당한 부담이 될 수 있고, 반복진술로 인해 2차 피해를 경감시키는 효과가 높지 않은 점 등을 고려하면, 미성년 피해자의 진술에 증거능력이 인정될 수 있도록 한 입법자의 판단이 헌법에 반하지 않는다고 보았다.

(3) 이 사건 결정에 관한 검토 및 평가

이 사건은 헌법상 공정한 재판을 받을 권리에 근거한 피고인의 반대신문권 보장과 미성년 피해자의 2차 피해 방지라는 공익적 가치가 충돌하는 상황에 놓여있다. 위와 같은 논의는 피해자 권리와 보호조치와 관련하여 사법상 피고인의 권리와 어떻게 조화시킬 것인가의 문제로 국제적 담론까지 점점 형성되고 있다.[44]

---

44) 국제형사재판이기는 하나 피해자와 피고인의 권리의 갈등과 조화를 다룬 연구로, Mugambi

이 사건 결정에서는 헌법재판소가 영상녹화물에 대한 증거능력을 인정하였던 종전 견해를 바꾸어 해당 심판조항을 위헌으로 판단하였다. 그러나 이러한 헌법재판소의 결정은 다음과 같이 문제가 있다. ① 다수의견은 증거보전절차를 활용하면, 피해자의 2차 피해를 방지할 수 있는 방법이 있다는 견해이나 이는 수사절차와 공판절차의 차이를 간과한 견해이다. 증거보전절차를 수사단계에서 활용한다고 하여 반드시 실체진실을 확보한다거나 피해자 인권보호에 적합하다고 볼 수 없다. 오히려 조기에 피해자 노출로 보복범죄에 노출될 우려도 있고, 피고인에게 증거인멸의 기회를 부여할 수도 있다. 또한 ② 피해자의 발달적 특성에 따라 2차 피해의 가능성은 달라질 수 있다는 점을 간과하였다. 성년에 이르지 못한 피해자의 경우 강한 정신적 충격을 받게 될 가능성이 높고, 상당한 시일이 소요되는 형사사건의 경우 피해자는 원치 않는 사건 진행의 고통을 겪어야 하는 문제까지 있다.[45] 뿐만 아니라 ③ 다수의견은 피해자의 진술이 결정적 증거로서 작용되어 보호의 필요성이 큰 성범죄의 특수성을 간과하고 있다.

이 같은 점들을 고려할 때 헌법재판소 다수 의견은 실무상 증거보전절차가 활용되지 않는 점, 미성년자의 법정 출석이 또 다른 제도적 2차 피해를 야기할 수 있는 점, 미성년자이면서 동시에 장애인인 경우 등에 관한 보호가 취약한 점들과 피해자 보호의 관점을 고려할 때 부족한 것이라 평가할 수 있다.

(4) 소결

이 사건 결정으로 인해 형사절차상 미성년 피해자의 보호가 재판상 약화될 가능성이 높다. 따라서 피고인의 반대신문권을 보장하기 위해 피해자에 대한 증인신문이 이뤄지는 경우 ① 입법 또는 재판부의 적극적 소송지휘로 피고인의 부당하거나 공격적인 신문을 제한하여야 한다. 또한 ② 형사소송법 제314조를 활용하여 피해자인 원진술자가 진술이 곤란한 사정을 밝혀 법정불출석 의견서를 제출하는 방법을 고려할 수 있다.[46] ③ 피고인 측이 직접 신문하지 않고, 신문사항을 제출한 후 검사의

Jouet, "Reconciling the Conflicting Rights of Victims and Defendants at the International Criminal Court", Saint Louis University Public Law Review, Volume 26, 2007, 250쪽 이하 참조.

45) 주현빈, 앞의 논문, 72쪽 이하.

46) 형사소송법 제314조의 '그 밖에 이에 준하는 사유'에 관하여 피해자의 경우 법원의 해석이

의견을 청취 후 재판부가 질문하는 방법을 통해 피해자에 대한 부당한 공격을 방어할 수 있다. 나아가 피고인과 피해자가 대면하거나 접촉할 수 있는 여지를 차단하고, 미국과 같이 피해자 특성을 고려하여(예를 들어, 피해아동, 피해장애인) 피고인의 입회하에 증언하기 어려운 경우 법원 내 화상증언실 이 외에 해바라기센터를 비롯한 공적 기관에서 영상송수신장치를 활용하여 최소한 수준에서 영상재판을 활용하여 신문을 진행해야 할 것이다.[47] ④ 뿐만 아니라 진술조력인,[48] 피해자 국선 변호사 등의 충분한 조력 하에 진술이 이뤄지도록 배려해야 한다.[49]

없는 상황이므로 향후 법원이 해석으로 해결할 수도 있다. 성폭력으로 인한 외상후 스트레스장애 등으로 법정진술이 불가능한 경우에 해당하면 형사소송법 제314조를 원용할 수 있다는 견해로 주현빈, 위의 논문, 73쪽 이하.

[47] 미국은 법원이 아동이 법정에서 피고인 입회하에 증인신문을 진행하기 곤란한 사정이 있는 경우 폐쇄회로텔레비전을 활용하도록 입법화하고 있다, 자세한 내용은 18 U.S. Code § 3509; 우리의 경우도 증인신문실에서 증언을 하거나 별도로 차폐시설을 통하여 분리를 하고는 있으나, 목소리를 듣거나 영상을 보는 방법으로 피고인에게 반대신문을 하기 위한 전제로서 방어권을 부여하고 있다. 그러나 이 같은 방법이 오히려 보복범죄를 유발할 가능성도 있어 피고인의 반대신문권을 보장하기 위해 새로운 범죄 노출 우려는 어떻게 마련할 것인지 논의되어야 할 것이다. 나아가 현재 재판부마다 피해자 증인을 보호하는 방법이 달라 이러한 부분이 재판과정 상에 운영의 묘를 살려야 하는 부분인 것인지, 아니면 통일적 개선방안이 마련되어야 할 것인지도 추가적으로 논의되어야 할 것이다.
영국도 THE YOUTH JUSTICE & CRIMINAL EVIDENCE ACT(1999) 3장에서 증인보호방안을 시행하고 있다.
이 사건을 계기로 북유럽의 '바르나후스(Barnahaus)' 모델이 피해자의 2차 피해를 방지할 대안으로 언급되고 있다. 바르나후스는 스웨덴어로 아동·유아란 뜻의 바르나(Barna)와 집(Haus)을 합한 단어이다. 최초의 모델은 아동학대 피해아동에게 필요한 사법, 의료 서비스를 아동 친화적인 환경을 갖춘 '하나의 장소', 곧 바르나후스에서 제공하는 것을 의미했다. 이번 헌법재판소 결정으로 인해 영상재판이 주목받고 있고, 대법원까지 최초로 영상재판을 실시하기도 하였다(대법원 보도자료, 『대법원 최초 영상재판 실시』, 2021. 12. 1.자) 범죄피해자의 2차 피해를 방지하기 위해 한국식 바르나후스 모델에 대한 방안이 마련될 필요가 있다.

[48] 성폭력범죄의 처벌 등에 관한 특례법이 2012. 12. 18. 전부 개정될 당시 법률적 근거가 마련되었다. 실무상 진술조력인보다 피해자 국선 변호사가 참여하는 비중이 늘어나고 있으나, 미성년자인 성폭력 피해자의 법정출석 빈도가 이번 헌법재판소 결정으로 인해 높아질 가능성이 있어 인원 풀의 확충이 필요하다.

[49] 중증장애인을 비롯한 피해자의 경우 피해자변호사는 실무상 영상재판을 진행할 것을 강력히 제안하고 있고, 대법원에서도 영상재판을 권고하고 있으나 재판부에 따라 법정출석을 요구하는 경우가 상당수 있다. 아래 링크의 사건에서는 활동지원사로부터 7개월간 폭행 등 성범죄를 당하여 골반뼈가 괴사한 피해자가 와상생활로 인해 좌석에 앉을 수 없는 상황임에도 법원이 제3의 장소에서의 신문을 불허하여 스스로 출석하여 휠체어에서 미끄러져 내리지 않도록 다리를 묶은 채 증인신문을 진행한 사건의 소개이다(일명, 활동지원사에 의한 뇌

이상에서 검토한 일부 내용과 같이 성폭력범죄의 처벌 등에 관한 특례법이 2023. 7. 11. 개정되어 2023. 10. 12.부터 시행하고 있다. 현재까지 이 쟁점에 관한 사례가 누적되지 않아 개정안에 대해 평가하기 어려우나, 입법이 된 이상 실제 2차 피해를 방지하는 것은 수사기관과 법원의 적극적 의지에 달려있다고 할 수 있다.

3. 집행절차상 범죄피해자 보호 : 출소 후 거주제한의 문제

형이 확정된 후 집행과정(교정과정) 및 집행종료 이후 범죄피해자에 대한 보호에 관해서는 특별한 입법이 없다.[50] 즉, 범죄자가 어떤 형을 선고받고, 어느 교정시설에 수용되어 있는지, 가석방이 되었는지 혹은 형기 만기로 출소하였는지, 출소 이후의 거주지는 어디인지 등에 관한 어떠한 정보가 실무상 피해자에게 제대로 제공되지 않고 있다. 이로 인해 추가 피해에 대한 피해자의 불안감은 해소되지 않고 있으며, 어떠한 신변보호조치가 이뤄지고 있는 것도 없다. 이에 관한 학문적 차원에서의 문제제기가 일부 있었으나,[51] 피해자 인권침해에 관한 개선논의만 있을 뿐, 집행과정에서 피해자에 대한 정보제공에 관한 논의나, 가해자 집행 종료 후 거주지 제한의 문제 등 관련된 헌법 논의에 대한 후속연구가 거의 찾아보기 어려운 상황이다. 미국의 경우는 집행단계에서 수형자가 피해자를 고통스럽게 하는 경우 가석방 취소 추천(피해자 영향 진술을 통해 의견제출),[52] 형기연장, 수형 분류 변경 등의 방법을 도입하

병변 장애인 성범죄 사건); 이 사건을 계기로 해바라기센터를 통한 피해자 영상증인신문이 전국적으로 활발히 이루어지고 있다.

50) 형의 집행 및 수용자의 처우에 관한 법률 제126조의2(석방예정자의 수용이력 등 통보) ① 소장은 석방될 수형자의 재범방지, 자립지원 및 피해자 보호를 위하여 필요하다고 인정하면 해당 수형자의 수용이력 또는 사회복귀에 관한 의견을 그의 거주지를 관할하는 경찰관서나 자립을 지원할 법인 또는 개인에게 통보할 수 있다. 다만, 법인 또는 개인에게 통보하는 경우에는 해당 수형자의 동의를 받아야 한다.
② 제1항에 따라 통보하는 수용이력 또는 사회복귀에 관한 의견의 구체적인 사항은 대통령령으로 정한다.
; 위 법률상 통보제도 규정이 있으나 이는 범죄피해자에게 형 집행에 관한 정보를 제공하는 조문은 아니다.

51) 오영근, 앞의 논문, 3쪽에 따르면 현행법상 조치 및 학술적 연구가 부족함을 지적하고 있는데, 위 연구는 2005년경 진행된 것으로 현재 시점으로 약 18년이 지난 점을 고려할 때, 현재도 위 논문에서 논의된 내용이 거의 개선되지 않았던 점을 고려할 때 피해자에 대한 집행과정에서의 보호에 관한 연구는 미약함을 확인할 수 있다.

52) 가석방의 현실적인 가능성이 있는 경우 수형자는 범죄에 대한 반성과 교화의 동기를 갖게 된다. 이에 관하여 캐나다에서 가석방 없는 종신형과 관련한 법원의 판시가 있었다, R. v.

고 있다.

수사나 재판과정이 끝나고 나면, 남겨진 것은 피해자의 일상이고, 실제 피해자의 회복이 중요한 만큼 피해자의 안전과 직결될 수 있는 집행단계에서의 논의도 입법화될 수 있어야 할 것이다. 이하에서는 최근 논의 중인 형 집행 종료 후 거리제한에 관한 문제를 살펴보기로 한다.

(1) 문제의 소재

국내에서는 2020년 아동 성범죄자 조두순, 2022년 아동·청소년에 대한 연쇄 성범죄자 김근식의 형기 만료가 가까워지면서 거주지 제한을 해야 하는 부분에 관한 사회적 논의와 관심이 증가하고 있다.[53] 법무부는 2023. 1. 26. 5대 핵심 추진과제 중 하나로 '범죄로부터 안전한 나라 실현'이라는 제1과제를 발표하였다. 세부 내용으로 고위험 성범죄자(Sexual Predator) 출소에 따른 국민 불안감 해소를 이유로 한국형 '제시카법(Jessica's Law 또는 Jessica Lunsford Act)'[54]을 추진한다고 밝혔다.[55] 이번 과제발표는 그동안 고위험 성범죄자가 출소하였으나, 현재의 법령상 피해자를 비롯한 일반 시민의 불안을 해소할 수 있는 방법이 없다는 이유에서 추진이 되었다. 주요 골자는 성범죄자 출소 후 법원의 결정을 통해 '학교, 어린이집, 유치원과 같은 보육시설 등으로부터 500미터 이내(500미터를 한도에서 법원이 구체적 사안에서 결정)에 살지 못하도록 거주를 제한'하는 것이다.[56]

법무부는 구체적 대상을 고위험성범죄자로 한정하고, 개별사안에서 법원의 결정

Bissonnette, 2022 SCC 23 (2022. 5. 27. 선고)

53) '미성년자 연쇄 성폭행범' 김근식, 20년 전 추가 범행 의혹에 관한 기사로 성폭행범 출소 후의 주거지 문제가 대두되었다.

54) 제시카법은 미국 플로리다 주에서 성범죄 전력이 있고, 옆집 남자였던 아동 성폭행범에 의해 살해 당한 소녀(Jessica)의 이름을 따서 만든 법이다. 미국 42개주에서 초범의 경우에도 12세 미만 아동을 대상으로 성범죄를 일으킨 경우 최소 징역 25년, 평생 전자 발찌 착용, 학교와 공원에 약 600미터 이내 거주를 금지하는 등의 엄중한 내용을 담고 있다. 우리의 경우 거주지 제한 부분이 특히 논의되고 있고, 2023. 1. 법무부 발표로 형집행종료의 거주지 제한 부분이 이슈화되었다.

55) 법무부는 2023년 상반기에 학교, 어린이집, 유치원 등으로부터 일정한 거리 이내에 살지 못하도록 거주를 제한하고, 야간외출을 제한하는 내용을 담은 전자장치부착법 개정안을 국회에 제출할 예정이라고 발표하였다.

56) 법무부 보도자료, 『미래번영을 뒷받침하는 글로벌 선진 법치』, 2023. 1. 26.자.

에 따라 정하는 한편, 도시 밀집형 환경을 고려하겠다고 발표하였으나, 헌법상 보장된 주거 이전의 자유를 침해한다는 비판이 제기되었다. 즉, 대지가 넓고, 인구밀도가 우리보다 낮은 미국과 달리 인구밀도가 높은 도시 구조의 한국에서 거리 제한을 통한 방법이 가능한 것인지, 다른 범죄와의 형평은 문제 없는지, 이중처벌은 아닌지, 형사 정책적으로 범죄피해자 보호에 실효성 있는 것인지, 결국 이와 같은 사유가 주거이전의 자유를 제한하는데 합리적이고 정당한 사유가 없거나, 과잉금지원칙에 반하여 위헌인 것은 아닌지 문제가 된 것이다.

이에 법무부는 거주지 제한의 부작용을 최소화하면서 고위험 성범죄자의 관리를 강화하기 위해 '국가 등이 운영하는 시설'로 거주지를 지정하는 입법방향을 발표하였다.57) 그러나 특정 거주지를 지정하는 방식도 주거 이전의 자유를 제한하므로 이와 같은 조치가 피해자 보호에 합당한지 검토가 필요하다.

(2) 미국의 사례

미국의 경우 성범죄자의 거주지 제한에 관하여 이미 주별로 법령이 시행되고 있고, 법원에서 다툼이 여러 사건에서 진행되고 있다. 미국의 제시카법은 연방법이 아니고, 주마다 내용이 조금씩 상이하다. 최초로 시행한 플로리다주는 아동 대상 성범죄자가 학교, 보육시설, 공원, 운동장, 지정된 공립학교 버스 정류장 또는 어린이가 정기적으로 모이는 기타 장소에서 1000피트(약 300m) 이내에 거주를 금지하고 있다. 오하이오·미시간 주 등도 1000피트를 적용한다. 아이오와·앨라배마·오클라호마 주 등은 2000피트(약 610m)를 적용하며, 일리노이·사우스다코타 주 등은 500피트(약 150m)로 거리 제한 반경이 가장 좁다. 캘리포니아 주에서는 성범죄자가 유치원 및 학교로부터 0.25마일(약 400m) 이내에 거주하는 것을 금지한다. 고위험군 성범죄자에게는 0.5마일(약 800m) 이내 거주 금지로 가장 엄격하다. 또한 유타·사우스캐롤라이나·조지아주 등은 정부가 승인한 곳에서만 거주할 의무를 부과하고 있다.58)

우리의 경우 한국형 제시카법의 모델이 된 미국의 사례를 참고하여 입법 시 개선할 부분이 없는지 모색해야 한다.

아이오와 주 법령은 미성년자에 대한 성범죄를 저지른 사람이 학교 또는 보육 시설

---

57) 법무부 보도자료, 『고위험 성범죄자 거주지 제한법('한국형 제시카법') 등 입법예고』, 2023. 10. 24.자.

58) UT Code §77-18-105(6)(a); SC Code §24-21-430; GA Code §42-8-35a.6.

에서 14,692피트(약 4,478m) 이내에 거주하는 것을 금지하고 있었는데, 일부 도시에서는 성범죄자에게 모든 학교 및 등록된 보육 시설의 위치에 대한 정보를 제공할 수 없어서 수정헌법 2조의 적법 절차 조항을 위반하였는지에 대한 다툼이 있었다(Doe v. Miller 사건).[59] 이 사건에서 법원은 해당 규정이 합헌이라는 취지로 판단하였다.

뉴욕 주에서는 등록된 성범죄자가 뉴욕 주 등을 상대로 성범죄자 등록 요건 및 거주 제한이 소급입법금지를 위반하고 거주 제한이 위헌임을 다투는 사건이 있었다. 이 사건에서 법원은 일부 범죄자에게 평생 거주 제한을 부과한 뉴욕의 성범죄자 거주 제한은 심각한 성범죄로 유죄 판결을 받은 특정 개인이 아동에게 접근하는 것을 막는 것으로 비징벌적이고, 제한의 효과가 추방에 준하는 것은 아니라고 보았다. 또한 그러한 제한이 확정판결을 받은 성범죄자의 재범 위험 방지에 합리적으로 비례한다고 판시한 바 있다(Wallace v. New York 사건).[60]

Shaw v. Patton 사건에서는 성범죄자 거주제한법은 소급적용되는 법이나 징벌적 효력을 갖지 않는다고 판단하였다. 또한 법상 대면보고요구는 거주지 제한을 구성하기에 가혹하지 않고, 합리적인 목적이 있다고 판단하였다.[61]

유죄 판결을 받은 성범죄자의 가족이 1983년 알래스카 주 성범죄자 등록법(SORA)에 대해 소급입법금지원칙 위반이라는 이유로 다툰 사건도 있었다. 대법원은 이 법이 비징벌적이므로 소급 적용금지원칙에 반하지 않는다고 판단하였다(Smith v. Doe).[62]

최근 Ortiz v. Breslin 사건에서 반대의견은 뉴욕과 같은 곳에서 성범죄자로 분류된 피고인들이 학교에서 1,000피트 내 거주하지 않기 어렵다는 점을 근거로 위헌성을 지적하였다. 또한 거주지 제한법은 적합한 거주지를 찾는 것의 어려움으로 피고인들이 형기가 만료된 후에 추가적으로 감옥에서 복역하는 결과를 초래할 수 있다고도 하였다. 실제 이 사건 피고인 오르티스는 형기만료 후 노숙자 보호시설에 살겠다고까지 뉴욕시에 제안하였으나 거절당하여 보호관찰기간 동안 교도소에서 생활하게 되었다. 사실상, 뉴욕의 정책은 성범죄자의 무기한 투옥을 요구하는 것이라 평가하

---

59) United States Court of Appeals, Eighth Circuit, April 29, 2005 405 F.3d 700.

60) United States District Court, E.D. New York, August 28, 2014 40 F.Supp.3d 278 2014 WL 424356440 F.Supp.3d 278.

61) United States Court of Appeals, Tenth Circuit, May 18, 2016 823 F.3d 556 2016 WL 2893713.

62) Supreme Court of the United States, March 05, 2003, 538 U.S. 84123 S.Ct. 1140.

였다. 학교로부터 1,000 피트 이내의 금지는 도시의 밀도가 학교의 근접성을 보장하는 뉴욕시에서 오르티스와 다른 사람들을 위한 거주를 실질적으로 불가능하게 만들었던 것이다.[63]

미국의 사례들은 대체로 성범죄자 거주지제한 입법에 대해 합헌으로 판단하고 있으며, 정책적 목적을 달성하기에 적합한 수단으로 인식하고 있다. 다만, 'Ortiz v. Breslin' 사건에서처럼 거주지 제한이 특정 범죄군에 한해서 적용되는 불평등성을 지적하거나, 거주 자체가 불가능하여 결국 교도소의 수용기간을 늘리는 것이 아니냐는 비판이 등장하고 있다.

(3) 주거이전의 자유 등에 관하여 과잉금지원칙 위반

1) 입법목적의 정당성 및 수단의 적합성

법무부는 집행 종료자의 주거지 제한을 보안처분의 방법으로 추진하고 있다. 헌법재판소는 보안처분에 관하여 "헌법이 보안처분을 수용하여 이에 관한 규정을 두고 있고, 법이 대상자의 재범의 위험성을 예방하고 건전한 사회복귀를 촉진하기 위해 보안관찰처분에 대해 규정하고 있는 점 등에 비추어 그 입법목적의 정당성이 인정된다."라고 판시하여 보안처분 자체의 입법목적의 정당성을 인정한 바 있다.[64] 거주지 제한은 피해자와 일반 시민의 불안을 어느 정도 해소하고, 재범의 위험성을 차단하는 것을 목적으로 하므로 목적의 정당성은 인정된다.

그러나 이미 형사 처벌을 받고 집행을 종료한 자에 대해 거주지 제한을 둠으로써 이중처벌금지의 원칙에 반한다는 논란이 있을 수 있다. 또한 거주지 제한 이후에 성범죄 상습범이 더 증가했다는 연구 결과도 있다.[65] 나아가 이 같은 거주 제한으로 범죄자들에게 주거 불안정을 야기하고, 고용 기회, 사회 서비스 및 사회적 지원에 대한 접근성이 제한되는 것이 문제라는 연구도 있다.[66] 뿐만 아니라 대도시 거주자

---

63) Supreme Court of the United States, February 22, 2022 142 S.Ct. 914 (Mem) 2022 WL 515803.

64) 헌법재판소는 2001. 7. 19. 선고 2000헌바22 결정.

65) Elizabeth Ehrardt, Mustaine, "Sex offender residency restrictions: Successful integration or exclusion." Criminology & Pub. Pol'y 13, 2014, 169~177쪽.

66) Jill S., Levenson, Lynn University, and Andrea L. Hern, "Sex Offender Residence Restrictions: Unintended Consequences and Community Reentry", Justice Research and Policy, Volume 9, Issue 1, 2007, 1쪽.

의 경우 거주지 제한으로 소규모 도시로 거주지가 제한될 가능성이 있어 이에 대한 지역사회 반발을 해결할 방안을 찾기 어렵다.[67] 나아가 대도시 시민 대상이 아닌 소규모 도시 시민 대상으로 범죄 대상만 바뀔 뿐 범죄가 사라지는 것은 아니라는 비판을 해결하기 어렵다.[68] 결국 미국의 사례와 같이 형기 종료 후 교도소와 같은 시설에 거주할 가능성이 높고, 그에 대한 예산소요분석, 거주기간 분석 등에 관한 연구는 찾아보기 어렵다. 현재 법무부가 발표한 안만으로는 수단의 적합성을 충족한다고 보기에 무리가 있다.

2) 침해의 최소성 및 법익의 균형성

집행 종료자의 '거주지 제한'은 교정시설과 같은 시설 수용의 방법이 아닌 사회 내 수용을 통한 재범의 예방이 1차적 목적이다. 그런데 거주지 제한은 재범의 위험성이 낮은 경우를 고려하지 못하고 있고, 다른 형사 강력범죄와의 관계에서 형평성이 문제된다. 즉, 성범죄자에 한해서 과도한 제한이 아닌지 문제된다. 오히려 살인 등 강력범죄가 거주지 제한이 필요한 경우일 수 있다. 법무부 발표안은 형기 종료자에 대해 특정 범죄 군에 한해서만 제한을 하고 있어 지나친 일반적 행동의 자유, 거주이전의 자유 침해 소지가 있다. 집행 종료자의 거주지 제한으로부터 달성하고자 하는 재범 위험 방지라는 공익 대비 이로써 침해되는 형사법의 책임 원칙, 거주이전의 자유가 중대하게 침해되어 법익의 균형성을 상실하였다.

(4) 소결

법무부는 최초에 학교 등 일정 시설로부터 '거리제한 기준'을 두어 거주제한을 하는 방식을 발표하였으나, 인구밀도에 따라 거리제한이 달라질 경우 제도 자체의 실효성 논란이 생길 수 있다는 점을 우려하여 '거주지 지정 방식'으로 한국형 제시카법을 추진하고 있다.

이번 한국형 제시카 법은 잔혹한 범죄 사건에 관하여 피고인이 출소할 때마다 반

---

67) 법무부 발표에 대해 인구밀접지역인 서울을 보호하기 위한 '서울보호법'이라는 우려까지 나오고 있다. 서울의 경우 500m 거리제한을 두는 경우 실제 거주할 장소를 찾기 어려워 지방 소규모 도시를 찾아볼 수밖에 없기 때문이다.

68) 같은 비판으로 일요신문에 게재된 ""모텔 옆방에 성범죄자가 산다" 제시카법 시행 미국의 현주소", 2023. 01. 19자 내용 중 홍완식 교수는 실효성에 관하여 지적하고 있다.

복된 갈등을 해결할 대안으로 논의되어 왔다. 그러나 헌법상 보장된 거주이전의 자유에 관하여 위헌성이 있는 만큼 실제 피해자 보호에 적합한지에 관하여 심도 있는 논의를 진행할 필요가 있다. 사회적 갈등과 불안을 막기 위해서는 보다 정교한 입법이 필요하다.

Ⅲ. 범죄피해자와 구제 제도

1. 배상명령

(1) 의의

범죄피해자 보호 입법의 시초라고 설명되는 배상명령제도(Restitution Order)는 독일 형사소송법상 부대 사소를 계수하여 1981년 「소송촉진등에관한특례법」에 도입되었다.[69] 민사상 손해배상청구를 형사소송절차에서 한꺼번에 진행함으로써 분쟁의 일회적 해결을 꾀하고, 피해자의 재산상 조기원상회복을 도모한다. 또한 피해자가 민사소송상 입증책임을 지는 부담을 감경시키고, 별소(別訴)를 제기해야 할 필요가 없다는 장점이 있다.

(2) 배상명령을 통한 피해를 회복할 권리 실현

배상명령이 가지는 가장 중요한 정당성은 피해자의 피해를 회복할 권리를 실현한다는 점이다. 이는 피해자의 욕구와 필요와도 일치한다.[70] 피해자는 범죄가 없었다면 발생하지 않았을 손실에 대해 배상명령을 통해 회복을 도모할 수 있기 때문이다. 범죄피해자가 배상명령을 통해 회복할 권리를 실현하기 위해서는 우선적으로 수사기관에서 배상명령 신청 정보를 피해자에게 의무적으로 제공해야 한다. 현재 실무상 문자로 사건 진행 통보를 하면서 배상명령 신청 정보를 안내하고 있으나 누락되는 경우가 많아 서면, 문자, 카카오톡 이외에 피해자 조사 시에도 명확히 안내될 필요가 있다.[71] 이 때 범죄피해자에게 안내할 정보는 ① 배상명령 신청 방법과 시기, ② 배상명령 신청에 제출할 피해 입증 자료(처분문서, 치료비 영수증 등 인과관계를 입증할

---

69) 허경미, 앞의 책, 98, 194쪽; 김재민, 앞의 책, 205쪽 이하.

70) 이윤호, 앞의 책, 331쪽.

71) 범죄피해자 보호 및 지원에 관한 지침 제21조.

내역)의 종류, ③ 배상명령 신청을 위해 법정에 참석하여 진술할 권리가 보장된다는
점이 포함되어야 한다.

(3) 배상명령제도의 한계

배상명령제도는 「소송촉진 등에 관한 특례법」 제25조에서 규정하고 있고, 통상 법
원의 직권에 의해서 명령이 이뤄지지는 않고 있다. 피해자 등의 신청에 따라 배상명
령신청에 관한 판단이 이뤄지고 있으나 위 법 제25조 제3항에 따라 ① 피해자의 성
명·주소가 분명하지 아니한 경우, ② 피해 금액이 특정되지 아니한 경우, ③ 피고인
의 배상책임의 유무 또는 그 범위가 명백하지 아니한 경우, ④ 배상명령으로 인하여
공판절차가 현저히 지연될 우려가 있거나 형사소송 절차에서 배상명령을 하는 것이
타당하지 아니하다고 인정되는 경우로 다소 광범위한 배척사유를 두고 있어 실효성
에 관하여 논란이 있다.[72]

표 8 배상명령제도의 현행 운영상황[73]

연도	청구	처리			취하, 기타	인용률 (%)	명령액(원)
		계	인용	기각			
2016	9,447	8,975	2,298	6,270	407	25.6	64,969,252,681
2017	8,571	8,567	2,771	5,391	405	32.3	60,800,267,440
2018	10,046	9,189	3,775	5,009	405	41.1	66,968,408,975
2019	15,229	13,861	6,274	7,191	396	45.3	72,629,881,353
2020	26,754	18,478	9,195	8,513	770	49.8	102,120,441,050
2021	43,588	36,372	14,979	20,279	1,114	41.2	108,943,264,064
2022	50,272	44,367	15,929	27,149	1,289	35.9	140,169,759,797

72) 소송촉진 등에 관한 특례법 제25조 ③ 법원은 다음 각 호의 어느 하나에 해당하는 경우에
　는 배상명령을 하여서는 아니 된다.
　1. 피해자의 성명·주소가 분명하지 아니한 경우
　2. 피해 금액이 특정되지 아니한 경우
　3. 피고인의 배상책임의 유무 또는 그 범위가 명백하지 아니한 경우
　4. 배상명령으로 인하여 공판절차가 현저히 지연될 우려가 있거나 형사소송 절차에서 배상
　　명령을 하는 것이 타당하지 아니하다고 인정되는 경우

또한 위 <표 8>에서 보는 바와 같이 배상명령의 인용률이 50%를 넘지 않고 있다. 2022년에는 인용률이 35.9%로 전년도 대비 하향세에 있다. 주요 인용되는 범죄는 사기와 같이 편취액이 특정되는 범죄군에만 주로 있고, 정신적 피해에 관한 위자료 부분은 인용된 사례를 찾기 어렵다. 위자료 배상을 명할 수 있다고 규정되어 있음에도 불구하고, 대부분 재판부에서 민사상 불법행위 손해배상 소송으로 해결할 것을 권고하는 취지로 기각하거나 각하를 하고 있다. 뿐만 아니라 배상명령 각하 결정에 관해서는 「소송촉진 등에 관한 특례법」 제32조 제4항에서 불복을 금지하고 있어, 배상명령신청인의 재판받을 권리를 침해할 수 있다.[74] 그뿐만 아니라 배상명령제도는 「소송촉진 등에 관한 특례법」 제25조 제1항 각호로 대상범죄가 제한되어 있어, 범죄 간의 형평에 반하는 문제도 있다.[75]

배상명령제도에 관해서 ① 형사절차와 민사절차는 분리되어야 하고(이른바 민·형사 분리론), ② 법관에게 지나친 부담을 줄 수 있고, ③ 신속한 재판을 저해한다는 비판이 있다.[76] 그러나 배상명령은 피해자가 형사절차로부터 재산상 손해까지 한꺼번에 전보 받을 기회를 부여받음으로 번거로운 사법절차를 단순화 한다는 장점이 있다. 또한 민사소송 진행시에 부담해야 할 입증책임, 소멸시효 문제 등을 해소할 수 있다.

---

73) 2020년 사법개황 제5장 통계편, 660쪽; 2022년 사법개황 제6장 제1절 사건의 개황, 775쪽 참조.

74) 아직까지 해당 조항에 대하여 위헌성을 다툰 헌법재판은 존재하지 않는 것으로 보인다.

75) 소송촉진 등에 관한 특례법 제25조(배상명령) ① 제1심 또는 제2심의 형사공판 절차에서 다음 각 호의 죄 중 어느 하나에 관하여 유죄판결을 선고할 경우, 법원은 직권에 의하여 또는 피해자나 그 상속인(이하 "피해자"라 한다)의 신청에 의하여 피고사건의 범죄행위로 인하여 발생한 직접적인 물적(物的) 피해, 치료비 손해 및 위자료의 배상을 명할 수 있다.
　1. 「형법」 제257조제1항, 제258조제1항 및 제2항, 제258조의2제1항(제257조제1항의 죄로 한정한다)·제2항(제258조제1항·제2항의 죄로 한정한다), 제259조제1항, 제262조(존속 폭행치사상의 죄는 제외한다), 같은 법 제26장, 제32장(제304조의 죄는 제외한다), 제38 장부터 제40장까지 및 제42장에 규정된 죄
　2. 「성폭력범죄의 처벌 등에 관한 특례법」 제10조부터 제14조까지, 제15조(제3조부터 제9 조까지의 미수범은 제외한다), 「아동·청소년의 성보호에 관한 법률」 제12조 및 제14조 에 규정된 죄
　3. 제1호의 죄를 가중처벌하는 죄 및 그 죄의 미수범을 처벌하는 경우 미수의 죄

76) 오영근 외1, 앞의 보고서, 83쪽.

(4) 배상명령제도의 개선

1) 배상명령 대상 범죄의 확대

배상명령은 소송촉진 등에 관한 특례법 제25조 제1항 각호에 따라 범죄유형별로 가부가 달라진다. 배상명령은 일회적 분쟁 해결 절차로서 피해자의 사법절차에서 이중으로 겪는 고통을 경감시킬 수 있으므로 배상명령 대상 범죄를 제한하고 있는 현행 제도를 모든 범죄로 확대하여 개선할 필요가 있다.

2) 배상명령 의무 심리 제도

현행 소송실무상 범죄피해자가 배상명령을 신청하지 않는 경우 재판부가 직권으로 배상명령을 판단하는 경우를 찾아보기 어렵다. 배상명령은 법률상 재판부가 직권으로 명할 수 있으므로 우리의 경우 의무화하는 규정을 도입할 필요가 있다. 이미 미국 캘리포니아 주를 비롯하여 형사재판 시 배상에 관한 심리를 하는 제도를 도입하고 있는 사례도 존재한다.[77] 이 같은 의무적 심리는 범죄피해자의 회복할 권리를 조기에 실현하기 위한 방안이라 평가할 수 있다. 이에 대해 배상명령의 의무적 심리가 신속한 재판의 이념에 반하고 법원의 업무증가를 가중시킨다는 반론이 있다.[78] 그러나 이 같은 반론은 배상명령 신청의 대상 범죄별로 분류하여 인용하는 방법을 사용하여 해결할 수 있다. 예를 들어, 정신적 위자료에 관한 청구는 관련 형사재판 증거자료를 근거로 인정이 가능하므로 내부적 인용기준을 통해 심리의 방향을 정할 수 있다.[79] 또한 사기범죄의 편취액 부분은 해당 편취액이 범죄의 구성요건에 해당하므로 적극 손해를 직권으로 인정하는 데 문제가 없다. 나아가 형사절차에 소외된 피해자의 사법접근권의 확대를 도모함으로써 회복적 사법 실현에 기여할 수 있다.

3) 배상명령 임의적 배제 방지

소송촉진 등에 관한 특례법 제25조 제4호에서 "배상명령으로 인하여 공판절차가 현저히 지연될 우려가 있거나 형사소송 절차에서 배상명령을 하는 것이 타당하지 아니하다고 인정되는 경우"로 규정하고 있는 부분은 삭제하여 법관이 임의적으로 배상

---

77) 김재민, 앞의 책, 159쪽.

78) 오영근 외1, 앞의 보고서, 85쪽 이하.

79) 민사소송을 하더라도 결국 형사기록에 대해 문서송부촉탁, 사실조회를 통해 입증활동을 할 수밖에 없어 피해자는 이중고를 겪게 된다.

명령을 배제할 사유를 축소할 필요가 있다.

4) 배상명령과 재산 조사 제도

배상명령은 인용을 받더라도 가해자가 재산상 자력이 없으면 집행권원이 무용지물이므로, 배상명령 심리 시 직권 또는 신청으로 상대방 재산에 관하여 재산명시 또는 재산조회가 가능하도록 하여 실효성을 도모할 필요가 있다.[80]

5) 소결

결론적으로, 배상명령은 범죄피해자의 회복할 권리 실현을 위해 보다 활성화될 필요가 있다.[81] 배상명령 대상 범위를 확대하고, 배상명령신청 시 일실수익, 지연배상, 위자료 등을 한꺼번에 심리하여 별도로 민사소송을 제기하지 않더라도 일회적으로 분쟁해결이 가능한 절차로서 개선해야 할 것이다.[82] 배상명령 제도가 이러한 방향으로 개선되는 경우 범죄피해자가 별도로 민사소송을 통하여 손해배상청구를 해야 하는 번거로움을 해소할 수 있다.

6) 보론 : 군사법원 사건과 배상명령 가부

소송촉진 등에 관한 특례법 제25조에서 배상명령의 주체는 법원으로 되어 있을 뿐, 이 규정상 법원에 군사법원도 포함된다는 규칙 조항이나 간주조항이 없다. 그 결과 실무상 군 형사사건에서는 2022. 7. 1. 군사법원법 개정 전까지 배상명령 신청이 있는 경우 각하하였다.

그러나 최근 군 형사사건에서 스토킹범죄의 처벌 등에 관한 법률 제9조에 따라 잠정조치가 가능한 지 여부가 문제된 바 있다.[83] 위 규정에도 법원에 군사법원이 포

---

80) 재산명시의무화에 대해 김광주, 앞의 논문, 100쪽에서 주장하나, 재산명시는 상대방이 출석하여 선서하여 목록을 제출하지 않으면 실효성이 없으므로 재산조회를 가능하도록 하는 것이 보다 효과적일 것이다.
81) 피해자 국선 변호사가 대리 신청할 수 있다. 이 경우 배산신청인을 가명으로 하여 진행할 수 있다.
82) 프랑스의 경우 형사 재판 시 범죄자에 관한 유죄 판결과 더불어 범죄피해자에 대한 손해배상을 명하는 판결을 하고 있다. 이에 대해 프랑스가 사인소추제도와 결합하여 범죄피해자를 능동적 당사자로 활동하도록 한 것이라는 평가로, 전윤경, "프랑스 범죄피해자의 권리 및 형사절차 참여방안 연구", 형사소송 이론과 실무 제4권 제2호, 한국형사소송법학회, 2012, 87쪽.

함된다는 규칙 조항이나 간주조항이 없어, 잠정조치신청이 기각되었는데 이에 대한 항고심 결정이 2022. 9. 21. 서울고등법원에서 선고되었다. 서울고등법원은 재판권이 공소사실에 관한 종국재판 권한 외에 수사에서 공소, 공판을 거쳐 종국재판에 이르는 형사절차에서 부수하는 재판을 할 수 있는 권한을 포함한다고 판시하였다. 따라서 군사법원은 군인인 피의자의 스토킹범죄에 대한 재판권을 근거로 스토킹범죄 피해자 보호를 위한 부수적 재판에 해당하는 잠정조치를 할 수 있다고 하여 피해자 보호 입장에서 적극적인 해석을 하여 판단하였다.[84]

이와 같은 법리에 따라 배상명령 제도를 살펴보면, 소송촉진 등에 관한 특례법상 법원 간주규정은 없지만 피해자보호의 취지상 배상명령이 가능하다고 볼 수 있다. 같은 입장에서 각군 군사법원은 2022. 7. 1. 이후 5개 지역 군사법원에서 배상명령을 인용하고 있다고 한다.[85]

2. 형사 공탁

(1) 의의

형사사건에서 피고인 스스로 유리한 자료를 제출할 수 있는 기회를 보장하는 것은 헌법 제27조에 근거한 '공정한 재판을 받을 권리'의 보호영역에 속한다.[86] 그동안 피해자와 합의가 성사되지 않는 경우 유리한 양형상 고려를 위해 공탁이 필요했으나, 피고인 측에서 피해자의 인적사항을 알 수 없는 경우 공탁이 불가능하였다.[87]

---

83) 스토킹범죄의 처벌 등에 관한 법률 제9조(스토킹행위자에 대한 잠정조치) ① 법원은 스토킹범죄의 원활한 조사·심리 또는 피해자 보호를 위하여 필요하다고 인정하는 경우에는 결정으로 스토킹행위자에게 다음 각 호의 어느 하나에 해당하는 조치(이하 "잠정조치"라 한다)를 할 수 있다.
  이 밖에 잠정조치와 관련된 위 법 제9조 제7항에 따라 잠정조치 기간은 2개월에서 3개월로 변경되었다. 이러한 스토킹 범죄 잠정조치는 재발위험성이 있는 경우 신속하게 이뤄져야 한다는 의견으로, 원혜욱, "스토킹범죄 피해자의 실효적인 보호방안", 피해자학연구 제29권 제3호, 한국피해자학회, 2021, 69쪽 이하.

84) 서울고등법원 2022. 9. 21. 선고 2022로73 잠정조치기각결정에대한항고.

85) 서울지방변호사회, 군사법원 변론 및 피해자국선변호실무교육, 2023. 6. 24.자 강연 내용 참고; 실무상 혼선이 있어 법원에 군사법원을 포함한다는 내용으로 규정을 정비하여, 민간법원과 동일하게 운영할 필요가 있다.

86) 헌법재판소 2021. 8. 31. 선고 2019헌마516,586,768, 2020헌마411(병합) 결정.

87) 형법 제51조는 양형의 조건에 있어 범행 후의 정황을 양형에 참작하여야 하고, 제53조에서 범죄의 정상에 참작할 만한 사유가 있는 경우에는 그 형을 감경할 수 있다고 규정하고 있

합의가 성사되지 않은 피고인의 경우 피해자의 인적사항을 알기 위해 불법적인 방법을 동원하거나 합의를 종용하는 2차 피해가 상당수 발생해 왔다. 이에 피해자의 사생활 보호와 피해회복을 동시에 꾀하기 위해 형사공탁특례가 도입되었다.[88] 피해자의 인적 사항을 알 수 없더라도 피고인이 하는 변제공탁(이른바, '형사공탁')[89]이 2022. 12. 9.부터 시행되었다(공탁법 제5조의2 제1항).[90]

형사공탁 신설의 핵심내용은, ① 피해자의 인적 사항 대신 형사사건의 재판이 계속 중인 법원과 사건번호, 사건명, 조서, 진술서, 공소장 등에 기재된 피해자를 특정할 명칭을 기재하고, ② 공탁규칙 제29조에 따른 공탁통지 대신 인터넷 홈페이지 공고(형사공탁에 관한 업무처리지침 제8조에 따른 전자공탁홈페이지) 등으로 갈음하며,[91] ③ 범죄피해자인 피공탁자는 사건번호 등이 기재된 동일인 확인 증명서를 검찰이나 법원에서 발급받아 출급 청구를 할 수 있게 된 점이다.[92] 군사법원에 계속 중인 사건의 형사공탁의 경우에도 군사법원 소재지의 지방법원 본원 공탁소에서 할 수 있다.[93]

다. 대법원 양형위원회 양형기준(2023)에 있어서도 상당 금액의 공탁은 일반양형인자로서 대부분 범죄 유형에서 감경의 요소가 되고 있다.

88) 법원행정처, 『형사공탁 특례 제도 시행에 따른 묻고 답하기(Q&A)』, 2022, 2쪽 이하.

89) 실무 편의상 인적사항을 알고 있는 것은 형사변제공탁, 인적사항을 몰라서 이번 개정법에 따른 것을 형사공탁이라고 일컫고 있다. 법원행정처, 위의 자료, 3쪽.

90) 공탁법 제5조의2(형사공탁의 특례) ① 형사사건의 피고인이 법령 등에 따라 피해자의 인적 사항을 알 수 없는 경우에 그 피해자를 위하여 하는 변제공탁(이하 "형사공탁"이라 한다)은 해당 형사사건이 계속 중인 법원 소재지의 공탁소에 할 수 있다.

이는 2020. 7. 9. 양정숙 의원 외 11인에 의해 발의된 개정안(의안번호 2101741호)의 수정 가결을 거쳐 2020. 12. 8. 개정 공탁법이 공포된 것이다.

91) 공탁법 제5조의2 ③ 피공탁자에 대한 공탁통지는 공탁관이 다음 각 호의 사항을 인터넷 홈페이지 등에 공고하는 방법으로 갈음할 수 있다.

대한민국 법원 대국민서비스 사이트에서 형사공탁 공고를 확인할 수 있으며, 형사공탁 공고 시 법원명, 공탁번호(사건번호 '금'), 공탁일자, 피공탁자, 해당 형사사건 번호, 게시일, 공고문을 확인할 수 있다.

92) 공탁법 제5조의2 ④ 공탁물 수령을 위한 피공탁자 동일인 확인은 다음 각 호의 사항이 기재된 법원이나 검찰이 발급한 증명서에 의한다.

1. 사건번호
2. 공탁소, 공탁번호, 공탁물
3. 피공탁자의 성명·주민등록번호
4. 그 밖에 동일인 확인을 위하여 필요한 사항

93) 형사공탁에 관한 업무처리지침(제정 2022. 12. 2. 행정예규 제1321호, 시행 2022. 12. 9.);

새롭게 도입된 형사공탁제도는 피의자가 수사단계에 있는 경우 공탁이 불가하며, 공소제기 이후에 공탁이 가능하도록 구성되었다. 이는 수사단계에서 이뤄져야 할 실체적 진실 발견을 공탁이라는 금전적 조치로 저지하는 것이 부정의하다는 사고에 기인한다. 개정 형사공탁은 양형인자로서 구체적 참작 여부는 재판부에 따라 달라질 것이나 공탁을 한 경우와 공탁을 하지 않은 경우가 실무상 차이가 있을 것으로 보인다. 또한 형사공탁금의 법적 성격이 형사위로금과 민사상 손해배상의 일부의 성격을 갖고 있어 피해의 회복을 조기에 촉진하는 기능을 한다.94)

다만, 이번 형사공탁의 의미는 피고인으로 하여금 피해의 회복이라는 유리한 양형인자를 확보할 가능성을 열어준데 반하여 피해자의 경우 그 의사에 반해서 형사공탁이 이뤄지고 있는 문제가 있다. 형사공탁이 피해자의 회복할 권리를 촉진하는 기능이 있지만, 대부분이 피해자의 의사에 반하여 공탁이 이뤄질 가능성이 높아 오히려 피해자의 사법신뢰도를 저하시킬 수 있으며, 실질적 회복에 역행할 수 있다. 피해자 의사에 반하는 형사공탁의 양형상 반영이 타당한 지에 관해서 실제 재판 운영상의 실증적 연구는 현재까지 찾아보기 어렵다.95)

형사공탁에 관한 업무처리지침 별표2에 따라 중앙지역군사법원은 서울서부지방법원, 제1지역 군사법원은 대전지방법원, 제2지역 군사법원은 수원지방법원, 제3지역 군사법원은 춘천지방법원, 제4지역 군사법원은 대구지방법원을 공탁소로 하고 있다.

94) 대법원 2010. 9. 30. 선고 2010다36735 판결 등 참조.

95) 실무상 변론종결 후 피고인의 일방적인 공탁(이른바 기습공탁)이 이뤄진 경우 피해자 측에서는 공탁수령의사가 없다는 취지의 엄벌탄원서 또는 전격적인 공탁으로 인해 재판절차진술권이 침해되었으므로 변론을 재개해 줄 것을 요구하는 서면을 제출하고 있다.
양형 타당성 분석은 아니지만 형사공탁 추이에 관한 언론사 분석이 최근 보도된 바 있다. KBS에서 형사공탁이 시행된 때부터 2023년 11월까지 988건의 확정판결을 분석한 바에 의하면, 전체 988건 가운데 피고인의 일방적인 공탁을 양형상 유리한 인자로 고려한 판결은 785건(79.4%)이었다. 반면, 공탁이 양형에 미친 정도가 상대적으로 덜한 '제한적 고려' 판결은 187건(18.9%)이었다. 또 피고인의 일방적인 공탁을 감경 사유로 고려해서는 안 된다며, 형량에 '반영을 하지 않은' 판결은 16건(1.6%)으로 나타났다. 또한 위 판결 988건 가운데 558건(56.4%)은 '기습공탁'으로 확인됐다. 문제는 기습공탁임에도 유리한 요소로 고려한 판결은 448건(80.2%)으로 확인됐다. 반면, 기습공탁을 양형에 제한적으로 고려했거나, 형량에 반영하지 않은 판결은 모두 110건으로, 19.8%에 불과했다. 또 공탁 금액이 커질수록 감형 폭은 더 커지기도 했다. 공탁금이 5백만 원 이하면 형기가 평균 7.8개월 줄어들었고, 5백만 원에서 천만 원 사이면 형기가 평균 8.3개월 줄었다. 2천만 원을 초과하면 평균 16.8개월이나 감형되기도 하였다.

(2) 형사 공탁의 방법

형사 공탁은 공탁법 제5조의2에 근거한「형사공탁에 관한 업무처리지침」별지 제1호 금전 공탁서(형사 공탁) 양식을 활용한다.[96] 해당 형사사건이 계속 중인 법원과 사건번호, 사건명, 공소장에 기재된 검찰청과 사건번호를 기재해야 한다.[97] 피공탁자의 주소와 주민등록번호는 기재하지 아니한다(공탁규칙 제82조).

공탁서 제출 시 공소장 등을 첨부 서류로 제출해야 하고, 추가적으로 공탁법 제5조의2 요건상 피해자 인적사항 확인이 불가함을 소명하기 위해 재판기록 열람·복사 신청 불허에 관련된 자료를 제출해야 한다.[98] 그러나 열람복사신청의 허부에 관한 사실과 열람복사신청서는 법원에 제출해버리면 다시 교부하지 않기 때문에 그러한 ① 신청을 한 사실과 ② 불허된 사실을 확인할 수 있는 신청서 사본에 관하여 다시 열람복사신청을 해야 하는 번거로움이 남아 있다.

신설된 형사 공탁의 경우에도 범죄피해자 정보에 대한 보호는 여전히 중요하게 취급된다. 공탁서 작성 시 공소장, 진술서·판결문(이하 "성명을 알 수 있는 서류"라 한다)에 피해자의 성명이 기재되어 있는 경우에는 공탁서에 그 성명을 기재하고, 공소장 등에 피해자의 성명 중 일부가 '비실명 처리되어 있거나 가명으로 기재되어 있는 경우'에는 공탁서에도 그대로 기재하되, 가명으로 기재되어 있는 경우에는 괄호로 가명임을 표시한다(공탁규칙 제82조).[99] 피해자의 실명을 알고 있는 경우에도 마

---

96) 실무상 금전공탁서(형사공탁) 2부를 작성하여 제출하여야 한다. 공탁원인사실은 "공탁자는 2023. 7. 7시 경 서울시 ~에서 피해자 홍0동 소유의 시가 10,000원 상당 고철 약 100kg를 리어카에 실어 절취한 사실과 관련하여 피해자 홍0동에게 피해금액 10,000원을 지급하고 합의하려 하였으나, 피해자 인적사항 열람등사가 불허되어 피해자의 인적사항을 알지 못하는 이유로 형사공탁하고자 합니다."라고 통상 기재하고 있다. 제출 시 공소장, 나의 사건검색, 재판기록열람등사신청서(불허), 위임장을 첨부하여야 한다.

97) 공탁은 공탁자가 단독으로 할 수 있고, 그로 인하여 채무소멸 등 법률효과가 발생하기 때문에 피공탁자의 출급청구권 행사 등을 보장하기 위하여 공탁자는 피공탁자 지정의무를 부담하게 된다. 대법원 1997. 10. 16. 선고 96다11747 판결 등 참조.

98) 성폭력범죄자 처벌 등에 관한 특례법 제24조, 아동·청소년 성보호에 관한 법률 제31조, 특정범죄신고자등 보호법 제8조 등이 준용되어 피해자(피공탁자) 인적사항 공개가 금지되는 경우에는 해당 형사사건에 적용되는 법률에서 인적사항 공개가 금지된다는 사정만을 소명하면 된다. 따라서 이 경우 재판기록 등에 대한 열람·복사 신청이 불허가 요건이 될 수는 없다. 공탁원인사실란에는 "성폭력범죄 처벌 등에 관한 특례법에서 피해자 인적사항 공개를 금지하고 있어 피해자의 인적사항을 알 수 없다"는 취지를 기재하면 된다. 이에 관해서는 법원행정처, 앞의 자료, 18쪽.

99) 형사공탁에 관한 업무처리지침 제4조 참조.

찬가지이다.

또한 공탁원인사실로서 피해 발생시점, 장소, 채무의 성질을 특정하여 기재하여야 하고, 피해자의 인적사항을 알 수 없는 경우에는 구체적으로 기재할 수 있도록 해야 한다. 이 경우에도 성폭력범죄의 처벌 등에 관한 특례법 등에서 피해자 인적사항 공개를 금지하고 있는 경우 이를 알 수 없다는 사정을 부기하여 공탁하면 될 것이다.

(3) 형사 공탁의 통지

개정법 시행으로 합의가 성사되지 않은 사건에서 피고인은 2022. 12. 이후 개정된 형사 공탁제도를 활용하고 있다. 피고인이 형사 공탁을 한 경우 공탁관은 형사사건이 계속 중인 법원과 검찰에 관련 내용을 통지해야 한다(공탁규칙 제85조 제1항).[100] 피해자에 변호사가 선임되어 있거나 또는 피해자 국선 변호사가 선정되어 있는 경우 법원은 통지받은 내용을 그 변호사에게 고지한다(공탁규칙 제85조 제2항). 피해자가 형사 공탁 사실을 고지받는 데에 동의한 때에는 피해자에게도 형사 공탁 사실을 고지한다.[101] 이러한 고지는 피해자의 재판절차진술권을 보장하기 위해 지체 없이 이뤄져야 한다.

(4) 형사 공탁의 출급

피공탁자인 피해자가 공탁물을 수령(출급)하려면 해당 형사사건이 계속 중인 법원이나 검찰에 방문하여 '피공탁자 동일인 확인 증명서'를 발급받아야 한다(공탁법 제5조의2 제4항. 공탁규칙 제86조 제1항 본문). '피공탁자 동일인 확인 증명서'를 발급한 법원 또는 검찰은 지체없이 공탁소에 그 발급사실을 통지하여야 한다(공탁규칙 제86조 제2항). 피해자 인적사항이 신원관리카드(특정범죄신고자 등 보호법 제7조 제3항)로서 확인이 되거나 형사사건이 확정되어 기록이 검찰 기록보존계로 넘어간 경우 1심 법원에 대응하는 검찰에서 동일인 확인 사무를 처리할 수밖에 없다(검찰보존사무규칙 제5조).[102]

---

100) 실무상 대법원 나의 사건검색을 통해서 형사공탁이 이뤄진 진행상황을 살펴보면 "법원 ○○지방법원 형사공탁사실통지서 제출"이라고 접수되어있음을 확인할 수 있다.

101) 형사공탁에 관한 업무처리지침 제9조 제4항 후문 참조; 같은 지침 제9조 5항에 따라 전화, 전자우편, 팩스, 휴대전화 문자전송 그 밖에 적당한 방법으로 할 수 있다.

102) 또한 공소제기 후 증거조사 전에 기록이 검찰 단계에 머물러 있는 경우도 검찰에 신청해

한편, 실무상 공탁사실을 양형에 참작할 때에는 공탁금 회수제한신고서가 첨부되었는지 확인하도록 법원 예규로 규정되기는 하였다.103) 그러나 공탁자가 형사재판에서 유리한 양형요소로 인정받고 곧바로 회수를 하는 경우를 방지하기 위해서 회수제한신고를 의무화할 필요가 있다.104) 피해자는 의사에 반하는 형사공탁금인 경우에도 피해회복을 위해 수령할 수 있고, 별도의 민사소송 제기를 위해서는 '이의유보 표시'를 하여 출급 받아야 한다. 그렇지 않는 경우 피해자는 공탁금 수령 후 추가 손해가 발생하여 민사소송을 제기하더라도 패소할 가능성이 높다.105) 피해자가 사망한 경우에는 상속인은 상속관계서류를 첨부하여 상속인을 소명한 후 동일인 증명서를 발급받아 출급신청을 할 수 있다.

(5) 형사 공탁과 피해자 측 의견 제출

형사 공탁이 이루어진 경우 피해자와 피해자 변호사는 형사공탁에 관한 업무처리지침 제9조 제6항에 따라 공탁에 관한 의견을 제출할 수 있다. 형사사건에서 합의 여부가 양형인자로서 형량을 줄이는 데 활용되었던 과거와 달리 피해자 의사에 반하여 공탁이 가능하게 되어 문제가 있다.106) 즉, 피해자 의사에 반하는 공탁을 공탁 없는 일반 사건과 어떻게 달리 취급할 것인지 혹은 피해자 의견에 따라 공탁이 이뤄졌음에도 이를 고려하지 않을지에 대해서는 아직 어떠한 가이드라인이나 지침이 법원에서 나오지 않았다.

또한 피해자가 미성년자인 경우, 미성년자 본인이 스스로 형사공탁금을 출급할 수

야 할 것이다. 법원행정처, 위의 자료, 30쪽.

103) 법원행정처, 위의 자료, 22쪽; 이에 따르면 정상자료로 공탁서가 제출된 경우의 유의사항 (재형 2000-4, 2000. 5. 16. 재판예규 제772호로 제정되어 2000. 5. 19. 시행된 것)상 공탁금 회수제한신고서가 첨부되어있는지 확인한 후 공탁사실을 양형에 반영하도록 되어 있다.

104) 금전공탁서(형사공탁) 양식에 "공탁자는 피공탁자의 동의가 없으면 위 형사사건에 대하여 무죄판결이 확정될 때까지 공탁금에 대한 회수청구권을 행사하지 않겠습니다."라고 부동문자로 규정되어 있다; 의무화하지 않아서 공탁 후 4년 감형 후 공탁금을 출급한 살해 가해자 관련 사건 보도도 있었다. 한편, 공탁금을 회수하는 경우는 ① 피공탁자 동의에 의하여 회수, ② 무죄판결 확정에 의하여 회수, ③ 착오공탁에 의한 회수가 있다.

105) 공탁은 채권의 소멸사유이기 때문이다.

106) 처벌불원의 의사표시는 양형결정에 매우 중요한 요인으로 작용한다는 점에 관해서는, 기광도, "양형기준제도의 피해자 관련요인이 양형결정에 미치는 효과분석: 성폭력을 중심으로", 피해자학연구 제23권 제1호, 한국피해자학회, 2015, 35쪽 이하.

없고, 법정대리인이 출급해야 하는 문제가 있다. 더 큰 문제는 미성년자의 형사 공탁금 출급의사를 확인하는 절차가 없다는 점이다. 실무상 법원은 피해자 국선 변호사 등을 통하여 확인하고 있으나 형사 공탁을 양형인자로 피해자의 의사에 부합하여 참작하기 위해서 피해자 의사를 명확히 확인할 수 있는 법률상 근거를 마련해야 할 것이다.107)

(6) 소결

피해자 의사에 반하여 형사공탁이 이뤄진 경우 이 점을 양형에 반영할 것인가에 관하여 아직까지 실증연구는 존재하지 않는다.108) 양형요소가 있는 이상 형사공탁이 갖는 의미를 살펴서, 피해자의 회복에 실제 기여할 수 있는지, 합의의 시도와 노력이 있었던 점과 연계하여 고려가 될 수 있는지, 진지한 반성이 있었는지 여부 등을 살펴서 반영 여부를 결정해야 할 것이다. 또한 피해 변제를 위한 어떠한 진지한 노력 없이 기계적인 공탁을 통해서 양형상 유리한 결과를 얻는다면 양형을 돈으로 산다는 비판을 면하기 어렵다. 이러한 형사 공탁제도의 남용을 해결하기 위한 방지안이 마련되어야 한다. 예를 들어 특정 범죄의 경우에는 공탁을 양형에 반영하지 않는 안도 고려할 수 있다. 무조건적인 양형 반영이 오히려 피고인의 재력에 따라 형이 달라지는 부정의한 결과를 초래할 수도 있기 때문이다. 또한 공무집행방해죄의 경우에 피해 공무원에 대해 공탁을 허용하게 되어있는 바, 국가로부터 보상받은 경우 이중배상의 문제에 놓일 수도 있다.

결국, 형사공탁 시행 결과를 토대로 양형에 유리한 양형인자로 참작 받고자 하는 피고인의 헌법상 보장된 공정한 재판받을 권리와 실질적 회복에 기여해야 한다는 피해자의 보호 원칙, 모두가 균형을 유지할 수 있도록 대책을 마련해야 한다. 본 연구에서 제시하는 기본적인 형사 공탁 양형인자는 다음 <표 9>와 같다.

---

107) 이러한 문제는 피해자가 장애인인 경우에도 발생할 수 있으며, 양형조사관을 통하여 의사를 정확히 확인할 수 있는 법적 근거를 마련할 필요가 있다.

108) 공탁여부가 형평상 양형에 반영될 수밖에 없어 이에 대한 양형참작의 대략적 기준이 필요하다는 견해로 사법정책연구원, "사법보좌관 제도와 형사공탁 특례제도의 현안과 쟁점 발표 자료집", 2022, 76쪽 이하 참조.

표 9 형사 공탁 양형 기준(안)[110]

	감경요소	가중요소
일반양형인자 (행위자/기타)	－상당 금액 공탁 (단, ① 피해자 의사에 반하는 경우(피해자 의사를 확인할 수 없는 경우를 포함한다), ② 회수제한 신고가 없는 경우, ③ 공판 종결 후 선고 전의 경우에는 제외할 수 있다.)	－합의 시도 중 피해 야기[109]

　종전 대법원 양형기준에 대해 ① 피해자 의사에 반하는 경우(피해자의 의사를 확인할 수 없는 경우를 포함한다), ② 회수 제한 신고가 없는 경우, ③ 공판 종결 후 선고 전의 경우(이른바, 기습공탁)에는 양형 반영을 제외하는 단서조항을 두어 형사 공탁의 남용을 방지해야 한다. 이는 피해자 스스로 출급하지 않으려는 공탁은 피해회복에 무용하며, 회수제한이 없으면 공탁이후 전격적인 회수를 방지하지 못하게 되기 때문이다. 또 공탁의 시기를 제한하지 않고, 선고 전에 공탁을 허용하면 법원의 사무부담을 가중시키고, 재판절차진술권이 침해될 수 있음을 고려한 것이다.

　또한 형사 공탁에 대한 피해자의 의사를 충실하게 확인하기 위해 양형조사관에 의한 양형조사를 형사소송법에 명문의 근거규정을 두어 권한 및 조사의 범위를 명확히 해야 할 것이다.

　향후 개정 형사 공탁에 따른 양형 효과를 분석하여 적어도 위에서 제시한 3가지 단서 내용의 기준이 반영되어 합리적 양형을 도모해야 한다.

3. 형사 보석

　형사 보석은 피고인으로 하여금 구속 영장집행을 정지하여 신체의 자유를 최대한 보장하려는 불구속재판 원칙과 무죄추정의 원칙을 실현하고, 불구속 상태에서 방어권을 충분히 행사할 수 있는 여건을 제공하여 공정한 재판받을 권리를 구현하기 위

---

109) 강원서부해바라기센터에서 발생한 2차 피해 중 29.7%가 가해자 가족이 합의를 종용하거나 위협하는 상황에서 발생하였다고 한다. 이에 관해서는 이혜경·조지현, 『성폭력 피해자 2차 피해 실태조사』, 강원서부해바라기센터 개소 10주년 기념 세미나 자료집, 2022, 47쪽.

110) 대법원 양형위원회, 『2023 양형기준』, 2023, 29쪽 이하의 공탁에 관한 일반양형인자를 참고하여 개선의견을 제시하였다.

한 수단이다.111) 형사피고인은 형사재판 중 필요적 보석 사유내지 임의적 보석(재량 보석)으로 선고 전에 석방이 될 수 있는데, 이로써 보복범죄가 일어나거나 피해자에게 위협이 될 수 있어 보석제도 운용에 대한 검토가 필요하다.

형사소송법은 필요적 보석 제외사유로서 "피고인이 피해자, 당해 사건의 재판에 필요한 사실을 알고 있다고 인정되는 자 또는 그 친족의 생명·신체나 재산에 해를 가하거나 가할 염려가 있다고 믿을 만한 충분한 이유가 있는 때"를 규정하고 있다(형사소송법 제95조 제6호). 보석조건에도 "피해자, 당해 사건의 재판에 필요한 사실을 알고 있다고 인정되는 사람 또는 그 친족의 생명·신체·재산에 해를 가하는 행위를 하지 아니하고 주거·직장 등 그 주변에 접근하지 아니할 것(형사소송법 제98조 제4호)" 등을 설정하고 있고, 보석 또는 구속집행정지 취소사유도 "피해자, 당해 사건의 재판에 필요한 사실을 알고 있다고 인정되는 자 또는 그 친족의 생명·신체·재산에 해를 가하거나 가할 염려가 있다고 믿을 만한 충분한 이유가 있는 때(형사소송법 제102조 제2항 제4호, 특정강력범죄의 처벌에 관한 특례법 제6조)"라는 사유를 규정하여 피해자의 안전 확보 장치를 마련하고 있다. 뿐만 아니라 형사소송법 제70조 제2항에 피고인의 구속사유 심사 시 "피해자 및 중요 참고인 등에 대한 위해우려" 등을 고려하도록 2007. 6. 1. 신설하였다.112) 이는 일종의 '증거인멸우려'라는 구속사유를 피해자 보호와 관련하여 구체화한 예시규정으로 볼 수 있다. 즉, 구속결정이 반사적으로 단순히 보복 범죄를 방지하는 것에 초점이 놓여 있는 것이 아니라 피해자를 보호하는 데 방점이 있고, 이것은 실체적 진실을 발견하려는 국가와 인권보호의 대상으로서 피의자·피고인뿐만 아니라 사법절차에서 피해자 보호라는 3가지의 관계가 모두 고려되어야 함을 의미한다.113)

형사 보석의 허가를 심리함에 있어서는 적정한 형사절차 진행이라는 형사 소송의 목표이외에 불구속 원칙에 따른 신체의 자유와 무죄추정의 원칙 보장을 통한 피고인의 방어권 실현과 피해자에 대한 2차 피해 방지를 통한 인간으로서의 존엄, 생명권의 가치가 충돌한다고 할 수 있다. 피고인의 신체의 자유와 무죄추정의 원칙을 보장

111) 전명길, "현행 보석제도의 문제점 및 개선방안", 인문사회21, 제7권 제3호, 아시아문화학술원, 2016, 862쪽.
112) 그러나 실무상 구속 기각사유에 이러한 사유가 드러나지 않고 있다.
113) 김혁, "보복범죄 방지와 범죄피해자 보호를 위한 구속제도의 재설계", 피해자학연구 제29권 제3호, 한국피해자학회, 2021, 9쪽 이하.

하기 위해 되도록 불구속 재판을 원칙으로 해야 하는 것은 이론적으로 타당하지만, 이를 맹목적이고 기계적으로 우선하게 되면 범죄피해자 보호에 큰 위험을 초래할 수 있다.

따라서 형사 보석 사유를 결정하는 이익형량과정에서 피해자 보호라는 형사 정책적 필요성을 인정하고, 보복범죄의 위험성을 증거인멸에 해당하는지 여부를 판단할 때 적극적으로 평가해야 할 것이다.114)

4. 형사 조정

(1) 의의와 기능

형사 조정은 2010년 「범죄피해자 보호법」에 도입되었다. 동법 제41조에서 공소제기 전 검사는 범죄피해자가 입은 피해를 실질적으로 회복하는데 필요하다고 인정하는 경우 형사 조정에 사건을 회부할 수 있도록 규정하고 있다. 주로 사기와 같은 재산범죄 사건, 개인 간의 명예훼손, 모욕 사건과 같이 민사소송이 진행 중이거나 진행될 가능성이 높은 사건의 경우 활용이 되고 있다. 단, 이 경우에도 ① 피의자가 도주하거나 증거를 인멸할 염려가 있는 경우, ② 공소시효의 완성이 임박한 경우, ③ 불기소처분의 사유에 해당함이 명백한 경우(기소유예처분의 사유에 해당하는 경우는 제외)는 제외하고 있다.115)

형사 조정은 민사소송으로 해결해야 할 손해의 회복을 형사절차에서 일회적으로 꾀한다는 점에서 회복적 사법의 성질을 가지는 장점이 있다. 또한 피해자, 가해자 사이에서 담당검사를 비롯하여 형사조정위원과 같은 제3자에 의해 합리적 결과를 도출할 수 있다는 점에서 원만하게 사건을 조기에 해결하는 기능이 있다. 다만, 형사 조정은 독일과 달리 기소 전 단계에만 운용되고 있다는 한계가 있으며,116) 그 운영 주체 또한 검찰 내에 설치된 형사조정위원회를 통해서만 운영되는 한계가 있다.117) 또한 헌법이 보장하는 무죄추정원칙에 반하여 운용될 여지가 있다는 비판이

---

114) 피해자의 보석취소청구권 부여에 관한 주장이 등장하기도 하였다. 이에 관한 시론으로 백승민, "개정 형사소송법 시행에 따른 전망과 제문제 : 개정 형사소송법상의 범죄피해자보호에 관한 연구", 법조 제57권 제2호, 법조협회, 2008, 221쪽.

115) 대검예규 제1245호 형사조정 실무운용 지침 제3조.

116) 대검예규 제1245호 형사조정 실무운용 지침 제25조.

117) 실무상 형사조정위원회는 검찰 업무 경험, 조정경력 등이 있는 법률전문가를 위촉하여 운영하고 있다.

있다.118) 뿐만 아니라 민·형사 이원적 체계에 반하고, 조정 불성립 시 갈등을 증폭시켜 사건처리 지연만을 가중시킬 우려가 있다.

(2) 형사 조정의 문제점과 개선 방향

1) 검찰의 권한 확대 문제

우선 형사 조정이 국민적 공감대의 형성과 비교법적 분석이 충분히 이뤄지지 않은 상태에서 검찰 주도하에 전격 도입되어 피해 회복이라는 목표보다는 검찰의 유용한 사건 처리 방법으로 취급될 가능성이 높다는 우려가 있다. 즉, 검찰의 정책 목표에 따라 형사 조정이 남발될 위험성이 있고, 회복적 사법의 취지가 왜곡될 수 있다는 것이다.119) 나아가 검찰이 사건의 진실을 밝히지 않고 형사 조정에 직권으로 사건을 회부하는 경우, 이는 국가 공권력으로서의 수사기관이 실체적 진실 규명을 외면하고 남고소의 저감이라는 행정편의주의적 목표만 도모할 뿐 회복적 사법의 이념을 추구하는 것이 아닐 수 있다는 강력한 문제제기도 있다.120) 이를 해결하기 위해서 수사기관은 사건의 실체가 규명된 이후에, 즉 공소제기가 가능한 수준일 때 참여인의 의사를 확인하여 조정에 회부를 하도록 설계할 필요가 있다.121) 실체가 확인되지 않은 상태에서 형사 조정에 사건이 회부되는 경우 가해자에게는 불필요한 책임을 강요하게 되거나, 금전배상만으로 책임원칙에 반하는 경우가 발생할 수 있기 때문이다. 회복적 사법을 위해 조기 조정 회부가 필요한 경우가 있을 수 있지만, 그렇다 하더라도 실체진실 의무를 밝혀야 할 수사기관의 의무는 유지되어야 한다.122)

다음으로 형사 조정이 '조건부 기소유예'를 양산할 우려가 있다. 범죄피해자 보호법 제45조 제4항에 의하면 검사는 '형사조정 결과를 사건 처리에서 고려할 수 있다'

---

118) 검사가 기소하기 전에 형사조정 참여 고지, 피해회복을 강권할 수 있고, 이러한 점은 헌법상 무죄추정의 원칙에 반한다고 한다. 이진국·오영근, "형사사법체계상 회복적 사법 이념의 실천방안", 한국형사정책연구원, 2006, 220쪽.

119) 정지영, "현행 형사조정제도 검토", 형사소송 이론과 실무 제5권 제2호, 한국형사소송법학회, 2013, 76쪽.

120) 이진국, "회복적 사법의 관점에서 본 형사조정실무의 문제점", 형사정책연구 통권 73호, 한국형사법무정책연구원, 2008, 22쪽 이하.

121) 이호중, "한국의 형사사법과 회복적 사법 – 과거, 현재, 그리고 미래", 형사법연구 제19권 제3호, 한국형사법학회, 2007, 319쪽.

122) 정지영, 앞의 논문, 77쪽.

라고 규정하고 있다. 또한 형사 조정이 성립되면 형법 제51조[123])의 양형의 조건을 참작하여 공소를 제기하지 않을 수도 있다. 이와 같이 형사 조정은 일정한 조건을 전제로 해서 검사의 처분을 다양하게 가능하게 하는 제도라는 점에서 가해자에게 압박으로 작용할 수도 있어 결국 조건부 기소유예의 문제를 야기할 수 있다.[124]) 헌법재판소는 피의자가 사건 자체를 부인함에 따라 형사 조정이 성립되지 아니하였음에도 검사가 사흘 만에 추가 수사 없이 기소유예처분을 한 사건에서 자의적인 검찰권의 행사로 인해 청구인의 평등권과 행복추구권이 침해되었다고 판단한 바 있다.[125]) 또한 헌법재판소는 검찰이 형사 조정에 회부하였다가 조정이 불성립하자 곧바로 기소유예처분을 한 사건들에서 검사의 수사가 미진했다는 사유 등으로 헌법소원을 인용하기도 하였다.[126]) 형사 조정에서 검사는 기소편의주의에 근거하여 기소유예할 수 있는 권한을 가진 동시에 가해자에 대한 조건을 부과할 수 있는 권한을 가지게 된다. 이는 검사의 '소추재량권'의 확대를 의미하는데,[127]) 이와 같은 검사의 권한은 피해자와 가해자 사이의 자율성이 최대한 존중되어야 하는 형사 조정에서는 최소화되어야 할 것이다.[128])

마지막으로 범죄피해자 보호법 시행령 제46조는 고소사건 이외에도 일반 형사사건도 형사 조정에 회부할 수 있도록 규정하고 있어 사실상 모든 범죄에 대해 검사의 직권에 의한 조정 회부가 가능해져 있다. 그러나 형사 조정은 피해자와 가해자 사이

---

123) 형법 제51조(양형의 조건) 형을 정함에 있어서는 다음 사항을 참작하여야 한다.
　　1. 범인의 연령, 성행, 지능과 환경
　　2. 피해자에 대한 관계
　　3. 범행의 동기, 수단과 결과
　　4. 범행 후의 정황
124) 기소유예는 기소편의주의를 근거로 행해지는 불기소처분으로, 범죄혐의가 충분하고 소송조건이 구비되어도 형법 제51조의 사항을 참작하여 공소를 제기하지 않는 검사의 종국처분이고, 조건부 기소유예는 피의자에게 일정한 지역의 출입, 피해의 배상, 상호 비난 금지, 수강명령의 이행 등 준수를 조건으로 하는 기소유예를 의미한다.
125) 헌법재판소 2017. 12. 28. 선고 2017헌마696 결정.
126) 헌법재판소 2016. 9. 29. 선고 2016헌마159 결정; 헌법재판소 2016. 11. 24. 선고 2016헌마554 결정; 헌법재판소 2018. 5. 31. 선고 2017헌마1262 결정 등.
127) 헌법재판소는 2015. 11. 11. 선고 2015헌마1003 결정에서 검사의 형사조정 과정에서 소추재량권에 관한 결정이 불공정한 수사에 해당하더라도 불법행위에 대한 소송을 통해서 해결할 문제이지 헌법소원의 대상이 될 수 없다고 보아 각하한 바 있다.
128) 정도희, "형사조정제도의 바람직한 시행을 위한 범죄피해자보호법 개선안", 형사법연구 제23권 제1호, 한국형사법학회, 2011, 375쪽.

의 자발적 타협에 기초하는 것이다. 따라서 참여자의 의사에 반하는 직권 조정회부
는 검사의 재량을 지나치게 인정하는 것이라 할 수 있다. 더욱이 조정이 피해자가
원하지 않음에도 직권 개시되는 경우 제도적인 2차 피해를 발생시키는 한편, 가해자
가 조정에 응하지 않는 경우에는 무죄추정에 반하는 편견을 부여할 우려가 있다. 따
라서 범죄피해자 보호법에서 형사 조정을 직권으로 회부하는 부분은 삭제해야 하고,
대상 범죄의 범위는 개인적 법익을 침해한 범죄로 정리할 필요가 있다.

2) 법관에 의한 재판받을 권리

법관에 의한 재판받을 권리란 구체적 법률적 분쟁의 당사자가 독립된 국가기관인
법원의 판단을 청구할 수 있는 권리를 의미하며, 여기서 말하는 재판에는 민사재판,
형사재판, 헌법재판 등을 포함한다.[129] 헌법재판소는 법관에 의한 재판을 받을 권리
를 보장한다고 함은 "법관이 사실을 확정하고 법률을 해석·적용하는 재판을 받을
권리를 보장한다는 뜻이고, 그와 같은 법관에 의한 사실확정과 법률의 해석적용의
기회에 접근하기 어렵도록 제약이나 장벽을 쌓아서는 아니되며, 만일 그러한 보장이
제대로 이루어지지 아니한다면 헌법상 보장된 재판을 받을 권리의 본질적 내용을 침
해하는 것으로서 우리 헌법상 허용되지 아니한다."라고 하였다.[130] 법관에 의한 재
판받을 권리 여부가 논란이 되었던 군사재판의 경우 헌법적 근거(제27조 제2항, 제
110조)를 두고 있고, 임의적 행정심판도 헌법적 근거(제107조 제3항)을 두고 있어서
문제가 되지는 않는다. 또 헌법에 규정하고 있지는 않으나 법률에 규정을 두고 있는
즉결심판이나 약식절차는 헌법과 법률이 정한 법관에 의한 재판이므로 위헌이라고
보기 어렵다.[131]

한편, 형사 조정의 경우 검사에게 절차의 주도권을 부여하여 재판이 독립적이지
않고, 절차의 중립성과 투명성을 해칠 수 있다. 이는 특히 검사의 결정이 법관에 의
한 재판을 대체하게 되므로 법관에 의한 재판을 받을 권리를 침해할 가능성이 있는
것이다. 그러나 형사 조정이 가지고 있는 회복이라는 장점을 살리고, 피해자 국선변
호 제도가 확대됨에 따라 조정의 투명성과 참여자의 만족도가 상당할 것으로 보여지

---

129) 성낙인, 앞의 책(2023), 1612쪽; 이준일, 앞의 책, 687쪽.
130) 헌법재판소 1995. 9. 28. 선고 92헌가11 결정 등.
131) 이준일, 위의 책, 687쪽.

는 상황에서 섣불리 제도를 포기하기 보다는 법관에 의한 재판을 받을 권리를 보장할 수 있도록 사법절차별 조정 성립 시 법관에 의해 조정결과를 확인받는 제도를 도입할 필요가 있다.[132]

3) 무죄추정의 원칙

헌법상 무죄추정의 원칙은 1980년 헌법에 도입되었는데, '피의자 또는 피고인은 유죄의 확정판결이 있기 전까지는 무죄인 자에 준하여 대우되어야 하고, 법률적·사실적 측면에서 유죄의 강력한 의심이 있더라도 어떠한 유·무형의 불이익을 받아서는 안된다'는 것을 의미한다.[133] 법관은 합리적 의심 없는 증명이 없으면 '의심스러울 때는 피고인의 이익으로(in dubio pro reo)'에 따라 무죄를 선고해야 한다. 이러한 무죄추정의 원칙은 피내사자, 피의자, 피고인 모두에게 적용된다.[134]

그런데 법원이 사법권의 행사로써 가해자의 책임에 대해 판결하기 전에 타 국가기관인 검찰이 가해자의 책임을 인정하고, 그에 따른 조치(기소유예, 조건부 기소유예, 기소)를 취하는 게 무죄추정의 원칙에도 반한다는 비판이 있다.[135] 형사 조정이 진행되기 위해서는 가해자가 범행을 인정하고, 이를 전제로 가해자, 피해자의 역할이 정해지며, 판결 전에 검사는 기소유예 조치를 내리고 원상회복의무를 부과할 수 있기 때문이다. 특히나 피의자가 자백하지 않은 상태에서의 일방적인 검사의 조정회부는 더욱 무죄추정의 원칙에 반할 소지가 높다. 이 같이 검사가 법원의 개입 없이 형사 조정 절차 참여나 조정의 성립을 기소유예의 조건으로 삼거나 원상회복의무(배상합의의무)를 부과하는 것은 피의자에 대한 강제처분으로 무죄추정의 원칙에 반하여 책임을 강요하는 것이다.[136] 실제 검사가 형사조정이 성립되자 기소유예처분을 하였으나, 헌법재판소에서 불법영득의사가 없었다고 하여 헌법소원이 인용된 사례도 있다.[137]

---

132) 참고로, 현재 범죄피해자지원센터에서 형사조정을 주관하고 있지 않아 공적 주체가 아니어서 문제가 된다는 비판은 해소되었다고 할 수 있다.
133) 헌법재판소 2003. 11. 27. 선고 2002헌마193 결정.
134) 성낙인, 앞의 책(2023), 1238쪽.
135) 정도희, 앞의 논문, 372쪽.
136) 심재무, "형사화해제도의 도입과 문제점", 경성법학 제14권 제2호, 경성대학교 법학연구소, 2005, 127쪽; 이호중, 앞의 논문, 321쪽.
137) 헌법재판소 2015. 10. 21. 선고 2015헌마85 결정.

무죄추정의 원칙은 반드시 준수되어야 할 헌법상 원칙이지만, 비례성 원칙을 벗어나지 않는 범위 내에서의 강제처분은 인정된다고 할 수 있다. 수사기관이 가해자에게 피해자 회복을 위해 피해회복노력을 요청하는 것은 비례성 원칙의 범위에서 용인된다고 할 수 있다. 회복적 사법의 목표달성은 가해자의 자발적 참여에 달려 있다. 이미 수사절차에서 가해자가 자백하고 이에 따라 피해자에 대한 자발적인 회복노력을 하는 것이 무죄추정의 원칙에 반하는 것은 아니라고 할 것이다.

다만, 일각에서 제기될 수 있는 무죄추정의 원칙 위반 문제를 해결하기 위해 형사 조정성립 시 법관에 의해 확인받는 제도를 도입하여, 가해자가 범죄 혐의를 다투는 경우 형사 조정에 대한 종결권을 부여하고, 이와 같은 권리가 고지되도록 해야 한다. 즉, 가해자에게 형사 조정을 종결할 권리, 형사 조정이후 법원에서 조정 결과를 무효화할 권리가 보장되어야 한다.138) 또한 형사 조정에 응하였거나 응하지 않았다는 사정 모두가 피의자에게 불리하게 고려되어서는 안 된다는 내용이 포함되어야 한다.139) 또 형사 조정 과정에서 현출된 가해자의 진술이 범행인정의 증거로 사용되지 않도록 차단장치를 마련해야 할 것이다.

4) 소결

형사 조정은 피해자의 회복할 권리와 관련하여 실질적 피해회복을 도모하여 분쟁을 원만히 해결하기 위한 방안이다. 형사조정을 통해서 사법기관으로 들어오는 사건 유입을 줄여 형사사법비용을 줄일 수 있고, 피해자의 소송비용 과다지출 방지, 피해자의 형사절차 만족도를 제고할 수 있다. 하지만, 형사 조정으로 비대해진 검찰의 권한으로 회복적 사법의 목표가 왜곡되거나 행정편의주의로 운영될 수도 있다. 또한 법원의 개입 없는 수사단계의 종국적 처리로 인해 가해자의 입장에서는 법관에 의한 재판을 받을 권리, 무죄추정의 원칙이 침해될 소지도 있다.

이러한 우려를 막기 위해서는 사건의 실체적 내용이 파악된 이후에 참여인의 동

---

138) John, Braithwaite, ""Thinking harder about democratizing social control." Family group conferencing in juvenile justice: The way forward or misplaced optimism", Australian Institute of Criminology, 1994, 205쪽.

139) 범죄피해자 보호법 제45조 제4항 단서에서 '다만, 형사조정이 성립되지 아니하였다는 사정을 피의자에게 불리하게 고려하여서는 아니 된다.'라고 규정하고 있는데, 형사조정이 성립된 사정을 불리하게 고려하는 경우가 누락되어 있다.

의를 얻어 조정에 회부되어야 한다.[140] 실체가 드러나지 않은 상태에서 형사조정에 회부되는 경우 가해자에게 무리한 책임을 강요하게 되거나, 금전배상만으로 책임을 다하는 결과가 되어 정의와 형평에 반할 수 있다. 또한 조정이 불성립되는 경우 무죄추정의 원칙에 반하여 피의자에게 불필요한 편견이 형성될 우려가 있게 된다. 이러한 점을 고려하여 현행 범죄피해자 보호법은 아래 <표 10>과 같이 개정될 필요가 있다.

표 10 범죄피해자 보호법 개선(안)

현행법	개선안	비고
제41조(형사조정 회부) ① 검사는 피의자와 범죄피해자(이하 "당사자"라 한다) 사이에 형사분쟁을 공정하고 원만하게 해결하여 범죄피해자가 입은 피해를 실질적으로 회복하는 데 필요하다고 인정하면 당사자의 신청 또는 직권으로 수사 중인 형사사건을 형사조정에 회부할 수 있다.	제41조(형사조정 회부) ① 검사는 **피의자와 범죄피해자 사이에** 형사분쟁을 공정하고 원만하게 해결하여 범죄피해자가 입은 피해를 실질적으로 회복하는 데 필요하다고 인정하면 **피의자 또는 범죄피해자의 신청으로** 수사 중인 형사사건을 형사조정에 회부할 수 있다.	제41조 – 형사소송법상의 당사자 개념과 혼동을 방지하기 위해 '당사자' 용어를 삭제 – 검사가 직권으로 회부할 수 있는 부분을 삭제
제45조(형사조정절차의 종료) ④ 검사는 형사사건을 수사하고 처리할 때 형사조정 결과를 고려할 수 있다. 다만, 형사조정이 성립되지 아니하였다는 사정을 피의자에게 불리하게 고려하여서는 아니 된다.	제45조(형사조정절차의 종료) ④ 검사는 형사사건을 수사하고 처리할 때 형사조정 결과를 고려할 수 있다. **다만, 형사조정이 성립되었거나** 성립되지 아니하였다는 사정을 피의자에게 불리하게 고려하여서는 아니 된다.	제45조 – 형사조정이 성립된 경우에도 기소유예가 가능하고, 이 경우 무죄추정의 원칙 위반 우려가 있어 반영

　또한 정책적으로 형사 조정절차를 경찰 단계부터 법원 단계에 이르기까지 언제라도 피해자 의사에 반하지 않는 한 조정절차에 회부할 수 있도록 하여, 회복적 사법 목적 달성에 기여할 필요가 있다. 경찰 단계의 경우 신속한 사건 처리를 도모할 수 있으며, 이해관계가 첨예하지 않은 사건의 경우 경찰 단계에서 조정을 통해 피해자

---
140) 정지영, 앞의 논문, 76~77쪽.

를 사법절차로부터 일상으로 조기에 복귀시킬 수 있기 때문에 도입 필요성이 크다. 공판단계에서도 조정전담법관을 지정하여 재산범죄나 합의의 가능성이 큰 사건에 적극적인 조기 개입을 통하여 사건을 원만히 종결시킬 수 있을 것이다.[141] 다만, 형사 조정 절차를 확대하는 경우 법관에 의한 재판받을 권리를 보장하기 위해 조정결과 확인제도를 함께 도입해야 한다.

따라서 형사 조정을 경찰 단계와 공판단계까지 확대하고, 그에 따라 형사 조정 성립 시 처분기준, 양형기준, 법관 확인 기준 등까지도 마련할 필요가 있다.

5. 피해자 - 가해자 화해제도 : 보복범죄의 방지

일본을 비롯한 외국에서 시행 중인 피해자−가해자 화해 제도(형사화해제도)는 공소제기 과정이나 공판과정에서 가해자와 피해자 사이의 화해를 시도하고, 그 결과를 기소 여부나 재판절차에 반영하는 것을 의미한다.[142] 우리의 경우 소년법 제25조의3[143]에 따라 화해권고위원을 지정하여 비행소년과 피해자 사이의 화해를 시도하고 있다. 이는 형사재판 외의 방법을 시도하는 것으로 일종의 회복적 사법의 실현방법이며, 당사자의 자발적 참여를 통해 보복범죄를 방지하고, 갈등을 저감시키는 형사정책적 접근방법이다. 피해자의 피해를 회복시키고, 범죄자의 재사회화에 도움이 되며, 지역사회의 피해를 복구하고 안전을 도모하며, 형사사법의 효율성을 증대시키는 방법이기 때문이다. 범죄자는 화해제도를 통하여 스스로 야기한 피해를 깨닫고, 사회적 책임감을 체득할 수 있고,[144] 피해자는 피해회복을 조기에 달성할 수 있는 이점이 있다.

---

141) 공판단계에서는 법원에 별도의 형사조정위원회를 구성할 수도 있다는 다른 의견으로 김광주, 앞의 논문, 91쪽.

142) 정승환, 앞의 논문, 85쪽.

143) 소년법 제25조의3(화해권고) ① 소년부 판사는 소년의 품행을 교정하고 피해자를 보호하기 위하여 필요하다고 인정하면 소년에게 피해 변상 등 피해자와의 화해를 권고할 수 있다.
② 소년부 판사는 제1항의 화해를 위하여 필요하다고 인정하면 기일을 지정하여 소년, 보호자 또는 참고인을 소환할 수 있다.
③ 소년부 판사는 소년이 제1항의 권고에 따라 피해자와 화해하였을 경우에는 보호처분을 결정할 때 이를 고려할 수 있다.

144) Dieter, Rössner, "Wiedergutmachen statt Übelvergelten.(Straf) Theoretische Begründung und Eingrenzung der Kriminalpolitischen Idee.", Täter−Opfer−Ausgleich. Vom zwischenmenschlichen Weg zur Wiederherstellung des Rechtsfriedens , 1989, 24쪽 이하.

다만, 재판 이후의 집행단계까지 화해제도를 통한 합의의 요구가 피해자에게 2차 피해를 야기할 수 있고, 출소 후에 보복범죄를 심화시킬 수 있으므로 피해자－가해자 화해제도는 안전하고 공개적인 방법이 될 수 있도록 설계되어야 한다. 또 합의가 성사되는 경우에 강제집행이 원활하도록 화해조서에 그 내용을 기재하여 집행력을 확보하여야 한다.

6. 피해자 손해배상금 소득세 면세

(1) 문제의 소재

범죄피해자가 민사소송으로 법원의 판결 또는 조정 등에 따라 가해자 측으로부터 손해배상을 받으면 소득세법상 '기타소득'으로 과세대상이 되는지 문제가 된다. 이러한 문제 상황은 특히 국가가 가해자인 경우에는 배상책임이 발생함에도 불구하고 면세되지 않는 경우 과세권 행사로 과세이익을 소득세로 수취한다는 점에서 부적절한 면이 있다. 실질적으로 배상책임을 감축시키는 효과가 있는 것이기 때문이다.

(2) 관련 규정과 해석례

소득세법은 '계약의 위약 또는 해약으로 인하여 받는 위약금, 배상금 및 부당이득금에 대한 이자'를 기타소득인 과세대상으로 규정하고 있다(소득세법 제21조 제1항 제10호). 같은 법 시행령에서 구체적으로 재산권에 관한 계약을 위약 또는 해약함으로 받는 손해배상 중에 그 명목 여하를 불구하고 본래 계약 내용이 되는 지급 자체에 대한 손해를 초과하는 손해에 대한 배상금을 그 대상으로 삼고 있다(소득세법 시행령 제41조 제8항).[145] 즉, 규정이 모호하기는 하나 시행령에 따르면 담세력의 증가로 보기 어려운 손해의 전보는 애초에 과세대상에서 제외하고 있다.[146]

---

145) 소득세법 시행령 제41조 ⑧ 법 제21조제1항제10호에서 "위약금과 배상금"이란 재산권에 관한 계약의 위약 또는 해약으로 받는 손해배상(보험금을 지급할 사유가 발생하였음에도 불구하고 보험금 지급이 지체됨에 따라 받는 손해배상을 포함한다)으로서 그 명목여하에 불구하고 본래의 계약의 내용이 되는 지급 자체에 대한 손해를 넘는 손해에 대하여 배상하는 금전 또는 그 밖의 물품의 가액을 말한다. 이 경우 계약의 위약 또는 해약으로 반환받은 금전 등의 가액이 계약에 따라 당초 지급한 총금액을 넘지 아니하는 경우에는 지급 자체에 대한 손해를 넘는 금전 등의 가액으로 보지 아니한다.

146) 우지훈·양인준, "과세대상으로서 손해배상금의 판단기준과 입증책임 －대법원 2019. 4. 23. 선고 2017두48482 판결－", 조세법연구, 한국세법학회, 2019, 14쪽.

의료사고 등에서 생명, 신체, 명예의 손해를 입은 피해자가 '재산권 이외의 손해'를 가한 불법행위 가해자로부터 손해배상을 받거나, 정신적 고통을 이유로 한 위자료와 지연손해금은 소득세의 과세대상에 포함되지 않는다.[147] 조세심판원도 "정신적 피해에 대한 손해배상금이므로 기타소득에 해당하지 아니한다."라고 하여 정신적 손해의 경우 과세대상에 해당하지 않는다고 한다.[148]

범죄피해자의 손해배상 청구 부분 중 재산권 부분에 관해서는 소득세가 부과될 가능성이 있다. 상대방의 계약 위반으로 손해배상을 받는 경우는 소득세의 과세대상이 되나, 이때는 본래 계약 내용이 되는 지급 자체에 대한 손해를 '넘는'부분에 한정된다.[149]

손해배상 소송의 경우 소송물은 손해3분설에 따라 적극적 손해, 소극적 손해, 위자료로 구분된다. 적극적 손해의 경우 본래 계약 내용의 지급 자체에 해당하고, 불법행위 손해배상청구의 경우 불법행위에 대한 전보 자체이므로 과세대상이라 보기 어렵다. 소극적 손해(일실수익 등)의 경우는 손해배상의 성격에 따라 달리 볼 여지가 있다. 채무불이행 손해배상 청구의 경우는 소극적 손해가 '본래의 계약 내용이 되는 지급 자체에 대한 손해' 그 자체로 보기 어렵고, 순자산을 통해 얻을 수 있었던 수익을 달성하지 못 한데에서 발생한 것이므로 '넘는 손해'에 해당하여 과세대상이 될 수 있다.[150] 그러나 범죄피해자의 불법행위 소송에서의 소극적 손해의 경우 가해자의 행위로 인하여, 예컨대 범죄가 없었더라면 유지되었을 정상적인 일상의 회복(적어도 일상노동을 하지 못한 데에 대한 대가)의 의미이므로 소극적 손해라 하여 과세대상이라 보기에 무리가 있다.

---

147) 소득세법 기본통칙 21-0-1 ⑤ 법 제21조 제1항 제10호에 규정하는 계약의 위약 또는 해약으로 인하여 받는 위약금과 배상금에는 계약의 위약 또는 해약으로 인하여 타인의 신체의 자유 또는 명예를 해하거나 기타 정신상의 고통 등을 가한 것과 같이 재산권 외의 손해에 대한 배상 또는 위자료로서 받는 금액은 포함되지 아니한다.

148) 조심 2018서1127 (2018. 6. 12.).

149) 대법원 1997. 3. 28. 선고 95누7406 판결.

150) 우지훈 외1, 위의 논문, 457~458쪽 참조; 이 논문에서는 소극적 손해가 과세대상이라고 보고 있으나, 이 논문의 소극적 손해는 채무불이행 손해배상청구를 전제한 것으로 보인다. 본 연구에서는 범죄피해자의 손해배상 시 과세대상 여부를 논의하고 있다.

(3) 판결 전 조정 등 집행권원의 경우

국세청 유권해석에 따르면 법원에서 민사소송을 하다가 판결 전 조정을 한 경우 이때 가해자로부터 수령한 배상금은 '기타소득'으로서 사례금에 해당한다고 보고 있다.[151] 이 해석에 따르면 '재산권 이외의 손해'가 발생한 사건에서 원고는 법원에서 판결을 받으면 소득세가 발생하지 않지만, 원만히 조정을 한 이유로 소득세를 납부하게 되는 모순이 발생한다.[152]

이는 판결보다 당사자 사이의 원만한 조정을 권유하는 법원의 회복적 사법 취지에 정면으로 반한다. 또한 조정에 따른 조정조서, 조정이 성립되지 않는 경우 조정에 갈음한 조정(강제조정), 화해권고결정[153] 모두 집행력 있는 집행권원으로 명칭만 다를 뿐 기판력이 발생하는 동일한 문서임에도 과세대상에 차별이 발생하는 해석례는 집행권원상 차별을 가져오게 된다.

(4) 개선 방안

소득세법상 '기타소득'으로서 판결금 또는 조정금은 일회적으로 과세되는 고유의 특성으로 입법 논의에서 조명을 받지 못해 왔다. 특히나 범죄피해자의 손해배상 소송의 경우 과세권의 대상이 될 것인지가 논란이 되어왔다. 이러한 논란은 소득세법 규정의 모호함이 주된 원인이 되어,[154] 국세청 해석례로 보완되지 못하고 있기 때문

---

151) 법규소득 2012-452호, 2012. 11. 22. 답변 내용에 따르면 "거주자가 민사소송 진행 중 법원의 조정결정에 따라 소송을 취하하는 조건으로 지급받는 합의금은 「소득세법」 제21조 제1항 제17호에 따른 기타소득에 해당하는 것이며, 이를 지급하는 자는 같은 법 제127조 제1항에 따라 기타소득세를 원천징수하여야 하는 것입니다."라고 한다.

152) 가해자인 피고는 그 결과 '기타소득'으로서 사례금에 대해 소득세 원천징수 의무를 부담하게 된다(소득세법 제127조 제1항 제6호). 원칙적으로 조정금 중 20%(소득세법 제129조 제1항 제6호 라목 상 기타소득) 상당을 원천징수 후 원천징수영수증과 함께 나머지 잔액을 피해자인 원고에게 지급해야 한다(소득세법 제145조).

153) 조세심판원에서 '법원의 화해권고 결정에 따라 지급받은 쟁점손해금이 기타소득에 해당하는지 여부'가 문제되었는데, 해당 결정문에서 "쟁점손해금은 불법행위로 인하여 손해가 발생한 청구인들이 손해배상소송에서 법원의 화해권고결정에 따라 지급받은 것이므로, 쟁점손해금은 불법행위를 원인으로 받는 손해배상금에 해당하여 「소득세법」 제21조 제1항 제10호에 따라 기타소득으로 과세되는 위약금 또는 배상금 등으로 볼 수 없으므로, 처분청이 쟁점손해금을 기타소득에 해당하는 위약금 또는 배상금 등으로 보고 청구인들의 경정청구를 거부한 이 건 처분은 잘못이 있다고 판단됨"이라고 하여 화해권고결정의 경우 소득세 과세대상이 되지 않음을 확인한 바 있다. 이에 관해서는 조심 2021서6003 (2022.09.07.).

에 발생한 것이다.

소득세법상 범죄피해자의 위자료이외에 재산권에 관한 손해의 경우 면세로 명확히 규정할 필요가 있으며, 판결이외에 조정이 된 경우(조정성립), 조정갈음결정이 된 경우(조정불성립으로 강제조정), 화해권고결정의 집행권원은 그 효과가 동일한 바, 집행권원의 차이를 가져오는 국세청의 해석례는 변경되어야 한다. 판결 이외에 형사조정절차에 따른 조정절차, 검찰을 통한 국가배상심의회를 통한 지급결정의 경우에도 범죄피해자의 경우 면세를 규정할 필요가 있으며, 판결의 경우와 차등적 취급을 할 필요가 없다.155)

7. 피해자 개명 및 주민등록번호 변경의 문제

(1) 피해자 개명

1) 의의

범죄피해자는 형사 사건 발생 전후로 하여 2차 피해를 방지하기 위해 가족관계등록부에 등록된 이름을 주소지 관할 가정법원의 허가를 받아 변경하는 개명을 신청할 수 있다. 범죄피해자의 경우 대한법률구조공단을 통하여 무료법률구조를 지원받을 수 있다.

미성년자인 경우 부, 모의 동의서가 필요하고, 구체적 사안에 따라 경력증명서, 재직증명서, 재학증명서, 생활기록부, 초등학교 졸업증명서, 복무확인서, 족보, 친족증명서 등의 소명자료가 필요하다. 범죄피해자의 경우 경찰에서 발급하는 사건사실확인원, 사건사고접수증명원, 공소장, 판결문 등을 제출하여 범죄 발생에 따른 개명신청 이유를 소명할 수 있다.156)

---

154) 법문이 불투명하다는 같은 지적으로, 이태로·한만수, 『조세법강의』, 박영사, 2020, 305쪽 이하 참조.

155) 이 외에 보이스피싱 피해자가 부당이득 반환 청구 시 원금 이 외에 이자, 임금체불피해자가 임금 소송 시 원금 이 외에 지연손해금에 대한 부분(예를 들어 퇴직금은 퇴직소득, 지연손해금은 기타소득으로 과세되고 있음)에 대한 과세부분도 개선될 필요가 있다. 범죄피해자가 구하는 청구의 대상은 결국 피해의 회복이기 때문에 적어도 법정이자에 준하는 부분까지는 순자산이 증가하는 것으로 보기는 무리가 있기 때문이다. 기계적인 소득세 과세 처분은 피해자 회복에 반한다.

156) 서울가정법원, 『민원상담 매뉴얼』, 2019, 260~268쪽.

2) 허가요건

개명을 허가 받기 위해서는 상당한 사유가 소명되어야 한다. 가족관계등록예규 제307호 제2조는 범죄를 기도 또는 은폐하거나 법령에 따른 각종 제한을 회피하려는 불순한 의도나 목적이 개입되어 있는 등 개명신청권의 남용으로 볼 수 있는 경우가 아니라면 개명을 허가하는 것을 원칙으로 하고 있다.

통상 개명 사건은 심문기일이 열리지 않으나 필요한 경우 심문기일을 지정하고 있으며, 범죄경력·수사경력조회서, 전국은행연합회를 통한 신용정보조회, 출입국사실조회 등을 통하여 불순한 의도나 목적을 판단한다.[157]

3) 실무상 문제점

범죄피해자는 사건 발생으로 언론에 노출되는 경우로 인해 신상정보를 유지할 수 없는 정도로, 2차 피해를 겪을 수 있다. 이 경우 피해자는 일종의 낙인효과를 입는 고통으로부터 벗어나기 위해 개명을 시도하게 된다. 혹은 가해자에게 전달된 정보를 변경하여 범죄피해로부터 새로운 시작을 하고자 개명을 시도하게 된다. 법원도 통상 범죄피해자의 이러한 목적을 고려하여 사건 관련 자료로써 소명되는 경우 개명을 허가하고 있다.

그러나 최근 언론에서 보도되는 바와 같이 가해자 실명이 아닌 피해자 실명 보도가 늘어 피해자에 대한 2차 피해가 늘어나고 있다. 또한 형사사건 이후 오히려 가해자 개명 사례가 급증하여 피해자 보호에 취약한 것이 아닌가라는 논란이 있다. 특히나 가해자 개명은 전과가 아닌 소년보호 송치 사건 이력이 있는 경우에도 손쉽게 이뤄지고 있어 입법적으로 개명을 일정정도 제한해야 하는지, 혹은 법원의 실무상 적극적으로 개명 필요성 여부를 확인해야 하는지에 대한 문제가 있다.

생각건대, '○○○ 중사' 사건과 같이 언론은 피해자를 중점적으로 보도하고 있다. 그러나 망자나 유족이 해당 언론 보도에 동의했다는 자료는 찾아보기 어렵다. 사건 종결 이후에 오래도록 기억이 되어야 하는 것은 범죄에 대한 엄정한 처벌과 다시는 범죄가 되풀이 되지 않는 것이기 때문에 피해자의 명칭보다는 '군내 부사관 성폭행 사건'으로 회자되는 것이 타당하다. 같은 선상에서 피해자의 개명이 용이하게 허가되고 있는 실무상 태도는 적정한 것으로 보여진다. 가해자 개명이 늘어나 본인의 범

---

157) 서울가정법원, 위의 책, 261쪽.

죄사실 내지 비행사실을 은폐하고자 하는 것이 과연 적정한지, 개명신청권의 남용은 아닌지 피해자 보호의 관점에서 심리되어야 할 것이다. 적어도 사건 진행 중 법원은 직권으로 범죄경력조회는 필수적으로 진행해야 하며, 가해자의 경우 개명을 되도록 제한하여 범죄이력을 은폐하는 것을 방지해야 한다. 다만, 소년보호사건의 경우 소년의 재기와 사회 내 안정된 처우를 위해 개명신청을 원천적으로 제한할 수는 없다. 예외적으로 소년보호 송치 이력이 다수 확인되는 경우 개명의 필요성에 관한 심문을 진행하여 개명허가 여부를 판단하여야 할 것이다.

(2) 주민등록번호 변경
1) 의의

개명이외에도 식별가능한 중요한 정보인 주민등록번호의 경우에도 그 유출로 인해서 생명, 신체에 위해 또는 위해우려가 있는 경우 변경할 수 있는 주민등록번호 변경제도가 2016. 5. 29. 주민등록법 개정으로 신설되었다. 재산에 대한 피해 또는 피해우려가 있는 경우도 변경신청을 할 수 있으며, 특히나 성폭력, 성매매, 가정폭력 범죄피해자, 범죄 신고자, 아동학대 피해 아동, 학교폭력 피해 학생, 공익신고자[158] 등으로 유출된 주민등록번호로 피해 또는 피해우려 있다고 인정되는 사람은 주민등록변경이 가능하다(주민등록법 제7조의4).

2) 절차

개명과 달리 주민등록변경의 경우 범죄피해자는 주민등록지 시장, 군수, 구청장에게 신청을 하면 주민등록번호 변경위원회에서 심사 및 의결을 하게 되어 있다. 이때 신청인의 편의를 위해 정부24 사이트를 통하여 온라인으로도 신청할 수 있다.

주민등록변경은 주민등록 유출로 인한 피해와 피해우려 사이에 '인과관계'가 성립해야 한다. 이를 입증하기 위해 신청인은 주민등록번호 유출 내용이 기재된 수사기록, 판결문, 명의도용사실확인서, 휴대전화 메시지 등을 제출하여야 한다.

이 경우 주민등록번호 중 생년월일(6자리)과 성별(1자리)을 제외하고 임의번호 6자리를 변경신청을 할 수 있다. 변경신청 이외의 생년월일, 성별 정정은 등록기준지

---

158) 공익침해행위를 신고, 진정, 제보, 고소, 고발하거나 수사 단서를 제공하는 것을 의미한다. 이에 대해 상세한 내용은, 국민권익위원회, 『비실명 대리신고 제도의 이해』, 2023, 7쪽 이하.

관할 가정법원에 가족관계등록부 정정허가 신청을 하여야 할 것이다.159)

3) 실무상 문제점

수사과정에서 범죄피해자에게 주민등록변경 제도에 관한 안내가 이뤄지지 않고 있다. 또한 현행 주민등록변경제도는 범죄피해를 입은 신청인이 변경 사유와 변경 필요성까지 소명하도록 하여 변경을 어렵게 하고 있다. 따라서 범죄피해자에게 주민등록변경제도에 관한 안내가 의무적으로 이뤄지도록 하고, 형사판결이 확정되거나 주민등록번호 유출로 인한 피해가 확인되는 경우 변경 절차에서 요구되는 소명을 간소화할 필요가 있다.

8. 범죄피해자의 손해배상 청구와 소멸시효

(1) 문제제기

범죄피해자가 행사하는 손해배상 청구권은 민법 제766조에서 "피해자나 그 법정대리인이 그 손해 및 가해자를 안 날로부터 3년간 이를 행사하지 아니하면 시효로 인하여 소멸한다."라고 규정하여 소멸시효의 제한이 있다. 이러한 시효의 제한으로 인하여 기간을 도과하여 손해배상 청구권을 행사하지 못하는 경우 범죄피해자 보호에 관하여 공백이 발생하게 된다.

이러한 공백을 해결하기 위해서는 입법적으로 범죄피해자의 손해배상청구권의 시효를 폐지하거나, 시효를 연장하는 규정을 도입하는 방법이 있다. 그러나 이러한 입법적인 해결이 없자, 대법원은 불법행위 피해자가 애초에 예상할 수 없었던 후유증을 겪는 경우 소멸시효 기산점에 관한 해석을 구체적 타당성에 기하여 범죄피해자 입장에서 해결하려는 시도를 하고 있다. 이하에서 범죄피해자의 손해배상청구권 소멸시효에 관한 대법원의 태도를 살펴본다.

(2) 대법원의 태도

불법행위 피해자가 당초 예상할 수 없었던 후유증에 대한 손해배상청구권을 보호하는 대법원의 태도는 기판력, 합의서, 소멸시효의 3가지 쟁점을 살펴볼 때 범죄피해자를 보호하는 입장에 있다고 할 수 있다.

---

159) 행정안전부 주민등록번호변경위원회, "주민등록번호 변경제도 업무처리요령", 2022.

1) 기판력 관련

대법원은 "불법행위로 인한 적극적 손해의 배상을 명한 전소송의 변론종결 후에 새로운 적극적 손해가 발생한 경우에 그 소송의 변론종결 당시 그 손해의 발생을 예견할 수 없었고 또 그 부분 청구를 포기하였다고 볼 수 없는 등 특별한 사정이 있다면 전소송에서 그 부분에 관한 청구가 유보되어 있지 않다고 하더라도 이는 전소송의 소송물과는 별개의 소송물이므로 전소송의 기판력에 저촉되는 것이 아니다."[160)]라고 하여 기판력 측면에서 범죄피해자의 예견할 수 없었던 손해에 대해서는 기판력이 미치지 않아 별소로 청구가 가능하다고 보고 있다. 이는 원칙적으로 전소에서 심리의 대상이 되지 않았던 부분에 관한 추가 손해에 대해서는 기판력에 의해 차단되지 않고 청구할 수 있다는 것이다.[161)] 즉, 대법원은 재판을 통해 심리되지 않은 범죄피해에 대해서는 원칙적으로 회복을 위해 기판력 적용 국면에 속하지 않는다는 입장을 명확히 취하고 있다고 할 수 있다.

2) 합의서 관련

대법원은 "불법행위로 인한 손해배상에 관하여 가해자와 피해자 사이에 피해자가 일정한 금액을 지급받고, 그 나머지 청구를 포기하기로 합의가 이루어진 때에는 그 후 그 이상의 손해가 발생하였다 하여 다시 그 배상을 청구할 수 없는 것이지만, 그 합의가 손해의 범위를 정확히 확인하기 어려운 상황에서 이루어진 것이고, 후발손해가 합의 당시의 사정으로 보아 예상이 불가능한 것으로서, 당사자가 후발손해를 예상하였더라면 사회통념상 그 합의금액으로는 화해하지 않았을 것이라고 보는 것이 상당할 만큼 그 손해가 중대한 것일 때에는 당사자의 의사가 이러한 손해에 대해서까지 그 배상청구권을 포기한 것이라고 볼 수 없으므로 다시 그 배상을 청구할 수 있다고 보아야 한다."[162)]라고 하여 합의의 범위는 예측가능한 범위에 속해 있었던 손해이고, 후발 손해의 경우 예측이 불가능하여 배상청구권을 포기한 것이라 볼 수 없으므로 다시 배상을 청구할 수 있다고 하여 합의의 효력에 관하여 범죄피해자에 유리한 판단을 하고 있다. 즉, 범죄피해자가 가해자와 합의한 경우에도 회복되지 못

160) 대법원 1980. 11. 25. 선고 80다1671 판결.
161) 이시윤, 『신민사소송법』(제5판), 박영사, 2009, 562쪽.
162) 대법원 2001. 9. 14. 선고 99다42797 판결.

한 손해에 대해서는 청구를 가능하게 하는 입장에 있다. 되도록 범죄피해자의 손해
는 최대한 회복될 수 있도록 구체적 사건에서 피해자 보호의 관점에서 당사자 의사
표시를 해석하고 있다.

3) 소멸시효 관련

범죄피해자의 민사적 손해배상청구권과 관련하여 가장 쟁점화되고 있는 부분은
소멸시효의 기산점으로 '손해를 안 시점' 부분이다. 이에 관하여 대법원은 "불법행위
로 인한 손해배상청구권은 민법 제766조 제1항에 의하여 피해자나 그 법정대리인이
그 손해 및 가해자를 안 날로부터 3년간 행사하지 아니하면 시효로 인하여 소멸하는
것인바, 여기에서 그 손해를 안다는 것은 손해의 발생 사실을 알면 되는 것이고 그
손해의 정도나 액수를 구체적으로 알아야 하는 것은 아니므로, 통상의 경우 상해의
피해자는 상해를 입었을 때 그 손해를 알았다고 보아야 할 것이지만, 그 후 후유증
등으로 인하여 불법행위 당시에는 전혀 예견할 수 없었던 새로운 손해가 발생하였다
거나 예상외로 손해가 확대된 경우에 있어서는 그러한 사유가 판명된 때에 새로이
발생 또는 확대된 손해를 알았다고 보아야 할 것이고, 이와 같이 새로이 발생 또는
확대된 손해 부분에 대하여는 그러한 사유가 판명된 때로부터 민법 제766조 제1항
에 의한 시효소멸기간이 진행된다고 할 것이다."[163]라고 하여 소멸시효의 기산점은
예상하지 못한 손해를 알았을 당시라고 하여 범죄피해자의 회복적 관점에서 접근하
는 태도를 취하고 있기는 하다.

이 외에도 대법원은 피해자 회복의 관점에서 소멸시효의 기산점을 범죄피해자에
유리한 방향으로 해석하여 적용하고 있다.

주요 사례로, ⅰ) 대법원은 피해자의 '예측된 여명기간'이 지난 후 발생하는 추가
적인 손해배상청구권의 소멸시효 기산점에 관하여 ① 당초 예측된 여명기간이 지나
생존할 것을 예상할 수 있는 사정이 생겼다면 그 당시에, ② 그러한 사정이 없이 예
측된 여명기간이 지났다면 그때에 장래에 발생 가능한 손해를 예견할 수 있다고 보
았다. 따라서 예측된 여명기간을 지나 피해자가 생존하게 되어 발생하는 손해로 인
한 배상청구권은 늦어도 예측된 여명기간이 지나는 시점에 소멸시효가 진행하는 것
으로 보게 되는 것이다. 이 사건에서는 피해자가 얼마나 더 생존할 것인지 예측할

---

163) 대법원 2001. 9. 14. 선고 99다42797 판결.

수 없는 경우가 많아 손해배상금을 일시금으로 산정하는 데 어려움이 있으므로 법원의 재량에 따라 정기금의 지급을 명하는 것이 가능하다고 보았다.[164] 피해자의 경우 대체로 일시금 지급방식의 손해배상을 받는 것을 우선적으로 고려하거나 선호하는 경향이 크나 수명이 증가하고, 노동능력 가동연한이 증가하는 현실을 고려할 때 피해자에 대한 손해배상은 가동연한 이후에는 정기금으로 지급을 하는 것이 법률관계를 명확히 한다는 점에서 현실적인 대안인 것으로 보인다.[165]

또한 대법원은 ⅱ) 범죄피해자가 성폭력범죄로 인한 외상후 스트레스 장애 진단을 받은 때부터 손해발생이 현실화 되었다고 보아 민법 제766조 제2항에 의한 소멸시효가 진행된다고 판시하여 성범죄 피해 발생 후 10년이 경과한 성폭력 사건에서도 민사상 손해배상청구를 할 수 있는 법적 논거를 마련케 하기도 하였다.[166] 이 판결은 성폭력 피해자가 처하여 있는 특별한 사정과 후유증을 면밀히 고찰하여 범죄피해자의 권리행사를 보장할 방안을 모색한 점에서 사법부의 진일보한 태도를 높이 평가할 수 있다.

(3) 소결

대법원은 범죄피해자의 조속한 회복을 위해 기판력을 인정하거나 당사자 합의에 관한 의사표시를 해석하는 경우 적극적인 피해자 보호 입장을 취하고 있다. 이외에 민사소송에서 가해자의 항변으로 등장하는 소멸시효가 통상 실무에서 가장 문제가 되고 있다.

범죄피해자에 대한 손해배상청구권의 소멸시효 기산점 중 손해를 안 날로부터 3년 요건은 '안 날'의 개념이 주관적인 부분이고, 그 시점이 사례마다 불분명하여 법적 안정성을 해친다. 이에 관한 입법적 불비 상태에서 대법원의 적극적 법률해석을 통한 피해자 회복적 관점은 높게 평가할 부분이다. 그러나 이 같은 대법원의 해석에 의존하기 보다는 '손해를 안 날로 3년' 요건을 삭제하거나 적어도 형사판결 확정일

---

164) 대법원 2021. 7. 29. 선고 2016다11257 판결.
165) 정기금 지급의 가능성을 취하는 것이 대법원의 입장이나 일시금 지급방식의 손해배상이 현저하게 불합리함이 입증되지 않았음에도 피해자의 청구와 달리 정기금 지급을 명한 원심판결을 파기한 대법원 판결도 존재 한다. 이에 관해서는 대법원 1994. 1. 25. 선고 93다48526 판결 참조.
166) 대법원 2021. 8. 19. 선고 2019다297137 판결.

을 기준으로 기산점을 조정하여 범죄피해자가 정당한 권리행사를 못하는 문제를 입법적으로 정리할 필요가 있다.[167]

9. 과거사와 소급효금지의 원칙

(1) 문제제기

헌법 제13조 제1항[168]은 행위 시의 법률에 의하여 범죄를 구성하지 아니하는 행위로 소추되지 아니한다고 규정하고 있다. 그리고 형법 제1조 제1항[169]은 범죄의 성립과 처벌은 행위 시의 법률에 의한다라고 명시되어 있어 죄형법정주의[170]를 명문으로 규정하고 있다.[171] 죄형법정주의는 형벌권이 법률에 구속되어야 한다는 것을 규정함으로써 자의를 금지하는 객관성 보장의 원리이며, 이에 따라 개별적 사안에 따라 법 적용을 달리하는 것은 죄형법정주의에 반하게 된다.[172]

죄형법정주의에서 파생한 소급효금지 원칙은 범죄의 성립과 처벌이 행위 시의 법률에 의한다는 원칙으로,[173] 법률 시행 이전의 행위에 소급 적용하여 처벌할 수 없

---

167) 입법정책으로 단기소멸시효의 기산점에 대한 해석으로 피해자를 보호하는 방안, 시효의 중단 내지 정지를 인정하는 방안, 소멸시효를 연장하는 방안, 사법정책으로 법원이 소멸시효 항변을 배척하는 방안을 추가로 고려할 수 있다. 이에 대한 추가 설명으로 정다영, "미성년자가 피해자인 불법행위 손해배상청구권에서 단기소멸시효 – 대법원 2022. 6. 30. 선고 2022다206384 판결과 관련하여 – ", 민사법의 이론과 실무, 민사법의 이론과 실무학회, 2022, 210쪽 이하.

168) 헌법 제13조 ① 모든 국민은 행위시의 법률에 의하여 범죄를 구성하지 아니하는 행위로 소추되지 아니하며, 동일한 범죄에 대하여 거듭 처벌받지 아니한다. ② 모든 국민은 소급입법에 의하여 참정권의 제한을 받거나 재산권을 박탈당하지 아니한다.

169) 형법 제1조(범죄의 성립과 처벌) ① 범죄의 성립과 처벌은 행위 시의 법률에 의한다.

170) 김선택, "과거청산과 법치국가", 법학논집 제31권, 고려대학교 법학연구원, 1995, 113쪽; 죄형법정주의는 "nullum crimen, nulla peona sine lege(법률 없으면, 범죄도 형벌도 없다)"라는 표어로 Paul Johann Anselm Ritter von Feuerbach에 의해서 처음 사용된 것으로 알려져 있다.

171) 배종대, 『형법총론』, 홍문사, 제9개정판, 2008, 93쪽 이하; 법제처, 『헌법주석서 Ⅰ』, 법제처, 2010, 504~505쪽 이하.

172) 홍영기, "과거사에 대한 법적 처리의 정당성과 가능한 대안", 법철학연구 제10권 제2호, 한국법철학학회, 2007, 11쪽 이하.

173) 죄형법정주의 및 그로부터 파생되는 소급효금지원칙은 전 세계적으로 보편적인 법원칙이라고 할 수 있다. 1215년 영국 마그나카르타(Magna Carta) 제39조에서 법에 근거한 형벌권의 구속을 규정하였고, 1789년 8월 26일 프랑스 인권선언 제8조(French Declaration of the Rights of Man of 1789)에서 행위시법 주의를 규정하였다. 1919년 바이마르 헌법

다는 것을 그 내용으로 한다.[174] 위와 같이 헌법상, 법률상 명문 규정이 존재하고 있고, 개별 사건 법률은 금지됨에도 불구하고,[175] 우리나라를 포함하여 세계 각국은 소위 '과거사' 혹은 역사적 중대 범죄와 관련된 사건에서는 피해자 보호의 관점에서 소급효금지 원칙의 예외를 인정해 왔다.

우리나라의 경우 청산해야 하는 과거사의 범주에는 친일파 문제, 군사정권의 불법 행위(삼청교육대 사건, 여순사건 등), 일본 강제징용, 민주화 운동을 억압한 일련의 범죄행위 등을 포함한다.[176] 과거사 개념 표지는 국가권력 관련성, 불법의 중대성, 현행법에 따른 처리가 불가능하다는 한계(소멸시효 등), 사회통합(회복적 사법의 일환으로) 혹은 도덕적 정당성 강화라는 상징적 요소를 포함한다.[177]

이러한 과거사 사건에 대해서는 정의의 실현, 과거 청산의 요청이 중대하다는 이

제116조(Weimar Constitution)에도 규정되는 등 19세기 말에는 유럽 전역에서 널리 인정된 원칙이다. 죄형법정주의에서 형법불소급원칙(prohibition of retrospective penal laws)은 사실 홉스가 1651년 초에 이미 '범죄 행위 이후에 법률이 제정되었다면, 범죄를 구성하지 않는다.'고 주장한 문헌이 존재하며, 1789년 미국 헌법 제1조, 9(3)항에도 명문화되어 있으며, 유럽인권협약(European Convention on Human Rights, ECHR) 제7조, 자유권규약(International Covenant on Civil and Political Rights) 제15조 등 각종 국제협약에도 규정되어 있다. 또한 1948년 유엔총회가 채택한 세계인권선언 제11조 제2항에 따르면 행위 시에 국내법적, 국제법적 범죄에 해당하지 않는 행위를 사후에 처벌하는 법률을 제정하는 것은 허용될 수 없다. 그러나 국제법은 전쟁범죄에 관해서는 소급효금지원칙의 예외를 인정하고 있다.

우리나라 헌법도 제13조 제1항에서 "모든 국민은 행위 시의 법률에 의하여 범죄를 구성하지 아니하는 행위로 소추되지 아니하며"라고 규정하여 처벌을 위해서는 반드시 행위 시에 법률이 존재하여야 함을 밝히고 있다. 형벌불소급원칙에 따라 범죄와 형벌은 행위 시의 법률에 규정되어 있어야 하며, 형벌법규는 그 시행 이후에 이루어진 행위에 대하여만 적용되어야 하고 그 시행 이전의 행위에까지 소급하여 적용될 수 없다는 원칙인데, 이는 법적 안정성과 법률에 대한 예측가능성을 담보하는 법치국가원리에 그 근거가 있다(이재상, 『형법기본판례 총론』, 박영사, 2011, 3쪽; 국가권력의 한계의 원칙적 뿌리를 법치국가원칙에서 찾고 있는 견해로 홍영기, "국가권력의 한계, 어디에서 비롯되는가", 법철학연구, 제8권 제1호, 한국법철학회, 2005, 4쪽 이하).

174) 이준일, "불소급원칙과 신뢰보호원칙", 세계헌법연구 제27권 제1호, 세계헌법학회 한국학회, 2021, 118쪽; 법제처, 『헌법주석서 Ⅰ』, 법제처, 2010, 504쪽.

175) 보다 구체적 내용은 James, Popple, "The right to protection from retroactive criminal law.", Criminal Law Journal 13.4, 1989, 252~253쪽에서 홉스는 "No law, made after a fact done, can make it a crime … For before the law, there is no transgression of the law."라고 하면서 어떤 사실이 있은 후에 법을 만들어 처벌할 수 없다고 하였다.

176) 홍영기, 앞의 논문(2007), 31쪽 이하.

177) 홍영기, 위의 논문(2007), 32쪽 이하.

유로 소급효금지 원칙의 예외가 인정되어야 한다는 입장과 헌법상 법치주의 원리와 죄형법정주의가 관철되어야 한다는 입장 사이에 찬반론178)이 존재하며(즉, 소급효금지 원칙은 절대적 권리인가 아니면 각 상황에 따라 달리 적용될 수 있는 것인가의 문제), 세계 각국은 과거사 문제에 대하여 다양한 방법으로 회복적 사법 실현을 위해 대응해 왔다.179)

178) 소급효금지원칙 적용과 예외 논의가 문제 되는 시발점은 죄형법정주의가 개별사안에서 정의감정 및 피해자 '피해 회복'에 따른 처벌요청을 무시할 수 있는 지의 여부에 놓여있다. 죄형법정주의에 따라 구체화된 소급효금지원칙이 특히나 과거사 청산 시에 그대로 유지되어 공소시효와 같은 문제가 발생했을 때, 유지될 것이냐 아니면 정의의 요청에 따라 예외가 인정될 것인가로 나누어 문제 상황을 직면할 수 있다.
소급효금지원칙을 찬성하는 측(원칙을 강조하는 입장, 1설)은 소급입법을 금지하는 것이 법적 안정성과 명확성(예측가능성)에 부합하며, 소급입법을 허용하는 경우 개인의 자유가 침해될 우려가 있다고 지적한다. 예컨대, Turpin은 "입법제정자들이 예측하지 못한 피해에 대해서 사회를 보호하고자 하는 소급입법에 대한 사법적 재량이 가져다주는 이익에도 불구하고, [국가의] 압제(tyranny)로부터 개인을 보호하는 것이 더 필수적이라고 여겨진다"라고 한 바 있다(C. C., Turpin, "Criminal law—conspiracy to corrupt public morals", The Cambridge Law Journal 19.2, 1961, 146쪽; James, Popple, 앞의 논문, 254쪽에서 재인용). 또한 법은 모든 내용을 한꺼번에 담을 수 없고, 시공을 초월하여 모든 역사적 순간에 대하여 형벌을 부과할 수는 없다. 국가권력을 실질적으로 힘 있게 작용하게 하는 것은 일정한 시공간에 국가권력을 한정 짓기 때문에 '도구'로서의 기능을 하는 것이다. 즉, 법의 실정성이 의미하는 국가의 한계란, 법률에 따를 수밖에 없는 역량의 한계를 인정하는 것이고(홍영기, "소급효금지원칙의 확립 근거와 구체적 적용", 안암법학 제22권, 안암법학회, 2006, 81쪽 이하; 홍영기, "형사법상 시효의 정당화 근거", 형사법연구 제23호, 한국형사법학회, 2005, 9쪽 이하), 공소시효에 관하여 과학수사기술 발전에 따라 현대적 의미에서 수정론은 차치하고서라도 '중대한', '인권침해'라는 기준으로 국가가 갖는 한계를 무한정 넘어서는 안된다는 입장이다.
소급효금지원칙을 반대하는 측(예외를 인정하는 입장, 2설), 즉, 경우에 따라서 소급입법이 인정되어야 한다고 주장하는 측에서도 모든 경우에 있어 소급입법을 긍정하는 것이 아니라, 예외적인 상황 – 즉, 범죄 행위자의 행위가 적어도 반인도적 범죄, 국제인권법·국제관습법에 반하는 경우 등의 경우에만 소급입법을 인정하자고 주장한다. 특히 과거사 청산과 관련해서 '정의'의 요청을 쉽게 저버릴 수 없으므로 이를 법적으로 해결해야 한다는 입장에 주로 서있으며, 특히나 '피해자 보호'를 위해 라드부르흐 공식이나 자연법 사상을 논거로 동원하기도 한다. 그러나 이렇게 될 경우에 자의적인 입법권 행사를 불러올 우려가 있고 법적 예측불가능성이 증대될 우려가 있다. 형벌에 관한 사건은 아니지만, 헌법재판소는 친일재산귀속법 사건에서 "잘못된 과거사를 청산함으로써 민족의 정기를 바로세우고 사회정의를 실현하며, 진정한 사회통합을 추구해야 하는 것은 헌법적으로 부여된 임무"라는 이유로 진정소급입법에 해당하는 친일재산귀속 조항을 합헌으로 인정한 바 있다. '사회정의'라는 추상적 가치판단으로 헌법 제23조에서 보장된 재산권을 소급입법을 통해 박탈한 것이다.

179) 사후처벌을 금지하는 것에 관한 소개로 United States Department of State, 『OUTLINE

과거사 문제의 해결은 범죄피해자에 관한 회복적 사법의 실현에 있어 하나의 주요한 과제이며, 소멸시효 등의 사법적 제한으로 해결되지 못한 사건에 있어 피해가 회복되지 않은 피해자의 권리와 보호를 어떻게 획정지어야 하는지 논의되어야 한다.

이 책에서 국가범죄를 본격적으로 다루지 않으나 회복적 사법의 주된 논의가 되고 있어 회복적 사법 구현의 방향에 대해서 항을 바꾸어 간략히 살펴본다.

(2) 회복적 사법 구현의 방향

과거사의 청산이 주효하더라도 법적 청산만을 위해 소급효금지 원칙의 요청을 쉽게 무너뜨리는 오류를 범하지 말아야 한다. 오히려 공소시효 등의 문제와 같은 법적 논란으로부터 자유로운 영역에서, 도덕적·정치적으로, 보다 엄정한 역사와 범죄피해자 앞에 책임지도록 하는 것이 제대로 된 '범죄피해자에 대한 회복적 사법'으로서의 청산방법이 될 것이다.[180] 과거사 청산은 진실을 바로 규명하여 우리 사회가 지향해야 할 올바른 가치를 정립하는 데 그 궁극적 목적이 있는 것이지,[181] 범죄자에 대한 '형사 처벌'이라는 강력한 제재 수단을 통한 심적 만족(catharsis)만을 얻는 데 그 목적이 있는 것은 아닐 것이다.[182]

과거사 정리는 기본적으로 ① 올바른 진실규명, ② 피해자 명예회복, ③ 책임자

OF THE U.S.LEGAL SYSTEM』, 2004, 95쪽; 뉘른베르크 재판이나 동경재판의 사후법 논쟁(죄형법정주의 논쟁)에 관한 소개에 관해서는 박찬운,『인권법』, 한울아카데미, 2008, 357쪽 이하; 보다 본질적으로 법이념들 사이의 긴장관계에 관해서는 김영환, 『법철학의 근본문제』, 홍문사, 2006, 86쪽 이하.

180) 잘못된 청산의 방법을 하나 소개하면, 국내 최초로 직장 내 성희롱으로 손해배상책임을 인정한 소위 ○조교 사건이 있다. 그러나 이는 성범죄를 당한 피해자에게 일종의 낙인을 부여하는 것으로 적절하지 않고, 오히려 서울대 ○교수 사건으로 부르는 것이 적절하다. 우리가 기억해야 할 것은 잘못을 저지른 가해사례를 통해 교훈을 얻고자 하는 것이지, 피해자의 신상정보를 얻고자 하는 것이 아니기 때문이다. 이에 대한 정확한 지적에 관해서는 정관영, 『헌법에 없는 언어』, 오월의 봄, 2021, 24쪽.

181) 홍순권, "'과거사'의 진실 규명과 역사교육 – 한국전쟁 전후 민간학살 사건의 과거사 청산 문제를 중심으로", 역사연구 30호, 역사학연구소, 2016, 186쪽.

182) 이에 대해 반대견해는 주로 헌법재판소의 다수의견과 견해를 같이 하며, 과거사 청산과 관련해서는 진정소급입법을 통한 형사처벌이 인정되는 (한정적인) 예외적인 경우에 인정되어야 한다는 입장이다. 헌법 기저의 근본원칙(예컨대 민주주의)의 수호, 국가 주도의 국민의 생명과 신체의 직접적 침해가 발생하였다는 점, 정의와 공평의 이념, 그리고 죄형법정주의도 절대적인 권리가 아니라는 점, '피해자 보호'를 위해 필요한 경우가 있다는 점 등을 주요 근거로 제시한다.

처벌, ④ 피해 회복, ⑤ 정신(교훈) 계승의 5대 원리로 정리할 수 있고,[183] 더하여 ⑥ 철저한 인권교육이 함께 이루어져야 한다. 역사적 진실에 대한 기억과 화해를 하는 작업으로 헌법상 '피해자 보호의 원칙'이 충실히 이행되어야 할 것이다.[184]

과거사 정리 문제는 인권의 관점에서 단순히 과거를 정리하는 작업이 아니라 미래를 만드는 작업이다. 그 방법에 있어 법적인 방법도 동원될 수 있지만 정의와 법적안정성이 충돌되는 상황에서 원칙적으로 이미 정해진 사회적 약속의 산물인 법 원칙에 따라서 정리되어야 한다. 그 나머지는 법으로부터 자유로운 영역에서 '법' 이외 영역의 처벌보다 강하고, 오래 기억될 수 있다는 것을 보여주는 방식으로 국가범죄를 엄단하는 것이 피해자 보호와 회복적 사법 달성에 보다 적정할 것이다.[185]

앞서 살펴본 바와 같이 과거사 사건을 청산하는 방식은 다양하다. 범죄자에 대한 처벌을 우선시하는 사법적 처리의 방식과 범죄자 처벌보다는 진실·화해를 위한 과거사정리위원회와 같은 조직을 통해 진실을 규명하려는 정책적 처리의 방식이 있다. 그리고 마지막으로, 남아프리카공화국처럼 이러한 응보와 화해를 적절히 고려하여,[186] 반인도주의적 범죄를 행하고 진실을 밝히지 않은 사람만을 처벌하고, 나머지 범죄자에 대해서는 사면을 해 주는 방식을 채택한 국가도 있다.[187] 남아공의 진실화

---

183) 인권법교재발간위원회, 『인권법』, 아카넷, 2010, 373쪽 이하.

184) 국가범죄의 경우 범죄를 행한 중심부와 주변부가 있고, 주변부의 경우는 침묵과 외면도 부정의할 수 있다. 단순히 수괴를 죄형법정주의를 넘어 처벌하기보다는 법으로부터 자유로운 영역에서 계속적 처벌이 가능한지 고민되어야 한다. 이래야만 인권침해를 국가의 책임, 부정의한 다수자의 책임, 방조한 국민의 책임으로 이해되도록 할 수 있기 때문이다(법적 청산만이 피해자 보호에 충실하다는 명백한 증거나 실증적 연구가 있는 것도 아니다).

185) 과거사 청산과 관련하여 라드부르흐의 공식이나 자연법이 무분별하게 확장되어서는 안되며, 어디까지나 그런 청산을 주장하는 입장에서도 중대한 인권침해나 국제인도법상의 잔혹행위에 해당한다는 구체적 논거를 제시해야 할 것이다. 나아가 국가 범죄에 대한 몇몇 사람의 처벌보다 참된 개혁으로서 민주주의를 실현할 수 있는 방법을 모색해야 한다. 이러한 접근 방법에 관한 논증으로 정태욱, "5·18 사건 처리에 대한 법철학적 관점", 헌법해석과 헌법실천(민주주의법학연구회편), 도서출판 관악사, 1997, 413쪽 이하.

186) Maryam, Kamali, "Accountability for Human Rights Violations: A Comparison of Transitional Justice in East Germany and South Africa", Colum. J. Transnat'l L. 40, 2001, 100~101쪽.

187) Maryam, Kamali, 위의 논문, 91쪽; 본 연구에서 본격적으로 다루지는 않았지만, 구 동독(German Democratic Republic)의 사례와 남아공의 사례도 구분된다. 구 동독의 경우 개인의 책임(individual accountability)을, 남아프리카공화국의 경우 집단 책임(collective accountability)에 중점을 두고 과거사 정리의 방법을 실천하고 있다.

해위원회를 통한 공개적이고, 투명한 과거사 청산 방식은 전세계적으로 회복적 사법에 큰 영향을 끼쳤다.[188]

극단적으로 프랑스와 이탈리아 법원에서는 조약과 상관없이 공소시효 부적용 원칙을 국제관습법으로 받아들이며, 과거사 청산의 문제와 관련하여 시효완성여부와 상관없이 처벌하는 사례도 있다.[189] 그러나 이것이 법의 이념 중 법적 안정성이라는 요소를 포기하고 '정의'라는 명목하에 국가권력에 형벌의 자의적 행사를 넘겨주는 것이 아닐지, 오히려 사법부에 입법자의 역할까지도 백지위임하여 권력분립원리를 훼손하는 것은 아닐지 논란이 있을 수 있다.

현재 과거사에 대한 법적 처리와 정치적 처리에 대해서는 각각 찬반론이 대립하고 있으며,[190] 죄형법정주의의 요청과 정의의 요청 사이에서 쉽사리 합의점을 찾기도 힘든 것이 사실이다. 과거사에 관한 개별 사안에서 균형점을 찾아야 하고, 과거사 문제에 대한 정치적 처리와 법적 처리 조화의 방법은 범죄피해자와 회복적 사법의 과제로써 계속 모색해 나가야 하는 것임은 분명하다.

법률에 의한 절차 없이 자연법 원리, 법 감정을 앞세워 사안을 해결하는 것은 법적인 처리 방식이 아니다. 과거사 처리를 위한 입법이 도구적 기능을 갖기 위해서는 일반 예방적, 특별 예방적 성격을 분명히 해야 하고,[191] 적어도 응보를 주된 목적으로 하는 도구성이라도 있어야 하는데, 소위 5 · 18 특별법 사례처럼 헌법과 형

---

188) 남아공의 경우 Ubuntu(우분투(우리말로 공생이라는 뜻)) 정신, 일종의 타인에 대한 인간애를 기반으로 만남, 보상, 재통합, 참여를 요소로 하는 회복적 사법이 시도되었다. 이에 관하여는 Albie Sachs(김신 옮김), 『블루드레스』, 일월서각, 2012, 101~161쪽.

189) 이재승, 앞의 책, 44쪽 이하.

190) 이부하, "헌법상 소급효금지의 원칙과 예외 – 독일 연방헌법재판소 판례를 분석하며 –", 세계헌법연구 제17권 제1호, 세계헌법학회 한국학회, 2011, 19쪽 이하.

191) 홍영기, "소급효금지원칙의 확립 근거와 구체적 적용", 안암법학 제22권, 안암법학회, 2006, 83쪽; 소급효금지 원칙은 특정 사안과 거리를 두고, 특정 개별 사안(일종의 처분적 법률)을 해결하기 위한 원칙으로 작용하는 것이 아니라 범죄와 형벌이 개별 사안과 무관하게 보편적으로 입법되어야 한다는 원칙이다. 이는 죄형법정주의에 따른 법률은 장래의 불특정 사안을 규율하기 위해 입법되는 것이기 때문에 소급입법은 금지되는 것이다.
또한 소급효금지원칙은 형벌권의 시간적 작용한계를 근거 지운다. 다수설은 이를 국가의 형벌권이 법치국가적인 원칙을 지켜야 한다는 원칙으로 이해하고, 형벌권은 행위와 관련하여 존재하는 것이고, 다른 하나는 국가 형벌권이 구체적인 법률을 근거로 해서만 존재한다는 것이다. 따라서 형법 제1조의 제정 근거는 법치주의 원칙을 통해 행위자 보장을 목적으로 하는 것에 머물지 않고, 국가의 형벌권을 행위 이전에 법률에 둠으로써 시간적인 한계를 지닌 법으로서의 효력을 갖게 하는 데 있다.

법의 중요 원리를 포기하면서 처벌한 이후 사면을 통해 석방된 이상 어떠한 형사
정책적 효과가 있었는지도 의문이다.[192] 나아가 이 사건처럼 특정 사안의 해결을
목표로 하여 개별 법률(이른바, 처분적 법률)을 제정하여 해결하는 것도 법률이라는
도구의 형태의 외형만을 빌려 왔을 뿐 '법률 없이' 법을 이용한 정치적 처단과 다름
없을 뿐이다.

   여기서 한 가지 분명히 할 것은, 헌법상 법치국가원리와 죄형법정주의를 엄격히
준수하자는 주장이 결코 친일파, 헌정질서파괴범을 옹호하거나 독재국가나 폭력 국
가를 조장하거나 보호하려는 목적에서 그러는 것은 아니라는 점이다.[193] 오히려 우
리가 우려하는 것은 헌법상 법치국가원리와 죄형법정주의를 넘어선 해결 방식은 ―
실정성 없는 법에 또 다른 칼날을 남겨두는 것처럼 ― 언제든 국가권력의 남용 혹은
사법부의 자의적 해석을 초래할 가능성을 열어둔다는 사실에 있다.[194] 회복적 사법
에 의한 과거사 정리는 헌법과 형법에서 정한 원리를 무리하게 배제하려는 방법론에
기초한 법적 정의가 아닌 역사적 범죄피해에 관하여 당사자의 자발적인 참여와 구성
원의 소통을 통해 정의를 찾아가는 것이다.[195] 따라서 우리는 이러한 회복적 사법의
목표를 달성하기 위해 범죄 피해를 오래도록 기억할 수 있는 해결책을 모색하기 위
한 노력을 경주해야 할 것이다.[196]

---

192) "동일한 견지에서 특정 사안을 개별입법을 통해서 처벌하고, 그 후 다시 사면하는 방식은
   실정법, 사법 판단을 존중하지 않을 것일 뿐만 아니라, 범죄행위자의 반성의 기회도 없게
   하는 가장 불합리한 처리방식이다"라는 평가에 대해서는 홍영기, "과거사에 대한 법적 처
   리의 정당성과 가능한 대안", 법철학연구 제10권 제2호, 한국법철학회, 2007, 24쪽 이하
   참고.
193) 이와 반대되는 입장에서 이에 대한 우려로 이재승, "라드부르흐 공식", 법철학연구 7−1,
   한국법철학회, 2004, 114쪽.
194) 이것은 마치 프란츠 폰 리스트(Franz Von Liszt)가 "형법은 형사정책이 뛰어넘을 수 없는
   한계이다"라고 얘기한 것과 같은 맥락이다.
195) 장규원, "회복적 사법과 범죄이론", 피해자학연구 제24권 제1호, 한국피해자학회, 2016,
   304쪽.
196) 최근 일례로 김상훈, 강지현, 장화영, 여장천은 2017. 7. '기억자전거'를 기획하여 전국을
   자전거 일주를 하며, 개인적, 사회적 차원에서 발생한 문제에 관하여 이야기하고, 타인의
   아픔을 공감하며 회복할 수 있는 프로젝트를 시행하기도 하였다. 법으로부터 자유로운 영
   역에서 법적 정의를 실천할 수 있는 새로운 방법이라 평가할 수 있고, 피해자에 대한 회복
   적 사법의 관점, 과거사 청산 방법의 한 사례라 평가할 수 있다. 전국을 일주하며 과거사
   사건에 관하여 기억을 남기고, 책으로 출간하는 등 국가기관 이 외에 청년들이 자발적으
   로 시도하였던 프로젝트이다.

10. 공익법인 세제 혜택과 사후관리

범죄피해자와 관련된 공익사업을 하는 공익법인은 원활한 공익활동 수행을 위해 일정한 요건을 충족하는 경우 상속세 과세가액 불산입 혜택을 받을 수 있으며 단, 조세회피행위나 부의 부당한 세습을 방지하기 위해 사후 관리 기간 동안 과세가액 불산입의 취지를 달성하도록 상속·증여세법(이하, 상증세법)상 엄격한 의무를 부담하고 있다.

당초 재산 출연행위에 대한 과세가 아니라 공익법인의무 위반[197]에 따라 별도의 과세요건이 성립되고, 이를 위반한 공익법인에 징벌적 증여세가 부과된다.[198] 이외에도 공익법인이 협력 의무[199]를 위반한 경우에 과세가액 불산입은 유지하되 그 의무위반에 대해 가산세가 부과된다.

공익법인에 대한 감독권을 행사하는 주무관청은 출연재산에 대한 사후관리를 담당하는 국세청과 업무 협조 장치를 마련하여 공익법인에 대한 사후관리의 실효성을 제고하고 있다(상증세법 제48조 제6항, 제7항). 즉, 주무관청이 설립허가, 그 취소 또는 감독 결과 상속, 증여세 부과 사유 발견 시 다음 달 말일까지 납세지 관할세무서장에게 그 사실을 통보하게 되어 있고, 세무서장은 상속세, 증여세 부과 시 공익법인 등의 주무관청에 그 사실을 통보하고 있다.

범죄피해자 지원을 위한 공익법인 조성을 위해 세제상 혜택을 입법적으로 부여할

---

197) • 출연재산의 3년 내 직접 공익목적에 사용
　　 • 출연재산의 운영소득의 직접 공익목적에 사용
　　 • 출연재산 매각대금의 3년 내 직접 공익목적에 사용
　　 • 내국법인 발행주식총수의 5%(10%, 20%) 이하 주식 취득 및 보유
　　 • 특정계층에만 공익사업 혜택 제공 제한
　　 • 공익법인 해산시 잔여재산 국가 등에의 귀속
　　 • 성실공익법인 등의 의무지출제도
　　 • 동일 내국법인 주식보유기준 준수의무
　　 • 계열기업 주식보유한도 유지의무
　　 • 출연자 등 이사 및 임직원 취임 제한
　　 • 특수관계기업 광고, 홍보행위 금지
198) 박훈, "공익법인세제의 체계분석", 공익법인세제연구, 경인문화사, 2022, 24쪽~25쪽.
199) • 출연재산 등에 대한 보고서 제출의무 • 장부의 작성, 비치의무 • 외부전문가의 세무확인 및 보고의무 • 고유목적사업용 전용계좌 개설, 사용의무 • 공익법인 결산서류 공시의무 • 기부금영수증 발급내역 보관의무 • 계산서합계표 등 자료제출의무

필요가 있다. 현행 상증세법은 공익법인 혜택에 따른 설립의 남발을 방지하기 위한 통제가 엄격한 편이므로, 적어도 범죄피해자 지원을 위한 공익법인의 경우 상증세법상 각종 의무를 완화하고, 가산세 부분도 완화하여 운영하도록 개선할 필요가 있다. 또한 공익법인에 대한 상증세법 이외에 부가가치세법상 피해자 변호 및 지원에 소요되는 비용에 관하여 면세나 세제상 혜택을 부여할 필요도 있다.200)

> ## 제3절 | 피해자 국선 변호사 제도와 개선 방향

I. 피해자 국선 변호사의 필요성 및 법적 근거

1. 피해자 국선 변호사의 필요성

피해자 변호사는 피해자에 대한 모든 소송행위의 포괄적 대리권을 가지고 법률조력을 하는 변호사를 의미한다.201) 피해자 변호사는 국선과 사선 변호 모두 가능하며, 피해자 국선 변호사 제도는 아래 <표 11>에서 보는 바와 같이 2012년 3월 16일 피해자에 대한 법률지원 및 2차 피해 방지를 위한 목적으로 도입되었다.

표 11 피해자 국선 변호사 제도의 근거 규정204)

내용
구 아동·청소년의 성보호에 관한 법률(이하 아청법) (2012. 3. 16. 시행)
성폭력범죄의 처벌 등에 관한 특례법 제27조(2013. 6. 19. 시행)202)
아동학대범죄의 처벌 등에 관한 특례법 제16조 (필요적 선정)

---

200) 형사사법절차에서 피해자 지원 및 피해자 변호활동은 공익적 성격을 갖는 용역에 해당하므로 면세를 할 필요가 있다. 같은 주장으로 권형기, 『변호사 용역보수와 부가가치세 면세의 논점』, 2023년 대한변호사협회 학술대회, 2023. 10, 190쪽 이하; 최근 2024 9. 11. 김상욱 의원은 소액사건, 형사사건, 행정사건 등 영세 서민과 경제적 약자가 주로 당사자가 되는 사건은 부가가치세 면세에 해당하도록 하는 개정안을 발의하였다. 이는 재판청구권과 변호인의 조력을 받을 권리를 두텁게 보호하기 위한 것이다.
201) 대법원 2019. 12. 13. 선고 2019도10678 판결; 이 사건에서 피해자 변호사가 피해자를 대리하여 합의서를 작성해도 무방하다고 하여 포괄적 대리권을 인정하였다. 다만, 실무상 본인확인을 위해 신분증 사본, 인감증명서를 첨부하고 있다.

장애인복지법 제59조의15 변호사선임특례
군사법원법 제260조의2 제6항 피해자 변호사 선임특례[203]
인신매매등방지 및 피해자보호등에 관한 법률 제16조(2023. 1. 1. 시행)
스토킹범죄의 처벌 등에 관한 법률 제17조의4(2024. 1. 12. 시행)

　피해자 국선 변호사의 경우 "성폭력·아동학대·장애인학대범죄피해자 및 성매매 피해아동·청소년을 위해 국가에서 선정하는 국선 변호사로, 사건 발생 초기부터 수사, 재판에 이르는 전 과정에서 피해자를 위한 전문적인 법률지원"을 하고 있다.[205] 피해자 국선 변호사가 법률 지원하는 범죄가 현행법상 성범죄 중심의 한정적인 관계로 확대 논의가 있으나, 이에 대해 피고인의 방어권의 침해에 대한 우려 논란이 있어서 성범죄 중심으로 법률 지원이 이뤄지고 있는 것이 현실이다.

　피해자가 범죄 발생 후 변호사의 조력을 받는 것은 추가적인 피해확대를 방지하기 위해 매우 중요하다. 또한 헌법상의 재판절차진술권을 비롯한 피해자 권리를 실질적으로 보장하기 위해 절대적이라 할 수 있다. 특히 이 책에서 제안한 헌법상 권리와 그에 따른 제도적 구현을 위한 필수적 장치이다. 피해자 국선 변호사 제도가 2012년 3월 16일 도입되어 약 10년이 넘어가지만 피해자 변호사의 조력을 받을 권리는 실무상 극히 제한적인 상황이다.[206] 최초 도입 당시에 피해자 국선 변호사의 적극적 역할

---

202) 성폭력범죄의 처벌 등에 관한 특례법 제27조에서 피해자에 대한 변호사 선임특례를 규정하고, 이를 아동·청소년의 성보호에 관한 법률 제30조에서 준용하는 방식으로 운용되었다. 이에 따라 구 성폭력범죄사건의 심리, 재판 및 피해자보호에 관한 규칙에서 '피해자 변호사' 용어를 사용하였다.

203) 군형사사건의 경우 형사소송법에 대응하는 군사법원법, 형사소송규칙에 대응하는 군사법원의 소송절차에 관한 규칙, 군 형사절차에서의 성폭력범죄 피해자 보호 등에 관한 훈령, 군검사의 피해자 및 유족 국선 변호사 선정 등에 관한 훈령, 각 군의 규정이 범죄피해자 보호에 관한 규범이라 할 수 있다.

204) 대한법률구조공단, 『2023년 피해자 국선 변호사 전문화교육 자료』, 2023, 7~10쪽.

205) 피해자 국선 변호사의 개념적 정의에 관해서는 법무부 홈페이지 참조.

206) 2012년 피해자 국선 변호사 제도 도입 당시 11. 30. 기준 2,680명의 피해자를 지원하였고, 「성폭력범죄의 처벌 등에 관한 특례법」 개정에 따라 '13. 6. 18.부터 피해자 국선 변호사의 지원 대상이 모든 성폭력 피해자로 확대되고 그 권한도 실질화 되었다.
　　최초 도입 당시 피해자 국선 변호사의 담당 업무는 법무부 홈페이지에 게시된 업무메뉴얼을 보면 다음과 같다.
　　• [**수사단계**] : 조사 전 피해자 면담, 피해자 조사시 수사기관에의 출석, 영상녹화시 동석과 영상 녹화물의 진정성립 인정, 의견서 제출, 법률조력인에 대한 사건결과 등 통지, 증

이 강조되어 업무 메뉴얼상 대립당사자에 준하는 권리가 보장될 것으로 관심이 집중되었다. 그러나 실제는 고소 대리인 역할이 주를 이루었고, 조사동석하거나 합의를 위해 주선을 하는 역할이 업무의 대부분을 차지하였다. 또한 수사기관이 제공하는 사건처분결과나 진행정보에 관하여 제대로 통지받지 못하는 경우가 많았다.

이는 수사기관을 비롯한 국가기관이 범죄피해자 변호사제도에 관한 인식이 부족하였고, 피해자 변호사에 대한 정보제공이나 독자적 권리 보장에 관한 논의가 전무하였기 때문인 것으로 보인다. 또한 일부 한정된 범죄군[207]에 한하여 피해자 국선변호사가 「검사의 국선 변호사 선정 등에 관한 규칙」에 따라 지정되는 등 법령상 조력의 한계도 존재하였다. 이러한 한계로 인해 현재도 일부 범죄의 경우 피해자 국선변호사의 조력을 받지 못하고 있다. 따라서 피해자 변호사 선임의 범위를 일반 범죄피해자로 확장할 필요가 있고, 피해자 변호사 관련된 한계점들을 개선하여 피해자 보호에 기여할 필요가 있다.

2. 피해자 국선 변호사의 법적 근거

(1) 법률적 근거

피해자 국선 변호사의 법적 근거에 관해서는 형사소송법상 근거 규정을 두지 않고 있고, 개별법령에 선임에 관한 특례가 산재되어 있다.[208] 대부분이 성범죄 중심으로 피해자 국선 변호사가 지정되고 있다. 「성폭력범죄의 처벌 등에 관한 특례법」 제27조 제1항에서 형사절차에서 입을 수 있는 피해를 방어하고 법률조력을 하기 위해 변호사를 선임할 수 있는 근거를 두고 있다.[209] 위 근거에 따라 피해자 변호사는

거보전절차 청구권 및 참여권, 열람·등사 청구권
- **[공판단계]** : 공판절차상 출석권 등, 증인신문방식 관련 법률조력인의 역할, 사전 증인신문사항 제출명령 및 증인신문 사항의 제한 요청, 증인신변보호절차 관련 요청, 피해자 서면제출
- **[형사절차외]** : 범죄피해구조금 지급 기관 안내, 민사소송을 위해 대한법률구조공단 범죄피해자구조 안내

207) 아동·청소년의 성보호에 관한 법률, 성폭력범죄의 처벌 등에 관한 특례법, 아동학대범죄의 처벌 등에 관한 특례법 등에 변호사 선임 특례규정이 도입되어 피해자 국선 변호사가 지정될 수 있는 범죄가 확대되어왔다.

208) 개별 법령에 피해자 변호사 선임특례를 규정하는 방식으로 계속 추가되고 있는 상황이다.

209) 피고인의 형사변호인에 준해서 일선 실무자들이 '피해자 변호인'으로 용어를 혼동하는 경우가 종종 있으나, 법적 정식 명칭은 '피해자 변호사'가 정확한 명칭이라고 할 수 있다.

검사 또는 사법경찰관의 피해자등에 대한 조사에 참여하여 의견을 진술할 수 있고(제27조 제2항, 조사 도중에는 승인을 받아 의견 진술 가능함), 구속 전 피의자심문, 증거보전절차, 공판준비기일 및 공판절차에 출석하여 의견을 진술할 수 있다(제27조 제3항).[210] 피해자 변호사는 증거보전 후 관계 서류나 증거물, 소송계속 중의 관계 서류나 증거물을 열람하거나 등사할 수 있고(제27조 제4항), 형사절차에서 피해자등의 대리가 허용될 수 있는 모든 소송행위에 대한 포괄적인 대리권을 가진다(제27조 제5항).[211] 이에 따라 피해자 변호사는 피해자를 대리하여 피고인에 대한 처벌을 희망하는 의사표시를 철회하거나 처벌을 희망하지 않는 의사표시를 할 수 있고, 피해자의 의사에 따라 합의서를 작성하는 법률행위를 할 수 있다.[212] 검사는 피해자에게 변호사가 없는 경우 국선 변호사를 선정하여 형사절차에서 피해자의 권익을 보호할 수 있다(제27조 제6항).[213]

「아동·청소년의 성보호에 관한 법률」 제30조 제1항에서 피해자 변호사 선임에 관한 특례를 규정하고 있고, 제30조 제2항에서 「성폭력범죄의 처벌 등에 관한 특례법」 제27조 제2항부터 제6항까지를 준용하고 있다. 그 밖에 「아동학대범죄의 처벌 등에 관한 특례법」 제16조에서도 피해아동에 대한 피해자 변호사 선임 근거를 규정하고 있다.[214] 또한 피해아동의 권익을 보호하기 위해 동법 제16조 제6항에서 필요

210) 실무상 구속 전 피의자심문, 증거보전절차의 경우 피해자 통지가 이뤄지는 경우가 거의 없으며 담당 수사기관이 전화로 유선통지해 주는 경우가 종종 있으나 이 조차도 이뤄지지 않는 경우가 많다. 이 같은 결과로 인해 피해자 국선 변호사가 실제 출석하여 헌법상 보장된 재판절차진술권을 행사하기에 매우 어려운 상황이라고 할 수 있다.
211) 대법원 2019. 12. 13. 선고 2019도10678 판결에서 피해자 변호사의 포괄적 대리권을 확인하였다.
212) 대법원 2019. 12. 13. 선고 2019도10678 판결 등; 피고인 변호인에 대한 민법상 위임계약상의 선관주의 의무는 여전히 피해자 변호사에게도 적용된다고 할 수 있다.
실무상 재판부에서는 피해자 변호사보다는 피해자 스스로 인감증명서, 신분증 사본을 첨부하여 합의서가 제출될 것을 요구하고 있다.
213) 검사이외에 경찰 단계에서 사법경찰관이 직접 선정할 수 있는 근거를 두고 있지 않아 피해자에 대한 초동대처가 미흡할 수 있다는 면에서 문제가 있다.
214) 아동학대범죄의 처벌 등에 관한 특례법 제16조(피해아동에 대한 변호사 선임의 특례) ① 아동학대범죄의 피해아동 및 그 법정대리인은 형사 및 아동보호 절차상 입을 수 있는 피해를 방지하고 법률적 조력을 보장하기 위하여 변호사를 선임할 수 있다.
② 제1항에 따른 변호사는 검사 또는 사법경찰관의 피해아동 및 그 법정대리인에 대한 조사에 참여하여 의견을 진술할 수 있다. 조사 도중에는 검사 또는 사법경찰관의 승인을 받아 의견을 진술할 수 있다.

적으로 피해자 국선 변호사를 선정하고 있다.

(2) 기타 근거

법률적 근거 이외에 피해자 변호사와 관련하여 대법원규칙으로 「성폭력범죄 등 사건의 심리·재판 및 피해자 보호에 관한 규칙」 제3장에서 피해자 변호사에 관한 사항을 규정하고 있다. 성폭력범죄, 아동·청소년대상 성범죄 또는 아동학대범죄의 피해자 및 그 법정대리인이 피해자 변호사를 선임하거나 검사가 피해자를 위하여 국선 변호사를 선정한 경우, 그 변호사("피해자 변호사")의 선임 등을 증명할 수 있는 서류가 제출된 때에는 피해자 변호사에게 공판기일을 통지한다고 규정하여 절차적 참여권을 보장하고 있다(제4조 제1항).[215] 또한 피해자 변호사는 법관의 정면에 위치한다고 하여 법정 좌석을 규정하고 있다(제5조).[216] 제6조에서는 재판절차진술권을 보장하기 위해 피해자 변호사 의견 진술 조항을 규정하고, 이에 근거하여 공판절차를 진행하고 있다.

이 외에 법무부령으로 피해자 국선 변호사 선임을 위하여 「검사의 국선 변호사 선정 등에 관한 규칙」으로 범죄피해자에 대한 국선 변호사 법적 조력에 관한 근거를 규정하고 있다. 또한 대검찰청 예규 제1028호 「변호인 등의 신문 조사 참여 운영지침」을 통해 피해자 변호사가 피해자 조사 시 참여할 수 있는 근거를 두고 있다. 뿐만 아니라 「검찰사건사무규칙」 제23조에서 피해자 변호사의 변론에 관한 근거를 두어 검사와 조사일정, 시간, 방식을 협의할 규정을 두고 있다.

---

③ 제1항에 따른 변호사는 피의자에 대한 구속 전 피의자심문, 증거보전절차, 공판준비기일 및 공판절차에 출석하여 의견을 진술할 수 있다. 이 경우 필요한 절차에 관한 구체적 사항은 대법원규칙으로 정한다.
④ 제1항에 따른 변호사는 증거보전 후 관계 서류나 증거물, 소송계속 중의 관계 서류나 증거물을 열람하거나 등사할 수 있다.
⑤ 제1항에 따른 변호사는 형사 및 아동보호 절차에서 피해아동 및 그 법정대리인의 대리가 허용될 수 있는 모든 소송행위에 대한 포괄적인 대리권을 가진다.
⑥ 검사는 피해아동에게 변호사가 없는 경우 형사 및 아동보호 절차에서 피해아동의 권익을 보호하기 위하여 국선 변호사를 선정하여야 한다.

215) 소년사건의 경우 피해자 변호사에게 대개는 통지가 이뤄지고 있지 않다. 이 경우 실무상 피해자 변호사는 대법원 사건검색을 통해서 공판기일 관리를 하고 있다.

216) 피해자 변호사 좌석은 실제 존재하는 법정을 찾아보기 어렵고, 대개 방청석 내지 법정경위나 교도관이 형사 재판 시 착석하는 자리에 출석하고 있다.

II. 피해자 국선 변호사의 권리 및 대리권의 범위

1. 수사와 공판단계에서의 권리

피해자 변호사는 「성폭력범죄의 처벌 등에 관한 특례법」(이하, 법이라 한다) 제27조 제2항에 따라 수사절차에 참여하여 의견을 진술할 수 있다(참여권과 의견 진술권). 조사 도중에는 검사 또는 사법경찰관의 승인을 요한다(법 제27조 제2항 단서). 또한 피의자에 대한 구속 전 피의자심문, 증거보전절차, 공판준비기일 및 공판절차에 출석하여 의견을 진술할 수 있다(법 제27조 제3항, 의견 진술권). 피해자 변호사는 증거보전 후 관계 서류나 증거물, 소송계속 중의 관계 서류나 증거물을 열람하거나 등사할 수도 있다(법 제27조 제4항, 열람·복사권).

2. 피해자 국선 변호사 대리권의 범위

피해자 변호사는 형사절차에서 피해자등의 대리가 허용될 수 있는 모든 소송행위에 대한 포괄적인 대리권을 가진다(법 제27조 제5항).[217] 이 조항에 따라 피해자 변호사는 형사소송법을 비롯한 관련 법률상 피해자가 행사할 수 있는 권리를 대리하여 행사할 수 있다.

구체적으로 성폭력범죄의 피해자가 13세 미만 아동이거나 신체적인 또는 정신적인 장애로 의사소통이나 의사표현에 어려움이 있는 경우 원활한 증인 신문을 위하여 피해자 변호사의 신청에 의한 결정에 따라 진술조력인으로 하여금 증인 신문에 참여하여 중개하거나 보조하게 할 수 있다(법 제37조). 그 밖에 심리의 비공개신청(법 제31조 제2항), 형사소송법상 피해자 진술권의 신청(법 제294조의2), 신뢰관계에 있는 자의 동석 신청(법 제163조의2) 등을 대리할 수 있다. 또한 경찰의 불송치결정에 대한 이의신청,[218] 임시조치, 항고·재항고, 재정신청, 범죄피해구조금 지급청구 등을

---

[217] 대한법률구조공단의 경우 법률구조사건처리규칙 제45조(구조여부 결정) 제3항에서 "국선 변호사건은 제1항 및 제2항의 규정에 불구하고 법원(검사)이 소속변호사 또는 공익법무관을 국선변호인으로 선정한 때에 구조결정된 것으로 본다."라고 규정하여, 검찰에서 국선 변호사로 선정된 변호사는 피해자 국선 변호사로서 포괄적 대리권을 가지고 변호활동을 할 수 있도록 하고 있다. 이는 형사 사건에 한하고, 민사사건의 경우 범죄피해자를 구조대상자로 하여 법률구조를 하고 있다. 앞서 살핀 대법원 2019. 12. 13. 선고 2019도10678 판결에 따라서도 포괄적인 대리권을 갖는다.

[218] 이의신청 제도로 인해서 수사가 미종결상태로 남고, 처분성에 관한 명확한 규정이 없고,

대리할 수 있다.

III. 피해자 국선 변호사의 선정 절차와 요건

1. 피해자 국선 변호사 선정 절차

피고인의 경우 형사소송법 제33조에서 피고인에 대한 국선변호인 선임규정을 두고 있고, 피의자인 경우에도 구속전 피의자심문의 경우 동법 제201조의2 제8항, 체포·구속 적부심사 시에는 동법 제214조의2 제10항에 따라 법원이 국선변호인을 선정할 수 있도록 규정하고 있다. 이에 반해 피해자의 경우 형사소송법상 국선 변호사 선정에 관한 일반 규정이 존재하지 않고, 성폭력범죄의 처벌 등에 관한 특례법 제27조 제6항에서 법원이 아닌 '검사'를 선정 주체로 규정하고 있다. 이는 수사절차에서도 성폭력 범죄피해자의 경우 변호사의 조력을 받을 권리를 인정하려는 취지를 반영한 것으로 보인다.[219] 그러나 경찰 단계에서 직권으로 피해자 변호사를 지정하는 절차는 존재하지 않고, 검찰을 경유하여야 하는 번거로움이 있다. 한편, 피해자도 수사 과정에서 진술권을 비롯한 법률상 권리를 능동적으로 행사하여 실체적 진실을 발견하는 데 기여하는 이상, 조사자가 피조사자의 국선 변호사를 선정하는 것은 일종의 이해의 충돌이 발생하여 검사가 아닌 대한변호사협회와 같은 변호사 기관에서 선정하는 것이 바람직해 보인다. 이 점은 사건에 대한 사법적 판단 기관인 법원에서 피고인의 국선변호인을 선정하는 것이 적절하지 않은 것과 마찬가지이다.

피의자가 수사절차에서 국선변호인을 원칙적으로 신청할 수 없는 것과 달리,[220] 피해자의 경우 수사절차에서 피해자 국선 변호사를 선정 받을 수 있다. 피해자에게 피해자 변호사가 없는 경우 피해자, 피해자의 법정대리인, 피해자 지원기관의 신청 또는 검사가 직권으로 피해자 국선 변호사를 선정할 수 있다. 이때 피해자 측은 피해자 국

고소인을 포함한 사건관계인에게 별도의 불복수단을 마련하고 있지 않아 피해자 보호를 약화시켰다는 평가로, 김택수, "2020년 수사권 조정과 범죄피해자의 지위 변화", 범죄수사학연구 제7권 제1호(통권 제12호), 경찰대학 범죄수사연구원, 2021, 14쪽 이하.

[219] 원혜욱, "피해자변호인제도에 대한 소고", 피해자학연구 제20권 제1호, 한국피해자학회, 2012, 143쪽.

[220] 이에 대해 문재인 정부에서 피의자에 대한 수사절차상 변호인의 조력 받을 권리를 보장하기 위해 '형사공공변호인'제도 도입을 추진한 바 있다. 이에 관해서는 법무부 회의자료, 『사법지원 일원화 T/F』, 2020. ~ 2021. 참조.

선전담변호사 또는 피해자 국선 변호사명부에 등재된 사람 중에 특정인을 지명하여 선정신청을 할 수도 있다(검사의 국선 변호사 선정 등에 관한 규칙 제10조 제2항). 선정신청은 범죄행위자에 대한 사실심(事實審)의 변론종결 전까지 할 수 있다. 범죄행위자가 불기소된 경우에는 그 불기소처분에 대한 불복절차가 기각결정으로 최종 종결되기 전까지 선정신청을 할 수 있다(검사의 국선 변호사 선정 등에 관한 규칙 제10조 제3항).

2. 피해자 국선 변호사 선정 요건과 효과

피고인 국선변호인 선정요건과 달리 성폭력범죄의 처벌 등에 관한 특례법상 피해자 국선 변호사 선정요건에 관하여 어떠한 제한을 규정하고 있지 않다. 검사의 국선 변호사 선정 등에 관한 규칙 제12조에서 검사가 필요한 경우 피해자 또는 법정대리인에게 선정 결정에 필요한 소명자료 제출을 요청할 수 있을 뿐이다. 이는 성폭력범죄피해자에 대한 폭넓은 보호와 지원이라는 도입취지를 달성하기 위해 별도로 규정하지 않은 것으로 보인다.[221] 실무상으로도 수사절차에서 피해자 변호사가 없는 경우 피해자의 의사에 반하지 않는 한 국선 변호사를 지정하고 있다.

피해자 국선 변호사로 선정되는 경우 선정이 취소되는 경우를 제외하고 선정되는 절차상 단계부터 해당 사건이 최종 종결될 때까지 선정의 효력이 유지된다. 예를 들어 경찰조사단계에서 피해자 국선 변호사로 선정된 경우 수사단계부터 만약 상고심까지 진행된다면, 상고심 선고로 최종 확정될 때까지 선정효력이 유지된다(검사의 국선 변호사 선정 등에 관한 규칙 제13조). 또한 피고인과 달리 심급대리원칙이 적용되지 않고, 한 번 제출된 검사의 피해자 국선 변호사 선정서의 효력이 사건 종결까지 그대로 유지된다.

IV. 피해자 국선 변호사 제도 개선

1. 법적 근거 정비의 필요성

피해자의 변호사[222]에 의한 조력을 받을 권리는 피의자 또는 피고인과 달리 헌

---

221) 서혜진, 앞의 논문, 36쪽.
222) 형사상 피고인의 변호인에 대응하여 '피해자 변호사'가 법률상 용어인 바, 변호인의 조력 받을 권리보다는 변호사에 의해 조력 받을 권리가 피해자의 경우 현행법상 적절하여 보인

법을 비롯하여 형사소송법에 명시되어 있지 않다.[223] 뿐만 아니라 피해자 변호사 선정에 관한 내용은 현행법상 형사소송법에도 규정되어 있지 않고, 앞서 살펴본 바와 같이 「검사의 국선 변호사 선정 등에 관한 규칙」에 있을 뿐이다. 법률의 명시적 근거는 존재하지 않는 상황이므로 개별법령들을 종합하여 피해자 변호사 조력에 관한 근거를 형사소송법 또는 피해자 권리와 보호에 관한 기본법을 제정하여 명시할 필요가 있다.[224] 이미 독일은 형사소송법에 피해자에 대한 변호사 조력 받을 권리에 관한 규정을 두고 있다(독일 형사소송법 제406조f). 우리의 경우도 임기만료로 폐기되었긴 하였으나 2015. 2. 26. 신의진 의원외 10인이 발의한 형사소송법 일부개정법률안(의안번호 제14067호)에서 범죄피해자에게 변호사 선임권을 부여하고, 국선변호사를 선정할 수 있도록 하고(의안 제36조의2), 공소제기 시 피해자에게 변호사 선임권이 있다는 점을 고지하도록 하는 안이 있었다.[225] 그러나 이 안에 대해선 예산문제의 선행적 검토가 필요하다는 점과 피고인 국선변호인 선정보다 폭넓게 지정될 수 있어 피해자의 권리가 지나치게 확대될 수 있다는 우려에 관한 법제사법위원회 전문위원 검토의견이 있었다.[226] 그러나 현재까지 위와 같은 검토의견에 대한 예산상 실증적 분석은 찾아보기 어렵고, 피해자 변호사의 선임에 대한 근거가 여러 법령에 산재되어 있어 최소한 형사절차법인 형사소송법에 명시적으로 규정하여 정

다(성폭력범죄의 처벌 등에 관한 특례법 제27조).

223) 형사소송법 제30조(변호인선임권자)에서 "① 피고인 또는 피의자는 변호인을 선임할 수 있다."을 규정하여 헌법상 피고인 또는 피의자의 변호인에 의한 조력 받을 권리를 구체화하고 있다.

224) 형사소송법을 개정해야 한다는 의견으로 정도희, "피해자변호인제도의 도입과 실현방향", 피해자학연구 제19권 제2호, 한국피해자학회, 2011, 183쪽 이하; 이 책에서는 헌법, 형사소송법의 각 개정과 피해자 권리와 보호에 관한 기본법을 제정하여 피해자 변호사 선정에 관한 근거를 마련할 필요가 있다는 의견이다.

225) 위 신의진외 10인의 발의안의 주요내용은 "가. 범죄로 인한 피해자에게 변호사선임권을 부여하고, 피해자를 위하여 국선 변호사를 선정할 수 있도록 함(안 제36조의2 신설), 나. 피고인에 대한 보석 또는 구속의 취소를 할 경우 피해자의 의견을 참조하도록 하고, 보석·구속의 취소, 구속의 집행정지, 보석조건의 변경 및 취소 등의 경우 피해자에게 통지하도록 함(안 제97조의2 신설), 다. 의무적으로 공소제기와 동시에 피해자에게 변호사선임권이 있음을 알리고 당해 사건의 공소제기 여부, 공판 진행 등에 관한 사항을 고지하도록 함(안 제259조의2), 라. 피해자가 작성한 피해자충격진술서를 참고하여 범죄로 인하여 피해자가 받은 피해를 확인하고, 피해자의 심리상태를 객관적으로 평가하기 위하여 전문심리위원을 지정할 수 있도록 함(안 제294조의5 신설)"였다.

226) 국회, 법제사법위원회, 형사소송법 일부개정법률안 검토보고서, 2015. 6, 6~7쪽 참조.

비할 필요는 있다.

2. 피해자 조력 대상 범죄의 확대

범죄피해자 국선 변호사 제도는 성폭력 피해자에 대한 특별한 보호의 필요성이 인정되어 「성폭력범죄의 처벌 등에 관한 특례법」 제27조, 「아동·청소년의 성보호에 관한 법률」 제30조[227] 등에 근거를 두고 있다. 현재는 개별 특별법에 선임특례를 추가하는 식으로 범죄피해자 국선 변호사 제도가 확대되고 있는 상황이긴 하다. 그러나 범죄의 종류에 따라 조력의 필요성이 달라진다고 할 수 없고, 범죄별로 변호사의 조력을 받는 것이 달라진다면 형평에 반하게 된다. 범죄피해자의 권리는 범죄의 종류나 피해 정도에 따라 변화하는 성질의 것이 아니기 때문이다. 범죄피해자의 보호 '정도'는 다를 수 있어도 보호 '여부'는 달라져서는 안 된다. 따라서 피해자 변호사에 관한 일반적 근거를 통해 모든 범죄피해자가 변호사의 조력을 받을 수 있어야 할 것이다.[228]

---

227) 제30조(피해아동·청소년 등에 대한 변호사선임의 특례) ① 아동·청소년대상 성범죄의 피해자 및 그 법정대리인은 형사절차상 입을 수 있는 피해를 방어하고 법률적 조력을 보장하기 위하여 변호사를 선임할 수 있다.
② 제1항에 따른 변호사에 관하여는 「성폭력범죄의 처벌 등에 관한 특례법」 제27조제2항부터 제6항까지를 준용한다.
; 최초에는 아동·청소년의 성보호에 관한 법률상에 피해자 변호사 선임특례를 규정하였으나 이후 이 규정을 삭제하고 성폭력범죄의 처벌 등에 관한 특례법을 준용하는 것으로 개정하였다.

228) 모든 범죄피해자가 변호사의 조력을 받아야 하고, 형사소송법에 일반규정을 마련하여야 한다는 견해로, 조미선, "피해자의 정의 및 피해자 변호사 역할에 관한 소고", 인권과 정의 Vol.499, 대한변호사협회, 2021, 60쪽; 피해자에 대한 변호사의 조력을 받을 권리의 성격이 범죄 유형에 따라 달라질 수 없다는 같은 견해로, 서혜진, 앞의 논문, 2쪽, 40쪽 이하; 그 밖에 피해자에 대한 국선 변호사의 선임과 확대가 피의자의방어권과의 형평상 필요한데, 생명·신체에 대한 범죄피해에 대해 합의부관할 사건과 형사소송법의 국선 변호 사유를 참고하자는 시론으로, 조성제, "수사절차에 있어서 범죄피해자의 인권보호 개선방안", 법학논고 제66집, 경북대학교 법학연구원, 2019, 157쪽.

표 12 형사법률구조현황

연도	형사사건(피해자 사건 포함)
2018	16,770
2019	15,480
2020	11,046
2021	11,253
2022	13,095
2023. 7.	7,980

앞서 살펴본 것과 같이 예산상 문제로 피해자 국선 변호사 지정 대상의 확대를 반대하는 것은 피해자 보호의 관점에서 바람직하지 않다. 현재 피해자가 국선 변호사의 조력을 받을 수 있는 범죄 유형이 지나치게 제한적이기 때문이다.[229] 신당동 사건과 같은 스토킹 범죄 유형의 보복범죄의 경우 피해자 국선 변호사의 조력이 보다 절실할 수 있어 성폭력범죄에만 한정할 수만은 없는 상황이기 때문이다.[230] 최근 부산 돌려차기 남자 사건만 하더라도 형사 1심 진행 중 공소장 변경을 통해서 강간죄가 포함된 사례와 같이 현행 규정상 성범죄가 뒤늦게 발견되는 경우 피해자 국선 변호사의 조력을 제때에 못 받는 규제의 공백까지 생길 수 있다.

따라서 어느 특정범죄에 한해서 범죄피해자를 보호하기보다는 그 범위를 적어도 점진적으로 확대하여 종국에는 모든 범죄피해자를 위하여 변호사에 의한 법적 조력을 받도록 하는 것이 바람직할 것이다.[231] 국선 변호사의 예산상의 문제는 피해자 변호사의 경우 해당 형사사건에서 변호활동 후 피고인에 대한 민사상 구상권 청구를 통하여 가칭 '국선 변호사 지원을 위한 피해자변호사기금'을 마련하는 방안을 고려할 수 있을 것이다. 또한 일정 범죄의 보호의 필요성이 큰 경우 피고인 국선 변호인의 경우와 마찬가지로 필요적 국선 변호사를 선임할 수 있도록 형사소송법에 세분화하여 규정하여야 할 것이다.

3. 피해자 국선 변호사 지위의 확인과 제도 개선

(1) 물적 시설 정비

형사 법정에 피해자가 당사자에 준하여 출석하고자 해도 법정 물적 시설이 미비하다. 성폭력범죄 등 사건의 심리·재판 및 피해자 보호에 관한 규칙 제5조에 따라 피해자 변호사는 법관의 정면에 위치한다고 규정되어 있기는 하나, 피해자 변호사

---

229) <표 12> **형사법률구조현황**은 위 표와 같다. 범죄 유형이 확대되면 형사사건 조력이 폭넓게 확대될 것으로 보인다. 이에 관해서는 대한법률구조공단, 『공익소송 및 법률복지 포럼』, 2023. 8, 74쪽.

230) 같은 견해로 정도희, "범죄피해자 변호사 제도의 보완 필요성과 보완방향", 법학논총 제52집, 숭실대학교 법학연구소, 2022, 331쪽 이하; 스토킹범죄의 처벌등에 관한 법률 제17조의4에 피해자 변호사 선임특례를 신설하였으나 2024. 1. 12. 시행 예정으로 현재 피해자 보호의 공백이 발생하는 문제가 있다.

231) 피해자 국선 변호사 대상 범죄를 확대하는 형사소송법 일부개정법률안(송기헌 의원 등 11인)이 국회에 계류 중에 있다(의안번호 23094).

좌석이 마련이 되어 있지 않은 법정이 대부분이고, 피해자 변호사는 아래 <표 13>과 같이 보통 방청석 또는 법정경위가 앉는 좌석에 착석하여 출석하고 있다. 이에 관해서는 각종 변호사 단체를 중심으로 줄곧 법원에 건의하고 있으나 예산상의 사정으로 시행되지 못하고 있다.

표 13 법정 배치도

재판부석		
참여관	실무관	
검사석		변호인석 / 피고인석
법정경위	피해자변호사	
방청석		

일선 법원의 재판부마다 차이는 있으나 피해자석이 방청석보다는 검사 옆에 나란히 놓여야 된다는 생각으로 검사 옆에 좌정을 허락하기도 한다.[232]

(2) 인적 감독 정비

피해자 국선 변호사를 검사가 지정하고, 감독하게 되어있는데, 피해자 변호사는 독립적 지위에서 피해자 변호를 한다는 점에서 검사로부터 독립할 필요도 있고, 지정권자를 대한변호사협회로 변경할 필요가 있다. 피해자 국선 변호사가 유죄의 입증책임을 부담하는 검사의 감독을 받게 되는 경우 피해자 변호보다는 검사의 조력자 역할을 할 우려가 있다. 피해자 국선 변호사는 독립적 지위에서 피해자의 2차 피해를 방지하고, 그의 권리를 보장받을 수 있도록 조력하는 위치여야 한다. 이러한 피해자에 대한 보호는 수사기관에 대해서도 충분히 이뤄져야 하므로 검찰로부터 독립하는 것이 적절하다.

한편, 현재 피해자 국선 변호사는 법무부의 수탁사업으로 대한법률구조공단에서 교육 및 지원을 하고 있다.[233] 피해자 국선 변호사는 피해자 국선전담변호사와 비전

---

232) 이 사례에 대한 일선 전직 법관의 경험담과 피해자석 필요성, 피해자 출석의 필요성, 대개 자백사건인데 피해자 없이 진행하는 부적절함 등에 관한 글로, 정재민, 『지금부터 재판을 시작하겠습니다』, 창비, 2018, 222쪽~225쪽.

233) 우리나라의 법률구조는 다음과 같이 분류할 수 있다.

담변호사로 분류되고 있으며, 2024년 10월 1일 기준 46명이 피해자 국선전담변호사로 활동 중에 있다.[234] 범죄피해자 변호사 보수 및 전문화교육은 공단에서 운영 중에 있고, 범죄피해자 법률조력에 관하여 연 2회(2024년 현재)를 진행하여 범죄피해자 변호사의 전문성을 제고하고 있다.

(3) 보수체계 개편

피고인 국선변호인의 경우 기본보수제를 운영함에 반하여 비전담 피해자 국선 변호사는 기본보수를 변형한 업무별 수당 지급방식으로 운영하고 있다.[235] 부실한 피해자 국선 변호사를 퇴출시키겠다는 목적으로 보수기준을 수차례 바꿨으나 오히려 피해자 국선 변호사들이 국선명부에서 이탈하는 현상까지 발생하기도 하였다. 이는 보수 자체가 피고인 국선변호인에 비하여 턱없이 적은 금액으로 운영되고 있으며, 보수기준 조차도 피해자의 특성을 전혀 반영하지 않고 일방적인 보수책정을 해오기

표 14 법률구조의 분류

	주체(담당)	법률구조의 내용	근거법령
공공 분야	법원	법원소송구조	민사소송법
		국선 변호인, 국선 보조인	형사소송법, 소년법 등
	헌법재판소	국선 대리인	헌법재판소법
	법무부(검찰)	법률홈닥터, 마을변호사	–
		피해자 국선 변호사	성폭력범죄의 처벌 등에 관한 특례법 등
		진술조력인	
	여성가족부	**피해자 변호사지원사업**	
		피해자 국선 변호사	–
	대한법률구조공단	채무자대리인	채권의 공정한 추심에 관한 법률
		임대차분쟁조정	상가임대차보호법, 주택임대차보호법
		양육비이행관리원, 고용노동부 등 연계	
		법률구조법상 법률구조(소송대리 등)	
민간 분야	대한변협법률구조재단 등 법률구조법인	법률구조법상 법률구조(소송대리 등)	법률구조법

234) 대한법률구조공단 인원 현황에 관해서는, https://www.klac.or.kr/
235) 피해자 국선전담변호사의 경우 처우개선이 반영되지 않는 고정급식 연봉제가 도입되어 있다.

때문이다.236)

업무의 성과를 입증하도록 요구하는 보수체계를 개편하여 기본보수제를 기초로 피해자 조력에 관한 추가 업무 시 증액하도록 할 필요가 있다.

(4) 기일 진행에 관한 의견 반영

법원은 성폭력범죄, 아동·청소년대상 성범죄 또는 아동학대범죄의 피해자 및 그 법정대리인이 변호사를 선임하거나 검사가 피해자를 위하여 국선 변호사를 선정한 경우, 그 변호사(이하 "피해자 변호사"라 한다)의 선임 등을 증명할 수 있는 서류가 제출된 때에는 피해자 변호사에게 공판기일을 통지한다.237) 실무상 검사의 공소제기 시 공소장 첨부 서류에 피해자 변호사 선정서가 포함되는 경우 이에 따라 법원은 기일통지를 하고 있다.

재판부가 피해자 국선 변호사에 대해 증인신문을 위해 협의하는 외에는 공판기일 진행 의견을 묻는 절차가 없어 피해자 국선 변호사가 불출석 상태에서 기일이 진행되는 경우가 발생하고 있다. 법원과 검찰은 최소한 기일 진행에 관한 피해자의 의견을 확인하여 피해자 권리 보장에 흠이 없도록 해야 한다. 피해자에 대한 지위를 절차상 보조적 존재가 아닌 당사자에 준하여 의견 진술의 기회와 절차 참여권을 보장해야 되기 때문이다.

법원과 달리 수사절차에 있어서는 피해자 조사기일 등에 관한 통지 규정이 없어 실무상 유선 등으로 조율하는 경우가 있으며, 피해자 국선 변호사의 경우 통지가 누락되어 조사 진행에 관한 의견반영이 되지 않는 경우가 많다.238) 이러한 점을 개선하기 위해 기일통지 관련 규정을 명시적으로 법률에 둘 필요가 있다.

(5) 기타 개선할 부분

1) 재판부는 소송 진행 중 피해자 변호사에게 석명권, 구문권 등의 소송지휘권의 행사가 가능하며, 의견 진술까지도 제한이 가능하다. 그러나 피해자 변호사의 경우 위와 같은 소송지휘에 관하여 이의신청권이 명문상 없다. 이에 대해서는 2차 피해를

---

236) 예를 들어 법무부가 한 동안은 대면상담을 해야지만 기본보수를 지급하기도 하였었다.
237) 성폭력범죄 등 사건의 심리·재판 및 피해자 보호에 관한 규칙 4조(공판기일의 통지) 제1항.
238) 서혜진, 앞의 논문, 43쪽.

방지하고, 적법절차 원칙을 통한 절차적 정의의 관점과 합리적 재량의 범위 내에서 소송지휘권이 행사되도록 하는 이의신청권이 도입될 필요가 있다.[239)]

2) 피해자 변호사의 소송기록 열람·복사에 관한 통일적 규정이 없다. 그 결과 실무상 수사절차에서는 정보공개청구를 이용하고, 공판절차에서는 형사소송법 제294조의2, 성폭력범죄의 처벌 등에 관한 특례법 제27조, 아동·청소년의 성보호에 관한 법률 제29조, 성범죄재판규칙 제12조에 따라 열람·복사를 하고 있다.[240)] 범죄피해자의 해당 사건에 관한 알 권리, 변호사의 조력을 받을 권리, 정보접근권 등을 보장하기 위해 통일적인 법률규정을 마련할 필요가 있다.

제4절 | 범죄피해자 가명소송의 가능성

I. 문제점

1981년 소송촉진 등에 관한 특례법, 1997년 가정폭력범죄의 처벌 등에 관한 특례법에 각 도입된 배상명령은 앞서 살펴본 바와 같이 적극적으로 활용되지 못하고 있다. 결국 범죄피해자는 민사소송(가정폭력피해자의 경우 가사소송상 위자료)절차를 통해 손해배상소송을 할 수밖에 없다. 그런데 민사소송법상 소송촉진 등에 관한 특례법 제28조와 같이 피해자의 개인정보를 보호할 규정이 미비하다.[241)]

범죄피해자가 가해자를 상대로 불법행위를 원인으로 손해배상청구의 소송을 제기하는 경우 원고는 소장에 자신의 주소 등 정보가 가해자에게 노출되는 것을 꺼려하

---

239) 대한법률구조공단, 앞의 강의 자료집, 35쪽.
240) 대한법률구조공단, 위의 강의 자료집, 42쪽.
241) 제28조(피고인에 대한 신청서 부본의 송달) 법원은 서면에 의한 배상신청이 있을 때에는 지체 없이 그 신청서 부본을 피고인에게 송달하여야 한다. 이 경우 법원은 직권 또는 신청인의 요청에 따라 신청서 부본상의 신청인 성명과 주소 등 신청인의 신원을 알 수 있는 사항의 전부 또는 일부를 가리고 송달할 수 있다.
   ; 실무상 형사판결문에서 배상명령 부분의 인적사항 부분은 성명을 가명 또는 비실명화 조치를 하고, 주소는 약식 기재를 하는 방법으로 개인정보를 보호하고 있다.

게 된다.242) 최근 한 여성이 2018. 10. 4. 성범죄피해자 민사소송 시 판결문에 성명, 집 주소 등이 기재된 것에 대하여 국민신문고를 통하여 입법청원을 하면서 다시금 범죄피해자의 비실명 소송 또는 가명소송의 가능성이 조명을 받게 되었다.243) 청원의 내용은 형사소송 절차에서 보호되던 피해자 인적사항이 민사소송 절차에서 보호되지 못하게 되는 현행 민사소송법을 개정할 것을 요구하는 내용이었다.

박주민 의원 등 국회의원 12명이 2020. 11. 2. 소송절차에서의 범죄피해자 개인정보 보호조치에 관하여 민사소송법 일부개정법률안(의안번호 제4829호)을 발의한 바 있다.244) 이 문제는 헌법 제109조에서 정한 재판공개원칙245)과 피해자의 개인정보 보호, 2차 피해방지를 위한 공정한 재판받을 권리, 가해자의 소송상대방에 대한 알 권리와 관련하여 문제된다. 이하에서는 이 입법안을 중심으로 소제기, 소송서류 송달 및 소송기록 열람·복사 시 법원이 직권 또는 신청에 따라 피해자의 개인정보가 공개되지 않도록 하는 이른바 '피해자 가명소송(Victim pseudonymous litigation)'이 재판공개의 원칙과 범죄피해자 보호의 충돌을 해결하기 위한 방안으로 기능할 수 있는지 살펴본다.

II. 민사상 피해자 개인정보 보호 여부

개인정보는 내밀한 사적 영역이나 (업무상) 비밀과 같이 엄격한 보호의 대상이라기보다 정보주체자의 합리적인 정보통제권 확보를 바탕으로 한 적정한 활용의 객체로 보는 것이 원칙이다.246) 즉, 개인정보가 헌법상 개인정보자기결정권에 의해 보호

---

242) 실제 보복범죄에 대한 두려움으로 손해배상 청구를 주저하게 된다는 기사도 있다.
   ; 또한 피해자가 형사상 조치를 고려하는 데 있어 이러한 점이 영향을 미친다고 한다. 이혜경·조지현, 앞의 발표문, 38쪽.
243) 관련 청원에 관해서는, 2018. 10. 4.자 '성범죄피해자의 집주소와 주민등록번호를 가해자에게 보내는 법원을 막아주세요'라는 제목의 청원 참조.
244) 유사한 내용의 법안발의로 김남국 의원 대표발의(의안번호 제6408호), 서일준 의원 대표발의(의안번호 제6760호)가 있다.
   자세한 내용에 관해서는, 국회 법제사법위원회, 민사소송법 일부개정법률안 검토보고, 2021. 2, 2쪽 이하 참조.
245) 사법의 민주화를 위한 제도적 구현으로 근대 재판제도의 기본원칙이라 할 수 있다. 헌법은 "재판의 심리와 판결은 공개한다"라고 하여 공개재판을 명시적으로 규정하고 있다. 이에 관한 설명으로 성낙인, 앞의 책(2023), 715쪽.

되지만 이는 무조건·무제한적 법적 보호가 아닌 제한이 가능한 보호의 대상으로 이해해야 한다.[247]

그러나 일반적인 개인정보와 달리 정보주체의 개별적 특성을 반영한 '범죄피해자' 개인정보의 경우 위와 같이 동일선 상에서 이해할 수 없다. 정보주체인 피해자가 스스로 개인정보 노출을 희망하는 경우가 드문데다가, 정보 활용이 2차 범죄로서 활용될 가능성이 매우 높기 때문이다. 또한 제3자의 정보유출행위가 의도하지 않았더라도 범죄피해자의 정보가 유출된 경우 피해자에게 더 큰 피해로 느껴질 가능성이 크다.

한편, 개인정보 보호법 제58조의2에서는 시간·비용·기술 등을 합리적으로 고려할 때 다른 정보를 사용하여도 더 이상 개인을 알아볼 수 없는 정보에는 적용하지 않는다고 규정하여 '비식별 조치를 거친 익명정보'는 개인정보 보호법이 적용되는 개인정보가 아님을 명백히 규정하였다. 이 부분에 관해서는 비식별화 조치를 거친 익명정보들을 종합하더라도 식별가능성이 없는 정도에 해당해야 개인정보 보호법의 적용 대상이 되지 않는다고 보는 것이 반대해석상 타당하다. 그렇지 않고, 일부는 비식별 조치를 거친 익명정보이나 나머지 식별가능성 있는 정보들을 조합하여 범죄피해자의 개인정보를 추출할 수 있는 경우 개인정보보호법이 적용되지 않는다고 하면 피해자 보호의 공백이 생길 우려가 있기 때문이다.

그런데 민사소송상 범죄피해자의 성명과 같은 개인정보는 형사소송과 달리 비실명, 가명 사용이 불허되고 있고, 비식별조치를 거치는 방법도 도입되어 있지 않아 범죄피해자의 개인정보자기결정권을 제한하고 있다.[248] 또한 피해자에 관한 정보노출은 형사소송과 민사소송이 동시에 진행되는 경우 개인정보 보호법을 넘어 불구속 상태인 가해자로부터 보복범죄를 당할 가능성에 놓이게 만든다. 특히, 불구속인 상태의 가해자가 민사소송을 제기하여 피해자에 대한 개인정보를 사실조회, 문서송부촉탁을 통해 확보하는 경우에 제재 수단이 없다.

---

246) 구태언, "개인정보 정의조항, 동의제도 및 형사처벌의 합리화에 관한 연구", 고려대학교 석사학위논문, 2013, 50쪽.

247) 김일환, "개인정보의 보호와 이용법제의 분석을 위한 헌법적 고찰", 헌법학 연구 제17권 제2호, 한국헌법학회, 2011, 364쪽.

248) 현재까지 이 문제에 관하여 입법부작위 헌법소원이 제기된 바는 없다.

Ⅲ. 법안의 내용

민사소송 절차에서는 범죄피해자인 원고가 가해자를 상대로 손해배상청구를 제기하는 경우 원고의 개인정보는 아래 <표 15>과 같이 ① 소장 및 준비서면 부본의 송달, ② 당사자 및 이해관계인 소송기록 열람·복사, ③ 판결문, ④ 강제집행신청서, 집행문 등을 통해서 가해자에게 알려질 수 있다. 국회에 발의된 법안은 대개 성명 등 일부를 가리고 송달하는 내용을 담고 있다.[249]

표 15 민사 절차상 노출되는 범죄피해자 개인정보[250]

유형		내용
소 장		당사자 성명
		주소(민사소송법 제274조 제1항, 민사소송규칙 제2조 제1항)
판결문 등		당사자(민사소송법 제208조)
		성명, 주소(재판서 양식에 관한 예규 제9조 제1항 제1호, 결정서 등은 제2호)
		채권압류 및 추심명령 결정문, 재산명시결정문, 경매개시결정문, 지급명령문, 채무불이행자명부등재결정문 등
집행	집행문	당사자의 주민등록번호 등(민사집행규칙 제20조 제2항)
	경매기록	당사자의 성명 등(강제집행신청서는 송달되지 않아 유출문제가 없으나 경매기록에 편철되는 경우 이해관계인의 열람(민사집행법 제9조)이 가능하여 범죄피해자 성명 등 정보 노출)

1. 소송기록의 열람·복사 시 개인정보 보호조치 안

박주민·김남국 의원은 법원이 손해배상청구의 소송기록 등을 통해 피해자 인적사항이 무제한적으로 공개되는 경우 범죄피해자의 생명 또는 신체의 안전에 위해를 가할 수 있으므로 소송기록의 열람·복사에 앞서 개인정보가 공개되지 아니하도록 보호조치를 할 수 있다(박주민[251]·김남국[252] 의원 법안 제162조 제5항 신설)는 내용을 담

---

249) 국회 법제사법위원회, 민사소송법 일부개정법률안 검토보고, 2021. 2, 12쪽 이하.
250) 사법정책연구원, "민사소송 및 집행 절차에서의 개인정보 보호에 관한 연구", 2020, 47쪽 ~50쪽, 175쪽 이하; 위 문헌을 기초로 하여 민사 절차상 노출되는 피해자 개인정보에 관한 내용을 재구성하였다.
251) 민사소송법 일부개정법률안(의안번호 : 제2104829호).
252) 민사소송법 일부개정법률안(의안번호 : 제2106408호).

은 안을 제출하였다.

이 안에 따르면 이해관계인의 소송기록의 열람·복사 시 범죄피해자의 개인정보에 관하여 비공개처리를 하게 되어 유출방지를 도모하고 있다.

2. 소장, 판결문 송달 시 개인정보 보호조치 안

위 법안들은 소장, 판결문 송달 시에도 범죄피해자 개인정보 보호를 가능하게 하고 있다. 즉, 범죄피해자가 제기하는 손해배상소송에서 소장, 준비서면 등 송달 시 원고의 성명, 주소 등을 가리고 송달할 수 있게끔 하는 것이다(박주민·김남국 의원 법안 제255조 및 제273조). 또한 판결서에 법원 직권 또는 피해자인 원고의 신청에 따라 영업소 등 주소를 달리 기재하거나 타인의 동의를 얻어 다른 사람의 주소를 원고의 주소를 할 수 있도록 하는 내용도 있다(김남국 의원 법안 제208조 제5항 신설). 나아가 성명까지 전부 또는 일부를 가리고 송달하게 끔하여 피해자의 신원노출로 보복범죄를 예방하려는 서일준 의원 안이 있다(서일준[253] 의원 법안 제210조 제2항 후단 신설).

IV. 법안에 대한 평가

배상명령의 한계와 민사소송법상 보호조치가 존재하지 않는 점을 개선한 위 법안은 범죄피해자의 개인정보자기결정권을 보장하여 범죄피해자 보호를 강화한다는 면에서 타당하다. 국회 전문위원 보고서 내용도 개정안을 찬성하는 내용을 담고 있다. 다만, 피해자가 민사소송 등을 승소한 이후 집행절차에서 당사자 동일성을 확인하기 위해 성명 등 인적사항 정보가 필요하다는 점을 고려하여, 이 점에 관하여 시스템 개선이 필요하다고 언급을 하였다.[254] 최근 부산 돌려차기 남자 사건으로 범죄피해자의 개인정보에 관한 보호 문제가 붉어져 이 법안은 2023. 6. 21. 국회 본회의를 통과하였다.[255] 즉, 이제 범죄피해자의 정보보호 문제가 피해자의 사생활 보호뿐만

---

253) 민사소송법 일부개정법률안(의안번호 : 제2106760호).

254) 국회 법제사법위원회, 민사소송법 일부개정법률안 검토보고, 2021. 2, 15쪽.

255) 민사소송법 개정을 통해 소송관계인의 신청에 따른 법원의 결정으로 주소 등 개인정보가 공개되지 않도록 하는 보호조치 제도가 신설되었으나(2023. 7. 11. 일부 개정 민사소송법 제163조 제2항), 그 시행일이 2025. 7. 12.인바, 개정법이 시행될 때까지는 법원에 제출하는 서면이나 서증의 송달을 통해 주소 등 개인정보가 노출되지 않도록 각별히 신중을 기해야 할 필요가 있다.

아니라 보복범죄에 노출될 수 있는 위험으로부터 피해자를 보호하기 위한 중요한 과제임을 국회를 비롯한 우리 사회가 인식하게 된 것이라 평가할 수 있다.[256]

그러나 위 법안들에서는 민사집행 부분에 관해서는 피해자 보호 논의가 빠져있었다. 민사집행이라는 이유로 범죄피해자가 관련 사건에서 보호받지 못할 이유는 없으며, 다소 제도의 불편함을 감수하더라도 피해자의 개인정보자기결정권은 사법절차 전반에서 최종적으로 피해 회복의 순간까지 충실히 보호해 줄 필요가 있다.

나아가 피해자의 개인정보자기결정권과 상대방의 알 권리가 충돌하는 상황에서 이미 관련 형사판결이 확정되어 이를 토대로 진행되는 것이 명백한 소송의 경우에는 이른바 '가명소송(假名訴訟)'까지 고려할 수 있다.

가명소송의 시행은 ① 진행 중인 형사사건에서 가명으로 사건이 진행됨에도 불구하고 민사소송에서 실명으로 진행되는 제도적 모순을 해결할 수 있다. 또한 ② 국회 법안은 절차단계마다 열람을 제한하거나 상대방에게 알려지지 않게 하는 방법이나 가명소송을 시행하면 열람제한 신청이라는 번거로운 절차를 거치지 않고도 더욱 강력히 피해자 정보를 보호할 수 있다. 개개의 절차마다 법원이 별도로 기록 내용을 제한해야 하는 등의 조치가 필요 없어지게 된다. 나아가 ③ 가명소송 시 성명을 대체할 일종의 식별번호를 활용하는 경우, 범죄피해자가 형사사건 발생 후 개인정보 변경을 위해 개명신청을 하지 않을 수도 있다. 또 ④ 재판공개와 개인정보 노출을 두려워한 나머지 소송을 통한 권리구제를 포기하는 피해자에게 권리구제의 기회를 부여할 수 있다. 사법접근권의 관점에서 볼 때 가명소송은 범죄피해자의 재판을 받을 권리를 두텁게 만드는 방편이 될 수 있다. 마지막으로 ⑤ 디지털 시대를 맞이하여 소송상 정보노출로 인한 2차 피해를 최소화할 수 있다.[257]

이번 법안은 가명소송을 전격적으로 도입하는 것은 아니지만, 민사소송에서 피해

따라서 신변보호가 필요한 범죄피해자가 가해자를 상대로 한 소송에서 피해자 측의 현주소 노출 방지를 위해 과거 주소를 기재하는 등의 방식으로 소송을 고려할 필요가 있다. 또한 서면이나 서증 등의 송달을 통해 현주소 등의 개인정보가 가해자에게 노출되지 않도록 법원에 제출하는 서면이나 서증에 피해자 측의 현주소, 주민등록번호 등 고유식별정보, 연락처 등이 기재되어 있는지를 반드시 확인하고 해당 정보에 대한 비식별화 조치를 철저히 해야 할 것이다.

256) 전명길, "범죄에 대한 언론보도와 피해자의 정보보호에 관한 연구", 인문사회 21, 제6권 제4호, 아시아문화학술원, 2015, 805쪽 이하.

257) 현낙희, "가명소송제도에 관한 연구 - 미국의 민사소송절차를 중심으로 - ", 비교사법 제29권 제3호, 한국사법학회, 2022, 168쪽 이하.

자의 2차 피해 우려를 해소하려고 시도했다는 점에서 크게 환영할 일이다. 결국, 피해자 보호에 있어 문제가 있는 제규정들에 관하여 개정을 하여야 하고, 가명소송을 도입하여 민·형사 절차 모두에서 통일적으로 범죄피해자를 보호해야 한다.

V. 외국의 범죄피해자 정보 보호

우리 판결문에는 당사자와 주소를 기입하고 있는데, 판결문에 당사자와 주소 전체를 기재하는 것이 타당한지, 혹은 개선할 필요가 있는지에 대한 검토가 필요하다. 소송상 당사자, 주소 표시를 의무적으로 요구하는 것이 장소적 개념에만 천착하는 것이 아닌지, 혹은 장소에 대한 현대적 개념을 반영하지 못하고 있는 것은 아닌지 돌이켜봐야 한다. 특히 범죄피해자의 경우 원고로서 관련 소송이 확정되어 진행하는 경우도 주소의 기재가 필요한지 의문이다.

외국의 경우 당사자 신원이 소송상 노출되어 상대방에게 보복을 당하거나 명예가 훼손되는 등 2차 피해를 방지하기 위해 당사자 익명(anonymous) 조치 방안을 마련하고 있다. 이로써 피해자가 스스로 개인정보 노출을 두려워하여 사법상 권리를 포기하는 것을 방지하고 있다. 미국은 Poe v. Ullman 사건[258]에서 가명에 의한 소송을 허용한 이래 연방민사소송규칙에서 소장에 당사자 성명을 기재하는 것을 원칙으로 하지만 성명을 기재하지 않을 사유를 소명하여 성명 첫 글자 또는 가명을 사용할 수 있도록 규정하고 있다.[259] 독일의 경우 당사자가 범죄피해자인 경우 당사자 주소 등 정보를 보호할 필요성이 있는 때에는, 당사자가 법원에만 주소 정보를 제공하고 상대방에게는 비밀을 유지하는 내용에 관한 입법안이 제안된 바 있으나, 실제 제도화되지는 못하였다.[260] 오스트리아의 경우 범죄피해자 정보를 보호하기 위해 성명을 반드시 실명으로 기재할 필요 없고, 예명이나 가명도 허용하고 있다.[261] 범죄피해자의 주소에 관해서는 비공개제도를 도입하여 법원에만 주소를 제공하도록 하였다(오

---

258) Poe v. Ullman, 367 U.S. 497 (1961).
259) Federal Rules of Civil Procedure Rule 5. 2 (a); 일종의 민사상 가명소송이라고 할 수 있다. 미성년자의 이니셜을 기재하는 것을 허용하고 있다.
260) 사법정책연구원, "민사소송 및 집행 절차에서의 개인정보 보호에 관한 연구", 2020, 108쪽 이하.
261) 사법정책연구원, 위의 책, 126쪽.

스트리아 민사소송법 제75a조). 프랑스의 경우 범죄피해자가 형사소송에서 사소(손해배상)를 제기하는 경우 제3자의 주소를 제3자의 동의하에 자신의 주소로 기재할 수 있게 되어 있다. 또한 근무지 주소를 기재할 수도 있다.[262] 일본은 민사소송이외에 민사집행절차까지 범죄피해자의 개인정보 보호를 위해 제도적 개선 논의가 활발히 진행되고 있다. 성범죄 피해사실, 영업비밀 소송기록 열람 절차를 마련하고 있고, 경매현황조사보고서에 익명 처리, 전자 열람되는 경매기록에서 채무자 등의 가명처리 등 민사집행절차에서도 개인정보 보호를 하고 있다. 다만, 아직 사건이 확정되지 않은 민사소송절차에서 당사자 표시상 성명, 주소 비공개 제도에 대해서는 범죄피해자인지 판단이 쉽지 않고, 당사자 일방에게 유리하다는 비판이 있어 제도화되지는 못했다.[263] 일본의 경우 범죄피해자 개인정보 보호를 위해 기록 열람제한제도를 활용하고 있다(일본 민사소송법 제92조).

VI. 개선방안

당사자가 작성하는 소송 문서에 기재되는 피해자 개인정보 노출을 방지하기 위한 개선방안은 당사자 표시서(청구취지와 청구원인과 당사자 표시사항을 분리하여 제출하는 방안)제출 제도, 봉인함(소장 등의 정보 중에 비실명처리된 부분에 관하여 절차상 필요한 경우 봉인해서 제출하는 방안)제도, 주소비공개신청 의무화제도(주소를 비공개할 이익이 있고 이를 비공개한 상태로 소송 및 집행절차를 진행하기를 희망하는 당사자가 이용할 수 있는 제도), 가명소송, 당사자 정보 확인서 제도(당사자의 주민등록번호를 재판서에 기재하지 않되, 집행을 위해 해당 정보를 필요로 하는 자에게 해당 정보가 표시된 별도의 문서를 제공하는 제도), 피해자 정보보호 사전 부동의 허가제도 등이 있다.[264]

가명소송[265](특히, 형사재판이 확정되어 상대방이 유죄의 확정판결을 받은 경우 원고는 가명으로 소송을 진행할 수 있어야 한다는 관점에서 고안)은 당사자가 제출하는 서면부터 법원이 작성하는 서류 모두에 범죄피해자의 성명이 드러나지 않고 가명 혹은 일련번

---

262) 사법정책연구원, 위의 책 164쪽.
263) 사법정책연구원, 위의 책 167쪽.
264) 사법정책연구원, 위의 책 205쪽 이하.
265) 비실명처리, 가명, 익명 등의 용어가 실무상 언급되고 있으나 개인정보보호법 상에 가명정보와 가명처리 규정이 도입된 이상 '가명'을 활용하는 것이 타당해 보인다.

호 적시와 같은 방식으로 소송 진행을 하는 것이다. 또한 이 점은 이미 형사소송에서 사용되었던 가명을 활용할 수도 있으므로 피해자를 비롯한 소송관계인에게 혼란을 주지 않기도 한다. 적어도 현시점에서 가명소송을 전면도입하기 어렵다면, 부분적으로라도 ① 관련 형사사건이 진행 중이고, 개인정보 노출이 2차 피해로 이어질 가능성이 있는 경우, ② 피해자에 대한 특별한 보호의 필요성이 있는 경우, ③ 피해자가 가명소송을 제기함으로 인한 사생활 비밀의 자유 보장의 이익이 공개로 오는 이익보다 우월한 경우, ④ 가명소송을 하고자하는 부정한 목적이 있는지 등의 비교형량 기준을 통하여 가명소송 진행이 가능하도록 입법화를 시도할 필요가 있다고 생각된다. 형사소송이 전면 전자소송화 되는 경우 특히 고려해볼 수 있는 피해자 보호방법이다. 또한 민사소송 이외에도 다양한 소송형태에서 범죄피해자 개인정보 보호 개선방안으로 고려될 수 있다.[266]

제5절 │ 범죄피해자 보호 강화를 위한 법령 개선과 지원 방안

이 절에서는 헌법상 피해자의 권리와 보호를 한층 강화하기 위하여 법령의 개정 논의, 피해자 지원 단체를 통한 지원 방안, 통합적 범죄피해자 지원 플랫폼의 구현에 관한 개선론을 살펴본다.

I. 법령 개정 논의

1. 형사소송법 개정

(1) 사소(私訴)에 관한 논의

범죄피해자의 권리를 실질적으로 보장하는 방법은 범죄피해자가 스스로 공소제기를 하는 방법이다. 수사 과정에서 범죄로 인한 사건 개시방법으로서 가장 강력한 권

---

266) 혹은 가사소송에서 활용하는 '갈등저감형' 소장을 범죄피해자의 손해배상 소송에 도입하여 간이한 소장을 통해 가해자와 피해자 사이의 갈등을 저감시키면서 소송을 진행하는 방식도 고려할 수도 있다.

리가 형사소송법에 피해자의 사인소추권(사소권, 私訴權)을 인정하는 것이다. 범죄피
해자가 국가에 대하여 스스로의 의사에 따라 피해를 노출하는 것을 본질로 한다. 이
는 검사가 공익의 대표자로서 기소를 할 수 있는 권리인 공소권(公訴權)과 대비하여
범죄피해자가 직접 가해자를 기소할 권리를 인정하는 경우를 의미한다.[267]

공소제기는 공적인 형사 처벌을 구하는 의사표시로, 우리의 경우 헌법이 아닌 형
사소송법 제246조[268]에서 검사의 국가소추주의(기소독점주의)를 규정하고 있어 사인
의 형사소추를 인정하지 않는다. 또한 형사소송법 제247조[269]에서 기소강제주의가
아닌 기소편의주의를 규정하고 있어, 피해자의 의사가 아닌 검사의 판단에 기소가
맡겨져 있다. 독일의 경우 고도의 개인적 범죄에 한해 사소(私訴)를 인정하는데, 강
제 수사권은 인정하지 않고, 검사는 피해자 사소 이외에 다시 공소를 제기하거나 이
미 개시된 절차를 인수할 수 있는 규정을 두고 있다(형사소송법 제374조(Zulässigkeit;
Privatklageberechtigte)). 영국도 사인소추제도를 인정하고, 사인소추 진행 중 검찰총
장이 그 소추사건을 인수할 권한을 보유하고 있다. 프랑스는 사소가 다른 국가들에
비해 가장 활발하게 운영되고 있으며, 사인이 수사나 증거확보의 부담을 지지 않는
구조로 피해자의 사인소추 방법을 마련하고 있다.

현행법상 국가소추주의에 대해 외국 입법례를 고려하여 피해자에 대한 사소를 도
입하자는 논의가 있다.[270] 국가소추주의의 입법상 채택이 헌법개정사항이 아닌 만큼
법률로서 개정할 수는 있다. 그러나 2022년 기준 월평균 고소 건수가 3만 명에 달하

---

267) 김재민, 앞의 책, 166쪽.

268) 형사소송법 제246조(국가소추주의) 공소는 검사가 제기하여 수행한다.

269) 형사소송법 제247조(기소편의주의) 검사는「형법」제51조의 사항을 참작하여 공소를 제기
하지 아니할 수 있다.
형법 제51조(양형의 조건) 형을 정함에 있어서는 다음 사항을 참작하여야 한다.
1. 범인의 연령, 성행, 지능과 환경
2. 피해자에 대한 관계
3. 범행의 동기, 수단과 결과
4. 범행 후의 정황

270) 프랑스의 경우 형사소송법 제2조 제1항에서 범죄로 인해 직접적으로 발생한 개인적 손해
를 입은 자는 사소권을 행사할 수 있다는 규정을 두고 있기도 하다. 이때 손해는 재산적
손해, 정신적 손해를 포함하고, 개인적 법익에 관한 범죄여야 한다. 검사가 이미 공소제기
한 경우는 소송참가의 형태로 피해자의 참여와 진술이 보장되고, 검사가 불기소처분을 하
거나 공소제기를 하지 않은 경우 사소권 행사가 가능하다고 한다. 이에 관해서는 전윤경,
앞의 논문, 87쪽 이하.

고, 고발 건수는 1개월에 최고 11,145명에 이를 정도로 고소·고발이 많은 우리 사법현실상 사소를 도입하는 것이 적절한 지에 대해서는 신중할 필요가 있다.[271] 즉, 높은 고소, 고발율은 동시에 무고율도 상당부분 차지할 개연성이 있기 때문이다. 이렇게 고소, 고발이 많은 우리 사법체계상 사인소추는 다소 무리가 있다. 다만, 현행 제도를 개선하여 공공의 이익을 해치지 않는다는 조건을 부가하거나 일종의 기소강제절차의 의미를 갖게 되는 경우 피해자가 충분히 참여할 수 있는 제도적 도입은 입법적으로 고려할 수 있다.[272]

(2) 고소권과 고소취소권

헌법 제27조 제5항에서는 재판절차진술권을 규정하여 공판절차에서만 범죄피해자의 진술권행사가 가능한 것으로 문언상 보이나, 수사절차에서 범죄피해자의 진술권이 제한될 이유가 없다. 수사절차에서 범죄피해자의 진술권 행사가 기소편의주의, 피의자의 인권보장에 제한을 초래한다는 비판이 있을 수 있으나 피해자의 진술권 행사에 기한 적극적인 사법참여는 실체적 진실 발견에 보다 효율적일 수 있다. 또한 수사기관을 통해 가해자와 피해자가 합의를 하여 조기에 사건을 종료할 수도 있다.

범죄피해자는 수사 절차에서 고소라는 방법을 통하여 최초로 진술권을 행사할 수 있다. 고소는 고소권자가 수사기관에 범죄 사실을 신고해 처벌을 해 달라고 요구하는 의사표시이며,[273] 범죄피해자는 수사 절차에서 고소권자로서 지위를 갖는다(형사소송법 제223조).[274] 형사소송법은 국가형벌권의 불안정한 행사 상태를 제한하기 위해 고소기간은 일부 범죄에 한해 6개월로 제한하고(형사소송법 제230조 제1항),[275] 고소의 불가분 원칙을 규정하고 있다(형사소송법 제233조).[276] 성범죄의 경우 형법을 비롯한

---

271) 고소, 고발 통계에 관해서는 대검찰청 – 형사사건동향 – 고소고발접수현황을 참고.

272) 정승환, 앞의 논문, 82쪽 이하; 민·형사 이원체계의 엄격한 분리를 강조하는 입장에서는 '사소제도'가 신속한 형사재판을 저해한다는 근거로 반대를 하기도 하나, 통합적 사법시스템을 구현하지 못할 이유도 없으며, 피해의 조기 회복이 필요한 사건의 경우에는 이원체계의 벽을 넘어 한꺼번에 사법적 판단이 이뤄지는 것이 사법체계의 통일성에도 부합할 것이다.

273) 손동권, 『형사소송법』, 세창출판사, 2010, 183쪽 이하.

274) 형사소송법 제223조(고소권자) 범죄로 인한 피해자는 고소할 수 있다.

275) 형사소송법 제230조(고소기간) ① 친고죄에 대하여는 범인을 알게 된 날로부터 6월을 경과하면 고소하지 못한다. 단, 고소할 수 없는 불가항력의 사유가 있는 때에는 그 사유가 없어진 날로부터 기산한다.

성범죄 관련 조항의 친고죄를 폐지하여 피해자의 고소권을 보장하고 있다. 사인 소추를 인정하지 않는 우리의 형사사법제도상 고소권과 고소취소권은 피해자와 상대방 사이에 합의를 유도하는 수단으로 기능하여 피해회복을 이끌어내기도 한다.[277]

다만, 고소와 관련해서 범죄피해자가 가해자에 대한 처벌을 원하더라도 그 가능성이 원천 봉쇄된 친족상도례 규정들은 재정비해야 한다. 근친간에 형을 면제하는 친족상도례 규정은 범죄피해자 개인은 물론 국가 또한 처벌을 불가능하게 하여 피해자의 진지한 처벌의사가 원천적으로 차단되는 문제가 있기 때문이다.[278]

(3) 불송치 결정 또는 불기소처분에 대한 불복권

범죄피해자가 사법절차에 참여할 수 있는 권한을 부여받고, 스스로 진술권을 행사하기 위해서는 수사기관의 처분에 관하여 불복방안이 마련되어야 한다. 멕시코의 경우 검사의 불기소 처분에 대한 불복 권한을 헌법적 권리로까지 규정하고 있고,[279] 이스라엘의 경우 수사기관의 내사 종결 처분 및 검사의 불기소처분에 관하여 불복할 수 있는 제도를 규정하고 있다.

우리의 경우 경찰 단계에서는 2021. 1. 1. 검·경수사권 분리 조정 시행 후 경찰의 불송치 결정이라는 제도가 신설되었다. 과거에는 경찰에 수사 종결권이 없어, 경찰이 혐의가 없다고 자체적으로 판단하더라도 검찰에 사건을 송치하여야 했으나, 수사 결과 범죄혐의가 인정되지 않을 경우 '불송치 결정'을 통해 자체적으로 수사를 종결할 수 있는 권한을 갖게 되었다. 경찰이 사건을 불송치 결정을 하는 경우 범죄피해자는 기간의 제한 없이 불송치 결정에 관하여 부당하다고 판단하는 경우 이의신청 제도를 통해 진술권을 행사할 수 있다.[280] 다만, 개정 형사소송법에 따르면 고발인

---

276) 형사소송법 제233조(고소의 불가분) 친고죄의 공범 중 그 1인 또는 수인에 대한 고소 또는 그 취소는 다른 공범자에 대하여도 효력이 있다.

277) 김광주, 앞의 논문, 55쪽.

278) 정승환, 앞의 논문, 76쪽 이하; 관련된 최근 헌법재판소 결정례로 2024. 6. 27. 선고 2020헌마468 등 결정.

279) 멕시코 헌법 제20조 피해자는 범죄수사과정에 있어서 검사의 부작위뿐만 아니라 기소유예, 불기소, 공소취하 또는 손해배상이 이행되지 아니한 때의 절차중단에 대하여 사법기관에 이의를 제기할 수 있다.

280) 형사소송법 제245조의5(사법경찰관의 사건송치 등) 사법경찰관은 고소·고발 사건을 포함하여 범죄를 수사한 때에는 다음 각 호의 구분에 따른다.
    1. 범죄의 혐의가 있다고 인정되는 경우에는 지체 없이 검사에게 사건을 송치하고, 관계

의 이의신청권이 폐지되어 고발인의 이의신청을 통한 사건송치가 불가능해졌고, 현재는 검사의 재수사요청과 송치요구가 유일한 구제방법이 되었다.[281] 고발인의 이의신청권 폐지는 공익단체의 고발이나 각종 기관 고발의 경우 불복을 제한하여 진술할 권리를 행사하는 게 여의치 않은 장애인 등의 사회적 약자에게 지나치게 불리하므로 조속히 개정의 필요성이 있다.[282]

검찰 단계에서도 검사가 피의자에 대해 불기소 처분을 하게 되면 피해자 입장에서는 승복하기 어려울 수 있다.[283] 이에 검찰청법상 검찰항고[284]·재항고, 형사소송

서류와 증거물을 검사에게 송부하여야 한다.

2. 그 밖의 경우에는 그 이유를 명시한 서면과 함께 관계 서류와 증거물을 지체 없이 검사에게 송부하여야 한다. 이 경우 검사는 송부받은 날부터 90일 이내에 사법경찰관에게 반환하여야 한다.

제245조의6(고소인 등에 대한 송부통지) 사법경찰관은 제245조의5제2호의 경우에는 그 송부한 날부터 7일 이내에 서면으로 고소인·고발인·피해자 또는 그 법정대리인(피해자가 사망한 경우에는 그 배우자·직계친족·형제자매를 포함한다)에게 사건을 검사에게 송치하지 아니하는 취지와 그 이유를 통지하여야 한다.

제245조의7(고소인 등의 이의신청) ① 제245조의6의 통지를 받은 사람은 해당 사법경찰관의 소속 관서의 장에게 이의를 신청할 수 있다.

② 사법경찰관은 제1항의 신청이 있는 때에는 지체 없이 검사에게 사건을 송치하고 관계 서류와 증거물을 송부하여야 하며, 처리결과와 그 이유를 제1항의 신청인에게 통지하여야 한다.

제245조의8(재수사요청 등) ① 검사는 제245조의5제2호의 경우에 사법경찰관이 사건을 송치하지 아니한 것이 위법 또는 부당한 때에는 그 이유를 문서로 명시하여 사법경찰관에게 재수사를 요청할 수 있다.

② 사법경찰관은 제1항의 요청이 있는 때에는 사건을 재수사하여야 한다.

281) 다만, 검사가 송치요구하였으나, 불기소처분을 하게 되면 왜 송치요구한 것인지 알 방법이 없다.

282) 정웅석, 『소위 『수사준칙』개정의 의미와 향후과제』, 검사와 사법경찰관의 상호협력과 일반적 수사준칙에 관한 규정 개정안 심포지엄, 서울지방변호사회, 2023, 21쪽.

283) 검사 수사의 공정성과 투명성을 도모하기 위해 2010. 7. 2. 공소제기의 적정성과 불기소처분의 적정성을 심의하는 검찰시민위원회가 도입되었다. 2009. 5. 21.부터 시행된 일본 검찰심사회와 달리 검찰시민위원회의 심의결과에 대한민국 검사가 구속되지 않는다. 일본의 경우 검찰의 기소편의주의가 관료주의나 피해자의 법감정에 반하는 처분을 할 것을 우려해 구속력을 인정하고 있는 것이다. 이에 대해서는 오정용·송광섭, "검찰시민위원회제도의 현황과 과제", 법학연구 제55집, 한국법학회, 2014, 248쪽 이하.

284) 검찰청법 제10조(항고 및 재항고) ① 검사의 불기소처분에 불복하는 고소인이나 고발인은 그 검사가 속한 지방검찰청 또는 지청을 거쳐 서면으로 관할 고등검찰청 검사장에게 항고할 수 있다. 이 경우 해당 지방검찰청 또는 지청의 검사는 항고가 이유 있다고 인정하면 그 처분을 경정(更正)하여야 한다.

법상 재정신청[285])의 단계별 불복제도를 마련하고 있다. 검사의 불기소처분이 위법·
부당한 경우 고소·고발인인 범죄피해자는 지방검찰청을 경유하여 고등검찰청 검사
장에게 검찰항고를 할 수 있고, 검찰항고로 시정이 되지 않는 경우 관할 고등법원에

② 고등검찰청 검사장은 제1항의 항고가 이유 있다고 인정하면 소속 검사로 하여금 지방
검찰청 또는 지청 검사의 불기소처분을 직접 경정하게 할 수 있다. 이 경우 고등검찰청 검
사는 지방검찰청 또는 지청의 검사로서 직무를 수행하는 것으로 본다.
③ 제1항에 따라 항고를 한 자[「형사소송법」 제260조에 따라 재정신청(裁定申請)을 할 수
있는 자는 제외한다. 이하 이 조에서 같다]는 그 항고를 기각하는 처분에 불복하거나 항고
를 한 날부터 항고에 대한 처분이 이루어지지 아니하고 3개월이 지났을 때에는 그 검사가
속한 고등검찰청을 거쳐 서면으로 검찰총장에게 재항고할 수 있다. 이 경우 해당 고등검찰
청의 검사는 재항고가 이유 있다고 인정하면 그 처분을 경정하여야 한다.
④ 제1항의 항고는 「형사소송법」 제258조제1항에 따른 통지를 받은 날부터 30일 이내에
하여야 한다.
⑤ 제3항의 재항고는 항고기각 결정을 통지받은 날 또는 항고 후 항고에 대한 처분이 이
루어지지 아니하고 3개월이 지난 날부터 30일 이내에 하여야 한다.
⑥ 제4항과 제5항의 경우 항고 또는 재항고를 한 자가 자신에게 책임이 없는 사유로 정하
여진 기간 이내에 항고 또는 재항고를 하지 못한 것을 소명하면 그 항고 또는 재항고 기간
은 그 사유가 해소된 때부터 기산한다.
⑦ 제4항 및 제5항의 기간이 지난 후 접수된 항고 또는 재항고는 기각하여야 한다. 중요한
증거가 새로 발견된 경우 고소인이나 고발인이 그 사유를 소명하였을 때에는 그러하지 아
니하다.

285) 형사소송법 제260조(재정신청) ① 고소권자로서 고소를 한 자(「형법」 제123조부터 제
126조까지의 죄에 대하여는 고발을 한 자를 포함한다. 이하 이 조에서 같다)는 검사로부
터 공소를 제기하지 아니한다는 통지를 받은 때에는 그 검사 소속의 지방검찰청 소재지
를 관할하는 고등법원(이하 "관할 고등법원"이라 한다)에 그 당부에 관한 재정을 신청할
수 있다. 「형법」 제126조의 죄에 대하여는 피공표자의 명시한 의사에 반하여 재정을 신
청할 수 없다.
② 제1항에 따른 재정신청을 하려면 「검찰청법」 제10조에 따른 항고를 거쳐야 한다. 다음
각 호의 어느 하나에 해당하는 경우에는 그러하지 아니하다.
1. 항고 이후 재기수사가 이루어진 다음에 다시 공소를 제기하지 아니한다는 통지를 받은
경우
2. 항고 신청 후 항고에 대한 처분이 행하여지지 아니하고 3개월이 경과한 경우
3. 검사가 공소시효 만료일 30일 전까지 공소를 제기하지 아니하는 경우
③ 제1항에 따른 재정신청을 하려는 자는 항고기각 결정을 통지받은 날 또는 제2항 각 호
의 사유가 발생한 날부터 10일 이내에 지방검찰청검사장 또는 지청장에게 재정신청서를
제출하여야 한다. 제2항제3호의 경우에는 공소시효 만료일 전날까지 재정신청서를 제출할
수 있다.
④ 재정신청서에는 재정신청의 대상이 되는 사건의 범죄사실 및 증거 등 재정신청을 이유
있게 하는 사유를 기재하여야 한다.
; 재정신청은 법원의 공소제기 결정이 있는 경우 검사가 공소를 제기해야 한다는 점에서
기소독점주의에 대한 견제수단의 성질을 갖는다.

재정신청을 하여 법원의 판단을 받도록 하고 있다. 법원의 심리결과 검사의 처분이 위법한 경우 검사에게 공소제기명령을 발한다.[286] 반면, 재정신청이 기각되는 경우 재정신청도 법원의 재판이기 때문에 헌법소원으로 다툴 수 없으나 재정신청 기각결정이 위헌결정이 된 법령을 적용하여 국민의 기본권을 침해한 경우에는 예외적으로 헌법소원의 대상이 될 수 있다.[287]

이러한 불복수단은 기소독점주의와 기소편의주의를 견제하고, 인용되는 경우 피해자의 재판절차진술권이 보장된다는 점에서 헌법상 기본권 보장에 관한 제도적 장치라 할 수 있다.[288] 헌법재판소법은 검사의 불기소처분이라는 공권력의 불행사가 있는 경우 (고소하지 않은) 피해자가 평등권 및 재판절차진술권 등 기본권 침해를 이유로 헌법재판소법 제68조 제1항에 따른 헌법소원심판을 청구할 수 있도록 하고 있다.[289] 이것은 범죄피해자의 범죄자에 대한 법에 따른 정당한 처벌 요청이자 검사의 기소재량에 대한 견제이며, 재판절차진술권을 충실히 보장하기 위한 의미를 갖는다.[290] 이에 관해서는 재정신청을 할 수 없어 헌법소원심판을 청구하게 하는 것보다 사실심리의 비중이 높은 형사사건의 성격에 따라 재정신청을 할 수 있도록 하는 것이 적정하다는 비판적 의견이 있다.[291] 또한 실무상 헌법소원심판청구 인용 시 검사의 불기소처분은 취소되지만 이후 절차에 대한 진행은 여전히 수사기관의 의지에 달려있다는 문제가 있다. 이는 헌법재판소법 개정으로 헌법소원심판 선고 시 부수처분으로 수사재기명령, 공소제기 명령을 할 수 있도록 하여 헌법재판의 실효성을 도모하는 것이 범죄피해자 보호에 바람직하다.

한편, 고소사건에서 항고, 재항고, 재정신청이 가능하지만 인지사건에서는 이러한 권한이 주어지지 않는 문제도 있다. 또한 범죄피해자가 가해자에 대한 소추와 처벌

---

286) 김재민, 앞의 책, 169쪽.

287) 헌법재판소 1997. 12. 24. 선고 96헌마172, 173 결정.

288) 배종대·이상돈·정승환, 『형사소송법』(제2판), 홍문사, 2009, 264쪽 이하.

289) 고소인이 아니어서 검찰청법에서 정한 항고 등을 통한 구제할 방법이 없어서 헌법소원심판 청구가 가능하다는 것이 형사소송법 개정 전 헌법재판소의 입장이었다. 이에 관해서는 헌법재판소 1992. 1. 28. 선고 90헌마227결정; 헌법재판소 1998. 8. 27. 선고 97헌마79결정 등 참조.

290) 박강우, "시민참여에 의한 검사의 기소재량 통제방안", 한국정책논집 제17권, 한국정책연구원, 2017, 34쪽.

291) 허영, 앞의 책(2022), 1485쪽; 김하열, 『헌법소송법』, 박영사, 2014, 418쪽 이하.

을 원한다 하더라도 불기소처분에 의해 수사가 종결되는 경우나 약식절차로 종결되는 경우 특히 불만이 많다. 이른바 약식명령의 고지대상자 및 정식재판청구권자에서 형사피해자를 제외한 조항(형사소송법 제452조)에 관한 사건에서 헌법재판소는 ① 피해자가 신청을 하는 경우 형사사건의 진행 및 처리 결과에 대한 통지를 받을 수 있고, 고소인인 경우에는 신청 없이도 검사가 약식명령을 청구한 사실을 알 수 있는 점, ② 약식명령은 경미하고 간이한 사건을 대상으로 하기 때문에, 대부분 범죄사실에 다툼이 없는 경우가 많고, 형사피해자도 이미 범죄사실을 충분히 인지하고 있어, 범죄사실에 대한 별도의 확인 없이도 얼마든지 법원이나 수사기관에 의견을 제출할 수 있는 점 등의 사유로 형사피해자의 재판절차진술권을 침해하지 않는다고 본 바 있다.292) 그러나 이 같은 헌법재판소의 결정은 재판실무와 다소 거리가 있다. 우선 약식명령도 다투는 경우가 많고, 검찰의 약식명령 청구와 법원의 약식명령 발령의 시기를 피해자가 알 수 없어 적시에 의견을 검찰과 법원에 밝힐 수 없는 경우가 매우 많고, 고소인의 경우에도 약식명령 결과에 대하여 통지를 못 받는 경우가 많다. 약식명령은 정식재판과 차이가 있는 경우가 있어 피해자의 적극적 권리행사가 저지될 수 있다. 따라서 약식명령 사건의 경우에도 적어도 수사 당시 피해자조사가 없었던 경우 진술에 준하여 사건에 관여할 기회가 부여되어야 한다. 또한 간이한 절차라 할지라도 피해자 입장에서는 의견 진술이 필요한 사건이 있을 수 있으므로 진술권 행사를 보장해 줄 필요가 있다.293)

(4) 피해자 소송참가제도

형사 사인소추제도 이외에도 현행 형사소송법상 피해자가 당사자 지위에서 소송에 참가할 제도 또한 도입되어 있지 않다. 오직 피해자가 참고인 조사 내지 제3자인 증인의 지위에서 법정 증언으로 진술권을 행사하여 실체적 진실발견에 기여하게 된다.294)

피해자 소송참가제도는 피해자가 진행 중인 형사소송에 직접 참가하여 범죄입증 과정에서 진술권을 행사하는 등 적극적인 역할을 도모하는 것이다. 이미 독일은 공

---

292) 헌법재판소 2019. 9. 26. 선고 2018헌마1015 결정.
293) 같은 견해로 오영근 외1, 앞의 보고서, 24쪽.
294) 증언의 기능에 관한 간단한 평가로, 오영근 외1, 위의 보고서, 27쪽.

소 참가제도를 도입하여 피해자가 공판절차에서 검사와 병행적으로 소송을 수행할 수 있는 제도를 마련하고 있다(독일 형사소송법 제395조).

우리의 경우 피해자가 범죄입증과 관련하여 다투게 되는 형사소송에 당사자로서 참가할 수 있는 제도는 없다. 다만, 피해자의 재산상 회복을 위해 형사소송에 부수하여 참여하는 방식으로 '배상명령'제도를 마련하고 있을 뿐이다. 배상명령은 인용률이 낮고, 재산범죄(예컨대, 사기죄)를 제외하고는 피해금액이 특정되지 않은 경우나 정신적 손해에 대해서는 인용되는 경우를 찾기 어렵다.[295] 또 배상명령신청이 각하되는 경우 불복을 신청할 수 없어 당해 형사사건에서 피해자에 대한 종합적 사법처리가 이뤄질 수 없고, 부득이 별도의 민사소송을 해야 하는 문제가 발생한다.[296] 피해자 소송참가제도를 도입하여 피해자의 종합적 사법처리를 도모하지 못한다면, 현행 배상명령제도라도 실효적인 방법이 될 수 있도록 개선해야 한다.

(5) 피해자 진술권 관련 사항 개정

형사소송규칙에서 증인으로 신문하지 않는 피해자 신문방식을 형사소송법에 명시적으로 규정하여 정비할 필요가 있다.[297] 형사소송법상 범죄피해자의 진술권 항목에 형사소송규칙의 내용을 반영하여 정비하는 경우 증인으로 신문하는 경우와 증인으로 신문하지 않는 경우로 구분하게 된다. 증인으로 신문하는 경우는 위증죄의 부담을 지는 상태에서 범죄의 구성요건 관련 부분을, 증인으로 신문하지 않는 경우는 범죄의 실체적인 내용 이외의 사항으로 피해 영향과 같은 사항을 진술하게 해야 한다.[298] 뿐만 아니라 공판절차를 사실인정 단계와 양형심리 단계로 분리하여 피해자 의견 진술이 가능한 시점을 특정하는 입법 방식도 도입할 필요가 있다. 진술권의 행사가 자칫 공소장일본주의나 무죄추정의 원칙을 형해화할 수 있다는 비판이 있을 수 있기 때문이다.[299]

---

295) 실무상 정신적 손해에 관한 배상명령 신청에 관하여 재판부에서 민사소송으로 진행할 것을 권고하기도 하고 있다.

296) 대법원 2014. 1. 23. 선고 2013도14382 판결 등 참조.

297) 같은 의견으로 오경식, "권리로서의 피해자진술권 확보 방안", 피해자학연구 제24권 제1호, 한국피해자학회, 2016, 121쪽 이하.

298) 같은 개선의견으로 박상식, "범죄피해자의 의견진술권에 관한 연구", 피해자학연구 제14권 제1호, 한국피해자학회, 2006, 105쪽 이하; 윤영미, 앞의 논문, 354쪽 이하.

299) 같은 견해로 윤영미, 위의 논문, 357쪽; 피해자의 진술권 행사로 적어도 재판단계에서 피

또한 현행 형사소송법과 형사소송규칙은 범죄피해자의 진술권 행사의 배제사유를 두고 있고, 그 배제사유 유무에 관한 판단을 법원에 전적으로 맡기고 있다. '이미 당해 사건 공판절차에서 진술하였다는 경우 피해자 진술 기회를 배척'하는 것에 관한 형사소송법 제294조의2 제1항 제2호는 삭제하거나 개정할 필요가 있다. 공판절차 각 심급별 단계의 법관 면전에서 피해자 의견 진술의 독자성을 인정하여 진술할 기회를 보장해야 하기 때문이다.[300] 즉, 피해자의 진술 내용은 심급에 따라 달라질 수 있는 유동성이 있다. 예를 들어, 재판 진행 중 피해자에게 2차 피해가 발생하여 진술할 필요성이 생기거나, 항소심에 이르러 합의한 경우를 비롯한 다양한 상황이 전개될 수 있다. 또 다수의 피해자가 있었을 때 진술인 숫자를 제한하는 형사소송법 제294조의2 제3항 배제사유는 삭제하여 개개의 피해자의 진술권을 독립적으로 보장하여야 한다. 또한 진술권을 배제하는 결정에 관하여 항고와 같이 불복절차를 명문의 규정으로 둘 필요가 있다. 더하여 거동이 불편하거나 법정출석이 어려운 피해자의 진술권 보장을 위해 서면진술 등의 방법으로도 권리를 행사할 수 있도록 규정할 필요가 있다.

진술권 행사와 관련해서는 현행 소송실무와 같이 재판부의 소송지휘권에 의존하지 말아야 하며, 피해자나 가족의 명예를 훼손하거나 범죄와 관련되지 않은 사실에 관한 신문은 제한할 수 있는 명시적 입법도 필요하다.[301]

(6) 형사소송법상 이의제기권의 신설

피의자의 경우 형사소송법 제243조의2에 근거하여 피의자신문 시 수사기관의 부당한 신문방법에 대해 이의를 제기할 수 있는 이의제기권이 존재한다. 그러나 성폭력 범죄피해자의 경우에는 형사소송법 제294조의2에서 피해자등의 진술권만 규정하고 있을 뿐 부당한 조사 시 '권리'행사의 방법으로 다툴 수단이 규정되어 있지 않다. 이는 공판절차에서도 마찬가지이며, 실무상 피해자 변호사가 구두나 서면으로 이의제기는 할 수 있지만 법률에 근거한 것이 아니어서 구속력이 있다고 하기 어렵다.

고인의 권리가 훼손되지 않도록 유죄심리가 종료된 후에 진행하는 방법과 같이 시기를 특정 하는 방법으로 개선할 필요도 있다.
300) 형사소송법 제294조의2(피해자등의 진술권) 제1항에서 수사 절차에서 충분히 진술하여 다시 진술할 필요가 없다고 인정되는 경우는 삭제된 바 있다.
301) 오영근 외1, 앞의 보고서, 40쪽.

피해자의 경우에도 참고인조사, 증인 신문 시 부당하거나 공격적인 신문에 노출되는 경우가 많기 때문에 법률상 이의제기권을 제정할 필요가 있다.[302]

(7) 피해자 변호사 선임에 관한 일반 규정 신설

형사소송법상에는 피고인의 변호인에 대한 규정은 있으나 피해자 변호사에 대한 규정은 없다. 성폭력범죄의 처벌 등에 관한 특례법 제27조를 비롯하여 개별 법률에 피해자에 대한 변호사 선임특례를 두고 있을 뿐이다.[303] 범죄피해자 변호사에 선임에 관한 일반규정을 두지 않은 채 특별법에 의존하여 개개의 법률을 개정하는 방식으로 피해자 조력 범위를 확대해오고 있다. 이로 인해 예컨대, 스토킹범죄의 피해자인 경우 스토킹범죄의 처벌 등에 관한 법률상 피해자변호사 선임 특례가 2024. 1. 12. 시행하여 보호의 공백이 발생할 수도 있는 상황이었다.

개별 법률에 산재해있는 피해자 변호사에 관한 선임 규정을 형사소송법상에 규정하여 피해자 변호사에 대한 조력에 관한 근거를 정비할 필요가 있다.

2. 범죄피해자 보호법 개정

(1) 구조대상의 확대

범죄피해자 보호법 제17조 제1항에서는 구조금 종류에 관하여 장해, 중상해로 규정하여 신체적 상해가 경미하더라도 정신적 피해가 극심한 경우 구조를 못하는 문제가 있고, 사건 발생 후 2차 피해는 구조하기 어렵다는 문제가 있다. 범죄피해의 등급을 14등급까지 세분화하는 일본, 본인의 고의에 의한 피해만을 구조대상에서 제외하는 뉴질랜드 사례 등을 고려하여 구조대상 확대할 필요 있다.

---

302) 서혜진, 앞의 논문, 42쪽 이하에서 피해자 변호사의 적절한 이의제기권 부여의 필요성에 관하여 논의하고 있다.
303) 피해자 변호사 선임 특례의 법률 근거는 다음과 같다.
  • 성폭력범죄의 처벌 등에 관한 특례법 제27조 제1항
  • 아동·청소년의 성보호에 관한 법률 제30조
  • 아동학대처벌법 제16조
  • 장애인복지법 제59조의15
  • 인신매매등방지 및 피해자보호등에 관한 법률 제16조
  • 군사법원법 제260조의2 제6항
  • 스토킹범죄의 처벌 등에 관한 법률 제17조의4

또한 현행 범죄피해자 보호법은 "생명 또는 신체를 해하는 고의 범죄로 인해 사망, 장해, 중상해를 입은 피해자 또는 그 유족"을 범죄피해구조금의 지급 대상으로 정하면서도, 과실 범죄피해자는 그 대상에서 제외하고 있다(법 제3조). ① 헌법 제30조는 범죄피해자구조청구권을 두면서 고의와 과실을 구별하고 있지 않는 점, ② 고의 범죄에 준할 정도로 피해가 심각한 자동차 사고, 산업재해와 같은 과실 범죄피해자 보호가 매우 중대한 점, ③ 범죄피해구조금의 법적 성격이 사회보장적 목적인 점 등을 고려하면, 범죄피해자의 복지실현을 위해 지급을 확대할 필요가 있다.304) 이미 법무부가 과실범죄피해자의 구조 대상 확대를 통하여 실질적 지원을 하고자 하나 예산상의 사유로 국회의 문턱을 못 넘고 있는 부분은 개선되어야 할 부분이다.305) 또한 다문화 가정을 비롯하여 이주노동자가 급증하여 국내 거주 외국인이 비약적으로 증가하는바 외국인 범죄피해자 보호 지원을 위한 개정도 필요하다.306) 현재는 범죄피해자 보호법 제23조에 따라 상호보증이 있는 경우에만 구조금 지급 대상자로 한정하고 있으나 국내범죄로 인해 범죄피해가 발생한 경우 제한 없이 구조가 가능하도록 개선할 필요가 있다.307)

(2) 회복할 권리 실현을 위한 개정

범죄피해자 보호법에 근거한 형사조정이 불성립하는 경우, 조정이 반드시 필요한 경우, 조정불성립에 있어 가해자 측에 합리적인 사유가 없는 경우 형사 위자료 부분에 한하여 강제조정 내지 조정에 갈음하는 결정을 신설하여 범죄피해자의 조속한 회복 방안을 마련할 필요가 있다. 또한 검찰 단계 이 외에 수사단계 전반과 공판단계에도 일정 범죄의 경우 형사조정회부를 가능하게 하여 회복적 사법을 실현할 필요가

---

304) 오영근 외1, 앞의 보고서, 82쪽 이하.

305) 법무부 보도자료, "범죄피해자의 인권, 법무부가 보호하겠습니다", 2021. 6. 24.자에서 개정안을 발표했다. 이에 따르면 ① 범죄피해자구조금 지급 범위를 현행 '생명, 신체를 해치는 고의범죄 피해'에서, '생명, 신체를 해치는 과실범죄 피해'까지 확대(과실치사상, 업무상 과실치사상, 실화 등도 구조금 지급 가능)하는 것과 ② 피해자가 가해자 측이 가입한 책임보험(자동차보험, 산업재해보상보험 등)으로 보험금을 받을 수 있는 경우 그 범위 내에서 구조금을 지급하지 않도록 규정하여 보충적 지원을 하는 것을 골자로 한다.

306) 원혜욱, 앞의 논문(2017), 83쪽.

307) 외국인이 국민의 배우자 또는 혼인관계(사실혼 포함)에서 출생한 자녀를 양육하고, 체류자격 있는 경우에는 상호보증 없이도 구조금을 받을 수 있도록 하는 개정안이 2024. 8. 28. 국회 본회의를 통과하였다.

있다.

이 외에도 배상명령을 범죄피해자 보호법에 범죄피해자 회복을 위해 신청이 없이도 직권개시심리를 의무적으로 할 수 있도록 신설하고, 배상명령을 기각하는 경우 이유를 상세히 기재하도록 하는 것을 도입할 필요가 있다.[308]

(3) 상당한 보상에서 정당한 보상으로 전환

범죄피해자 보상에 대해 시혜적인 성질이 아닌 국가의 기본권보호의무의 측면에서 보장적 과제로 접근해야 한다. 즉, 범죄피해를 미연에 예방하지 못한 부분에 대한 책임을 국가와 사회가 보상으로서 책임을 다하는 사고에 기초해야 한다.[309] 범죄피해자는 범죄로 인해 잃어버린 것에서 되찾을 수 있는 부분이 거의 없다. 즉, 원점으로의 회복이 어렵다는 것이다. 따라서 가장 손쉬운 회복은 금전적 회복일 수밖에 없어 구조금액이 현실화되어야 한다. 실무상 보상금의 상한선이 낮아 상향 조정할 필요가 있다.

범죄피해구조금은 유족·장해·중상해(8주 이상 상해) 구조금으로 구성되며, 부양가족, 피해 정도, 피해자 소득 등을 고려해 범죄피해자 보호 기금에서 유족 구조금은 최대 약 1억 4900만 원, 장해·중상해 구조금은 최대 약 1억 2400만 원이 지급된다.[310] 이때 범죄피해자 보호 기금은 벌금 징수금의 8%를 재원으로 편성하여 운영하고 있는데,[311] 이 비율을 높일 필요도 있다. 또한 국가의 범죄자에 대한 손해배상청구권의 적극적 대위를 통하여 재원확충을 확보하는 한편 피해자가 민사소송절차로부터 겪는 이중고를 방지할 필요도 있다.[312]

이로써 범죄피해자 보상은 완전한 보상에 가까운 정당한 보상이 이뤄지도록 개선

---

308) 원혜욱, 위의 논문(2017), 83쪽.

309) Robert E., Scott, 앞의 논문, 280쪽.

310) 법무부 보도자료, "범죄피해자의 인권, 법무부가 보호하겠습니다.", 2021. 6. 24.자.

311) 법무부는 2011년 범죄피해자보호기금을 설립하고, 범죄피해구조금, 치료비, 생계비 등 다양한 제도를 통해 피해자들을 지원하고 있으나, 여전히 범죄피해구조금을 지급 받지 못하거나 추가적인 지원이 필요한 범죄피해자들이 있다. 이에 2016년 법무부 직원들의 기탁금 3천만 원으로 스마일공익신탁이 출범하였고, 이에 관심 있는 국민의 자발적 참여로 재원을 조성하고 있다.

312) 이에 대해 범죄자를 경제적으로 곤궁하게 하여 사회복귀를 곤란하게 만드는 구상금 소송으로 전락하는 게 아닌가? 라는 비판이 있을 수 있다. 그러나 이는 범죄행위에 따른 당연한 결과에 불과하다.

되어야 한다.

(4) 피해자에 대한 각종 지원을 통합하는 근거 마련

범죄피해자에 대한 구제와 보호에 관한 기본법으로 역할을 다하고, 범죄피해자 지원 플랫폼 정착을 위해서는 지원제도에 관한 근거가 필요하다. 현재 범죄피해자에 대한 법률체계는 형사소송법, 범죄피해자 보호법, 성폭력범죄의 처벌 등에 관한 특례법, 아동복지법 등에서 규율하고 있고, 소관 부처도 법무부, 여성가족부, 보건복지부, 지방자치단체, 산하기관 등 여러 군데에 걸쳐있어서 복잡하고, 유사한 법령이 통합이 되지 않고 있다.313) 그 결과 제도의 중복과 법을 집행하는 과정에서 적용상의 혼란은 이미 예측된 결과가 될 수밖에 없고, 이러한 복잡함으로부터 발생하는 피해는 피해자가 오롯이 부담해야 한다.

이러한 피해자에 대한 각종 보호 제도에 따른 중복된 지원을 통합할 근거가 마련될 필요가 있다. 이런 필요성에 따라 현 정부 국정과제314)로 진행 중인 범죄피해자 통합 법률구조플랫폼과 같은 경우에는 국가 또는 지방자치단체의 수탁사업 수행을 위한 근거 규정을 도입하여, 기존에 여러 법령에 있던 보호제도를 통합할 필요가 있다. 또한 국비로 진행 중인 범죄피해자 구조에 관한 명시적 근거를 두고 각종 지원이 통일적으로 정비된 법률적인 근거에 따라 이뤄질 수 있도록 해야 한다.

(5) 기타 사항

① 범죄피해자 보호법 시행령 제3조에서는 신체적 피해를 입은 피해자 중 구조금을 지급 받을 수 있는 피해자의 수혜 범위에서 통원치료자를 제외하고 있는데, 이를 통원치료를 받는 범죄피해자까지 확대하여 보상할 필요가 있다.

② 법무부 산하기관인 대한법률구조공단에서 범죄피해자를 법률구조대상자로 하

---

313) 정순형·전명길, "범죄피해자 보호제도에 관한 고찰", 법이론실무연구 제9권 제1호, 한국법이론실무학회, 2021, 42쪽 이하.

314) 이외에 범죄피해자와 관련된 국정과제는 '신고부터 피해회복까지 5대 폭력 피해자 보호강화'이다. 5대 폭력은 권력형 성범죄, 디지털 성범죄, 가정폭력, 교제폭력, 스토킹범죄를 의미한다.

여 법률구조를 하고 있다. 그런데, 구조선착주의와 변호사법상 이해충돌 금지 원칙으로 인하여 범죄피해자가 구조 받지 못하는 경우 별다른 대책이 없다.315) 이를 개선하여 범죄피해자 누구나가 무료법률지원을 받을 수 있도록 근거 규정을 두어 법률조력에 공백이 없게 만들 필요가 있다.

③ 범죄피해자에 대한 신변안전조치 규정은 9가지에 걸쳐 있고, 이를 범죄피해자가 파악하기 어려운 상황이다. 특정범죄신고자 등 보호법 제13조, 특정강력범죄의 처벌에 관한 특례법 제7조, 성폭력범죄의 처벌 등에 관한 특례법 제23조, 성매매알선 등 행위의 처벌에 관한 법률 제6조, 가정폭력범죄의 처벌 등에 관한 특례법 제55조의2, 공익신고자보호법 제13조, 공공재정 부정청구 금지 및 부정이익 환수 등에 관한 법률 제21조, 5·18 민주화운동 진상규명을 위한 특별법 제51조에 걸쳐 있는 신변안전조치 조항을 모두 통합하여, (가칭) 범죄피해자를 위한 신변안전조치에 관한 법률을 제정하고, 여기에 수사기관을 비롯한 국가기관의 범죄피해자 보호를 위한 의무를 규정할 필요가 있다.

④ 형사절차에 관한 통지제도는 행정규칙으로 형사소송법 이외에 검사와 사법경찰관의 상호협력과 일반적 수사준칙에 관한 규정, 경찰 수사규칙, 범죄수사규칙, 피해자 보호 및 지원에 관한 규칙, 경찰 수사에 관한 인권보호 규칙에 세부내용을 두고 있다. 각 행정규칙에 산재해 있는 범죄피해자 통지 규정을 통합하여 법률로 정비할 필요가 있다.

⑤ 성폭력범죄의 경우 피해자가 아동·청소년인 경우 법정대리인인 부모에게 필수적으로 수사진행상황을 통지하도록 한 범죄수사규칙 제13조316)는 범죄피해자의

315) 예를 들어 공단에서 피고인 국선변호인으로 먼저 지정된 사건의 경우 범죄피해자에 대한 법률구조가 불가능하다.
316) (경찰청)범죄수사규칙 제13조(수사 진행상황의 통지) ① 경찰관은 「경찰수사규칙」 제11조 제1항의 통지대상자가 사망 또는 의사능력이 없거나 미성년자인 경우에는 법정대리인·배우자·직계친족·형제자매 또는 가족(이하 "법정대리인등"이라 한다)에게 통지하여야 하며, 통지대상자가 미성년자인 경우에는 본인에게도 통지하여야 한다.
② 제1항에도 불구하고 미성년자인 피해자의 가해자 또는 피의자가 법정대리인등인 경우에는 법정대리인등에게 통지하지 않는다. 다만, 필요한 경우 미성년자의 동의를 얻어 그와

자기결정권, 진술할 권리 등을 침해할 수 있고, UN 아동권리협약에서 정하는 아동의 최선의 이익에도 부합하지 않으므로 삭제해야 한다.[317]

⑥ 범죄피해자임이 확인된 피해자가 제기하는 민사소송에서 소송비용을 면제하는 입법이 필요하다. 범죄피해자는 피해를 회복할 권리를 행사하는 일환으로 소를 제기하였음에도 불구하고, 청구한 금액보다 적게 인용된 경우 소송비용을 패소부분에 따라 부담하게 되면, 피해회복은 요원하게 되기 때문이다. 일례로 1000만 원의 손해배상을 청구한 사례에서 100만 원이 인용되는 경우 90% 패소부분에 따른 소송비용을 부담한다면, 경우에 따라 인용금액보다 소송비용이 역전하는 경우도 발생할 수 있다.[318] 특히나 범죄피해자나 공익소송의 경우 소송비용의 부담으로 인해 소제기를 포기하는 경우까지 있으므로 사회·경제적 약자의 재판받을 권리를 충실히 실현하기 위해 소송비용면제가 입법적으로 도입되어야 할 것이다.

3. 소년법 개정

소년법 제24조에서는 심리의 비공개를 규정하고 있다. 소년보호사건 심리가 비공개로 진행되는 사정으로 피해자 측의 기일 참석이 어려워 실무상 헌법상 보장된 피해자의 재판절차진술권, 소년법 제25조의2에서 규정하는 피해자 진술권이 형해화되고 있다. 소년보호 사건 심리의 특수성을 감안함과 동시에 피해자 변호사의 출석을 통하여 피해자 진술권 행사를 간접적으로라도 보장할 필요가 있다. 즉, 소년법을 개정하여 비공개 심리를 하는 소년 사건에 있어서도 피해자의 진술권 행사기회를 보장하여야 한다.

법무부는 최근 '소년범죄 종합대책'을 발표하였는데, 이 대책의 내용 중에 ① 피해자에 대한 통지 제도 개선, ② 피해자의 참석권 보장이 포함되어 있어 소년보호사건에서도 피해자의 재판절차진술권 행사를 위한 개정논의가 이어질 것으로 생각된다.

신뢰관계 있는 사람에게 통지할 수 있다.

317) 이에 대한 같은 비판으로 김민지, 앞의 논문, 116쪽 이하; 경찰수사규칙 제11조에 따른 통지도 미성년자의 의견에 반하는 경우 범죄피해자의 자기결정권을 침해할 수 있으므로 삭제하는 것이 타당하다.

318) 구체적 사건에 관한 언론 보도로, 박영서 기자, "학폭 소송 이겼는데…가해자 소송비용 물어내라니 억울", 연합뉴스 2023. 9. 21.자.

향후 입법과정에서 진술권 행사를 위한 참여 보장의 전제로서 피해자의 소년보호사건 기록 열람·복사 청구의 문제, 피해자 변호사에 대한 통지 문제, 다른 사건에서 소년보호사건에 관한 문서송부촉탁신청 허가의 문제,[319] 소년과 피해자 화해조정 활성화 문제까지 함께 논의되어야 할 것이다.[320]

II. 피해자 지원 단체를 통한 지원방안

1. 경찰에서의 범죄피해자 보호

범죄피해자가 가장 최초로 접하게 되는 국가기관은 경찰이다. 범죄 발생 최초 시점에서 피해자에 대한 권리와 보호 달성 여부가 결정된다고 해도 과언이 아니다. 범죄 발생 초기에 경찰의 개입이 시작이 되고, 피해 확대를 방지할 수 있는 조치가 조기에 이뤄질 수 있기 때문이다. 이 같은 경찰 역할은 회복적 사법의 과제를 달성하는 데에도 중요하게 작용한다. 경찰의 역할에 대해 전통적인 치안 업무 외에도 지역사회와의 협력, 공동책임이 강조되고 있기 때문이다. 즉, 범죄 발생 후 이해관계자가 지역사회로 재통합되는데 경찰이 일정한 역할을 할 수 있다.[321] 국제적으로 범죄피해자의 2차 피해 방지와 보호를 위해서 경찰이 매우 중요한 역할을 한다는 점에 대

---

319) 범죄피해자가 소년재판부에 문서송부촉탁신청을 하는 경우 실무상 통상 불허하였다. 최근 어떤 소년재판부에서는 "소년부 판사는 심리 결과 '반사회성이 있는 소년의 환경 조정과 품행 교정을 위해 필요한 처분(소년법 제1조)'을 결정하는 것이므로, 구체적인 보호처분의 내용은 해당 손해배상소송에서 책임의 유무 및 범위를 결정하는 데 영향이 없다고 판단합니다. 이에 보호처분의 구체적인 내용은 알려 드리지 않습니다."라고 회신한 바 있다. 범죄피해자의 경우 가해소년의 처분결과를 기준으로 위자료를 산정하여 손해배상을 청구해야 하는데 사건의 결과자체를 알 수 없는 상황이다.

320) 박성태, "소년범죄 종합대책 평가와 입법 방향에 관한 소고", 법조신문, 2022. 11. 14.자에서 법무부 대책에서 '피해자의 참석권'의 보장 부분을 획기적인 것이라고 평가한 바 있다. 법무부 대책 중 피해자 관련하여 "헌법 제27조 제5항에서 피해자의 재판절차진술권을 규정하고 있고, 소년법 제25조의2에서 피해자 진술권을 규정하고 있지만, 피해자에 대해 심리기일, 장소 등에 관한 통지규정이 없어 피해자의 절차에 대한 정보접근권이 침해되고 있었고, 절차상 진술할 권리가 외면당해 왔기 때문이다. 이 부분에 관해서는 향후 입법과정에서 피해자의 사건기록 및 결정문 열람복사청구의 문제, 피해자 국선 변호사에 대한 절차통지 및 기일 참석권 보장의 문제 등 피해자 권리 및 보호에 관한 사항까지 함께 입법에 반영되어야 할 것이다."라고 평가하였다.

321) 석청호, "회복적 사법과 경찰활동의 변화에 관한 연구", 한국경찰학회보 제10권 제1호, 한국경찰학회, 2008, 131쪽 이하.

해서는 큰 이견이 없다.[322] 그만큼 피해자에 대한 경찰의 배려와 피해자 권리 보호 의지에 따라 사건 해결에 중대한 영향을 미칠 수 있음을 보여준다.

경찰은 이러한 점을 고려하여 2018. 4. 17. 「경찰관 직무집행법」을 일부 개정하여 제2조2의2에서 경찰관의 직무 범위 중 하나로 '범죄피해자 보호'를 명시하고 있다.

경찰은 이미 2004년 8월 17일 범죄피해자보호규칙(경찰청 훈령 제428호)을 제정하여 경찰공무원의 피해자 보호 원칙을 확인하고, 범죄피해자 보호 대책을 수립하기 시작하였다. 이후 경찰은 2005년을 피해자 보호원년으로 선포하고, 같은 해 8월 31일 경찰병원에 학교·여성폭력피해자 ONE－STOP 지원센터를 개소하였다. 2005년 10월 4일 인권 보호를 위한 경찰관 직무규칙(경찰청 훈령 제506호)를 제정하였으며, 2006년 8월에는 피해자심리 전문요원제도(Crisis－intervention, Assistance & REsponse, CARE)를 도입하였다. 피해자심리전문요원은 심리학 분야의 전문성을 갖춘 경력자로 사건 발생 직후 피해자와 가족 등을 대상으로 응급 처치 실시, 심리적 안정 유도, 관계기관 연계 역할을 주로 하고 있다. 피해자심리전문요원은 2022년 6월 기준 35명이 선발되었으며 최초 도입된 2006년 8월(1기 선발생) 이후 195명이 선발된 바 있다.[323] 2015년에는 경찰청에 피해자 보호과가 신설되었고 전국에 피해자 전담 케어 요원이 배치되어 2022년 기준 190여 명이 활동 중에 있다.[324]

경찰은 '회복적 경찰활동 및 범죄피해자 지원'이라는 경찰 정책 과제를 설정하고, 이를 달성하기 위해 2016년 이후부터는 기관 간의 네트워크형 연대를 구축하기 위한 MOU를 체결하는 등 범죄피해자 지원에 총력을 다하고 있다.[325]

---

322) 경찰 범죄피해 대응 업무수행에 관한 불만족 지표 실증분석을 하면서 경찰 역할을 강조하는 문헌으로, Anna Alvazzi, del Frate, and John van Kesteren, "Criminal victimisation in urban Europe.", UNICRI. Available at http://www. unicri. it/icvs, 2004, 35쪽 이하.

323) 피해자심리 전문요원제도에 관해서는, https://www.police.go.kr/user/bbs/BD_selectBbs.do?q_bbsCode=1025&q_bbscttSn=20220809133659161

324) 경찰의 역할이 범인을 잡는 치안활동을 넘어 피해자까지 보듬는 케어 활동이 목표로서 형성되고 있다는 관련 기사로, https://www.hankyung.com/society/article/202210214070Y

325) 경찰의 회복적 경찰활동에 관한 상세한 내용에 관해서는 경찰청 홈페이지 참조. https://www.police.go.kr/www/security/support/support01/support02.jsp ; 경찰은 독립적 네트워크 구축을 위해 국가 기관(고용노동부, 교통안전공단, 대한법률구조공단, 국민건강보험관리공단, 지방자치단체), 민간 기관(손해보험협회, 한국피해자지원협회, 피해자지원센터, 성폭력·가정폭력 상담소, 스마일센터, 사회복지공동모금회, 대한적십자사, 이마트 등)과 mou를 맺고 있다. 이에 대한 경과에 대해선 송귀채, "범죄피해자 통합지원 네트워크 구축과 효율적 운영방안－실무적 접근을 중심으로－", 피해자학연구

2. 검찰에서의 범죄피해자 보호

법무부는 인권국을 설치하고, 산하 인권 구조과 등을 중심으로 범죄피해자 보호 지원업무를 총괄하며, 보호 지원의 기본시책을 정하고 있다.[326] 최근 법무부는 범죄피해자 7대 핵심 정책을 발표하기도 하였다. 그 내용으로 ① 기습공탁방지, ② 가해자 주소제공, ③ 가해자 상대 국가구상권 강화, ④ 기록열람·등사 보장, ⑤ 국선 변호 확대, ⑥ 신청 서류 간소화, ⑦ 원스톱 지원이 있다.

법무부 외청인 검찰에서는 피해자 전담검사제를 시행하고, 피해자지원담당관, 인권감독관을 배치하여 피해자 지원을 하고 있다. 검찰은 수사 및 공판절차에서 피해자 인권 보호와 피해 회복을 위한 치료비, 생계비, 구조금, 주거 지원 등 경제적 지원을 하고 있다.[327] 또한 '국번 없이 피해자지원실 1301'과 같은 피해자 상담 전용 전화를 도입하여 신체적·재산적·정신적 피해를 조기에 회복할 수 있도록 조력한다. 뿐만 아니라 범죄피해자 보호법 제24조에 따라 각 지방검찰청에 범죄피해구조심의회를 운영하여 범죄피해자에 대한 경제적 지원 업무를 담당하고 있다.

그 밖에 피해자 국선 변호사의 선정권은 검찰의 담당 검사가 하게 되어 있고, 이에 더해 검사가 피해자 국선 변호사의 명부 관리, 피해자 국선 변호사의 사례 관리를 하고 있다. 또한 민사 조력이 필요한 경우 법무부 산하 대한법률구조공단과 연계하여 종합적인 법률지원이 이뤄질 수 있도록 연결지원을 한다.[328]

검찰 또한 피해자 지원을 위해 다각적 지원 대책 마련을 시도하고 있으나 경찰과 역할이 중복되는 문제가 있다. 일각에서는 피해자 지원을 위한 네트워크 구축에 검찰의 역할상 필요성이 낮다는 견해도 있으나,[329] 경찰에 비해 사후적인 개입인 점을 제외하고는 공판 및 집행절차에 관여하는 검찰의 피해자 보호 역할이 여전히 중요한

제26권 제3호, 2018, 49쪽.

326) http://www.moj.go.kr

327) 송귀채, 위의 논문, 48쪽.

328) 일본의 사법지원센터가 범죄피해자지원센터의 활동과 크게 다르지 않다고 오해하는 경우가 있으나 일본의 사법지원센터(법테라스)는 우리의 대한법률구조공단과 같이 사회경제적 약자에 대한 국선변호를 주로 하는 기관인 점에서 차이가 있다. 범죄피해자지원센터 또한 법률상담을 일부 지원을 하고 있으나 소송지원을 하지는 않고 있다. 실제는 주거지원, 심리 상담 등이 주된 업무이므로 차이가 있다고 볼 수 있다.

329) 검찰의 경우 네트워크 구축이 필요 없다는 견해로 송귀채, 위의 논문, 48쪽.

만큼 피해자 지원에 관한 역할 재조정이 필요하다.

3. 법원에서의 범죄피해자 보호

법원에서의 범죄피해자 보호는 수사절차 못지않게 매우 중요하다. 이 단계에서 피해자 보호는 범죄피해자가 헌법상 보장된 재판절차진술권을 비롯하여 법적인 권리를 온전히 행사할 수 있도록 보장하는 데 있다. 특히 공판 절차에서 어떠한 위협이나 불편 없이 안전하게 진술할 수 있도록 보호하는 것을 과제로 삼는다. 이때 피해자 보호는 범죄피해자의 안전, 개인 정보 보호, 정서적 안정감 등을 고려해야 한다. 법원은 이러한 과제를 달성하기 위해 증인지원관 제도, 신뢰관계인 동석, 차폐시설 설치, 영상 신문 실시, 비공개 재판, 피해자 국선 변호사의 진술 보장 등을 시도하고 있다.

4. 민간단체에서의 범죄피해자 보호

(1) 민간단체 지원의 중요성

정부 기관에 의한 피해자 지원과 보호는 인력, 예산 등의 한계로 피해자에 대한 충분한 지원을 하기 어렵다. 수사기관이나 검찰, 법원은 해당 절차상 단계에 따른 피해자에 관련된 지원을 할 뿐 해당 절차가 종료된 이후까지 피해자를 지원하기 어렵다. 결국, 사건 발생부터 사건 종료 이후까지 피해자를 지원할 수 있는 기관이 필요하게 된다. 공적 기관이 있기는 하지만 피해자 지원에는 턱없이 열악한 환경으로 인해 민간단체 지원은 여전히 피해자 보호와 회복에 절대적이다.

(2) 주요 피해자 민간지원기관

1) 사단법인 한국성폭력상담소

우리의 경우 범죄피해자 지원을 위한 민간단체의 시작은 1991년 사단법인 한국성폭력상담소의 설립이었다. 한국성폭력상담소는 성폭력 피해자에 대한 상담 및 심리, 의료, 법률적 지원을 하고 있으며 성폭력 피해자 자조모임 및 치유프로그램, 보호시설 '열림터'를 운영한다. 또한 젠더 감수성, 인권 감수성 확산 활동, 성차별/성폭력 문화를 바꾸는 활동, 성폭력 예방 교육 및 성폭력 관련 서적 출판 부설 연구소 '울림'을 운영한다. 뿐만 아니라 피해자 법률 제·개정 관련 운동을 하고 있다.

2) 범죄피해자지원센터

미국의 전국피해자보호협회(National Organization for Victim Assistance, NOVA), 영국의 피해자보호협회(Victim Support, VS), 독일의 백색 고리(Weißer Ring) 등을 중심으로 국가별로 민간단체의 전국적인 범죄피해자 지원이 이뤄지고 있다. 우리도 전국적인 규모의 민간단체를 중심으로 피해자 지원이 종합적으로 운영되고 있다. 즉, 민간 기관임에도 전국적인 조직망을 갖춘 후 안정적으로 피해자에 대한 정신지원, 법률구조지원, 심리상담, 법률상담, 동행, 신뢰관계인 동석, 의료지원 등을 지원하고 있다.

우리의 경우 2003년 6월 피해자지원센터 설립추진위원회가 결성되어 설립추진발기인대회가 개최되었고, 같은 해 9월 5일 김천·구미지역에서 구미피해자지원센터가 최초로 출범하였다.330) 현재 한국범죄피해자지원중앙센터을 비롯하여 약 60여 개의 피해자지원센터가 운영되고 있다. 범죄피해자지원센터는 법무부에 등록된 민간 사단법인으로서 국가 및 지방자치단체의 보조금 또는 기부금으로 운영되고 있다.331) 주로 법률 지원(법정모니터링, 법정동행), 상담, 의료, 경제, 환경개선, 취업 지원, 소외계층 봉사활동을 하고 있으며, 검찰청, 대한법률구조공단 등 유관 기관과의 연대를 통해서 피해자 지원을 하고 있다.

그러나 범죄피해자지원센터의 운영이 해바라기센터와 달리 주로 ① 전문직(변호사, 간호사, 전문상담사 등)이 아닌 자원봉사자에 의해 지원이 이뤄지고, 센터의 구성원이 통상 상근직 3명으로 열악한 문제가 있다. 또한 ② 범죄피해자지원센터 대부분이 지역 검찰청사에 위치하여 피해자의 접근성이 떨어진다. 또 ③ 심리 상담 후에 필요한 정신과적 지원, 심리치료는 별개의 기관에 연결하고 있어 통합적인 지원이 되지 못하고 있다. 뿐만 아니라 ④ 예산 사정이 열악하여 독립적인 피해자 지원을 도모하기에 한계가 있다.332)

---

330) 이 기관에 관한 상세한 내용에 관해서는, https://kgvc.kcva.or.kr/page/center_find.php?ccode=kgvc&page_idx=38&category_idx=70

331) 허경미, 앞의 책, 160쪽.

332) 언론보도로 인한 2차 피해 방어 지원, 심리 치료 등의 확대가 필요하다는 견해에 관하여, 강동욱, "언론보도에 따른 피해자의 2차 피해 구제제도와 그 개선방안", 피해자학연구 제23권 제1호, 한국피해자학회, 2015, 27쪽.

3) 해바라기센터

2005년 여성가족부 사업으로 경찰청과 협의하여 피해자 지원을 전담하는 성폭력 피해자 원스톱 센터가 출범하였다. 이후 해바라기센터로 명칭을 바꾸고, 전국 각 거점지역에 설치되면서 성범죄피해자에게 가장 널리 알려지게 되었다. 현재 해바라기센터는 종합적인 성폭력 피해자 지원을 365일 24시간 체제로 운영하고 있다. 거점지역의 대학병원장급이 센터장을 맡고 있으며, 의료지원팀, 상담지원팀, 심리지원팀, 행정지원팀, 수사지원팀으로 5개 분야의 종합지원을 하고 있다.[333] 의사, 간호사, 피해자 국선 전담변호사, 전문 상담사까지 구성하여 종합적인 지원을 하고 있다. 또한 미성년 성폭력 피해자에 대한 영상녹화물 증거능력 위헌결정 이후 전국 해바라기센터 중 34개소가 19세 미만 아동·청소년 성폭력 피해자를 지원하기 위해 법원과 영상 송수신을 통한 증인신문 장소를 제공하고 있다.[334]

4) 스마일센터

법무부(소관 인권국)는 2010년 7월 서울동부스마일센터를 시작으로 살인, 강도, 강간, 방화, 폭력 등 강력 범죄피해자의 회복을 지원하기 범죄피해 트라우마 통합지원기관인 스마일센터를 설립하였다.[335] 주요 거점 도시에 스마일센터를 개소하여 대학병원장급 또는 정신과 의사를 센터장으로 보임하여 외상후스트레스장애(PTSD), 우울증, 불안장애 등 심리적 어려움을 겪는 피해자들과 그 가족들을 위하여 심리평가, 심리치료, 법률상담, 사회적 지원 연계 등의 서비스를 제공한다. 또한 범죄 발생 후 신변 보호가 필요하거나 본인의 집에서 생활하기 곤란한 피해자들에게 임시 주거가 가능한 쉼터를 제공하고 있다.[336] 강력범죄에 대한 대응기관이라는 점에서 해바라기센터와 차이가 있으나 이용도와 인지도가 낮고 피해자 지원 역할이 중복이 된다는 점에서 해바라기센터와 통합을 할 필요가 있다.

5) 기타 기관

각 피해자 영역에 따라 아동보호전문기관, 노인보호전문기관, 장애인권익옹호기

---

333) 조직구성에 관해선 서울해바라기센터 홈페이지 참조, https://www.help0365.or.kr/
334) 서울지방변호사회, 『군사법원 변론 및 피해자국선변호 실무교육』, 2023, 126쪽.
335) 스마일센터 홍보자료, 『범죄피해 트라우마 통합지원기관 스마일센터』, 2022.
336) 스마일센터의 구성 등에 관한 정보에 관해서는, https://www.resmile.or.kr/main/main.php

관, 여성학교 폭력피해자원스톱지원센터 등이 피해자 특성에 부합한 지원을 민간차원에서 하고 있다. 또한 최근에는 온라인서비스피해지원협의회가 2022. 12. 29. 출범하여 온라인 서비스 이용자의 피해지원, 사회적 이슈가 되는 온라인상의 대규모 피해를 총체적으로 대응하기 시작하였다. 협의회에는 한국소비자단체협의회, 서울시 전자상거래센터, 대한법률구조공단, 통신분쟁조정위원회, 한국정보통신진흥협회 등이 참여하여 온라인 신유형의 피해를 확인하여 공동대응하고, 사례관리를 통하여 피해지원을 강화하고 있다.

5. 민간단체 육성방안

피해자 지원 민간단체를 육성하고, 안정적인 역할을 하기 위해서는 전반적인 지원 대책이 필요하다. 여러 부처에서 독자적인 산하기관, 출연기관을 만들어 민간단체를 지원하는 것은 피해자가 선택할 기관의 범위를 넓힌다는 점에서는 유익하다. 그러나 민간단체들의 업무가 중복되고, 전문성 문제는 해결되지 않고 있으며 상호연계가 원활하지 않은 점은 해결해야 할 과제이다.337) 따라서 산발적인 지원기관의 중복된 역할을 통합하여 플랫폼을 만들고, 피해자에게 즉각적인 안내가 가능한 시스템을 구축하는 한편, 안정적인 피해자 지원기금을 조성하고 그에 따른 예산을 지원하여야 할 것이다.

더하여 2000년 1월 12일 제정된 「비영리민간단체 지원법」에 따른 국가나 지방자치단체 보조금 지원 이외에 필요한 조세전액감면, 사법기관 관련 우편요금 전액 면제 지원을 고려할 수 있다.338) 또한 기관 설립 시 요건이 엄격한 허가주의에서 인가주의로 비교적 전환이 용이한 환경을 조성할 필요도 있을 것이다.

---

337) 같은 지적으로 황준원, 앞의 글, 96쪽.
338) 비영리민간단체 지원법 제11조(우편요금의 지원) 등록비영리민간단체의 공익활동에 필요한 우편물에 대하여는 우편요금의 일부를 감액할 수 있으며, 그 내용과 범위에 관한 사항은 대통령령으로 정한다.
   ; 위 조항이 2022. 4. 26. 개정되어 우편요금을 일부 면제받을 수 있으나 범죄피해자와 관련하여 면제의 범위를 확대할 필요가 있다.

III. 통합적 지원방안

1. 통합 케어 시스템의 출범 필요성

피해자 지원 단체는 앞서 살펴본 바와 같이 경찰, 검찰, 법원, 대한법률구조공단과 같은 국가기관이 주된 기관으로서 피해자 보호 역할을 하고 있다. 이외에 범죄피해자지원센터, 해바라기센터, 스마일센터를 통해서 비사법적인 분야(상담, 의료 등)의 피해자 지원도 강화해 왔다. 또한 셀 수 없이 많은 비영리 피해자 지원단체가 활동하고 있다.[339] 그러나 피해자 지원 단체가 여러 곳에 산재하여 단체를 이용하고자 하는 입장에서는 어느 지원을, 어느 곳에서 해야 할지 파악하기 어렵고 불편하다. 이같이 피해자 지원 단체의 증가는 이를 매개할 플랫폼이 없어 피해자 지원 수요 증가에 따른 예산문제, 국가기관과의 역할 중복의 문제 등을 초래하게 되었다.

따라서 피해자구조서비스 플랫폼을 구축하여 각 기구의 전문, 특화된 지원을 통합하고 유사하거나 중복된 지원을 조정할 필요가 있다. 일종의 플랫폼을 통하여 사법 소셜 워크[340]가 가능하도록 연결망을 촘촘히 짜서 피해자가 어떤 법률적 조력도 쉽게 접근할 수 있도록 해야 한다. 또한 국가기관, 민간 기관 등을 통합하여 연계할 제도적 근거를 법제화할 필요가 있다.[341] 이러한 피해자 지원 시스템의 통합논의는 윤석열 정부에서도 '법률구조서비스 플랫폼 구축'의 명칭으로 120대 국정과제에 선정되었으며, 법률구조서비스 플랫폼의 지원 내용 중 상당 부분이 피해자 지원에 해당하고 있다.[342]

---

339) 아동보호전문기관, 장애인권익옹호기관, 노인보호전문기관, 다문화가족지원센터, Wee센터, 가정폭력상담소, 여성 긴급전화 1366, 대한가정법률상담소 등

340) 국가기관, 지방자치단체, 공공기관, 사회복지기관 등 법률 조력 기관의 연계를 통하여 다양한 문제를 종합적으로 해결하고, 연결하는 활동방식이라 할 수 있다.

341) 송귀채, 앞의 논문, 44쪽~51쪽; 이 논문은 법률 중심의 연계를 의미한 것은 아니고, 센터가 구체적 중심이 되는 플랫폼에 대한 설명을 하고 있으며, 서비스 전달체계로서의 네트워크 구축에 관하여 상세히 설명하고 있다.

342) 윤석열 정부【국정과제 64】「범죄피해자 보호 지원 시스템 확립」, 법률구조서비스 플랫폼 구축 및 사회적 취약계층 우선 지원 https://www.president.go.kr/affairs/gov_project

2. 플랫폼 구현방안

(1) 피해자 지원 법률구조 플랫폼 모델

기존에는 피해자가 피해 유형에 따라 직접 각 기관에 전화하거나 내방하여 서비스를 받을 수 있는지 확인하고, 서비스대상이 아닐 시 다른 기관에 다시 같은 절차를 반복해야 하는 방식이었다. 법률구조 플랫폼은 위와 같은 불편을 개선하여 정부 및 민간 단체 등에서 다양하게 제공되는 법률구조 서비스를 피해자를 비롯한 국민들이 한 번에 쉽고 빠르게 지원받을 수 있도록 가교역할을 수행하는 안(案)이다. 법무부는 대한법률구조공단을 중심으로 국정과제 수행을 위한 법률구조 서비스 플랫폼 구축 로드맵을 설계하고, 2025년까지 플랫폼 구축 완료를 목표로 하고 있다.[343]

(2) 법률구조 플랫폼 내용

공단의 기존 법률구조 서비스를 통합 플랫폼 메인 서비스로 확대, 개편하고 정부 부처 및 민간 기관의 고유 서비스를 연계한다. 즉, 수요자 정보 분석을 통해 지원 대상 여부를 파악하고, 1차 인공지능 AI 법률정보 서비스를 하여 법률정보제공, AI 상담, 유사 판례 제공, 화상상담 등을 진행한다. 이후 전문적인 서비스가 필요한 경우 2차로 소송구조, 피해자 국선변호 등의 서비스를 지원한다. 이후 별도의 연계기관의 역할이 필요한 경우 즉시 타 기관 서비스 연계를 진행하는 구조이다. 플랫폼을 통하여 범죄피해자에게 원스톱서비스를 지원할 수 있고, 전자접수를 통하여 사법접근권을 확대하고, 인공지능(AI) 법률상담서비스 제공을 목표로 한다.

법률구조 서비스 플랫폼의 정착으로 정보제공, 타기관 연계, 법률구조 신청 및 접수 서비스를 피해자에게 지원할 수 있으며, 플랫폼 참여기관은 피해자 사각지대 발굴, 실적 증대 등의 효과를 통해 기관 위상을 제고할 수 있을 것이다.[344]

(3) 관련 법 개정

윤석열 정부에서 국정과제로 추진 중인 법률구조 중심의 플랫폼안과 그동안 민간

---

343) 대한법률구조공단, 『공익소송 및 법률복지 포럼』, 2023. 8, 123~135쪽.
344) 대한법률구조공단을 중심으로 법률구조서비스 플랫폼 구축을 위해 현재 법무부, 여성가족부, 양육비이행관리원, 경찰 등 33개 연계기관 간에 실무협의를 현재 진행 중이다; 대한법률구조공단, 『공익소송 및 법률복지 포럼』, 2023. 8, 130쪽.

중심의 통합형 네트워크형의 역할이 필요하다는 안은 모두 피해자에 대한 보호를 신속하게 추진하고자 한다는 점에서 정책방향이 동일하다. 그러나 이러한 정책 방향을 견고하게 하기 위해서는 ① 사회복지사업법에 사회복지사업 대상법률로 누락이 된 범죄피해자 보호법을 포함시켜야 한다. 또 범죄의 종류와 상관없이 사회복지사업에 의한 피해자 지원을 확보할 필요가 있다. 현행 사회복지사업법 제2조는 수혜대상 대상 범위가 제한되어 있는데, 성폭력 피해자 이외의 피해자에게도 확대할 필요가 있다. 또한 ② 범죄피해자 보호법에 피해자 지원 법률구조플랫폼 규정을 신설하여, 국가의 범죄피해자 보호법상의 지원 내용을 플랫폼에 위임하여 집행할 수 있도록 정비하여야 한다.345)

IV. 소결

현대 사회에서 누구나 잠재적 피해자일 수 있다.346) 심지어 가해자조차도 피해자가 될 수 있다. 때문에 범죄의 유형과 경중에 상관없이 사회 국가원리에 따라 보편적 측면에서 잠재적 피해자에 대한 사회적 보호시스템이 충분하게 작동할 수 있도록 준비되어야 한다. "타인의 신발을 신고 두 달 동안 걸어보지 않고서는 그를 판단하지 말라(Don't judge until you've walked in someone's shoes)"는 인디언 경구가 경고하듯이 피해자의 입장에 대한 충분한 이해와 경험 있는 기관이 플랫폼을 통하여 즉각적으로 연계될 수 있어야 한다.347)

따라서 학계와 관계기관의 충분한 논의를 거쳐 범죄피해자를 안정적으로 지원할

345) 이에 관하여 사회복지사업법 제2조 '허'목을 추가하자는 의견과 범죄피해자 지원기관의 위임에 관한 의견으로 송귀채, 앞의 논문, 58~60쪽; 본 연구는 법률구조플랫폼에 관한 소개이므로 위 논문의 의견을 전면 동의하는 것은 아니며, 지원기관에 상응하는 법률구조플랫폼에 대한 위임규정 별도신설에는 동의한다.

346) "누구를 위하여 좋은 울리나 (For Whom the Bell Tolls)"는 어니스트 헤밍웨이의 소설 제목인데, 사실 이 문장은 17세기 영국 성공회 성직자인 존 던 (John Donne) 신부가 쓴 시에서 유래하였다. 존 던 신부가 살던 때 전염병으로 사람이 사망하면 교회에 종이 울려, 누가 죽었는지 궁금해 했는데 어느 날 본인도 전염병에 걸려 병상에 눕게 되었다. 그제야 종소리가 애도를 위한 종소리였음을 알게 된다; 이와 같이 누구도 피해로부터 자유로울 수 없다. 이와 관련한 간략한 설명에 대해서는, 김태경, 『용서하지 않을 권리』, 웨일북, 2022. 51~52쪽.

347) 상대방의 입장을 경험해야 충분한 이해가 가능하다는 경구와 판사의 경험담으로서 이를 사용한 문헌을 참고하였고, 이에 관해서는 정재민, 앞의 책, 90쪽.

수 있는 연대 방안을 마련해야 한다.

제6절 | 분석과 정리

　제5장에서는 범죄피해자 보호의 제도적 구현을 분석하였다. 범죄피해자 제도는 학술적으로 범죄피해자 보호를 위한 내용을 중심으로 전개되고 연구되어 왔다. 현재도 형사정책학, 피해자학을 비롯한 학문분과에서 범죄피해자에 대한 보호를 위해 제도적 측면에서 연구되고 있다. 앞서 분석한 범죄피해자 권리의 헌법적 규범체계와 그에 따른 제도적 구현에 관하여 종합적인 연구가 이뤄지는 경우 범죄피해자 보호제도의 근거를 촘촘히 마련할 수 있다.

　이 장에서 우선적으로 범죄피해자의 제도적 구현은 회복적 사법을 달성하는 방향으로 이뤄져야 한다는 점을 살펴보았다. 우리 형사사법체계는 피해자보다는 피의자·피고인 중심으로 이뤄져 왔다. 이러한 형사사법체계의 한계는 고스란히 피해자에 대한 보호와 관심을 적게 만드는 요인이 되었다고 할 수 있다. 이제 사법절차 내에서 충분히 고려되지 못해온 피해자에 대한 보호를 체계적으로 개선할 필요가 있다 (제1절).

　이러한 배경에서 우선적으로 사법절차 내에서 범죄피해자 구제 제도는 범죄피해자에 대한 존중과 배려를 통하여 이뤄져야 됨을 살펴보았다. 이를 위해 절차별 보호 내용으로, 수사절차에서는 범죄피해자에 대한 정보 유출이 방지되어야 한다. 이는 2차 피해를 방지하는 기초가 될 수 있다. 재판절차와 관련해서는 최근 헌법재판소에서 미성년피해자에 대한 영상녹화물의 증거능력에 관한 위헌 결정 사례를 살펴보았다. 이 사건 결정으로 재판절차에서 미성년 피해자에 대해 2차 피해가 발생할 수 있는 점을 고려하여 영상재판의 활성화와 피해자 국선 변호사의 충분한 조력이 필요함을 분석하였다. 또한 집행절차와 관련해서는 구체적 사례로서 형 집행 종료 후 거주 제한 문제를 살펴보았다. 형 집행과정에서 범죄피해자에 대한 정보제공이나 보호논의가 부족한 점에 착안하여 미국 사례를 중심으로 법무부 발표안을 평가하였다. 이어 범죄피해자 구제 제도이자 회복적 사법과 관련된 주제로서 배상명령, 형사 공탁,

형사 보석, 형사 조정, 피해자－가해자 화해제도를 검토하였다. 배상명령 제도는 일회적 분쟁해결이 가능한 절차로 개선되어 형사소송절차에서 피해배상이 조기에 인용될 수 있어야 한다. 범죄피해자의 의사에 반한 형사 공탁은 유리한 양형인자로 반영되지 않도록 제도적 장치가 마련되어야 한다. 형사보석은 반드시 피해자에 대한 위해우려의 점을 면밀히 살펴서 운영되어야 할 것이다. 그 밖에 형사 조정, 피해자－가해자 화해제도는 회복적 사법의 관점에서 피해자의 의사가 충분히 반영되며, 조기에 피해를 회복하는 방안으로 운영되어야 한다. 이에 더하여 범죄피해자 관련 기타 문제로 피해자의 손해배상금에 관하여 소득세를 면제해야 하고, 가해자의 개명 신청, 피해자의 주민등록 신청은 피해자 보호의 관점에서 적정성을 심리해야 할 것이다. 또한 범죄피해자의 손해배상 청구의 소멸시효를 피해자에게 유리한 방향으로 법원이 해석론을 전개하는 것은 타당하나, '손해를 안 날로 3년' 요건은 그 시점에 관한 판단이 모호하므로 삭제할 필요가 있다. 더하여 공익법인의 경우 세제 혜택을 통하여 피해자 지원활동이 왕성해질 수 있는 여건을 조성할 필요가 있다(제2절).

다음으로 범죄피해자의 변호사에 의한 조력 받을 권리가 제도적으로 구현되기 위한 전제조건이 되는 피해자 변호사 제도를 검토하였다. 피의자·피고인뿐만 아니라 피해자의 경우에도 사법절차상 권리 행사와 보호를 위하여 변호사에 의한 조력이 필수적이다. 피해자 국선전담변호사 제도가 도입된 지 약 10년이 넘어가지만 아직도 피해자 변호 조력이 사법절차 내에서 충분하지 않다. 피해자 변호사 선임에 관하여 특별법에 특례를 두는 방식을 입법적으로 개선하는 것, 국선 변호 대상을 확대하는 것, 물적·인적 시스템 등을 정비하는 것을 필요한 과제로 뽑을 수 있다(제3절).

이어 민사소송을 비롯한 각종 소송절차에서 범죄피해자의 개인정보가 노출되는 문제를 해결하기 위한 개선방안으로 이른바 '가명 소송'의 가능성을 살펴보았다(제4절).

마지막으로 범죄피해자 구제 및 보호를 위한 개선방안들을 살펴보았다. 재판절차진술권이 도입된 지 36년이 지났지만 범죄피해자 보호에 관한 국민적 열망을 충족시키고 있지 못한다고 생각된다. 이미 2018년 헌법 개정 논의 시에 범죄피해자의 보호받을 권리, 범죄피해자보상청구권의 확대 등이 논의된 바 있다. 이러한 점을 고려하여 우선적으로 피해자를 보호하기 위해 피해자 관련 법률 조항 개정의 필요성을 검토하였다. 또한 형사소송법, 범죄피해자 보호법, 소년법, 기타 관련 법령의 정비에 관한 개선안을 제시하였다. 제3장에서 헌법개정안으로 분석한 내용을 토대로 범죄피해자에 관한 통합 법률(가칭, '범죄피해자의 권리 및 보호에 관한 법률')이 제정될 필요가 있고, 그 내용의 골격을 요약하면 다음과 같다.

표 16 범죄피해자의 권리 및 보호에 관한 법률 제정(안)[348]

내용	비고
제00조(피해자등의 참여권) ① 범죄피해자는 피의자 또는 피고인의 형사 사법절차에 참여할 권리를 가진다. ② 국가는 범죄피해자가 요청하면 가해자에 대한 수사 결과, 공판 기일, 재판 결과, 형 집행 및 보호관찰 집행 상황 등 형사절차 관련 정보를 제공할 수 있다. ③ 제1, 2항의 피해자등의 참여권을 실현하기 위하여 구체적인 사항과 방법은 대통령령으로 정한다.	- 범죄피해자 보호법상 참여권 조항을 제정 안에서 정비하여 반영
제00조(피해자등의 진술권) ① 법원은 직권 또는 범죄로 인한 피해자등의 신청이 있는 때에는 검사의 의견을 들어 그 피해자등을 사실심리 종료 후에 증인으로 신문하거나, 증인신문에 의하지 아니하고 그 피해자등에게 피고인의 처벌 및 양형에 관한 의견, 피해의 정도 및 결과, 피해 회복 여부, 그 밖에 범죄사실의 인정에 해당되지 않는 당해사건에 관한 의견을 진술할 기회를 주어야 한다. ② 제1항에 따른 피해자등의 의견 진술이 증인신문이 아닌 방법에 따라 이뤄지는 경우 범죄사실의 인정을 위한 증거로 사용할 수 없다. ③ 제1항에 따른 피해자등의 의견 진술은 수사단계에서 준용한다. ④ 제1항에 따른 피해자등의 신청, 의견 진술의 방법과 절차, 그 밖에 필요한 사항은 대통령령으로 정한다. ⑤ 법원은 피해자등의 신청이 있는 경우, 구속 여부의 판단, 소년 보호처분의 결정을 위하여 필요하다고 인정하는 때에는 피해자등을 심문할 수 있다. 피해자등의 심문신청의 방법과 절차, 그 밖에 필요한 사항은 대통령령으로 정한다. ⑥ 형 집행에 관한 결정시 피해자등에게 통지해야 하며, 피해자등의 신청이 있는 경우 의견 진술 기회를 대통령령이 정하는 바에 따라 부여할 수 있다.	- 형사소송법과 형사소송규칙을 법률에 입법화하여 정리 - 수사단계에서 진술권 행사 확보(범위 확대) - 재판단계에서는 사실심리 종료 후 진술권 행사(시점 정리) - 구속사건, 소년사건에서 진술권 행사 구현 - 형 집행단계에서 진술권 부여 - 서면에 의한 진술권 행사는 시행령으로 해결
제00조(피해자등의 회복권) ① 형사공판 절차에서 대통령령이 정하는 바에 따라 유죄판결을 선고할 경우, 법원은 직권에 의하여 또는 피해자등의 신청에 의하여 범죄행위로 인하여 발생한 직접적인 물적(物的) 피해, 치료비 손해 및 위자료의 배상을 명할 수 있다.	- 회복할 권리로써 배상명령을 소촉법에서 개정안으로 통합 정비 - 범죄피해자구조금의

② 국가는 구조대상 범죄피해를 받은 사람이 시행령에서 정하는 내용에 해당하면 구조피해자 또는 그 유족에게 범죄피해 구조금을 지급한다. 이때 구조금은 정당한 보상이어야 한다.

제00조(피해자등의 정보접근권)

① 검사 또는 사법경찰관은 범죄로 인한 피해자 또는 그 법정대리인(피해자가 사망한 경우에는 그 배우자·직계친족·형제자매를 포함한다. 이하 이 항에서 "피해자등"이라 한다)에게 당해 사건의 수사진행상황, 사건처분결과, 공소제기 여부, 공판의 일시·장소, 재판결과, 피의자·피고인의 구속·석방 등 구금에 관한 사실 및 피의자·피고인의 형 집행에 관한 사실 등을 피해자등의 사생활을 침해하지 않는 방식으로 신속하게 통지하여야 한다. 다만, 이와 같은 통지로 인하여 피의자·피고인 또는 피해자등을 포함한 사건관계인의 명예나 사생활의 비밀 또는 생명·신체의 안전이나 생활의 평온을 침해할 우려가 있다고 인정되는 특별한 사정이 있거나 피해자등이 통지를 명시적으로 거부한 경우, 범죄피해자의 소재가 불명인 경우, 기타 정보제공이 현저히 곤란한 경우에는 그러하지 아니하다.

② 제1항에 따른 통지의 방법과 절차, 그 밖에 필요한 사항은 대통령령으로 정한다.

제00조(피해자변호사선임)

① 피해자등은 형사절차상 입을 수 있는 피해를 방어하고 법률적 조력을 보장하기 위하여 변호사를 선임할 수 있다.

② 제1항에 따른 변호사는 검사 또는 사법경찰관의 피해자등에 대한 조사에 참여하여 의견을 진술할 수 있다. 다만, 조사 도중에는 검사 또는 사법경찰관의 승인을 받아 의견을 진술할 수 있다.

③ 제1항에 따른 변호사는 피의자에 대한 구속 전 피의자심문, 증거보전절차, 공판준비기일 및 공판절차에 출석하여 의견을 진술할 수 있다. 이 경우 필요한 절차에 관한 구체적 사항은 대통령령으로 정한다.

④ 제1항에 따른 변호사는 증거보전 후 관계 서류나 증거물, 소송계속 중의 관계 서류나 증거물을 열람하거나 등사할 수 있다.

⑤ 제1항에 따른 변호사는 형사절차에서 피해자등의 대리가 허용될 수 있는 모든 소송행위에 대한 포괄적인 대리권을 가진다.

⑥ 대한변호사협회는 피해자에게 변호사가 없는 경우 대통령령이 정하는 바에 따라 국선 변호사를 선정하여 형사절차에서 피해자의 권익을 보호할 수 있다.

(우측 난외 주석)

정당한 보상에 대한 근거를 마련

- 범죄피해자 보호법 제8조 정보제공, 형사소송법 제259조의2 내용을 개선하여 제정안으로 이동
- 수사권 조정에 따른 사건처분결과 통지 근거 마련
- 형사 사법 전반에 걸친 정보접근권 보장
- 수사기관의 통지의무와 피해자의 사생활 보호를 위해 명시적 거부권을 동시에 반영

- 피해자 변호사 선임의 일반규정 마련
- 피해자 변호사 선정 주체의 독립성을 위해 대한변호사협회로 지정권자 변경
- 피해자 변호 대상 범죄 확대는 대통령령에 따라 가능하도록 정비

---

348) 통합 법률 제정안의 실현이 어려운 경우 형사소송법에 '피해자'장을 신설하여 개선방안을 담을 수도 있다.

이에 더하여 피해자 지원 단체를 통한 지원방안을 검토하였다. 사건이 발생한 이후에는 경찰, 검찰, 법원, 민간단체의 보호와 조력이 범죄피해자 보호에 결정적인 경우가 많다. 우리의 경우에도 이들 기관의 다각적인 노력으로 범죄피해자 보호제도가 운영되어 왔다. 각 기관들의 피해자 지원을 살펴보고 통합 케어 플랫폼이 필요함을 확인하였다(제5절).

제6장

마치면서

제6장

마치면서

범죄피해자에 대한 권리보장과 충실한 보호는 사회공동체의 평화와 안녕을 유지하는 필수적인 조건이자, 인간으로서의 존엄을 실현한다는 점에서 전 인류의 공통 관심사가 되었다. 이로 인해 오늘날 국가는 피해자 보호에 대한 의무를 충실히 이행해야 한다.

국제연합(UN)은 1985년 범죄피해자 인권선언을 통하여 범죄피해자에 대한 처우가 중요한 인권 문제임을 확인한 바 있고, 이어 우리 헌법은 1987년 개정헌법에 범죄피해자의 기본권을 도입하였다. 이후에도 개정된 헌법을 근거로 범죄피해자 권리와 보호에 대한 다양한 입법적 시도가 계속되어 왔다. 적어도 양적인 면에서는 비약적으로 다양한 피해자 권리입법이 제정되었다. 그러나 실무상 여전히 피해자는 사법절차상 주변인 내지 소극적 지위의 당사자에 머물러 있는 것이 현실이다.

오늘날 범죄피해자의 권리와 보호에 관한 논의는 피해자의 연대, 제3세대 인권으로까지 논의되고 있고, 과거사에 대한 새로운 조명과 함께, 범죄피해자의 피해 회복에 관한 소송이 공익적 측면에서 계속되고 있다. 범죄피해자가 적극적인 권리의 주체로서 등장하여 범죄 피해에 대한 책임을 묻기 위해 진술할 권리를 비롯하여 참여할 권리, 회복할 권리, 사법정보에 접근할 권리가 논의되고 있다. 즉, 범죄피해자가 단순히 시혜를 받을 주체가 아닌 실체적 진실 발견에 조력할 적극적인 참여자로서 다양한 권리가 논의되고, 그에 따른 보호제도가 주장되고 있다. 이러한 범죄피해자에 대한 헌법은 사법절차 내에서 피해자의 손상된 존엄성을 회복하고, 피해자 스스로의 목소리를 낼 수 있는 환경을 만드는 것을 지향한다.

범죄피해자에 대한 보호는 입법·사법·행정 전 분야에 걸쳐 논의가 되고 있다.

범죄피해자에 대한 보호는 범죄피해자의 권리의 근거와 본질을 밝히는 데에서 시작한다. 현재까지도 범죄피해자 보호를 위한 정책적 제도에 관한 주장과 연구는 계속되고 있지만 범죄피해자의 권리에 관한 논의는 그에 못미치고 있다. 현행 헌법의 해석론에 따라 범죄피해자의 권리가 충분히 보장되고 있는지, 혹 그렇지 않다면 개헌을 통하여 범죄피해자의 권리를 명확화하여 국가의 보호 의무를 강화하는 방향으로 패러다임을 전환할 필요가 있는지 계속 논란이 되고 있다. 실제로 세계 각국은 피해자 보호를 위해 다양한 입법적 개선활동을 하고 있고, 미국의 경우 범죄피해자의 권리를 연방 헌법에 두자는 개헌 운동이 있기도 하였다.

범죄피해자를 보호하는데 있어 사법 기관의 역할은 실제 범죄피해자 스스로가 인간의 존엄성을 지키느냐, 훼손당하느냐의 기로에 있기 때문에 보다 중요하다. 헌법상 기본권으로 범죄피해자의 권리를 규정하고 있어도, 이를 준수해야 하는 사법 기관이 외면하는 순간 범죄피해자의 권리는 형해화될 수밖에 없다. 범죄피해자에 관한 입법형성권과 행정재량은 존중해야 하지만 입법부가 범죄피해자보호에 대한 법률을 제정하지 않았거나 행정부의 정책이행이 불충분한 경우에는, 범죄피해자의 인간의 존엄성 보호와 안전을 위해 사법기관의 적극적 개입이 필요하다. 이제 더 이상 범죄피해자가 사법의 당사자가 아니라는 이유로, 혹은 입법이나 정책으로 해결될 영역이라는 이유로 외면되어서는 안 되고, 사법기관으로서 범죄피해자에 대한 보호와 회복적 사법을 실현하려는 의지를 보여줘야 할 것이다.

그러나 범죄피해자에 대한 보호는 사법 기관의 적극적 보호의지에 의한 해결만으로는 불완전하다. 경찰, 검찰, 법원을 비롯한 사법 기관마다 보호에 관한 정도가 달라 보호의 연속성이 이행되고 있지 않기도 하며, 범죄피해자의 기본권은 진술할 권리 수준에 머무른다고 사고하는 경우가 다반사이다. 이러한 점을 고려할 때 현행 헌법 해석론에 기대어 범죄피해자의 보호 제도에 관한 논의를 전개하는 것을 넘어 헌법 개정을 통해 국가의 범죄피해자 보호 의무와 범죄피해자의 권리를 헌법적으로 근거지워야 할 것이다.

범죄피해자의 권리와 보호는 궁극적으로 범죄피해자의 인간 존엄성 회복 이외에도 실체적 진실발견에도 기여할 수 있으며, 또한 회복적 사법정의를 실현하는 데 있어서도 중요한 역할을 할 수 있다.

이렇듯 국내외적으로 범죄피해자에 대한 보호와 권리를 강화하기 위한 논의와 운동이 활발함에도, 우리 헌법상 범죄피해자 권리는 재판절차상 진술할 권리 이외에 충분한 보호 역할을 다하지 못하고 있다고 생각된다. 현행 헌법상 피해자 조항은 범죄피해자의 특성을 반영하지 못하고 있고, 범죄피해자의 기본권 침해 시 권리 구제 방법이 부족한 것으로 생각되며, 국가의 정책 방향으로서 '피해자 보호'에 대한 의지를 충분히 담아내지 못한다고 보여진다.

이에 이 책은 위와 같은 문제의식을 가지고, 범죄피해자 보호를 위해 범죄피해자에 대한 우리 헌법과 법령상 지위와 권리체계, 제도를 종합적으로 분석함으로써, 개선방안을 모색하고자 하였다. 헌법상 범죄피해자 보호에 관한 국가 의무를 국가 목표조항으로 명시하고, 재판절차진술권을 개편하여 범죄피해자의 구체적 권리 조항을 두어 기본권을 실질화해야 한다는 의견을 제시하였다. 즉, 범죄피해자의 권리를 구성하는 진술할 권리, 참여할 권리, 정보에 접근할 권리, 회복할 권리를 헌법에 도입하여 규범력을 강화하는 방향으로 범죄피해자의 보호를 위해 개선할 필요가 있다.

또한 영국, 미국, 독일, 일본의 각 사례에서 보듯이 범죄피해자에 관한 다양한 입법적 전개와 강화가 경쟁적으로 이뤄지고 있는 것에 따라 우리의 경우에도 범죄피해자에 대한 제도적 보호를 확대하고 개편할 필요가 있다. 수사 절차부터 집행 절차까지 범죄피해자에 대한 권리를 명확히 하고, 피해자 변호사 제도를 개선하여 변호사에 의한 조력을 충분히 받을 수 있도록 해야 한다. 형사 소송이외에 민사소송에서도 피해자의 신상정보가 보호되도록 하여 사법절차의 통일성을 도모하고, 2차 피해를 방지해야 한다. 또한 피해자 지원에 관한 단체의 플랫폼을 통하여 종합적인 지원을 하도록 할 필요가 있다.

누구나 잠재적으로 범죄피해자가 될 수 있다는 점을 인식하여 피의자·피고인 중심의 사법관을 범죄피해자도 함께 고려되어야 한다는 사법관으로 패러다임을 전환해야 한다. 결국, 현행 헌법의 해석론과 제도적 개선만으로는 범죄피해자에 대한 두터운 보호가 국민의 눈높이에 맞지 않았던 이상 그 누구라도 범죄 피해 발생 시 충분히 보호를 받을 가능성이 담보되는 피해자 헌법으로 탈바꿈해야 할 것이다. 범죄피해자헌법의 최종적 지향점은 사법 제도에서 그 어떤 범죄피해자라도 존중받고 배려받을 수 있는 환경에서 자신의 권리를 스스로의 판단에 따라 행사할 수 있는 여건을 마련하는 것이다.

찾아보기

저자소개

박성태 변호사는 대한법률구조공단 소속변호사이자 공익인권·조세정책·평화 연구자이다. 「범죄피해자 보호에 관한 헌법적 연구」로 법학박사 학위를 받았다. 대한법률구조공단에서 근무하면서 피해자 국선 변호사를 비롯하여 사회적 약자를 위한 변론을 하고 있다. 군 인권자문관, 장애인 학대사례판정위원회 위원 등을 역임한 바 있고, 현재는 한국소비자원 민원심의위원, 온라인서비스 피해자지원협의회 위원 등으로 활동하고 있다. 「완전포괄주의의 한계에 대한 소고」, 「사회국가와 노동자 보호」 등 여러 편의 사회적 쟁점과 공익적 분야에 관한 논문을 발표한 바 있다.

범죄피해자와 헌법

초판발행	2025년 1월 7일
지은이	박성태
펴낸이	안종만·안상준
편 집	윤혜경
기획/마케팅	김민규
표지디자인	BEN STORY
제 작	고철민·김원표
펴낸곳	㈜ **박영사**
	서울특별시 금천구 가산디지털2로 53, 210호(가산동, 한라시그마밸리)
	등록 1959. 3. 11. 제300-1959-1호(倫)
전 화	02)733-6771
f a x	02)736-4818
e-mail	pys@pybook.co.kr
homepage	www.pybook.co.kr
ISBN	979-11-303-2941-3 93360

정 가   23,000원